LES ENTRETIENS D'ÉPICTÈTE

RECUEILLIS PAR ARRIEN

LES

ENTRETIENS D'ÉPICTÈTE

RECUEILLIS

PAR ARRIEN

TRADUCTION NOUVELLE ET COMPLÈTE

PAR

V. COURDAVEAUX
Professeur à la Faculté des Lettres de Douai

NOUVELLE ÉDITION

Ouvrage inscrit au Programme de la Licence ès lettres.

PARIS
LIBRAIRIE ACADÉMIQUE
PERRIN ET Cie, LIBRAIRES-ÉDITEURS
35, QUAI DES GRANDS-AUGUSTINS, 35
1908

PRÉFACE

DE LA SECONDE ÉDITION.

Nous reproduisons, presque sans changements, la préface que nous écrivions il y a vingt ans en tête de la première édition de ce livre. Quelques progrès que le Positivisme ait pu faire depuis dans l'opinion publique, et non sans des raisons sérieuses, nous croyons aujourd'hui comme alors que les doctrines après tout les plus satisfaisantes pour l'esprit, comme elles le sont bien évidemment pour le cœur, sont encore celles qui permettent à la raison humaine d'entrevoir au-dessus du monde matériel une réalité supérieure, et qui, au-delà de cette vie, entr'ouvrent à l'homme de bien au moins d'autres horizons que ceux d'ici-bas. Et aujourd'hui comme alors notre plus grand regret, notre seul presque même, à l'endroit du Stoïcisme d'Epictète est qu'à sa foi profonde en Dieu il n'ait pas joint pour l'honnête homme ces espérances d'au delà de la tombe.

Par ces deux côtés seulement, par cette foi en Dieu unie à cette négation de quoi que ce soit au delà de cette vie, la doctrine d'Epictète aujourd'hui a comme un *renouveau* d'actualité, vu qu'elle répond par l'une et par l'autre aux plus vives préoccupations de notre époque; et c'est sur ce point particulièrement que nous voudrions ici attirer l'attention.

Des hommes, qui appartiennent aux partis politiques ou religieux les plus divers, se trouvent d'accord aujourd'hui pour affirmer qu'il est impossible d'établir une morale sans la croyance aux peines et aux récompenses d'une autre vie. Eh bien, voici un philosophe qui n'a cru ni à ces peines ni à ces récompenses, et nul n'a été plus attaché que lui au *devoir*; nul n'y a plus adhéré de toute la force de sa conscience et de sa raison; nul ne l'a proclamé plus haut, et n'a fait plus que lui aux hommes une obligation stricte de la justice et du dévouement. Il n'était pas le premier à marcher dans cette voie, cela est vrai. Socrate, dans Xénophon au moins, lui en avait donné l'exemple; Antisthène et Diogène avaient imité leur maître; Platon lui-même l'avait suivi, dans les moments au moins où son imagination ne l'emportait pas sur les traces du Pythagorisme et des *mystères*; Aristote avait reproduit la même doctrine d'une façon plus catégorique et plus nette; les premiers Stoïciens avaient fait comme lui; Cicéron avait enfin hautement reproduit leurs idées dans le *De legibus* et dans le *De officiis*, si bien qu'il n'est pas d'assertion à laquelle dans l'antiquité, pour ne rien dire des temps modernes, l'histoire ait donné plus de démentis qu'à cette affirmation de nos moralistes à courte vue. Mais de tous ces démentis nous n'en connaissons pas de plus éclatant que celui d'Epictète dans ses *Entretiens*, si ce n'est peut-être celui de Marc-Aurèle dans ses *Pensées* cinquante ans plus tard; et nous ne saurions trop engager tous les gens qui pensent, tous les gens sérieux et de bonne foi, à peser la force de ces deux exemples. Comment persister à soutenir en face d'eux que, si nous donnons jamais trois sols à un pauvre, ce n'est que dans l'espérance d'en recevoir six là-haut, ou que, si nous ne volons pas à l'occasion le foulard de notre voisin, ce n'est que par la crainte des gendarmes dans une autre vie?

Vis-à-vis du Positivisme, à son tour, la situation d'Epictète est peut-être meilleure encore. Nous comprenons certes autant que qui que ce soit les raisons d'être du Positivisme. En face de toutes les difficultés dont se hérissent les problèmes métaphysiques; en face de l'impuissance bien constatée de toutes les doctrines qui ont prétendu dépasser les phénomènes pour atteindre la cause, et remonter jusqu'à la source première pour nous montrer comment tout en découle; en face des contradictions, des pétitions de principe, des non-sens, auxquels chacune d'elles a abouti, nous comprenons ceux qui viennent nous dire : « Tenons-nous en aux faits observables, généralisons, induisons, constatons les lois, poursuivons-y l'unité aussi loin que nous pouvons le faire, mais arrêtons-nous là. Entre nous et *l'au-delà*, entre les faits et leur cause première, il y a un rideau que nos mains ne pourront jamais soulever, nos yeux jamais percer! » Mais, en dépit de toutes les difficultés, la nature humaine est ainsi faite que cet *au-delà* qu'elle ne pourra jamais saisir, elle en a soif; que ces problèmes qu'elle ne pourra jamais résoudre, elle est haletante après leur solution. Elle est ainsi faite aussi que, se sentant capable d'être morale et sainte, elle ne se repose dans aucune doctrine aussi bien que dans celles qui lui montrent au-dessus d'elles une cause morale et sainte, comme elle peut l'être elle-même. Or, c'est là au fond tout le stoïcisme d'Epictète.

Pour établir une loi morale, le positivisme n'a que deux voies :

Ou faire de cette loi, avec Spencer et l'école anglaise, la résultante d'expériences accumulées, la transmission héréditaire des plis que la société nous a fait prendre pour son plus grand avantage ou pour le nôtre, ce qui est ramener, quoi que l'on en dise, et si haut que l'on prétende remonter dans les générations humaines, le sens moral à la prudence, le devoir au calcul, l'homme à l'animal ;

Ou bien avec la majorité des Positivistes français, accepter l'idée du bien moral dans l'homme comme un fait *irréductible*, aussi incontestable que tout autre, quelque contrariant qu'il soit pour certains systèmes; puis, en s'appuyant d'un côté sur ce sentiment de notre dignité propre, sur ce besoin de valoir toujours plus qui est inséparable du fond de notre être, et de l'autre sur ces instincts affectueux et désintéressés qui ne sont pas moins nôtres que les instincts égoïstes, montrer pour loi naturelle à l'individu la double obligation de progresser sans cesse lui-même et l'aider sans cesse au progrès des autres.

Il y a loin certes de cette doctrine Positiviste à la précédente; et, dans notre amour-propre de Français, nous ne sommes pas fâché qu'elle soit avant tout française. Mais quelque chose manquera toujours à cette noble doctrine : si l'homme est aussi grand, ou tout au moins susceptible de l'être, comment comprendre que sa cause première ne soit pas plus grande encore, et que l'idéal qui rayonne au fond de nos cœurs ne soit pas un reflet de l'idéal d'en haut? Si le bien existe parmi les conceptions de la raison humaine, il faut qu'il existe à sa source et à celles du monde, de quelque obscurité que cette source s'enveloppe. Tout est là.

Or, qu'est-ce que cette doctrine, si ce n'est celle d'Epictète?

Lorsque le Stoïcisme a voulu faire de la science lui aussi, quand il a voulu, à son tour, avoir sa métaphysique, il a prêté, comme les autres doctrines, le flanc à toute sorte d'objections, dont nous n'avons nulle envie de le disculper. Mais Epictète ne s'aventure guère sur ce terrain trop peu solide : la bonté de la cause première et la bonté foncière de l'homme, avec l'obligation pour celle-ci d'imiter l'autre dans son dévouement à tous, et avec la conviction que Dieu n'a pu imposer à l'homme aucun fardeau qu'il ne lui ait donné la force de porter, voilà à peu près toute sa doctrine; en voilà au moins le fond, dont toutes ses considérations de détail ne sont que les conséquences.

C'est peu pour le savant peut-être; c'est beaucoup pour l'homme pratique, qui sait avec cela dans quelle direction il doit tendre, et dans quelle voie il doit marcher. Ses vrais biens et ses vrais maux, il les connaît; ce sont ceux qui font sa raison ou sa volonté meilleures ou pires. Ses devoirs envers lui-même ou envers les autres, il ne les sait pas moins : c'est envers lui-même, de ne jamais rien faire qui le rapetisse ou le dégrade; envers les autres, de régler toute sa conduite sur ce principe, qu'il n'est pas né pour lui-même, mais pour le tout.

Non sibi sed toti genitum se credere mundo,

suivant le beau mot de Lucain, en parlant de Caton.

Ajoutez-y sur la nature humaine, sur les relations particulièrement de nos sentiments et idées avec nos actes, quelques vues profondes, dont plus d'un fondateur d'ordres religieux a hérité sans le savoir; dites-vous par suite, comme Epictète, que l'homme est libre, vis-à-vis du dehors, parce que nul n'y a de prise forcée sur ses sentiments et sur ses idées; vis-à-vis du dedans, parce qu'à force d'attention sur lui-même il peut arriver graduellement à un empire presque sans bornes sur ses dispositions intérieures et par elles sur ses actes, ce qui est la définition la plus inattaquable qu'on ait jamais donnée de la liberté humaine; et de quoi aurez-vous besoin encore pour être honnête homme?

Joignons-y pourtant, pour être complet, l'horreur de tous les sophismes, et la plus suprême indulgence pour tous les égarés, deux points sur lesquels Epictète revient à chaque instant, et qui ne sont pas les moins saillants de sa doctrine.

Là s'arrête ce que nous tenions aujourd'hui à dire sur cette philosophie virile, qui, au rebours de tant d'autres, prend la vie si au sérieux, y donnant pour double base aux obligations de l'homme ce qu'il doit à la Société et à Dieu, sans que ces deux termes se combattent jamais, et ne se préoccupant que d'une chose, faire que l'homme y marche droit, appuyé d'un côté sur le bon sens, de l'autre sur le devoir. Dans une époque comme la nôtre, dont le caractère le plus saillant est la défiance des spéculations creuses, et où l'esprit d'examen a jonché le sol des débris de toutes les vieilles théories métaphysiques, sous quelque drapeau qu'elles se rangeassent, sur quelle doctrine pourrait-on puiser, dans la revendication de notre dignité individuelle, de l'égalité de tous et de la fraternité universelle, des sentiments et des idées plus conformes à l'esprit républicain?

Douai, 25 mars 1882.

V. COURDAVEAUX.

PRÉFACE

DE LA PREMIÈRE ÉDITION.

Toutes les personnes qui se sont occupées de philosophie connaissent le Manuel d'Épictète. Beaucoup d'entre elles ne connaissent même pas de nom les Entretiens d'Epictète qu'a recueillis Arrien, et dont le Manuel est le résumé. Comme cela est arrivé à d'autres abrégés, le Manuel a fait oublier le livre dont il était destiné à répandre les idées, et qu'il aurait dû contribuer à populariser.

La chose ici est d'autant plus fâcheuse que le résumé est incomplet, et qu'il y a dans les Entretiens tout un côté du Stoïcisme qui n'existe pas dans le Manuel. Tout ce que le Stoïcisme a de raide et de tendu se trouve dans ce dernier ; tout ce qu'il y a d'affectueux et de dévoué en est absent. Et peut-être cette absence n'a-t-elle pas moins contribué que les exagérations poétiques de Lucain et de Sénèque à l'opinion commune, qui fait de la rigidité la grande vertu du Stoïcisme, et de son Sage une simple barre de fer, aussi incapable de s'attendrir que de plier. Tous les principes de la charité moderne, tous ses préceptes généraux, jusqu'au commandement d'aimer ses ennemis, se trouvent dans les Entretiens d'Épictète. Et, quand tant de questions importantes se rattachent à l'origine des idées de charité, peut-être n'est-il pas sans intérêt de voir avec quelle largeur la philosophie ancienne les avait déjà conçues.

D'où les avait-elles tirées ? Là est la grande question. Bien des gens pensent qu'elles n'ont apparu chez elle qu'après la naissance du Christianisme, et que c'est à lui par conséquent qu'elle les a empruntées par une voie ou par une autre. Nous n'avons pas à entrer ici dans la discussion générale ; nous n'avons à nous occuper que de ce qui concerne Epictète en particulier.

Ayant vécu sous Néron et sous Trajan, il a dû se trouver en contact avec les Chrétiens ; et rien n'est plus naturel que de se demander s'il ne leur a pas emprunté la partie de ses doctrines qui se rapproche si sensiblement des leurs.

En fait, il a connu les chrétiens ; et il en a même parlé de telle sorte que l'on s'est fondé sur ses paroles mêmes pour faire de lui au moins un Juif.

Voici le passage sur lequel on s'appuie :

« Pourquoi te prétendre Stoïcien ? » dit-il à un individu qui ne pratiquait pas. « Pourquoi tromper la foule ? Pourquoi jouer le Juif, lorsque tu es Grec ? Ne sais-tu pas pourquoi l'on dit qu'un tel est Juif, Syrien, ou Egyptien ? D'ordinaire, quand on voit quelqu'un être à moitié ceci, à moitié cela, on dit : *Il n'est pas Juif, mais il joue le Juif*. Ce n'est que quand un homme prend l'esprit du baptisé et du sectaire, qu'il est réellement Juif, et qu'on lui en donne le nom. Il en est de même de nous : nous n'avons pas été baptisés ; nous sommes Juifs de nom et non pas de fait. Notre esprit ne répond pas à notre langage... » (Liv. 2e, ch. 9e.)

Nous avons pris ici les mots τοῦ βεβαμμένου et παραβαπτισταί au sens précis du Christianisme ; d'autres les prennent, non sans apparence de raison, au sens général et métaphorique, et disent, *celui qui est imbu de la doctrine*, et, *nous qui n'en sommes pas imbus*, ce qui supprime jusqu'à tout soupçon de Judaïsme chez Épictète, et force à confesser qu'il en a connu les doctrines sans les partager. Mais, même en prenant ces mots au sens un peu complaisant où nous avons cru devoir les prendre, comment tirer de ce passage un aveu du Christianisme ou du Judaïsme de l'auteur? Les Juifs ou les Galiléens (dont il parle ailleurs) sont là pour lui comme un exemple, qui lui sert à éclaircir sa pensée ; mais rien de plus. On a tort, dit-il, de se prétendre Stoïcien parce que l'on parle le langage du Stoïcisme, quand on n'en a pas les maximes au fond du cœur, et surtout quand on ne les applique pas, comme on a tort de se dire Juif, lorsque l'on a pas été baptisé, ou que l'on ne pense pas et ne fait pas tout ce que pense et fait le baptisé.

Il faudrait, ce nous semble, avoir *fait son siège* d'avance pour trouver dans ce passage la preuve qu'Épictète était Chrétien ou Juif. Voyez, d'ailleurs, la distance qu'il établit autre part entre les Galiléens et lui :

« Pourquoi ne ferions-nous pas par raison, dit-il ce que les Galiléens font par esprit de secte (ἤθει) ? » Liv. 4, ch. 7.)

Il n'est évidemment pas un des leurs, puisqu'il se met au-dessus d'eux. Et dans cet endroit où il se sert de leur exemple pour prouver la possibilité de ce qu'il demande, est-ce de la charité qu'il parle ? Non, mais précisément de ce qui l'a fait si souvent appeler un rêveur sans entrailles; de la résignation complète à la perte de nos parents et amis.

Ces deux passages sont les seuls où il ait parlé des Galiléens et des Juifs. Rien n'autorise donc à dire qu'il se soit lui-même déclaré un des leurs. Puis, avait-il besoin d'eux pour arriver à la charité ? Non : il trouvait dans le Stoïcisme lui-même tous les principes dont la charité est la conséquence. Pour les premiers

Stoïciens, comme pour lui, nous sommes tous enfants du même père, tous frères en Dieu, qui nous a tous créés avec les mêmes facultés et la même destinée. Que faut-il de plus pour conduire à la charité ? Et quelle est la doctrine qui l'établisse sur d'autres prémisses ? Ajoutez-y la vieille théorie grecque, que l'on ne fait jamais le mal que par erreur ou par ignorance, et que les coupables ne sont que de malheureux aveuglés : quel besoin lui trouverez-vous encore d'aller frapper à la porte d'une école étrangère, pour lui emprunter des idées qui découlaient des principes mêmes de la sienne ?

Il y a mieux d'ailleurs ; c'est que, malgré les nombreuses ressemblances des deux doctrines, l'esprit du Stoïcisme, même dans Épictète, est en opposition complète avec l'esprit du Christianisme. L'esprit du Chrétien est un esprit de mortification et de pénitence ; le Saint vit dans un tremblement perpétuel à la pensée des châtiments de la vie à venir, toujours présents devant ses yeux ; et il s'efforce d'en obtenir la remise par la rude pénitence qu'il s'impose ici-bas. Pour les Stoïciens, au contraire, et pour Epictète surtout, rien n'est à redouter après la mort : il n'y a ni Enfer, ni quoi que ce soit, au sortir de cette vie, qui ressemble à un châtiment. Quand nous mourons, notre être se décompose, et chacun des éléments dont il était formé se réunit à ses pareils dans le sein du grand Tout. L'homme est ici-bas pour y être heureux ; les Dieux lui en ont donné les moyens ; et de tous ces moyens, un des plus puissants est de se bien persuader que les craintes qu'on nous inspire d'une autre vie sont sans fondement.

Si Épictète, que les principes de son Ecole devaient par eux-mêmes conduire à la charité, l'avait cependant empruntée au Christianisme, comment comprendre qu'il s'en fût tenu là, et qu'il se fût si complètement éloigné de lui sur d'autres points si importants ?

Il n'y a donc aucune raison pour ne pas lui faire honneur, ainsi qu'à son Ecole, des préceptes de charité qui se trouvent dans son livre. Alors même (ce qui est bien loin d'être) que l'on n'en rencontrerait aucune trace avant lui dans la philosophie ancienne, il n'aurait eu qu'à être conséquent pour y arriver. Est-ce donc là une chose si rare dans l'humanité ? Et quel est le principe qui, un jour ou l'autre, ne porte pas tous ses fruits.

Cette charité est pour nous le grand intérêt de ces Entretiens ; mais elle n'est pas le seul ; et ce qui nous paraît presque au même degré faire l'importance de ce livre, c'est qu'il est, plus encore que l'ouvrage de Marc-Aurèle, le dernier mot de cette noble doctrine stoïcienne, éclairée par les objections de trois siècles, et réduite par elles à ses éléments constitutifs, à ceux avec lesquels elle a traversé les âges pour arriver jusqu'à nous, et y vivre encore. Aujourd'hui il n'y a plus de Platoniciens ni d'Aristotéliciens, mais il y a encore des Stoïciens, et ils sont tels précisément par ce qui fait le fond des Entretiens. En haut une Providence, dont le monde est sorti, quelles que soient les ténèbres qui pèsent sur l'impénétrable *comment* ; en bas la liberté, et des devoirs de pureté, de justice, de dévouement, avec le bonheur par eux, sans espérance comme sans crainte d'une autre vie : voilà en résumé, avec quelques souvenirs de la physique d'Héraclite, toute la philosophie d'Epictète ; et c'est aussi, à bien peu de chose près, tout le Stoïcisme moderne. Le temps a pu emporter le peu qu'Epictète avait conservé de la physique *Héraclitéenne*, mais il a respecté ces assises de son système, parce que, tout incomplètes qu'elles peuvent être, elles répondent trop bien à certaine situation et à certains côtés de l'esprit humain, pour qu'à toutes les époques il ne se soit pas trouvé des âmes qui, dans leur impuissance à aller plus loin, essayassent au moins de s'y attacher, comme à une satisfaction relative de leur besoin de connaître, et à la dernière sauvegarde de leur dignité morale.

Voilà, avec le côté affectueux du Stoïcisme, ce qui fait pour nous le singulier attrait de ce livre ; et, en nous plaçant à ce point de vue, ses éternelles redites sont loin de nous fatiguer. Pour atteindre l'unique but de l'auteur, pour nous apprendre à vivre, pour nous faire entrer au cœur ces grandes lois morales qui sont notre salut dans ce monde, pour les y enfoncer de façon à ce qu'elles y demeurent inébranlables, il faut s'y reprendre à bien des fois, comme il faut des coups de bélier pour enfoncer dans le sol les pieux que les sables ou les eaux pourraient emporter. A une vérité mathématique, qui ne s'adresse qu'à notre intelligence seule, et qui, n'ayant à vaincre l'opposition des intérêts ni des passions, n'a besoin que d'être comprise pour être définitivement acceptée, une seule démonstration suffit ; une seconde même serait ridicule. Mais une vérité morale, qui a d'abord à triompher de toutes nos habitudes et de toutes nos passions pour être admise, et qui n'est ensuite dans notre esprit que comme une lettre morte, tant qu'elle se borne à être acceptée par lui sans passer dans la pratique, ne saurait être reprise et répétée trop de fois, parce que celui qui doit l'appliquer ne l'a jamais assez entendue. Qui songe à se plaindre des redites de l'Imitation de J.-C. ? Eh bien, à beaucoup d'égards, les entretiens d'Epictète étaient dans l'antiquité ce qu'est l'Imitation de J.-C. chez nous. Si l'esprit en est différent, le but du moins en est le même.

N'y cherchez pas un traité écrit dans un ordre méthodique, où le premier chapitre soit le principe dont tous les autres découlent par un enchaînement systématique et régulier, à la façon de l'Éthique de Spinosa.

Non ; ce sont des conversations au hasard, aujourd'hui sur ce sujet-ci, demain sur ce sujet-là, et placées par le rédacteur dans l'ordre où il les avait recueillies, c'est-à-dire dans celui où elles s'étaient produites, amenées à tel jour et à telle heure par des circonstances fortuites. Ne les lisez pas à la suite les unes des autres, prenez-les au hasard, tantôt celle-ci, tantôt celle-là ; et si elles n'ouvrent pas devant vous les célestes horizons qu'y ouvrent l'Imitation, vous n'en sortirez pas moins chaque fois retrempé et fortifié.

Essayons de montrer un peu plus en détail ce que jusqu'ici nous n'avons fait qu'indiquer.

On est accoutumé à se récrier contre l'orgueil des Stoïciens : c'est qui est le fond de leur doctrine, semble-t-il ; et on se les représente volontiers passant à travers le monde, la tête haute, le dédain à la lèvre, jetant un regard de mépris sur tout ce qui les entoure, foulant aux pieds toutes les joies du vulgaire pour le seul plaisir de se prouver leur force, guindés et gourmés jusque dans le bien qu'ils font, et écrasant de leur supériorité jusqu'à ceux-mêmes auxquels ils se dévouent. Cela tient beaucoup, nous le croyons, à ce qu'on a l'habitude de les voir à travers Lucain et Sénèque. Or, Lucain est un poète ampoulé, aussi déclamateur dans son portrait de Caton que dans le reste de son poème ; et Sénèque est un homme de style, que la phrase emporte, qui court une expression à effet, comme un enfant après un papillon et, qui franchira, sans scrupule, ou plutôt sans s'en apercevoir (tant le plaisir de bien dire lui fait illusion), les limites de ce qu'il pense, pour mettre la main sur un mot brillant. Ce n'est pas chez eux qu'il faut chercher le véritable esprit du Stoïcisme il a bien plus de chances de se trouver dans Arrien et dans Marc-Aurèle, ces écrivains graves et austères, qui ne se préoccupent guère de bien dire, et qui n'écrivent que ce qu'ils pensent. Or, il nous semble que, si l'on fait d'après eux le portrait du Stoïcien, ce portrait sera sensiblement modifié. La tête du Sage sera toujours haute, et son regard *en face*, comme ceux d'un homme dont la conscience est pure, mais l'indulgence sera sur son visage, et la simplicité dans toutes ses manières. Si sa figure en impose par son élévation et sa gravité calme, elle attirera par sa bonté. Nous n'aurons plus Caton, mais Socrate. Ce sera l'homme préoccupé *d'être*, et non plus de *paraître* ; et le fond de la doctrine ne sera plus l'orgueil, mais un sentiment profondément religieux ; cette force, dont on prétend les Stoïciens si fiers, ce ne sera plus que pour justifier la Providence qu'ils tâcheront de l'avoir.

« Jupiter n'est pas juste, si, en mettant l'homme sur la terre, il ne l'a pas fait capable d'y être heureux, comme il l'est lui-même. »

Ainsi parle Epictète, et sa constante préoccupation va être de démontrer qu'en effet Jupiter a mis le bonheur à la portée de l'homme.

C'est à le démontrer par la théorie que lui sert le dogme austère, qu'il n'y a de bien et de mal que dans les faits qui émanent de notre libre arbitre, et qu'en dehors de nos jugements et de nos volontés tout est indifférent.

C'est à le confirmer par la pratique, que lui sert à son tour l'ἀπάθεια, cette sénérité inaltérable, qui n'est as l'insensibilité de la statue (οὐ δεῖ ὡς ἀνδρίαντα εἶναι), mais le calme d'un homme maître de ses désirs, et heureux de la conscience du bien qu'il fait; qui peut être atteint par les coups du sort, soit dans sa fortune, soit dans ceux qu'il aime (car le Sage a un cœur) ; mais qui, s'il ressent cette atteinte, ne peut en être abattu, ni être amené par elle au murmure ou à la plainte, soit parce qu'il connaît le peu de valeur de ce que le vulgaire appelle des biens, soit parce qu'il sait qu'au-dessus de ce monde, qui a ses lois auxquelles il faut bien que ses parties soient soumises, plane une Providence qui ne peut rien faire que pour le bien, et dont notre premier devoir est d'accepter les arrêts.

Est-ce là de l'orgueil ? Est-ce là de la piété ?

La distinction stoïcienne entre les vrais biens et les choses indifférentes, n'est que le pendant de la profonde distinction du Christianisme entre les biens spirituels et les bien temporels ; et sur la possibilité pratique de l'ἀπάθεια, la vie de plus d'un Saint est là pour répondre.

Si le Stoïcisme a tort, ce n'est donc pas là.

Son tort c'est que, pour lui et pour Epictète surtout, notre destinée finit à cette vie.

Dans Sénèque, qui dit tantôt oui, tantôt non, qui tantôt se livre à des amplifications de rhétorique sur le bonheur de l'autre vie, tantôt affirme que la mort n'est que le néant, l'immortalité de l'âme est indifférente ; dans Epictète, elle est fermement niée.

Tout d'abord la doctrine entière est combinée, dans Sénèque même, pour qu'une autre vie soit inutile.

Des deux grands besoins qui élèvent les yeux de l'homme vers le Ciel, et lui font croire à l'immortalité, le besoin d'avoir où apaiser sa soif de bonheur, et celui de voir se réaliser quelque part la justice absolue sous le gouvernement de la Providence, le premier est satisfait par l'ἀπάθεια, puisque, grâce à elle, l'homme n'a qu'à vouloir pour être ici-bas complètement heureux, aussi heureux, que Jupiter lui-même ; et l'autre l'est par les conséquences naturelles de nos actes, qui distribuent dans cette vie les châtiments et les récompenses en proportion exacte du bien et du mal que nous avons faits.

Si nous n'apercevons pas cette suite et cet ordre,

c'est que, ne tenant point compte de la nature des faits, nous leur cherchons des conséquences qu'ils ne peuvent pas avoir, et fermons les yeux à celles qu'ils ont. Ne demandons à chaque chose que ce que nous devons attendre d'elle en vertu de sa nature propre ; ne cherchons ses effets et ses résultats que dans ce qu'elle produit immédiatement et d'elle-même, au lieu d'aller les chercher bien loin et dans des choses qui n'ont avec elle aucun rapport de nature : et là, où nous croyons voir maintenant le désordre et le chaos, parce que nous les y mettons nous-mêmes, l'ordre le plus évident nous apparaîtra. Demandons à la bienveillance de nous donner le calme de l'âme et l'affection de ceux qui nous entourent ; demandons à l'activité, unie à la prudence, de nous faire faire notre fortune ; ne disons pas : *Il faut que je sois riche, parce que je suis bon ;* et ne crions pas au renversement de tout ordre et de toute justice, parce que cet homme actif et prudent, qui a fait fortune, se trouve être en même temps un fils ingrat, ou un cœur sans pitié. Il n'aura ni des amis ni le calme du cœur parce qu'il n'a pas ce qui engendre naturellement les amis et le calme du cœur : mais il aura fait fortune, parce qu'il avait ce qui naturellement doit engendrer la fortune. Exigerions-nous que de deux coureurs ce fût le plus vertueux qui arrivât le premier, et non pas le plus agile ?

Que si, malgré tout cela, il vous paraît encore y avoir quelque lacune dans la répartition de la justice ici-bas, et dans le lot de chacun eu égard à ses actes, les Stoïciens gardent en réserve les lois et le bien général de l'ensemble, dont l'humanité est une partie, et aux intérêts duquel, par conséquent, ses intérêts ont dû être surbordonnés. Nous subissons les lois de la création dans laquelle nous sommes compris ; nous vivons sous les conditions du milieu où nous nous trouvons ; nous sommes entraînés dans le mouvement de la machine entière. Nous n'avons rien à reprocher aux Dieux de ce qui nous arrive : ce dont nous souffrons ne pouvait pas ne pas être.

Quel besoin Epictète pouvait-il avoir de l'immortalité après cela ? Aussi voyez ses déclarations.

« La mort n'est qu'un grand changement : l'être actuel s'y change, non point en non-être, mais en quelque chose qui n'est pas actuellement. — Est-ce donc que je ne serai plus ? — Si, tu seras ; mais tu seras quelque autre chose dont le monde aura besoin en ce moment. » (L. 3, ch. 24.)

« Lorsque Jupiter te refuse ce qui est nécessaire à la vie, il te sonne la retraite, il t'ouvre la porte ; il te dit : viens. — Où cela ? — Vers rien qui soit à redouter, vers ce dont tu es venu, vers des choses amies et du même genre que toi, vers les éléments. Tout ce qu'il y avait de feu en toi s'en ira vers le feu ; tout ce qu'il y avait de terre, vers la terre ; tout ce qu'il y avait d'air vers l'air ; tout ce qu'il y avait d'eau, vers l'eau. Point d'enfer, point d'Achéron, point de Cocyte, point de Phlégéton. Non ; tout est peuplé de Dieux et de Génies. » (L. 3, ch. 13.) (XIII)

« Doit-il, à la mort, arriver autre chose que la séparation de l'âme et du corps ? Rien. » (L. 3, ch. 22.)

« Voici le moment de mourir. — Comment dis-tu ? — de mourir. — Point de déclamations : dis que voici le moment pour sa substance, de se décomposer dans les éléments dont elle a été composée. Et qu'y a-t-il de terrible ? » (L. 4, ch. 7.)

La décomposition de tout notre être à la mort, et l'absorption des éléments de l'intelligence humaine dans l'intelligence universelle (puisque l'âme est air, ou que l'air est l'âme, suivant la physique stoïcienne), sans nulle conservation de la personnalité, et sans rien à espérer ni à craindre d'une autre vie : voilà bien le dernier mot de la doctrine d'Epictète ; et c'est là que nous paraît en réalité être son côté faible.

Epictète nous mesure le temps ; il nous enferme dans la vie ; il refuse à nos facultés ce complément de développement qu'elles appellent de toute leur force : pour justification dernière de la Providence, il nous jette ce mot : « Elle n'a pu mieux faire ; » il nous interdit l'espérance ; il coupe les ailes à ces aspirations vers l'infini qui sont comme le fond de notre nature : l'humanité qui a besoin d'espérer, l'humanité qui étouffe entre les barreaux de fer des nécessités de l'ensemble, ne sera jamais stoïcienne, malgré les adoucissements que le grand cœur et le grand sens d'Epictète lui ont fait mettre à l'ἀπάθεια. Combien le Christianisme est plus pratique, quand, pour nous détourner de ces biens matériels, dont les attraits sont si puissants, il nous montre le ciel au terme de nos efforts ; et quand, pour nous faire supporter la perte de tant d'êtres si chers qui semblent emporter notre cœur avec eux, il allume en nous l'espérance d'un bien immense, qui sera précisément la récompense de la soumission avec laquelle nous aurons supporté cette perte ! L'espérance lui est un levier pour nous détacher du monde ; le Stoïcisme, qui veut nous en détacher commence, lui, comme par jeter le levier ! Il ne garde d'autre appât à ce renoncement et à cette résignation absolus, que le calme qui en résultera pour notre vie, et la conscience de nous sentir dans l'ordre. Quelque précieux que ces biens puissent être, est-ce pour l'humanité, surtout quand on la veut si grande ?

Enfermer l'homme dans ce monde, lorsque, comme Épicure, on lui assigne le plaisir pour but, et le rabaisse ainsi vers la brute : rien de plus logique. Mais lui prêcher la sainteté et le dévouement, exalter tout ce qu'il y a de noble en lui, le lancer vers l'Idéal, et arrêter brusquement son vol à la sortie de cette vie, quelle plus flagrante contradiction ! Si vous voulez que je me contente de l'étroit espace où vous me renfermez si vous ne voulez pas que je me meurtrisse les ailes aux barreaux de ma cage, étouffez en moi tout besoin d'en sortir ; faites-moi par mes instincts et par mes facultés l'égal des animaux qui partagent ma prison ; et que la satisfaction des sens soit pour moi la vie tout entière. Mais si vous commencez par me montrer le ciel, si vous le peuplez sous mes yeux d'êtres bienheureux, dont la nature ait des analogies avec la mienne, si vous exaltez encore mes affinités avec eux par la prescription des plus hautes et des plus difficiles vertus, ne me condamnez pas, sous peine d'inconséquence et de cruauté, à vivre dans ma prison sans en sortir jamais, en m'imposant de surcroît, comme par ironie, l'obligation de me trouver heureux !

Après avoir fait l'humanité si grande, il faut que le Stoïcisme la comprime de force pour la faire tenir dans ce monde ; il faut, au propre, qu'il la refoule et qu'il la violente pour qu'elle ne sorte pas du misérable cercle où il la circonscrit ; et de là les duretés de Lucain, de Sénèque, du Manuel, voire même de quelques passages des Entretiens, sous la nécessité de justifier Dieu ici-bas par le bonheur absolu du Sage. En vain la charité qui déborde à côté les dément ; une fois le principe posé, elles restent, en dépit de tout, ses conséquences logiques.

A côté de cela pourtant chez lui, que de profondeur, et que de grandes choses !

La philosophie moderne se donne bien de la peine pour prouver l'identité de l'intérêt et du devoir : pour le Stoïcisme, elle sort des faits mêmes.

« La loi de l'homme est le bonheur ! Rien de plus précieux à l'homme que son intérêt ! » dira-t-il souvent avec Epicure ; et il ajoutera avec lui encore : « C'est en se conformant à la nature que l'homme arrivera à ce bonheur. » Mais que demande la nature? que, des deux parties qui composent notre être, un corps et une âme, la prééminence soit maintenue à celle à qui elle appartient de droit par la supériorité de son essence. Les intérêts de l'âme deviennent ainsi les véritables intérêts de l'homme. Or, quels sont les intérêts de l'âme. Emanation de Dieu, dont elle partage l'essence, son intérêt est de rester ce qu'elle est par nature, car, pour elle, changer c'est nécessairement descendre. Il lui faudra donc se maintenir pure, calme, sereine, indépendante de toutes les passions du corps, sans autre préoccupation pour elle-même que la recherche du bien et du vrai. Et, en même temps, voyant autour d'elle, dans les autres hommes, des âmes semblables à elle, et filles de Dieu comme elle, il lui faudra, pour rester l'image de ce Dieu dont la Providence s'étend à tout le genre humain, venir en aide à ces âmes, ses sœurs, afin qu'elles aussi elles se maintiennent dans cette voie du vrai et du bien.

C'est ainsi que, pour le Stoïcisme, la prescription de la sainteté sort du dogme même de l'intérêt ; et que la charité pour autrui devient le complément obligatoire de la sagesse individuelle.

En suivant cette double voie, les Stoïciens en sont arrivés pour leur Sage au rôle complet du prêtre chrétien (L. 3, ch. 22). Chaste, tempérant, sans désir pour lui-même, sans envie par conséquent contre personne, résigné d'avance à tout ce que la Providence lui enverra, prêt à se dépouiller de tout pour tous, indulgent au pécheur, et le cœur si plein d'amour pour l'humanité qu'il aime comme un frère jusqu'à ceux qui le frappent, il s'en ira à travers le monde, prêchant la vérité et la vertu, dévoilant les faux biens, éclairant les intelligences, et épurant les cœurs. Il n'aura ni fortune, ni famille, parce que ces attaches individuelles l'arrêteraient dans l'accomplissement de ses devoirs envers l'humanité tout entière; la modicité de ses désirs lui permettra de se passer de fortune; et, à la place d'enfants qui soient à lui, il aura tous les hommes pour fils et toutes les femmes pour filles.

Faites-lui prêcher en outre l'immortalité de l'âme et la nécessité de la pénitence, qu'est-ce que le spiritualisme chrétien pourrait demander de plus?

En se plaçant à un point de vue bien différent, un de nos plus brillants critiques a soutenu que la vertu stoïcienne se réduisait à la résignation qui accepte tout; et il a proposé de lui substituer comme règle le sentiment moderne de l'honneur.

Il nous semble que, dans cette ardente charité, dans cet apostolat à travers le monde, il y a autre chose que de la résignation. Puis, à ne se placer même qu'au point de vue de la politique (point de vue exclusif du critique* dons nous parlons), est-ce simplement de la résignation que ces exemples d'indépendance donnés par Helvidius et par Socrate, et que nous rapporte Arrien? Quand Helvidius répond à Vespasien: « Tu peux me rayer du Sénat, mais, tant que j'en ferai partie, tu ne peux m'empêcher de m'y rendre et de dire ce que je pense, dusses-tu me faire périr après »; quand Socrate, au péril de sa vie, refuse d'arrêter Léon, sur l'ordre que lui en donnent les Dix, n'est-ce donc là que de la résignation? Est-ce la résignation seule que nous prêche le livre qui nous les donne pour modèles? *Fais ce que dois, advienne que pourra*, traduction littérale de ces deux actes,

* Mr Prévost-Paradol.

pourrait-il bien s'appeler un précepte de soumision ? Et, si l'on entend par l'honneur autre chose que la préoccupation de l'opinion publique, qu'est-ce que l'honneur, si ce n'est l'ἀξίωμα, ce sentiment de notre dignité individuelle, cette volonté de ne pas déchoir, qui est la règle de conduite d'Helvidius et de Socrate ?

Voilà à grands traits cette doctrine célèbre, avec ce qu'elle a tout à la fois d'élevé et d'incomplet. Telle qu'elle est, il nous a paru utile de la mettre à la portée de tout le monde, malgré l'aridité du livre qui la contient. Nous ne sommes pas, du reste, le premier à l'essayer. Dès 1630, le père Goulu traduisait l'ouvrage entier d'Arrien ; Dacier en extrayait ensuite deux volumes, sous le nom de *Nouveau Manuel d'Epictète ;* enfin, en 1832, M. P. Thurot en publiait, aux frais de l'imprimerie royale, une traduction estimable, à laquelle ne manquent pour être complète, qu'une trentaine de pages sans importance majeure. Mais la traduction du père Goulu a singulièrement vieilli, sans compter l'incorrection du texte qui lui a servi ; Dacier a fait des emprunts, non une traduction : et M. Thurot, malgré les incontestables qualités de son œuvre, laisse trop souvent échapper l'enchaînement des idées, et n'a pas de l'ensemble du système une intelligence suffisante pour donner à chaque expression sa valeur vraie. Sa traduction est celle d'un Helléniste ; elle n'est pas celle d'un philosophe. Voilà pourquoi nous avons cru pouvoir publier la nôtre après la sienne.

Traduire un philosophe ancien, c'est le commenter sans en avoir l'air. Pour qui a suivi l'histoire intellectuelle de l'humanité et la marche naturelle des idées dans les peuples comme dans les individus ; pour qui a observé comment elles se forment et se transforment ; pour qui les a vues passant petit à petit de la synthèse à l'analyse, d'une extension énorme d'abord, à une extension de plus en plus restreinte, de l'indétermination et du vague à une précision de plus en plus grande, il est bien clair que les idées des anciens étaient autrement faites que les nôtres et se composaient d'autres éléments. Lors donc que nous prétendons traduire une de leurs idées par une idée équivalente prise dans les nôtres, lorsque nous croyons qu'un de nos mots répond exactement à un des leurs, nous nous trompons le plus souvent : nous sommes presque toujours en deçà ou au delà de leur conception exacte. On a dit avec raison que la plupart de nos erreurs sur les usages et sur les opinions de l'antiquité étaient des erreurs de dictionnaire ; et que bon nombre de mots anciens ressemblaient à des pièces de monnaie dont le maximum et le minimum seraient fixes, mais dont il faudrait déterminer chaque fois la valeur d'occasion. Cela est doublement vrai des mots de la langue morale. En dedans de leur valeur générale, ces mots ont presque chaque fois une valeur accidentelle, que l'on ne peut déterminer qu'en les rapprochant de tout ce qui les précède et de tout ce qui les suit. Trouvez, par exemple, un mot français qui soit l'équivalent constant des mots λόγος, τέχνη, δύναμις, φαντασία,* voir

* La φαντασία, par exemple, est tout ce qui nous apparaît (φαίνεσθαι paraître), tout ce qui se montre à nous, depuis les objets extérieurs eux-mêmes et les *idées* images qui nous les révélaient, suivant les anciens, jusqu'aux conceptions abstraites qui sollicitent notre adhésion, et jusqu'aux tentations qui sollicitent notre volonté. Le traduire par le mot *pensée*, que M. Thurot adopte presque constamment, c'est d'autant mieux ne rien dire que la pensée est un acte de l'intelligence, un élément actif, et que la φαντασία est toujours passive. Nous l'avons traduit le plus souvent par le mot *idée*, pris au sens antique des idées images ; mais bien des fois ce n'est pas là qu'une traduction timide ; et le vrai sens de la formule χρῆσις τῶν φαντασιῶν serait fort souvent *la façon dont on use des cho-*

même προαίρεσις. Traduire un philosophe ancien, c'est donc bien le commenter, *periculosæ plenum opus aleæ* ! C'est penser et faire penser avec les habitudes d'esprit de son temps. Dans une pareille entreprise la *lettre* est peu de chose ; c'est l'idée qui est tout.

Ceci est doublement vrai avec un ouvrage comme celui d'Arrien, où il n'y a pas de style, à proprement parler, et qui n'est guère qu'un recueil de notes prises pendant un cours. La pensée du maître y est fidèlement reproduite; mais il y a dans la rédaction tout le désordre naturel à des notes écrites précipitamment, bien plus pour servir de *memento* à celui qui les prenait que pour être jamais publiées. Lorsqu'il y a doute ici sur le sens d'une phrase, les raisons qu'on peut tirer ailleurs de la régularité, de la symétrie, voire même de la Grammaire, perdent notablement de leur force; c'est le sens général et l'enchaînement des idées qui doivent avant tout en décider. Si donc, aussi souvent que nous l'avons pu, nous avons respecté scrupuleusement le tour de la phrase, son mouvement, ses images, son aridité même; si nous avons essayé de faire sous ce rapport tout ce que la fidélité littéraire pouvait exiger de nous, en revanche, toutes les fois qu'il y a eu lutte entre elle et cette fidélité philosophique, qui consiste dans la transmission claire et intelligible des idées, nous avons, sans hésiter, sacrifié la première à la seconde.

ses, le parti qu'on sait tirer des événements, la conduite que l'on tient dans les différentes conjonctures.

Même observation pour προαίρεσις, que M. Thurot traduit constamment par volonté, et qui répond réellement à notre faculté de juger et à notre faculté de vouloir, tantôt réunies, tantôt séparées. Le mot de *volonté* ne serait exact que dans la langue philosophique du XVIIe siècle, que personne ne parle plus aujourd'hui.

On sera sans doute surpris de la façon dont nous avons traduit certains mots; mais que l'on veuille bien considérer l'ensemble de la doctrine, et la surprise cessera. On est si habitué, par exemple, à ranger les Stoïciens parmi les Sensualistes, que l'on s'étonnera de nous voir parler chez eux de notions *à priori*, comme s'il s'agissait de véritables Cartésiens. Mais, outre ce qu'il y a d'étrange à ranger parmi les Sensualistes des gens qui ont proclamé plus haut que personne la notion du devoir et la supériorité de la raison sur les sens, comment dans la plupart des cas au moins traduire autrement les αἱ φύσικαι προλήψεις, ces notions naturelles et générales, antérieures à l'expérience, et que le talent du Sage est précisément d'appliquer, comme il faut, aux objets particuliers qu'elle nous fait connaître? Les expliquer par l'*expérience* d'une vie antérieure, comme l'a fait M. Ravaisson dans son Essai sur le Stoïcisme, si remarquable d'ailleurs, c'est se contenter à bien peu de frais; car toute la question est de savoir si elles sont ou non ici-bas des données de nos sens. Si elles n'en sont pas, qu'importe la façon dont nous les avons acquises dans une vie antérieure! Du reste, les φύσικαι προλήψεις nous semblent avoir plus d'analogie avec ce que Kant appelle les *formes* de l'intelligence, qu'avec la *réminiscence* de Platon.*

Là s'arrête ce que nous avions à dire et du livre lui-même, et de notre façon de le traduire. Nous n'avons pas eu l'intention de recommencer après tant d'autres une exposition nouvelle du Stoïcisme, et encore moins de le discuter à fond. Nous n'avons voulu qu'attirer

* Les *Positivistes* actuels auraient la possibilité de les expliquer dans les individus d'aujourd'hui par la *transmission héréditaire*. Mais dans le premier homme qui les a eues? (Note de la 2e édition).

l'attention sur certains points particuliers, que jusqu'ici, ce nous semble, on n'avait pas assez mis en lumière. Y sommes-nous parvenus, et qu'adviendra-t-il de notre traduction, elle aussi ? Nous n'avons, à ce sujet, qu'à répéter pour notre compte ce que dit Arrien lui-même, à la fin de sa préface :

« Si nous échouons, peut-être sera-ce de notre faute, peut-être était-il inévitable qu'il en fût ainsi. »

V. COURDAVEAUX.

LES

ENTRETIENS D'ÉPICTÈTE

LES

ENTRETIENS D'ÉPICTÈTE

RECUEILLIS PAR ARRIEN

ARRIEN A LUCIUS GELLIUS, SALUT.

Je n'ai pas composé moi-même ces leçons d'Epictète, comme on peut composer les choses de ce genre-là ; et ce n'est pas moi non plus qui les ai publiées, moi qui déclare que je ne les ai pas composées. J'ai simplement essayé d'écrire ce que je lui entendais dire, et dans les mêmes termes, autant que possible, afin de me conserver pour l'avenir des souvenirs de sa pensée et de sa libre parole. Il n'y a donc ici, naturellement, que le langage qu'on peut tenir d'abondance, en improvisant devant quelqu'un. Ce n'est pas le style d'un homme qui écrit avec la pensée qu'on le lira plus tard.

Tel qu'est ce livre cependant, il est arrivé, je ne sais comment, devant le public, sans mon consentement et à mon insu. Mais il m'importe guère d'y paraître ou non un habile écrivain ; et peu importe à Epictète aussi que l'on fasse fi de sa manière de dire, puisque, en parlant, il ne se préoccupait évidemment d'autre chose que de porter au bien l'esprit de ses auditeurs.

Si ces leçons produisent ce résultat, fût-il le seul, elles auront, je crois, tout le mérite que doit avoir la parole d'un philosophe. Si elles ne le produisent pas, il faut au moins que les lecteurs sachent que, lorsqu'Épictète parlait lui-même, les auditeurs éprouvaient inévitablement tout ce qu'il voulait leur faire éprouver. Si par elles-mêmes elles n'ont plus cette puissance, peut-être est-ce moi qui en suis la cause, peut-être était-il inévitable qu'il en fût ainsi.

Adieu.

LIVRE PREMIER

CHAPITRE Ier

Des choses qui sont en notre pouvoir, et de celles qui n'y sont pas.

De tous les modes d'exercice de notre force intellectuelle, vous n'en trouverez qu'un seul qui puisse s'approuver ou se blâmer. Jusqu'où la grammaire est-elle en possession d'aller dans ses jugements? jusqu'à la détermination des lettres. Et la musique? jusqu'à la détermination des notes. Mais l'une d'elles se juge-t-elle elle-même? nullement. Lorsqu'il faudra écrire à un ami la grammaire dira comme il faut lui écrire; mais la grammaire ne vous dira pas s'il faut ou non écrire à cet ami. La musique vous enseignera de même les notes; mais elle ne vous dira pas s'il faut pour le moment chanter et jouer de la lyre, ou s'il ne faut ni chanter ni jouer de la lyre. Qui donc vous le dira? la faculté qui se juge elle-même et juge tout le reste. Et qu'elle est-elle? La faculté rationnelle, car celle-ci est la seule qui nous ait été donnée pouvant se rendre compte d'elle-même, de sa nature, de sa puissance, de sa valeur, quand elle est venue en nous, ainsi que de tous les autres modes d'exercice de l'esprit. Qu'est-ce qui nous dit en effet que l'or est beau, puisqu'il ne le dit pas lui-même? évidemment c'est la faculté chargée de tirer parti des *idées*. Quelle autre juge la musique, la grammaire et toutes les autres branches de savoir, en apprécie l'emploi et indique le moment d'en faire usage? nulle autre qu'elle.

Les dieux donc, ainsi qu'il convenait, n'ont mis en

notre pouvoir que ce qu'il y a de meilleur et de plus excellent dans le monde, le bon usage des *idées*. Le reste, ils ne l'ont pas mis en notre pouvoir. Est-ce donc qu'ils ne l'ont pas voulu? Moi je crois que, s'ils l'avaient pu, ils nous auraient également faits maîtres du reste. Mais ils ne le pouvaient absolument pas. Car, vivant sur la terre, et enchaînés à un tel corps et à de tels compagnons, comment aurions-nous pu ne pas être entravés pour ce reste par les objets du dehors?

Que dit Jupiter? « Epictète, si je l'avais pu, j'aurais encore fait libres et indépendants ton petit corps et ta petite fortune. Mais, ne l'oublie pas, ce corps n'est pas à toi; ce n'est que de la boue artistement arrangée. Comme je n'ai pu l'affranchir, je t'ai donné une partie de nous-mêmes, la faculté de te porter vers les choses ou de les repousser, de les désirer ou de les éviter, en un mot, de savoir user des *idées*. Si tu la cultives, si tu vois en elle seule tout ce qui est à toi, jamais tu ne seras empêché ni entravé; jamais tu ne pleureras; jamais tu n'accuseras ni ne flatteras personne. »

Eh quoi! trouves-tu que ce soit là peu de chose? — A Dieu ne plaise! — Contente-t'en donc et prie les dieux. Mais maintenant, nous qui pourrions ne nous occuper que d'un seul objet, ne nous attacher qu'à un seul, nous aimons mieux nous occuper et nous embarrasser d'une foule de choses, de notre corps, de notre fortune, de notre frère, de notre ami, de notre enfant, de notre esclave. Et toutes ces choses, dont nous nous embarrassons, sont un poids qui nous entraîne au fond. Aussi qu'il y ait impossibilité de mettre à la voile, et nous nous essayons impatients, regardant continuellement quel est le vent qui souffle. — « C'est Borée! Qu'avons nous à faire de lui? Et quand le Zéphire soufflera-t-il? » — Quand il lui plaira, mon ami; ou quand il plaira à Éole. Car ce n'est pas toi que Dieu a établi le dispensateur des vents, mais bien Éole. Que faut-il donc faire? rendre parfait ce qui dépend de nous et prendre les autres choses comme elles viennent. Comment viennent-elles donc? comme Dieu le veut.

— « Quoi donc, je serais le seul qu'on décapiterait aujourd'hui ! » — Eh bien ! veux-tu que tous soient décapités, pour que tu aies une consolation ? Ne préfères-tu pas tendre le cou, comme à Rome, ce Lateranus, dont Néron avait ordonné de couper la tête ? Il la tendit, et fut frappé, mais le coup était trop faible ; il la retira un instant ; puis la tendit de nouveau. Déjà auparavant, comme Épaphrodite, affranchi de Néron, était venu l'interroger sur le motif de sa haine pour l'empereur, il lui avait répondu : « Si je veux le dire, ce sera à ton maître. »

Que faut-il donc avoir présent à l'esprit dans ces circonstances ? Rien autre chose que ces questions : Qu'est-ce qui est à moi ? Et qu'est-ce qui n'est pas à moi ? Qu'est-ce qui m'est possible ? Et qu'est-ce qui ne m'est pas possible ? Il faut que je meure. Eh bien ! faut-il donc que ce soit en me lamentant ? Il faut que je parte pour l'exil. Eh, qui m'empêche de partir en riant, le cœur dispos et tranquille ? — « Dis-moi tes secrets. — Je ne te les dis pas, car cela est en mon pouvoir. — Mais je t'enchaînerai. — O homme, que dis-tu ? m'enchaîner, moi ! Tu enchaîneras ma cuisse ; mais ma faculté de juger et de vouloir, Jupiter lui-même ne peut en triompher. — Je te jetterai en prison. — Tu y jetteras mon corps. — Je te couperai la tête. — Quand t'ai-je dit que j'étais le seul dont la tête ne pût être coupée ? » Voilà ce que devraient méditer les philosophes, ce qu'ils devraient écrire tous les jours, ce à quoi ils devraient s'exercer.

Thraseas avait coutume de dire : « J'aime mieux être tué aujourd'hui qu'exilé demain. » Que lui dit donc Rufus ? « Si tu choisis la mort comme plus pénible, quel est ce choix absurde ? Si comme plus douce, qui te l'a permis ? Ne veux-tu pas t'exercer à être satisfait de ce qui t'est échu ? »

C'est pour cela qu'Agrippinus disait : « Je ne m'entrave pas moi-même. » On lui annonça qu'il était jugé dans le sénat. « Au petit bonheur ! dit-il. Mais, voici la cinquième heure (c'était celle où il avait l'habitude de s'exercer, puis de se baigner dans l'eau froide) ; sortons et exerçons-nous. » Quand il s'est exercé, quelquelqu'un vient lui dire qu'il a été condamné. — « A l'exil, dit-il, ou à la mort ? — à l'exil. — Qu'arrive-t-il de mes biens ? — On ne te les a pas enlevés. — Allons donc à Aricie, et dînons-y. »

Voilà ce que c'est que d'avoir médité ce qu'il faut méditer, de s'être placé au-dessus de tout obstacle et de tout accident, pour les choses qu'on désire ou qu'on veut éviter. « Il faut que je meure. Si tout de suite, je meurs ; si bientôt, je dîne maintenant que l'heure en est venue ; je mourrai ensuite. — Comment ? — Comme il convient à quelqu'un qui rend ce qui n'est pas à lui. »

CHAPITRE II

Comment on peut conserver sa dignité en toute chose.

Pour l'être doué de la vie et de la raison, il n'y a d'impossible à supporter que ce qui est contre la raison ; tout ce qui est conforme à la raison se peut supporter. Les coups par eux-mêmes ne sont point impossibles à supporter. — Comment cela ? — Vois comme les Lacédémoniens se laissent battre de verges sachant que cela est conforme à la raison. La pendaison elle-même se peut supporter. Lorsque quelqu'un croit qu'elle est conforme à la raison, il s'en va et se pend. En un mot, si nous y faisons attention, nous trouverons que l'être doué de la vie ne souffre de rien tant que de ce qui n'est pas raisonnable, et qu'en revanche il n'est attiré par rien autant que par ce qui est raisonnable.

Mais ce qui paraît raisonnable ou déraisonnable à l'un ne le paraît pas à l'autre. Il en est de cela comme du bien et du mal, de l'utile et du nuisible. Et c'est pour ce motif surtout que nous avons besoin d'instruction pour apprendre à mettre d'accord avec la nature, dans chaque cas particulier, notre notion à priori du raisonnable et du déraisonnable.

Or, pour juger de ce qui est conforme ou contraire à la raison, nous ne nous bornons pas à apprécier les objets extérieurs, nous tenons compte encore de notre dignité personnelle. L'un, en effet, trouve conforme à la raison de présenter le pot de chambre à quelqu'un, parce qu'il ne voit qu'une chose : que, s'il ne le présente point, il recevra des coups et ne recevra pas de nourriture ; tandis que, s'il le présente, il n'aura à supporter rien de fâcheux ni de pénible. L'autre non seulement trouve intolérable de le présenter lui-même, mais encore ne saurait souffrir qu'un autre le lui présente. Si tu me fais cette question : « Présenterai-je ou non le pot de chambre ? » je te dirai que recevoir de la nourriture vaut mieux que n'en pas recevoir et qu'il y a plus de désagrément à être frappé de verges qu'à ne pas l'être ; de sorte que, si tu calcules d'après cela ce qui te convient, va présenter le pot de chambre. — Mais la chose est indigne de moi. — C'est à toi de faire entrer cela en ligne de compte, et non pas à moi, car tu es le seul qui sache combien tu t'estimes, et combien tu veux te vendre. Chacun se vend un prix différent.

Aussi quand Florus demanda à Agrippinus s'il devait descendre sur la scène avec Néron pour y jouer un rôle lui aussi, « descends-y, » fut la réponse. Et sur cette question : « Pourquoi, toi, n'y descends-tu pas ? » « Parce que, moi, dit-il, je ne me demande même pas si je dois le faire. » C'est qu'en effet celui qui s'abaisse à délibérer sur de pareilles choses et qui pèse les objets extérieurs avant de se décider, touche de bien près à ceux qui oublient leur dignité personnelle.

Que me demandes-tu en effet ? « Qui vaut le mieux de la mort ou de la vie ? » Je te réponds, la vie. « De la souffrance ou du plaisir ? » Je te réponds, le plaisir. « Mais si je ne joue pas la tragédie, dis-tu, j'aurai la tête coupée. » — Va donc, et joue la tragédie. Pour moi, je ne la jouerai pas. — « Pourquoi ? » — Parce que, toi, tu ne te regardes que comme un fil de la tunique. — « Que veux-tu dire ? » — Que dès lors il te faut chercher à ressembler aux autres hommes, de même qu'aucun fil ne demande à être supérieur aux autres fils. Mais moi, je veux être le morceau de pourpre, cette petite partie brillante qui donne aux autres l'éclat et la beauté. Que me dis-tu donc de ressembler aux autres ? Comment serais-je pourpre alors ?

C'est ce qu'avait bien vu Priscus Helvidius ; et il agit comme il avait vu. Vespasien lui avait envoyé dire de ne pas aller au sénat : « Il est en ton pouvoir, lui répondit-il, de ne pas me laisser être du sénat ; mais tant que j'en serai, il faut que j'y aille. — Eh bien, vas-y, lui dit l'empereur, mais tais-toi. — Ne m'interroge pas, et je me tairai. — Mais il faut que je t'interroge. — Et moi, il faut que je dise ce qui me semble juste. — Si tu le dis, je te ferai mourir. — Quand t'ai-je dit que j'étais immortel ? Tu rempliras ton rôle, et je remplirai le mien. Ton rôle est de faire mourir ; le mien est de mourir sans trembler. Ton rôle est d'exiler, le mien est de partir sans chagrin. » A quoi servit cette conduite de Priscus, seul comme il était ? Mais en quoi la pourpre sert-elle au manteau ? Que fait-elle autre chose que de ressortir sur lui en sa qualité de pourpre et d'y être pour le reste un spécimen de beauté ? Un autre homme, si César dans de pareilles circonstances lui avait dit de ne pas aller au sénat, aurait répondu : « Je te remercie de m'épargner. » Mais César n'aurait pas empêché un tel homme d'y aller, sachant bien qu'il y devait rester immobile comme une cruche, ou que, s'il y parlait, il dirait ce qu'il savait désiré de l'empereur, et que même il renchérirait encore dessus.

De même cet athlète qui était en danger de mourir, si on ne lui coupait pas les parties sexuelles. Son frère vint le trouver (l'athlète était philosophe) et lui dit : « Eh bien, frère, que vas-tu faire ? Coupons cette partie, et retournons au gymnase. » Mais celui-ci refusa, tint bon, et mourut. Quelqu'un demandait à quel titre il avait agi ainsi : à titre d'athlète, ou à titre de philosophe? « A titre d'homme, » répondit Epictète; « au titre d'un homme qui avait été proclamé à Olympie après y avoir combattu, d'un homme qui avait passé sa vie sur ce terrain-là, et non à se faire parfumer d'odeur chez Baton. » Un autre se serait fait couper jusqu'à la tête même, s'il avait pu vivre sans tête. Voilà ce que c'est que le sentiment de notre dignité. Voilà la force qu'il a chez ceux qui ont l'habitude de le faire entrer en ligne de compte dans leurs délibérations. — « Va donc, Épictète : fais-toi raser. » — Si je suis philosophe, je réponds : « Je ne me ferai pas raser. » — Mais je t'enlèverai la tête. — « Enlève-la, si cela te semble bon. »

Quelqu'un lui demandait : « Comment sentirons-nous ce qui est conforme à notre dignité? — Comment le taureau, dit-il, à l'approche du lion, sent-il seul la force qui est en lui, et se jette-t-il en avant pour le troupeau tout entier? Il est évident que dès le premier instant avec la force dont il est doué, se trouve en lui le sentiment de cette force. Eh bien, de même chez nous, nul de ceux qui seront ainsi doués ne restera sans le savoir. Mais ce n'est pas en un jour que se fait le taureau, non plus que l'homme d'élite; il faut s'exercer et se former à grand peine, et ne pas s'élancer à l'étourdi vers ce qui n'est pas de notre compétence.

Vois seulement à quel prix tu vends ton libre arbitre. Au moins, mon ami, vends-le cher. — « Ce prix élevé et exceptionnel convient peut-être à d'autres (diras-tu), à Socrate et à ceux qui lui ressemblent? — Pourquoi donc, puisque nous naissons tous semblables à lui, un si petit nombre plus tard lui sont-ils semblables? — Tous les chevaux deviennent-ils donc rapides, et tous les limiers bons chasseurs? — Eh bien! parce que je suis d'une nature ingrate, faut-il me refuser à tout effort? à Dieu ne plaise! Épictète n'est pas supérieur à Socrate, mais qu'il ne lui soit pas inférieur, et cela me suffit. Je ne deviendrai pas non plus un Milon, et cependant je ne néglige pas mon corps; un Crésus non plus, et cependant je ne néglige pas ma fortune. Il n'y a aucune autre chose en un mot, dont nous nous refusions à prendre soin, parce que nous y désespérons du premier rang. »

CHAPITRE III

Quelles conclusions peut-on tirer de ce que Dieu est le père des hommes ?

Si on pouvait partager autant qu'on le doit cette croyance, que nous sommes tous enfants de Dieu au premier chef, que Dieu est le père des hommes et des divinités, jamais, je pense, on n'aurait de soi des idées qui nous amoindrissent ou nous rapetissent. Quoi, si César t'adoptait, personne ne pourrait supporter ton orgueil ; et, quand tu sais que tu es fils de Dieu, tu ne t'en enorgueilliras pas ! Nous ne le faisons guère aujourd'hui ! Bien loin de là ! Comme à notre naissance deux choses ont été unies en nous, le corps qui nous est commun avec les animaux, la raison et le jugement qui nous sont communs avec les dieux, une partie d'entre nous se tourne vers cette funeste parenté de mort, un très petit nombre vers cette bienheureuse parenté divine. Or, comme il est impossible de ne pas user de chaque chose suivant l'opinion que l'on s'en fait, ce petit nombre, qui se croit né pour la probité, pour l'honneur, pour le bon usage des *idées*, n'a jamais de lui-même une opinion qui le rapetisse ou l'amoindrisse, mais la foule fait le contraire. « Que suis-je, en effet (dit-on) ? un homme misérable et chétif. » — Ou bien encore : « Pitoyable chair que la mienne ! » — Oui, bien pitoyable en effet ! mais tu as quelque chose de mieux que cette chair ! Pourquoi le négliges-tu, pour t'attacher à elle ?

Par suite de cette parenté, nous qui nous tournons vers elle, nous devenons semblables, les uns aux loups trompeurs; traîtres et méchants; les autres, aux lions sauvages, cruels et barbares; le plus grand nombre, aux renards et à tout ce qu'il y a de vil parmi les bêtes. Qu'est-ce en effet qu'un homme méchant dans ses paroles ou dans ses actes, si ce n'est un renard ou quelque chose de plus vil et de plus abject encore? Ouvrez donc les yeux et faites attention, pour ne pas devenir quelqu'une de ces saletés.

CHAPITRE IV

Sur le progrès.

Celui qui est en progrès se souvient qu'il a appris des philosophes que l'on ne cherche à éviter que le mal; que de plus il n'y a de bonheur et de tranquillité pour l'homme qu'à ne pas manquer ce qu'il désire, et à ne pas tomber dans ce qu'il veut éviter. Il s'interdit donc, ou remet à plus tard, de désirer quoi que ce soit, et il ne cherche à éviter que des choses qui relèvent de son libre arbitre; il sait en effet que, s'il cherche à éviter des choses qui ne relèvent pas de son libre arbitre, il tombera forcément sur quelqu'un des objets qu'il veut éviter, et sera malheureux. Or, si la vertu peut se vanter de donner le bonheur, le calme et le repos de l'esprit, chaque pas que l'on fait vers elle est un pas fait vers chacune de ces choses, car chaque pas que l'on fait sur une route, vous rapproche forcément de ce qui est au terme de cette route.

Comment donc, quand nous avouons que c'est là qu'est la vertu, pouvons-nous chercher le progrès ailleurs, et enseigner qu'il y est? Quel est le fait de la vertu? De donner le calme de l'âme. Qui donc est en progrès ? Est-ce celui qui a lu plusieurs traités de Chrysippe ? La vertu consisterait-elle donc à connaître tout Chrysippe ? si cela était, en effet, le progrès consisterait évidemment à connaître tous les traités de Chrysippe. Mais aujourd'hui, tandis que nous reconnaissons que la vertu a certains effets, nous présentons d'une tout autre façon le progrès qui nous en rapproche. « Celui-ci, dit-on, peut déjà lire Chrysippe sans aide ! — Par tous les dieux, mon cher, combien tu as fait de progrès ! » Quels progrès donc a-t-il faits ? Pourquoi te jouer de lui ? Pourquoi lui enlever le sentiment de ses maux ? Ne lui apprendras-tu pas de préférence quel est le fait de la vertu, pour qu'il sache où chercher le progrès ? Malheureux, cherche le progrès dans ce qui est ton fait à toi. Qu'est-ce donc qui est ton fait ? Ton fait, c'est de désirer les choses ou de les fuir de manière à ne pas les manquer ou à ne pas y tomber ; c'est de t'y porter ou de les repousser de manière à ne pas pécher ; c'est d'affirmer ou de douter de manière à ne pas te tromper. Le premier de ces trois points est le plus important et le plus nécessaire ; mais si c'est en tremblant et en gémissant que tu cherches à ne pas tomber dans certaines choses, comment donc es-tu en progrès ?

Montre moi donc ici tes progrès. Si je disais à un athlète, « Montre-moi tes épaules, » et qu'il me répondît, « voici les plombs dont je me sers. » — « Va-t'en voir ailleurs avec ces plombs, lui dirais-je. Ce que je veux voir, c'est le parti que tu sais en tirer. » Toi de même tu me dis : « Prends ce livre sur la volonté, et vois comme je l'ai lu. » — Esclave, ce n'est pas là ce que je cherche, mais ta façon de te porter vers les choses ou de les repousser, de les désirer ou de les fuir, ta façon d'entreprendre, de t'appliquer, de faire effort.

Est-elle ou non conforme à la nature ? Si elle y est conforme, montre-le moi, et je te dirai que tu es en progrès. Si elle n'y est pas conforme, va-t'en, et non seulement commente ton livre, mais encore écris-en toi-même de pareils. Et à quoi cela te servirait-il ? Ne sais-tu pas que le livre entier coûte cinq deniers? Et par conséquent celui qui le commente peut-il te sembler valoir plus de cinq deniers? Ne cherchez donc jamais le fait du sage d'un côté, et le progrès d'un autre.

Où donc est le progrès? celui qui, se détachant des choses du dehors, se donne tout entier à l'éducation et au perfectionnement de sa faculté de juger et de vouloir, pour la mettre d'accord avec la nature, pour lui donner l'élévation, la liberté, l'indépendance, la possession d'elle-même, l'honnêteté, la réserve; celui qui sait qu'en désirant ou en fuyant les choses qui ne dépendent pas de lui, il ne peut être ni honnête ni libre, mais doit forcément changer et être emporté avec elles, forcément se soumettre aux gens, qui peuvent les lui donner ou les écarter de lui; celui qui en plus, dès qu'il se lève le matin, observe et applique ces préceptes, qui se lave comme un homme honnête et réservé, qui mange de même, et qui dans toutes les circonstances s'efforce de suivre ses principes, comme un coureur ceux de l'art du coureur, comme un chanteur ceux de l'art du chanteur, voilà celui qui est réellement en progrès et qui n'a pas quitté son pays pour rien. Mais celui qui s'attache et ne s'applique qu'à ce qui est dans les livres, celui qui n'a eu d'autre but en quittant son pays, celui-là, je lui dis de s'en aller chez lui et de s'y occuper de ses affaires. Ce pourquoi il a quitté son pays, n'est rien; ce qui est quelque chose, c'est de travailler à ôter de sa vie les lamentations, les gémissements, les cris de *Hélas!* et de *Misérable que je suis!* ainsi que les malheurs et l'infortune; c'est d'apprendre ce que c'est que la mort, l'exil, la prison, la ciguë, afin de pouvoir dire dans la prison: « Mon cher Criton, qu'il en soit de ceci comme il plaira aux dieux! » au lieu de s'écrier: « Malheureux que je suis, à mon âge, c'était à cela qu'étaient réservés mes cheveux blancs! » Et qui dit ces derniers mots? Croyez-vous que je vais vous citer quelqu'un d'obscur et de basse naissance? N'est-ce pas Priam qui parle ainsi? N'est-ce pas Œdipe? Tous les rois tiennent ce langage. Qu'est-ce en effet que la tragédie, si non un poème qui nous montre les souffrances des hommes qui attachent du prix aux choses extérieures? Si c'était une duperie que de croire sur la foi de ses maîtres qu'en dehors de notre libre arbitre il n'y a rien qui nous intéresse, je voudrais encore, moi, de cette duperie, à laquelle je devrais de vivre tranquille et sans trouble. A vous de voir ce que vous voudriez.

— A quoi vous sert donc Chrysippe? — Il te répond lui-même: « A t'apprendre que ce ne sont point des chimères que les choses qui font le calme en nous et qui y amènent la tranquillité! Prends mes livres, et tu y verras combien tout ce qui nous donne cette tranquillité est réel et conforme à la nature! » Quel bonheur n'est-ce pas là? Quel bienfaiteur que celui qui nous montre la route! Eh bien! les hommes ont élevé des temples et des autels à Triptolème, parce qu'il leur a donné une nourriture plus douce; et celui qui a trouvé, mis en lumière, et produit devant tous les hommes la vérité, non pas sur les moyens de vivre, mais sur les moyens de vivre heureux, est-il quelqu'un de vous qui lui ait construit un autel ou un temple, qui lui ait élevé une statue, ou qui remercie Dieu à cause de lui? Quoi! pour le don de la vigne ou du froment nous offrons des sacrifices de reconnaissance; et, quand on a déposé dans notre intelligence un fruit d'où devait sortir la démonstration de la vérité au sujet du bonheur, nous n'en devrons rendre aucune action de grâces à Dieu!

CHAPITRE V

Contre les Académiciens.

Si quelqu'un, dit Épictète, résiste à l'évidence complète, il n'est pas facile de trouver des raisons capables de le faire changer d'avis. Et ceci ne tient ni à sa force, ni à la faiblesse du démonstrateur ; mais quand, mis au pied du mur, il reste là comme une pierre, comment discuter avec lui ?

Cette pétrification est de deux sortes : il y a celle de l'intelligence ; il y a celle du sens moral, quand, de parti pris, on refuse de se rendre à l'évidence, ou de renoncer à des contradictions. Or, pour la plupart, nous avons grand peur de la mort du corps, et nous faisons tout pour ne pas y arriver ; mais la mort de l'âme, nous nous en inquiétons peu. Nous trouvons bien, pour ce qui est de cette âme, par Jupiter, que celui qui est dans un état d'esprit à ne suivre aucun raisonnement et à ne rien comprendre, est dans une fâcheuse situation ; mais, quand la conscience et le sens moral sont morts chez quelqu'un, nous appelons encore cela de la puissance d'esprit.

« N'es-tu pas certain que tu es éveillé ? — Non, répond l'académicien ; car je me trompe, quand dans mon sommeil je rêve que je suis éveillé. — N'y a-t-il donc aucune différence entre cette apparence-ci et celle-là ? — Aucune. » Est-ce que je discuterai plus longtemps avec un pareil homme ? Quel feu, quel fer employer contre lui, pour qu'il se sente bien mort ? Il le sent, mais il feint de ne pas le sentir. Il est dans un état encore pire que s'il était mort. Un tel n'aperçoit pas les contradictions ; sa situation est fâcheuse. Cet autre les voit, mais ne s'en émeut point, et n'en profite pas ; il est bien plus à plaindre encore. Le sens moral et la conscience ont été supprimés en lui ; quant au raisonnement, il n'y a pas été supprimé, mais il y est devenu non maniable. Est-ce donc là ce que j'appellerai de la puissance d'esprit ? à Dieu ne plaise ! Ou je vanterai aussi la puissance d'esprit des prostitués, quand ils font ou disent devant tout le monde tout ce qui leur vient à l'idée.

CHAPITRE VI

Sur la Providence.

Il est aisé de louer la Providence de tout ce qui arrive dans le monde, si l'on a en soi ces deux choses, la capacité de comprendre ce qui arrive à chacun, et un cœur reconnaissant. Si non, ou l'on ne verra pas l'utilité de ce qui se fait, ou l'on n'en saura pas de gré, alors même qu'on la verrait. Si Dieu avait fait les couleurs sans faire aussi la faculté de les voir, quelle en serait l'utilité? néant. Si, d'autre part, il avait fait la faculté sans faire les couleurs telles qu'elles tombassent sous cette faculté visuelle, quelle en serait encore l'utilité? néant. Et s'il avait fait les couleurs et la vue, mais sans la lumière? Ici encore utilité nulle. Qui donc a fait ceci pour cela, et cela pour ceci? Qui a fait l'épée pour le fourreau, le fourreau pour l'épée? Ne serait-ce personne? Comme si chaque jour ce n'était pas par la combinaison des parties dans une œuvre que nous démontrons qu'elle est forcément le produit d'un habile ouvrier, et qu'elle n'a pas été faite au hasard! Eh quoi! chacune de nos œuvres révèlera son ouvrier, et les objets visibles, la vue, la lumière ne révèleront pas le leur! L'existence du mâle et de la femelle, leur désir mutuel de s'unir, la faculté qu'ils ont de se servir des parties qui leur ont été données dans ce but, cela aussi ne nous révèlera pas son ouvrier! Admettrons-nous que cela ne le révèle pas? Eh bien, cette organisation de notre entendement, grâce à laquelle nous ne nous bornons pas à recevoir l'impression des objets qui tombent sous nos sens, mais en enlevons, en abstrayons des parties que nous rapprochons, pour composer avec elles certaines idées, et de ces idées, par Jupiter, passer à d'autres qui leur sont analogues; cette organisation elle-même sera-t-elle impuissante à émouvoir certaines gens, impuissante à les empêcher d'abandonner la cause de l'ouvrier suprême? Si cela est, que l'on nous explique quelle est la cause de chacune de ces choses, ou comment il se peut que, si merveilleuses et sentant ainsi l'artiste, elles soient l'œuvre fortuite du hasard.

Mais quoi! ces choses n'existent-elles qu'en nous? Plus d'une n'existe qu'en nous, parce qu'elles étaient spécialement nécessaires à l'être raisonnable; mais plus d'une aussi se trouve à la fois chez nous et chez les êtres privés de raison. Est-ce donc que ces êtres-là aussi comprennent ce qui est? pas du tout, car autre chose est d'user, autre chose est de comprendre. Pour eux, Dieu avait besoin qu'ils usassent des *idées* des sens; mais nous, il avait besoin que nous en comprissions l'usage. Eux donc, il leur suffit de boire, de manger, de se reposer, de se reproduire, et d'accomplir toutes les autres fonctions de chacun d'eux; mais nous, à qui il a donné en plus la puissance de comprendre, tout cela ne nous suffit pas; car si nous ne l'accomplissons pas d'une façon déterminée, avec ordre, et conformément à la nature et à la constitution de chacun, nous nous écartons de la fin de notre être. En effet, lorsque la constitution des êtres est différente, différentes sont leurs œuvres, et différente leur fin. Aussi à celui dont la nature n'est que d'user des choses il suffit d'en user d'une façon quelconque; mais celui dont la nature est en plus de comprendre leur usage, celui-là, s'il n'en use encore d'une façon déterminée, s'écartera toujours de sa fin. Qu'y a-t-il, en effet? Dieu qui est l'auteur de chaque animal, fait l'un pour être mangé, l'autre pour servir au labourage, l'autre pour fournir du fromage, un autre pour tel autre usage analogue, et pour tout cela quel besoin ont-ils de pouvoir comprendre et juger les *idées* des sens? Mais il a mis l'homme dans le monde pour y contempler lui et ses œuvres, et non seulement pour les contempler, mais encore pour les expliquer. Aussi est-il honteux pour l'homme de commencer et de s'arrêter où commence et où s'arrête la brute, ou plutôt il doit commencer au même point, mais ne s'arrêter qu'où s'arrête notre nature elle-même : or elle s'arrête à la contemplation, à l'intelligence, à l'accord de notre conduite avec la nature générale. Avisez donc à ne pas mourir sans avoir vu tout cela.

Vous courez à Olympie pour voir l'œuvre de Phidias, et chacun de vous regarderait comme un malheur de mourir sans la connaître : et ce pour quoi vous n'avez pas besoin de courir, ce pour quoi vous êtes tout portés et sur les lieux mêmes, vous n'aurez pas l'envie de le regarder et de chercher à le comprendre ! Ne sentirez-vous donc jamais qui vous êtes, à quelle fin vous êtes nés, et pourquoi vous avez reçu le don de la vue ? — Mais dans la vie il y a du bien, des désagréments et des peines ! — N'y en a-t-il donc pas à Olympie ? N'y êtes-vous pas brûlés par le soleil, et pressés par la foule ? Vous y lavez-vous toujours bien ? N'y êtes-vous pas mouillés quand il pleut ? N'y souffrez-vous pas du tumulte, des clameurs, et de bien d'autres ennuis ? Mais vous mettez, je crois, en regard de tout cela la magnificence du spectacle, et dès lors vous acceptez et supportez tout. Eh bien, n'avez-vous pas reçu des moyens de braver tous les événements ? N'avez-vous pas reçu l'élévation de l'âme ? N'avez-vous pas reçu le courage ? N'avez-vous pas reçu la patience ? Et dès que j'ai l'élévation de l'âme, que m'importe ce qui peut arriver ? Qui pourra me mettre hors de moi et me troubler ? Qui pourra me sembler pénible ? Vais-je donc, au lieu d'employer ma force à ce pour quoi je l'ai reçue, pleurer et gémir sur les événements ?

— Soit ! mais mes narines coulent ! — Eh bien ! esclave, pourquoi as-tu des doigts ? n'est-ce pas pour te moucher ? — Mais est-il raisonnable qu'il y ait dans ce monde des narines qui coulent ? — Ne vaut-il pas beaucoup mieux te moucher que récriminer ? Que crois-tu donc que fût devenu Hercule, s'il n'y avait pas eu le fameux lion, et l'hydre, et le cerf, et le sanglier, et plus d'un homme inique et cruel qu'il a chassés et dont il a purgé la terre ? Qu'aurait-il fait, si rien de pareil n'avait existé? Il est évident qu'il se serait enveloppé dans son manteau, et y aurait dormi. Tout d'abord donc il n'aurait pas été Hercule, si dans la mollesse et le repos il eût ainsi dormi toute sa vie. Et s'il l'avait été, à quoi aurait-il servi? Quel emploi y aurait-il eu pour ses bras et pour toute sa force, pour sa patience et pour son courage, sans de telles circonstances et de telles occasions pour le stimuler et pour l'exercer? Mais quoi? Il eut peut-être dû se les préparer lui-même, et chercher d'où il pourrait amener dans son pays un lion, un sanglier, une hydre! Folie et sottise que tout cela! Seulement, dès que ces choses existaient et qu'Hercule les trouvait, elles servaient à le révéler et à l'exercer.

Toi, à ton tour, comprends donc tout cela, et jette les yeux sur les forces qui sont en toi, considère-les, et dis: « Envoie maintenant, ô Jupiter, les circonstances que tu voudras; car j'ai des ressources et des moyens donnés par toi-même, pour tirer parti de tous les événements. » Au lieu de cela, vous restez assis, tremblant que certaines choses n'arrivent, et pleurant, gémissant, vous lamentant, parce que ces certaines autres sont arrivées. Puis après vous accusez les dieux! Quelle peut-être, en effet, la suite d'un tel manque de cœur, si ce n'est l'impiété? Et cependant Dieu ne vous a pas seulement donné ces forces pour supporter, grâce à elles, tous les événements sans vous laisser abattre ni briser par eux; mais encore, ce qui était d'un bon roi et d'un père véritable, il vous les a données libres, indépendantes, affranchies de toute contrainte extérieure; il les a mises à votre disposition complète, sans se réserver à lui-même la puissance de les entraver ou de leur faire obstacle. Eh bien! ayant ces forces ainsi libres et à vous, vous ne vous en servez pas, et vous ne comprenez ni ce que vous avez reçu là, ni de qui vous l'avez reçu. Vous restez assis à pleurer et à gémir, les uns n'ayant pas d'yeux pour voir celui qui vous a fait ces dons, et méconnaissant votre bienfaiteur; les autres vous laissant aller par manque de cœur à des invectives et à des récriminations contre Dieu. Et cependant, pour atteindre à l'élévation de l'âme et au courage, je puis te montrer quelles ressources et quels moyens tu as ; toi, pour invectiver et récriminer, montre-moi à quoi tu peux recourir.

CHAPITRE VII

De l'usage des raisonnements appelés *captieux* et *hypothétiques*, et autres semblables.

La plupart des hommes ne voient pas quels rapports a avec le devoir l'étude des raisonnements captieux, des hypothétiques, de ceux qui concluent par interrogation, de toutes les espèces d'argumentation en un mot. *(Montrons le donc).* Car ce que nous cherchons au sujet de toute chose, c'est comment l'homme de bien trouvera à en user et à s'en servir conformément au devoir.

Il faut que nos adversaires disent, ou que le sage ne descendra jamais jusqu'à interroger et répondre ; ou que, s'il y descend, il s'inquiétera peu de procéder au hasard et sans règle dans ses interrogations et dans ses réponses. Si l'on n'accepte ni l'un ni l'autre, on est forcé de convenir de la nécessité d'étudier ces lieux spéciaux de logique, autour desquels tournent les interrogations et les réponses. Que nous demande-t-on en effet dans le raisonnement ? D'établir la vérité, de détruire l'erreur, de nous arrêter devant l'incertain. Or suffit-il de savoir que c'est là ce qu'on nous demande ? — « Oui, » dit-on. — Mais est-ce qu'il suffit à celui qui veut ne pas se tromper dans l'usage de la monnaie, d'avoir entendu dire qu'il faut accepter les drachmes de bon aloi et refuser celles qui ne le sont pas ? — Non. — Que faut-il donc qu'il y ajoute ? Quelle autre chose que la science de juger et de distinguer les drachmes qui sont de bon aloi et celles qui ne le sont pas? Pour le raisonnement à son tour suffirait-il donc de savoir ce qui a été dit plus haut, et ne faut-il pas en plus devenir capable de distinguer le vrai, le faux, l'incertain? — Il le faut. — Que nous prescrit-on en outre dans le raisonnement? d'accepter les conséquences de ce que nous avons accordé légitimement. Eh bien, ici encore nous suffit-il de connaître cette prescription? non; il nous faut savoir encore comment se déduisent les conséquences, et comment une chose est tantôt la conséquence d'une seule, tantôt celle de plusieurs à la fois. Vois donc s'il n'y faut pas ajouter pour celui qui veut être expert en fait de raisonnements, qu'il doit être capable de démontrer lui-même ce qu'il avance, de reconnaître chez les autres une démonstration exacte, et de ne pas se laisser tromper par un sophisme, comme par une bonne démonstration? C'est de là que nous est venue l'étude théorique et pratique des raisonnements concluants et de leurs modes, et c'est ce qui nous en a montré la nécessité.

Mais il arrive que de prémisses légitimement accordées, et qui doivent avoir leurs conséquences, la conclusion est fausse, sans en être moins rigoureuse! Que me convient-il de faire dans ce cas? Dois-je accepter le faux? Et comment le pourrais-je? Me faut-il dire: « J'ai eu tort d'accorder les prémisses? » Mais cela non plus ne m'est pas possible. Dois-je dire que la conclusion ne découle pas des propositions que j'ai accordées? Mais cela ne se peut non plus. Que me faut-il donc faire ici? Pour être débiteur, il ne suffit pas d'avoir emprunté: il faut encore avoir conservé sa dette sans la payer; eh bien, de même ici, pour être obligé d'accorder la conclusion, ne serait-ce pas trop peu que d'avoir concédé les prémisses, et ne faudrait-il pas encore persister à les concéder? Si elles restent jusqu'à la fin telles que je les ai accordées, il est nécessaire que je persiste aussi à les accorder, et que j'accepte leurs conséquences ; mais, si elles ne restent pas telles que je les ai accordées, il est de toute nécessité que de mon côté je renonce à les accorder, et à accepter ce qui résulte de leurs termes. Car la conclusion que l'on tire n'est plus à moi, ni conforme à mon raisonnement, dès que j'ai cessé d'accorder les prémisses. C'est donc une chose dont il faut bien s'assurer à leur sujet : voyez si dans l'interrogation, dans la réponse, dans le corps du syllogisme, quelque part enfin, elles n'ont pas subi telle altération, tel changement de sens qui, en les transformant, en fasse un sujet d'embarras pour les gens superficiels, quand ils ne voient pas clair dans la conclusion. Et pourquoi s'occuper de tout cela ? pour que sur ce terrain encore notre conduite soit conforme au devoir et réglée par la raison.

Il en est de même pour les hypothèses et pour les raisonnements hypothétiques. On est obligé quelquefois de demander à poser une hypothèse comme un pont pour passer au reste du raisonnement. Faut-il donc, ou non, accorder toutes les hypothèses que l'on vous propose ? Et si pas toutes, lesquelles faut-il ? Et, quand on en a accordé une, faut-il persister jusqu'au bout à la maintenir ? Ou bien est-il des cas où il faut y renoncer, pour accepter les choses qui sont d'accord entre elles, et repousser celles qui se contredisent ? — Certes. — Mais voici quelqu'un qui dit : « Admettez comme hypothèse une chose possible, et je vous ferai aboutir à une chose impossible. » Faut-il dire que l'homme sensé n'en viendra jamais aux prises avec un pareil individu, et qu'il évitera de discuter et de s'entretenir avec lui ? Existerait-il donc, parmi ceux qui raisonnent et savent interroger et répondre, quelqu'un qui ne soit susceptible ni d'erreur ni de sophisme ? Dirons-nous alors que le sage en viendra aux prises avec notre individu, mais sans s'inquiéter de raisonner au hasard, à tort et à travers ? Comment alors sera-t-il tel que nous le concevons ? Et sans ces exercices et ces préparations, comment serait-il capable de raisonner rigoureusement ? Qu'on nous montre qu'il le serait ; et toutes ces études sont dès lors surabondantes, absurdes, et sans rapport avec l'idée que nous nous faisons du sage.

Pourquoi donc sommes-nous encore paresseux, fainéants et lâches ? Pourquoi cherchons-nous des prétextes pour ne pas travailler et ne pas passer les nuits à nous exercer au raisonnement ? — « Mais si je me trompe en raisonnant, est-ce que pour cela j'aurai tué mon père ? — Esclave ! est-ce que ton père était ici, pour que tu pusses le tuer ? Mais qu'auras-tu fait en te trompant ? Tu auras commis la seule faute que tu pusses commettre dans cette circonstance. » Moi j'ai dit de même à Rufus, qui me reprochait de ne pas avoir aperçu ce qu'on avait omis dans un syllogisme : « Est-ce que j'ai brûlé le Capitole? » « Esclave, me répondit-il, est-ce que c'est le Capitole qu'on a omis ici ? » Ne peut-on faire en effet d'autre faute que de brûler le Capitole et de tuer son père ? User de ses *idées* au hasard, inconsidérément, à tort et à travers, ne pas suivre un raisonnement, une démonstration, un sophisme, en un mot ne pas voir ce qui est logique et ce qui ne l'est pas dans une interrogation et dans une réponse, ne sont-ce donc pas là des fautes ?

CHAPITRE VIII

Les talents des ignorants ne sont pas sans périls.

— Autant il y a de manières de varier les propositions équivalentes, autant il y en a de varier dans nos raisonnements la forme des épichérèmes et des enthymèmes ; comme dans celui-ci, par exemple : « Si tu m'as emprunté et ne m'as pas rendu, tu me dois de l'argent ; or, tu ne m'as ni emprunté ni rendu, tu ne me dois donc pas d'argent. » Et c'est ce qu'il n'appartient à personne plus qu'au philosophe de faire habilement. Car si l'enthymème est un syllogisme incomplet, il est évident que celui qui est exercé au syllogisme complet ne sera pas moins habile à l'incomplet. Pourquoi donc ne pas nous exercer en ce genre, seuls ou avec d'autres ?

— Parce que aujourd'hui que nous ne nous y exerçons pas, et que, autant que nous le pouvons, rien ne nous distrait de l'étude de la morale, nous ne faisons cependant pas de progrès dans la vertu. A quoi ne devrions-nous pas nous attendre alors, si nous y ajoutions cette distraction ? D'autant plus que ce ne serait pas seulement une distraction des choses plus nécessaires, mais encore une cause non commune de présomption et d'orgueil. C'est une grande puissance en effet que l'art d'argumenter et de persuader, surtout quand il se fortifie par la pratique et qu'il emprunte au style un certain prestige. De plus, toute puissance, en général, est dangereuse aux mains des ignorants et des faibles, car elle les porte à s'enorgueillir et à faire les fiers. Comment en effet persuader au jeune homme qui se distingue par ces talents que ce n'est pas lui qui doit leur appartenir, mais eux qui doivent lui appartenir à lui ? Ne foule-t-il pas aux pieds toutes ces observations ? Et ne s'en va-t-il pas tout fier et tout plein de lui-même, repoussant quiconque s'attacherait à lui, pour lui représenter ce qu'il quitte, et où il va à la dérive ?

— Mais quoi ! Platon n'était-il pas philosophe ? — Eh bien ! Hippocrate n'était-il pas médecin? Et tu vois comment sait parler Hippocrate. Or, est-ce en tant que médecin qu'Hippocrate parle ainsi ? Pourquoi donc confonds-tu des choses qui se trouvent dans le même homme à des titres différents ? Si Platon avait été beau ou fort, me faudrait-il rester là à me fatiguer pour devenir beau ou fort moi aussi, comme si cela était nécessaire pour être philosophe, parce qu'un philosophe aurait été à la fois beau et philosophe ? Ne veux-tu donc pas voir et distinguer ce que les gens sont en tant que philosophes, et ce qui est chez eux à d'autres titres ? Si par exemple, moi j'étais philosophe, faudrait-il donc que, vous, vous devinssiez boiteux comme moi ? Mais quoi ! est-ce que je prétends supprimer ces talents ? à Dieu ne plaise ! pas plus que la faculté de voir. Mais cependant si tu me demandes quel est le bien de l'homme, je ne puis te répondre que ceci : une certaine façon d'user des *idées* *.

CHAPITRE IX

Des conséquences que l'on peut tirer de notre parenté avec Dieu.

Si ce que les philosophes ont dit de la parenté de Dieu et des hommes est vrai, que nous reste-t-il quand on nous demande « De quel pays es-tu ? » si ce n'est de répondre, non pas, « Je suis d'Athènes ou de Corinthe », mais, comme Socrate, « Je suis du monde. » Pourquoi dirais-tu, en effet, que tu es d'Athènes, et non de ce petit coin seulement où ton misérable corps a été jeté quand il est né ? N'est-il pas clair que, si tu t'appelles Athénien ou Corinthien, c'est que tu tires ton nom d'un milieu plus important, qui contient non seulement ce petit coin et toute ta maison, mais encore cet espace plus large d'où est sortie toute ta famille jusqu'à toi ? Pourquoi donc celui qui comprend le gouvernement du monde, celui qui sait que de toutes les familles il n'en n'est point de plus grande, de plus importante, de plus étendue que celle qui se

* Pour expliquer ce chapitre assez embrouillé, il faut admettre, ce me semble, que c'est l'adversaire d'Epictète qui parle le premier. — Ce serait alors Epictète qui répondrait et à cet exposé d'idées et à la courte réplique ; et le chapitre serait alors destiné à restreindre l'importance de la logique, tout en la laissant subsister.

compose des hommes et de Dieu, et que Dieu a laissé tomber la semence non seulement dans mon père et dans mon grand-père, mais dans tous les êtres qui naissent et croissent sur la terre, et en particulier dans les êtres raisonnables (parce que seuls ils sont de nature à entrer en relations avec Dieu, à qui ils sont unis par la raison), pourquoi celui-là ne dirait-il pas : « Je suis du monde ? » Pourquoi ne dirait-il pas : « Je suis fils de Dieu ? » Et pourquoi craindrait-il rien de ce qui arrive parmi les hommes ? La parenté de César, ou quelqu'un des puissants de Rome, suffit pour nous faire vivre en sûreté, pour nous préserver du mépris, pour nous affranchir de toute crainte ; et avoir Dieu pour auteur, pour père et pour protecteur, ne nous affranchirait pas de toute inquiétude de toute appréhension ?

— « Mais de quoi vivrai-je, dit-on, moi qui n'ai rien? » — Eh! de quoi vivent les esclaves fugitifs? Sur quoi comptent-ils, quand ils se sauvent de chez leurs maîtres? sur leurs terres? sur leurs serviteurs? sur leur vaisselle d'argent? Non, mais sur eux-mêmes ; et la nourriture ne leur manque pas. Faudra-t-il donc que le philosophe n'aille par le monde qu'en comptant et se reposant sur les autres? Ne se chargera-t-il jamais du soin de lui-même? Sera-t-il au-dessous des animaux sans raison? Sera-t-il plus lâche qu'eux? Car chacun d'eux ne recourt qu'à lui-même, et ne manque pourtant ni de la nourriture qui lui convient, ni des moyens d'existence qui sont appropriés à sa nature.

Je crois, moi, que votre vieux maître assis ici ne devrait pas y être occupé à vous rehausser le cœur et à vous empêcher de tenir sur vous-mêmes des propos lâches et indignes, mais à combattre les jeunes gens, s'il s'en trouvait de tels, qui, connaissant notre parenté avec les dieux, et en même temps les liens dont nous sommes attachés, ce corps que nous possédons, et tout ce qui, grâce à lui, est nécessaire à notre entretien et à notre subsistance pendant cette vie, voudraient se débarrasser de tout cela comme d'un fardeau pénible qui est au-dessus de leurs forces, et s'en aller vers les dieux, leurs parents. Voilà la lutte que devrait avoir à soutenir celui qui est votre professeur et votre maître, s'il a quelque valeur. Vous viendrez à moi me disant : « Epictète, nous en avons assez d'être enchaînés à ce misérable corps, de lui fournir à manger et à boire, de le faire reposer, de le tenir propre et d'être à cause de lui les complaisants d'un tel ou d'un tel. N'est-il pas vrai qu'il n'y a là que des choses indifférentes, et sans rapport réel avec nous? N'est-il pas vrai que la mort n'est pas un mal, que nous sommes les parents de Dieu, et que c'est de lui que nous venons? Laisse-nous retourner d'où venons ; laisse-nous nous dégager enfin de ces liens qui nous attachent et qui nous chargent. Ici sont des pirates, des voleurs, des juges, des hommes avec le nom de tyrans, qui semblent avoir sur nous quelque pouvoir, à cause de ce misérable corps et des choses qu'il possède : laisse-nous leur montrer qu'ils n'ont sur nous aucun pouvoir. » — Alors moi j'aurais à vous dire. « O hommes, attendez Dieu! Quand il vous aura libérés de ce service, partez alors vers lui; pour le moment résignez-vous à demeurer à la place où il vous a mis. Court est le temps de votre séjour ici, et il est facile à supporter pour ceux qui pensent ainsi. Quel est en effet le tyran, quel est le voleur, quels sont les juges, qui soient encore à redouter pour ceux qui méprisent ainsi leur corps et tout ce qui lui appartient?

Voilà ce que le maître devrait avoir à faire avec les jeunes gens d'un heureux naturel! Maintenant, au contraire, qu'arrive-t-il? Cadavre est le maître, et cadavres vous êtes. Quand vous vous êtes bien repus aujourd'hui, vous vous asseyez là pleurant, et vous demandant comment demain vous aurez de quoi manger. « Esclave! si tu en as, tu en auras; si tu n'en as pas, tu partiras. La porte est ouverte. Qu'as-tu à te lamenter? » Cela dit, quel motif de pleurer a-t-on encore? Quelle raison de flatter? Pourquoi portera-t-on envie à un autre? Pourquoi s'extasiera-t-on devant les riches, ou tremblera-t-on devant les puissants, quelque forts ou quelque irascibles qu'ils puissent être? Que nous feront-ils en effet? Ce sur quoi ils peuvent quelque chose, nous ne nous en inquiétons pas; ce qui a du prix pour nous, ils ne peuvent rien sur lui. Qui donc commandera à celui qui pense ainsi?

Comment Socrate se conduisait-il dans ces circonstances-là? Comment, si ce n'est comme il convenait à un homme convaincu de sa parenté avec les dieux? « Si vous me disiez, disait-il aux juges, nous te rendrons ta liberté, à la condition de ne plus tenir les discours que tu as tenus jusqu'ici, et de ne plus ennuyer nos jeunes gens ni nos vieillards, » je vous répondrais : « Vous êtes ridicules! Vous croyez que, si votre général me plaçait à un poste, il me faudrait le garder, le conserver, et mieux aimer mourir mille fois que de le quitter, et, quand Dieu m'a assigné un poste et une façon de vivre, vous pensez qu'il me faut les abandonner! » Voilà un homme qui était vraiment le parent des dieux! Mais nous, nous raisonnons sur nous-mêmes comme si nous n'étions que des estomacs, des intestins, des parties honteuses! Nous avons des craintes et des désirs! Nous flattons ceux qui peuvent quelque chose à l'endroit des uns et des autres, et nous les redoutons en même temps.

Quelqu'un me demanda d'écrire pour lui à Rome. Le vulgaire le regardait comme très malheureux. Renommé et riche autrefois, il avait tout perdu depuis, et vivait là où j'étais. Moi j'écrivis pour lui une lettre très humble. Quand il en eut pris connaissance, il me la rendit en me disant : « Je vous demandais de l'aide et non de la pitié. Il ne m'est rien arrivé de mal. »

De même Rufus, pour m'éprouver, avait coutume de me dire : « Il t'arrivera de ton maître ceci ou cela. » — « Rien qui ne soit dans la condition de l'homme, » lui répondais-je. Et lui alors : « Qu'irais-je lui demander pour toi, quand je puis tirer de toi de telles choses? »

C'est qu'en effet ce qu'on peut tirer de soi-même, il est bien inutile et bien sot de le recevoir d'un autre. Quoi! je puis tenir de moi-même la grandeur d'âme et la générosité, et je recevrais de toi des terres, de l'argent, du pouvoir! Aux dieux ne plaise! Je ne méconnaîtrai pas ainsi ce qui est à moi. Mais, quand un homme est lâche et vil, que reste-t-il à faire que d'écrire forcément à son sujet comme au sujet d'un mort: « Donne-nous le cadavre d'un tel, et son setier de sang? » Un tel homme en effet est un cadavre, un setier de sang, et rien de plus. S'il était quelque chose de plus, il sentirait bien qu'un homme ne peut être malheureux par un autre.

CHAPITRE X

Contre ceux qui à Rome cherchent les honneurs.

Si nous mettions à l'accomplissement de notre devoir l'ardeur que mettent les vieillards de Rome à ce qu'ils ambitionnent, nous arriverions vite à quelque résultat, nous aussi. Je connais un homme plus âgé que moi, qui est actuellement *préfet de l'annone*, à Rome. Quand il passa par ici, en revenant de l'exil, que ne me dit-il pas! Il blâmait fort sa vie passée, et il promettait pour l'avenir qu'une fois rentré à Rome il ne s'occuperait jamais d'autre chose que de couler le reste de ses jours dans la tranquillité et dans le calme. « Qu'ai-je en effet à vivre encore? » (disait-il). Et moi je lui répondais: « Vous n'en ferez rien. A peine aurez-vous seulement senti Rome, que vous oublierez toutes ces résolutions, et, si l'entrée de la cour vous est ouverte, vous vous y précipiterez tout joyeux, en rendant grâce aux dieux. » — « Epictète, me répliquait-il, si tu me vois mettre le pied à la cour, pense de moi ce que tu voudras. » Et maintenant qu'a-t-il fait? Avant d'arriver à la ville, il reçut en chemin des lettres de César; dès qu'il les eut, il oublia toutes ses paroles, et depuis il a accumulé emplois sur emplois. Je voudrais maintenant le rencontrer pour lui rappeler les propos qu'il tenait quand il a passé par ici, et lui dire : « Combien j'étais meilleur prophète que toi ! »

Quoi donc ! est-ce que je prétends que l'homme n'est pas né pour l'action ? A Dieu ne plaise ! Mais alors pourquoi ne sommes-nous pas plus actifs, moi, tout le premier, qui, lorsque le jour se lève, me remémore un moment ce que j'ai à relire*, puis me dis aussitôt après : « Que m'importe ce que vaudra la *lecture* d'un tel ! La première chose pour moi, c'est de dormir. » Mais quel rapport y a-t-il entre les occupations de ces gens-là et celles qui devraient être les nôtres ? Vous verrez bien qu'il n'y en a pas, si vous regardez de près ce qu'ils font. Que font-ils autre chose, en effet, que de calculer toute la journée, de discuter, de délibérer sur des mesures de blé, sur des champs et sur des revenus du même genre ? Est-ce donc la même chose de recevoir et lire ce billet de quelqu'un : « Je te prie de m'autoriser à exporter une certaine quantité de blé, » ou (de recevoir et lire) celui-ci : « Je t'engage à examiner, d'après Chrysippe, de quelle façon le monde est gouverné, et quelle place y tient l'être doué de vie et de raison. Examine aussi qui tu es, et quel est ton bien et ton mal. » Est-ce que ces choses-là se ressemblent ? Est-ce qu'elles demandent qu'on s'y attache également ? Est-ce qu'il est aussi honteux de négliger celles-là que celles-ci ?

Maintenant, est-ce précisément nous qui sommes les paresseux et les endormis ? Non, c'est bien plutôt vous, jeunes gens. Nous, vieillards, quand nous voyons jouer des jeunes gens, nous nous sentons pris du désir de jouer nous aussi. A plus forte raison, si je vous voyais éveillés et animés au travail, je me sentirais animé moi aussi à travailler avec vous.

* Il n'y a qu'une manière, ce me semble, d'entendre ce passage assez énigmatique, c'est que ces choses qu'Épictète avait à *relire* sont les *compositions* de ses élèves, qu'il devait *corriger* pour ainsi dire, avant qu'ils en fissent la lecture publique.

CHAPITRE XI

De l'amour des siens.

Un magistrat était venu trouver Epictète. Après l'avoir interrogé sur quelques points particuliers, celui-ci lui demanda s'il avait des enfants et une femme. « Oui, dit l'autre. — Comment t'en trouves-tu ? lui demanda-t-il encore. — Assez mal. — Et comment cela ? Car ce n'est pas pour être malheureux que l'on se marie et que l'on a des enfants, mais bien plutôt pour être heureux. — Eh bien, moi, dit cet homme, je suis si malheureux dans mes enfants, qu'il y a peu de jours, ayant ma fille malade et en danger sensible, je n'ai pas eu la force de rester auprès de la malade : je me suis enfui, je m'en suis allé bien loin, jusqu'à ce qu'on vint m'annoncer qu'elle allait mieux. — Eh quoi ! penses-tu avoir bien agi ainsi ? — J'ai agi conformément à la nature. — Eh bien ! Prouve-moi que cela était conforme à la nature ; je te prouverai, moi, que tout ce qui est conforme à la nature est bien. — Eh, c'est ce que font tous les pères, ou du moins la plupart. — Je ne te dis pas que cela ne se fasse point ; la question entre nous est de savoir si cela se fait bien. — On devrait dire en effet, avec ce système, que les tumeurs elles-mêmes naissent pour le bien du corps, par cela seul qu'elles naissent ; et plus simplement que faire mal est conforme à la nature, parce que presque tous, ou du moins en majorité, nous faisons mal. Montre-moi donc comment ton action est conforme à la nature. — Je ne le puis, dit l'autre ; mais, toi plutôt, montre moi qu'elle n'est pas conforme à la nature, et qu'elle est mal. »

Alors Epictète : « Si nos recherches portaient sur le blanc et le noir, à quel critérium aurions-nous recours pour les distinguer ? — A la vue, dit l'autre. — Si elles portaient sur la chaleur et sur le froid, sur la dureté et sur la mollesse, à quel critérium ? — Au toucher. —

Eh bien donc, maintenant que notre question porte sur ce qui est mal, quel critérium veux-tu que nous prenions ? — Je ne sais pas. — Et cependant, si ce n'est peut-être pas un grand malheur de ne point connaître le critérium des couleurs, des odeurs, ou bien encore des saveurs, ne trouves-tu pas que c'en est un grand que pareille ignorance pour les biens et les maux, pour les choses contraires à la nature humaine et celles qui lui sont conformes ? Un très grand. — Eh bien, dis-moi : Tout ce qui semble à certaines personnes bon et convenable, le leur semble-t-il avec raison ? Les Juifs, les Syriens, les Egyptiens, les Romains, peuvent-ils avoir raison de penser tout ce qu'ils pensent sur la manière de se nourrir ? — Et comment cela se pourrait-il ? — Il est au contraire de toute nécessité, je le crois, que, si les opinions des Egyptiens sont justes, celles des autres ne le soient pas ; que, si celles des Juifs sont bonnes, celles des autres soient mauvaises. — Eh ! comment non ? — Mais où se trouve l'ignorance, là se trouve aussi le manque de savoir et l'impéritie au sujet des choses les plus nécessaires ? » L'autre l'accordait. « Eh bien, dit Épictète, puisque tu sais cela, tu ne donneras désormais tes soins et ton attention qu'à une seule chose, aux moyens de découvrir ce critérium, et de t'en servir pour prononcer dans chaque cas particulier.

Dans le sujet présent, voici ce que j'ai fait pour t'aider à ce que tu veux. Aimer ses enfants te paraît-il une chose bonne et conforme à la nature ? — Comment non ? — Mais quoi ! tandis qu'aimer ses enfants est bon et conforme à la nature, ce que veut la raison ne serait-il pas bon ? — Cela ne se peut — Aimer ses enfants est-il donc en contradiction avec ce que veut la raison ? — Il me semble que non. — Autrement l'un de ces contradictoires étant conforme à la nature, il faudrait nécessairement que l'autre lui fût contraire. N'est-ce pas vrai ? — Oui, dit l'autre. — Là donc où nous trouverons tout à la fois affection pour les enfants et conformité à la raison, dirons-nous hardiment que l'honnête et le bien s'y trouvent ? — Oui. — Eh bien, laisser là un enfant malade, et s'en aller après l'avoir laissé là, ce n'est pas ce que veut la raison. Tu ne le nieras pas, je crois. Il nous reste à examiner si c'est là aimer son enfant. Examinons-le donc. Est-il vrai que, parce que tu aimais ta fille, tu faisais bien de fuir et de la laisser là ? Mais est-ce que la mère n'aime pas son enfant ? — Elle l'aime certes. — Fallait-il donc, ou non, que la mère elle aussi quittât son enfant ? — Il ne le fallait pas. — Et la nourrice l'aime-t-elle ? — Elle l'aime. — Elle aussi devait-elle donc la quitter ? — Non pas. — Et le précepteur de l'enfant, ne l'aime-t-il pas — Il l'aime. — Celui-ci aussi devait-il donc la laisser là et s'en aller, de façon que l'enfant fût restée seule et sans secours, grâce à la trop grande affection de ses parents et de ceux qui l'entourent ? Lui fallait-il mourir entre les bras de ceux qui ne l'aiment pas et qui ne s'intéressent pas à elle ? — A Dieu ne plaise ! — Eh bien ! N'est-ce pas une injustice et une absurdité que de ne pas permettre à ceux qui aiment ton enfant aussi bien que toi ce que tu te crois autorisé à faire parce que tu l'aimes ? — C'est une sottise. — Continuons. Si tu étais malade, voudrais-tu donc que tes parents et les autres, et tes enfants eux-mêmes et ta femme t'aimassent de manière à te laisser là seul et dans l'abandon ? — Non pas. — Souhaiterais-tu d'être aimé par tes parents d'un amour tel que, précisément par suite de leur trop grande affection, ils te laissassent toujours seul dans tes maladies ? Ne souhaiterais-tu pas plutôt, à ce point de vue, d'être assez aimé comme un fils par tes ennemis, si cela était possible, pour être abandonné par eux ? Or, si cela est, il ne reste aucun moyen pour que ta conduite soit conforme à l'amour paternel.

Mais quoi ! N'avais-tu donc aucune raison, aucun motif pour quitter ainsi ta fille ? — Comment n'en aurais-je pas eu ? — Ah ! ce motif ressemblait fort à celui qui, dans Rome, portait un individu à se couvrir les yeux pendant que courait le cheval qu'il favorisait !

Puis, quand l'animal eut été vainqueur contre toute attente, il fallut des éponges pour ranimer notre homme qui se trouvait mal. — Quel est donc ce motif? — Une recherche approfondie ne serait pas à sa place ici. Il suffit que tu sois convaincu, si les philosophes disent vrai, qu'il ne faut pas chercher ce motif en dehors de nous, mais qu'il n'y a jamais qu'une seule et même cause qui nous fasse agir ou ne pas agir, parler ou ne pas parler, nous exalter ou nous désespérer, éviter ou poursuivre. C'est cette cause même qui présentement, pour parler de toi et de moi, t'a fait venir ici et rester assis à m'écouter, tandis que moi elle me fait te dire tout cela. Et quelle est cette cause? — Peut-elle être autre que celle-ci : *C'est que cela nous a paru bon?* — Pas autre. — S'il nous avait paru bon de faire autre chose, qu'aurions nous fait que ce qui nous aurait paru tel? C'était là ce qui faisait pleurer Achille, et non pas la mort de Patrocle. Il est en effet tel autre homme qui n'a pas agi de même après la mort de son ami; mais c'est que cela lui a paru bon. Aussi tantôt ton motif de fuir était qu'il te semblait bon de le faire, et, si par contre tu fusses resté, c'eût été encore parce que cela t'aurait paru bon. Maintenant tu retournes à Rome encore parce que cela te paraît bon; que le contraire te paraisse tel, et tu ne partiras pas. D'une manière générale, ce n'est ni la mort ni l'exil, ni la peine, ni rien de pareil, qui font que nous agissons ou que nous n'agissons pas; ce sont nos opinions et nos jugements.

T'en ai-je convaincu, ou non? — Tu m'as convaincu, dit l'autre. — Mais en toute chose telle cause, tel effet. Donc, à partir de ce jour, quand nous ferons mal, nous n'en accuserons que l'opinion d'après laquelle nous aurons agi; et nous nous efforcerons d'extirper et de retrancher de notre âme cette opinion bien plus encore que de notre corps les tumeurs et les abcès. Pareillement, c'est à la même cause que nous attribuerons ce que nous ferons de bien. Nous n'accuserons donc plus notre serviteur, notre voisin, notre femme, notre enfant, d'être une cause de mal pour nous, convaincus, comme nous le sommes, que, si nous ne jugions pas telle chose de telle manière, nous ne ferions pas ce qui en est la conséquence. Or juger dans tel ou tel sens dépend de nous et non du dehors. — Oui, dit l'autre. — Donc à partir de ce jour, nous ne rechercherons ni n'examinerons ce que sont les autres choses, et comment elles sont, pas plus notre champ que notre esclave, notre cheval ou notre chien, mais ce que sont nos jugements. — Je le souhaite, dit l'autre. — Ne vois-tu donc pas qu'il faut que tu deviennes un savant (cet animal dont tout le monde rit), si tu veux faire ainsi l'examen de tes jugements ? Or, tu comprends toi-même que ce n'est pas là l'affaire d'une heure ni d'un jour. »

CHAPITRE XII

Du contentement de l'esprit.

Dans la question des dieux, il est des gens qui disent que la divinité n'existe même pas ; d'autres disent qu'elle existe, mais qu'elle n'agit pas, qu'elle ne prend soin de rien, qu'elle ne s'occupe de quoi que ce soit ; une troisième espèce de gens disent qu'elle existe et qu'elle s'occupe, mais seulement des grandes choses du Ciel, et point de ce qui se passe sur la terre ; une quatrième, qu'elle s'occupe de la terre et des hommes, mais seulement d'une manière générale et point des êtres particuliers ; une cinquième, enfin, dont faisaient partie Ulysse et Socrate, s'en vont disant : « Le moindre mouvement de moi ne t'échappe pas. »

Ce qu'il nous faut donc, et bien avant tout le reste, c'est d'examiner si chacune de ces propositions est vraie ou ne l'est pas. Car, s'il n'y a pas de Dieu, comment la fin de l'homme pourrait-elle être de suivre les dieux ?

S'ils existent, mais sans s'occuper de rien, comment là encore une telle fin serait-elle vraie? S'ils existent enfin, et s'occupent de quelque chose, mais sans que l'humanité reçoive rien d'eux, et moi pas plus que les autres, par Jupiter! comment là encore cette fin serait-elle vraie? Le sage accompli, après avoir examiné tout cela, soumet son esprit à celui qui dirige l'univers, comme les bons citoyens se soumettent à la loi de leur pays. Quant à l'élève, il doit se présenter aux leçons avec cette pensée : « En toute chose, comment suivrai-je les dieux? Comment serai-je toujours content sous leur gouvernement? Comment serai-je libre? » Car il n'y a de libre que celui à qui tout arrive comme il le veut, et que personne ne peut contraindre. Mais quoi! la liberté serait-elle l'esprit d'égarement? A Dieu ne plaise! car la folie et la liberté ne peuvent jamais se trouver réunies. — Mais j'entends que tout ce que je veux arrive, quoi que soit ce que je veuille. — Tu es fou, tu perds la tête! Ne sais-tu pas que la liberté est une belle et noble chose? Or, prétendre que se réalise au hasard ce que nous voulons, cela risque fort de n'être pas beau, et, mieux encore, d'être ce qu'il y a de plus laid. Comment faisons-nous pour l'orthographe? Est-ce que je prétends écrire le nom de Dieu à ma volonté? Non : mais j'apprends à vouloir l'écrire comme il doit l'être. Et pour la musique? même chose. Que faisons-nous, en un mot, dans tout ce qui est art ou science? La même chose. Autrement, à quoi bon apprendre ce qui devrait se conformer à notre volonté? Et ce serait précisément ici, où il s'agit de la chose capitale, de la chose essentielle, ma liberté, qu'il me serait permis de vouloir au hasard! Non pas, non; je dois ici m'instruire, c'est-à-dire apprendre à vouloir chaque chose comme elle arrive. Et comment arrive-t-elle? Comme l'a réglé celui qui règle tout. Or, il a réglé que, pour l'harmonie de l'univers, il y aurait des étés et des hivers, des temps d'abondance et des temps de disette, des vertus et des vices, et tous les autres contraires. Il a en plus donné à chacun de nous un corps et des parties de ce corps, avec des possessions et des compagnons.

Il faut aller aux leçons, avec la pensée de cet ordre, non pour changer l'état des choses (car cela n'est pas possible et ne nous serait pas utile), mais pour apprendre, tandis que les choses qui nous entourent sont comme elles sont et comme il est dans leur nature d'être, à conformer notre propre volonté aux événements. Voyez en effet, pouvons-nous fuir les hommes ? — Eh ! comment le pourrions-nous ? — En vivant avec eux, pouvons-nous du moins les changer ? — Que reste-t-il donc de possible ? Et quelle façon trouver d'en user avec eux ? Ne sera-ce pas de leur laisser faire ce qui leur semblera bon, tandis que nous, personnellement, nous resterons malgré tout en conformité avec la nature ? Mais toi, tu es malheureux, et impossible à contenter ! Si tu es seul, tu cries à l'abandon : si tu es avec des hommes, tu les appelles perfides et voleurs ; tu incrimines jusqu'à tes parents, tes enfants, tes frères, tes voisins. Tout au contraire, tu devrais, quand tu es seul, te dire, « Je suis tranquille et libre, » et te trouver semblable aux dieux ; quand tu es avec beaucoup d'autres, ne pas dire qu'il y a foule, qu'il y a tumulte, qu'il y a gêne, mais qu'il y a fête et joyeuse assemblée. Voilà le moyen d'être toujours content.

Quel est donc le châtiment de ceux qui n'accueillent pas ainsi les événements ? Leur châtiment est d'être ce qu'ils sont. Quelqu'un est-il mécontent d'être seul ? Qu'il reste dans l'isolement. Mécontent d'avoir des parents ? Qu'il soit mauvais fils, et se désole, mécontent d'avoir des enfants ? Qu'il soit mauvais père. Jette-le en prison. Mais dans quelle prison ? Dans celle où il est ; car c'est malgré lui qu'il est où il est ; et là où quelqu'un est malgré lui, c'est en prison qu'il est ; d'où il suit que Socrate n'était pas en prison, car il y était volontairement. — « Se peut-il bien, dis-tu, que je sois estropié d'une jambe ? » — Esclave ! c'est pour une misérable jambe que tu prends l'univers à partie » ! Ne peux-tu en faire le sacrifice au monde ? Ne saurais-tu t'en séparer ? Ne peux-tu la rendre gaîment à celui qui te l'a donnée ? Vas-tu t'emporter, t'indigner contre les arrêts de Jupiter, contre ce qu'il a lui-même décidé et arrêté avec les Parques, quand elles assistaient à ta naissance avec leurs quenouilles ? Ne sais-tu pas quelle minime fraction tu es par rapport au tout ? Ceci, bien entendu, est dit de ton corps ; car par ta raison tu n'es pas au-dessous des dieux mêmes ; tu n'es pas moins grand qu'eux : la grandeur de la raison, en effet, ne se reconnait pas à la largeur ni à la hauteur, mais aux jugements.

Ne veux-tu donc pas placer ton bien dans ce qui te fait l'égal des dieux ? — « Malheureux que je suis, dis-tu, d'avoir un pareil père et une pareille mère ! » — Quoi donc ? est-ce que, à ton entrée dans la vie, il t'a été donné de choisir, et de dire : « Je veux qu'à cette heure-ci un tel ait des rapports avec une telle, pour que je vienne au monde ? » Cela ne t'a pas été donné. Il a fallu, au contraire, que tes parents existassent d'abord, et qu'ensuite tu naquisses. — Mais de qui ? d'eux, tels qu'ils étaient. Et, tels qu'ils sont, crois-tu qu'aucun moyen de défense ne t'ait été donné contre eux ? Tu serais malheureux et bien à plaindre, si tu ignorais pour quel usage la vue t'a été donnée; et si tu fermais les yeux en face des couleurs. Combien n'es-tu pas plus malheureux et plus à plaindre encore, toi qui ne sais pas que contre tous les inconvénients tu as reçu la grandeur d'âme et la générosité des sentiments ! En face de toi ne sont que des choses en rapport avec les moyens que tu as reçus ; mais tu détournes les yeux, au moment même où tu devrais les avoir ouverts et bien voyant. Pourquoi ne pas rendre plutôt grâce aux dieux, de t'avoir placé au-dessus des choses qu'ils n'ont pas mises dans ta dépendance, et de n'avoir donné d'action sur toi qu'à celles qui dépendent de toi ? Ils n'ont point donné action sur toi à tes parents, point à tes frères, point à ton corps, point à la fortune, à la mort, à la vie. A quoi donc ont-ils donné action sur toi ? A la seule chose qui dépende en toi, au bon usage des *idées*. Pourquoi te mettre sous le joug de tant de choses dont tu es indépendant ? C'est ce qu'on appelle se créer à soi-même des embarras.

CHAPITRE XIII

Comment peut-on tout faire d'une manière agréable aux dieux.

Quelqu'un lui demandait : « Comment peut-on, à table, être agréable aux dieux ? » Il répondit : « Si la justice, la sagesse, l'égalité d'âme, l'empire sur soi-même, et le respect des convenances peuvent trouver place à table, pourquoi n'y pourrait-on être agréable aux dieux ? Lorsque tu demandes de l'eau chaude et que ton esclave ne t'a pas entendu, ou bien t'a entendu mais t'en apporte de trop tiède, ou bien même ne se trouve pas dans la maison, n'est-ce point faire une chose agréable aux dieux que de ne pas t'emporter et ne pas crever de colère ? — Mais comment supporter de pareils êtres ? — Esclave, ne peux-tu supporter ton frère, qui a Jupiter pour premier père, qui est un autre fils né de la même semence que toi, et qui a la même origine céleste ? Parce que tu as été mis à une place plus élevée que les autres, vas-tu te hâter de faire le tyran ? Ne te rappelles-tu pas qui tu es, et à qui tu commandes ? Ne te rappelles-tu pas que c'est à des parents, à des frères par la nature, à des descendants de Jupiter ? — Mais je les ai achetés, et ils ne m'ont pas acheté, eux ! — Vois-tu vers quoi tu tournes tes regards ? vers la terre, vers l'abîme, vers les misérables lois des morts ! Tu ne les tournes pas vers les lois des dieux. »

CHAPITRE XIV

Dieu voit tout.

On lui demandait comment on pourrait prouver à quelqu'un que toutes ses actions tombaient sous l'œil de Dieu. — Ne crois-tu pas, dit-il, à l'unité du monde? — J'y crois. — Mais quoi ! ne crois-tu pas à l'harmonie du ciel et de la terre? — J'y crois. — Comment, en effet, les plantes fleurissent-elles si singulièrement, comme sur un ordre de Dieu, quand il leur a dit de fleurir? Comment germent-elles, quand il leur a dit de germer? Comment produisent-elles des fruits, quand il leur a dit d'en produire? Comment mûrissent-elles, quand il leur a dit de mûrir? Comment laissent-elles tomber leurs fruits, quand il leur a dit de les laisser tomber? Comment perdent-elles leurs feuilles, quand il leur a dit de les perdre? Et, quand il leur a dit de se replier sur elles-mêmes pour rester tranquillement à se reposer, comment restent-elles à se reposer? Puis, lorsque la lune croît ou décroît, lorsque le soleil arrive ou se retire, pourquoi voit-on sur la terre tant de changements, tant d'échanges des contraires? Et les plantes et nos corps se relieraient ainsi avec le grand tout, et seraient en harmonie avec lui, sans que cela fût plus vrai encore de nos âmes! Et nos âmes se relieraient et se rattacheraient ainsi à Dieu, comme des parties qui en ont été détachées, sans que Dieu s'aperçût de leur mouvement, qui est de même nature que le sien, et qui est le sien même! Tu pourrais, toi, appliquer ton esprit au gouvernement de Dieu et à toutes les choses divines en même temps qu'aux affaires humaines, recevoir tout à la fois de milliers d'objets des sensations ou des pensées, et donner ton adhésion aux unes, rejeter les autres, t'abstenir sur d'autres; tu pourrais conserver dans ton âme les images de tant d'objets divers, t'en faire un point de départ pour arriver à d'autres idées analogues à celles qui t'ont frappé les premières, passer d'un procédé à un autre, et garder le souvenir de milliers de choses : et Dieu ne serait pas capable de tout voir, d'être présent partout, d'être en communication avec tout ! Le soleil serait capable d'éclairer une si grande portion de l'univers en ne laissant dans l'obscurité que la petite partie qui est occupée par l'ombre que projette la terre : et celui qui a fait le soleil (cette partie de lui-même si minime par rapport au tout), celui qui le promène autour du monde, ne serait pas capable de tout connaître !

— Mais moi, dis-tu, mon esprit ne peut s'occuper de toutes ces choses en même temps. — Et qui est-ce qui te dit aussi que tu as des facultés égales à celles de Jupiter ? C'est pour cela que (bien qu'il nous ait faits intelligents) il n'en a pas moins placé près de chacun de nous un surveillant, le Génie particulier de chacun, auquel il a commis le soin de nous garder, et qui n'est sujet ni au soleil ni à l'erreur. A quel protecteur plus puissant et plus vigilant aurait-il pu confier chacun de nous ? Lors donc que vous avez fermé votre porte, et qu'il n'y a point de lumière dans votre chambre, souvenez-vous de ne jamais dire que vous êtes seul, car vous ne l'êtes pas. Dieu est dans votre chambre, et votre Génie aussi ; et qu'ont-ils besoin de lumière pour voir ce que vous faites ?

Vous devriez prêter serment à ce Dieu, comme les soldats prêtent serment à César. Pour prix de la solde qu'ils touchent, ils jurent de faire passer le salut de César avant toute chose ; refuserez-vous de jurer, vous, après tous les dons magnifiques que vous avez reçus ? Ou, si vous jurez, ne tiendriez-vous pas votre serment ? Que jurerez-vous donc ? de ne jamais désobéir à Dieu, de ne jamais lui adresser de reproches, de ne jamais vous plaindre de ce qu'il vous donnera en partage, de n'être jamais mécontent de faire ou de souffrir ce qui est inévitable. Ce serment ressemble-t-il à l'autre ? On jure dans l'autre de ne préférer personne à César ; on jure dans celui-ci de se préférer soi-même à tout le monde.

CHAPITRE XV

A quoi s'engage la philosophie ?

Quelqu'un le consultait sur les moyens de persuader à son frère de ne plus vivre mal avec lui. La philosophie ne s'engage pas, lui dit-il, à procurer à l'homme quoi que ce soit d'extérieur ; autrement, elle s'occuperait de choses étrangères à ce qui est sa matière particulière. Le bois est la matière du charpentier ; l'airain est la matière du fondeur de statue ; l'art de vivre, à son tour, a pour matière dans chaque homme la vie de cet homme même. Que dire donc de la vie de ton frère ? qu'elle relève de son savoir-faire à lui, mais que, par rapport au tien, elle est au nombre des choses extérieures, ainsi que l'est un champ, ainsi que l'est la santé, ainsi que l'est la gloire. Or, sur toutes ces choses-là philosophie ne s'engage à rien. « Dans toutes les circonstances, dit-elle, je maintiendrai *la partie maîtresse* en conformité avec la nature. » — Mais *la partie maîtresse* de qui ? — de l'être dans lequel je suis. — Comment donc faire pour que mon frère ne soit plus irrité contre moi ? — Amène-le moi, et je lui parlerai ; mais je n'ai rien à te dire, à toi, au sujet de sa colère.

Celui qui le consultait ajouta : « Je te demande encore comment je pourrai me conformer à la nature, au cas où mon frère ne se réconcilierait pas avec moi. » Il lui répondit : « Aucune chose considérable ne se produit en un instant, pas plus que le raisin et les figues. Si tu me disais maintenant : *je veux une figue*, je te dirais : *il faut du temps ; laisse l'arbre fleurir*, *puis les fruits y venir et mûrir.* Et, lorsque le fruit du figuier n'arrive pas à sa perfection d'un seul coup et en un instant, tu voudrais cueillir si facilement et si vite les fruits de la sagesse humaine ! Je te dirai, *ne l'espère pas.* »

CHAPITRE XVI

De la Providence.

Ne vous étonnez pas que les autres êtres animés trouvent tout prêt ce qui est nécessaire à leur corps, non seulement les aliments et les boissons, mais encore le coucher ; ne vous étonnez pas qu'ils n'aient besoin ni de chaussures, ni de couvertures, ni de vêtements, tandis que, nous, nous avons besoin de tout cela. Ces êtres ne sont pas nés pour eux-mêmes, mais pour servir ; il n'était pas bon dès lors de les créer ayant besoin de quelque chose. Car vois un peu ce qui arriverait, si nous avions à nous occuper non seulement de nous-mêmes, mais encore de nos brebis et de nos ânes, pour leurs vêtements, pour leur chaussure, pour leurs aliments et pour leur boisson. Les soldats sont mis à la disposition du général, chaussés, habillés et armés (que d'embarras pour le chiliarque, s'il lui fallait courir de tous les côtés pour chausser et pour habiller ses mille hommes !) ; il en est de même des êtres nés pour notre service : la nature les a créés tout équipés, pourvus de tout, et n'ayant besoin d'aucun soin, c'est ce qui fait qu'un petit enfant conduit les brebis avec un simple bâton. Mais nous maintenant, au lieu de remercier Dieu au sujet de ces animaux, parce que nous n'avons pas à nous occuper d'eux autant que de nous-mêmes, nous l'accusons à notre sujet. Et cependant, par Jupiter et par tous les dieux, ce serait assez d'une seule créature pour révéler la

Providence à un homme honnête et reconnaissant. Je n'ai que faire pour cela des grandes choses : il m'y suffit du lait qui provient de l'herbe, du fromage qui provient du lait, de la toison qui provient de la peau. Quel est celui qui a fait, qui a conçu tout cela ? — Personne, dis-tu. — Quelle imprudence et quelle absurdité !

Eh bien, laissons les œuvres utiles de la nature, et contemplons ses hors-d'œuvre (apparents). Qu'y a-t-il de plus inutile que les poils qui naissent au menton ? Mais quoi ! la nature ne les a-t-elle pas fait servir eux aussi à l'usage le plus convenable possible ? N'a-t-elle point par eux distingué l'homme de la femme ? Par eux la nature de chacun de nous ne crie-t-elle pas de bien loin : « Je suis un homme ; c'est de telle façon qu'il faut m'aborder, de telle façon qu'il faut me parler ? Ne cherche pas ailleurs : voici mes signes. » Et d'autre part, en même temps qu'elle donnait aux femmes quelque chose de plus doux dans la voix, elle les a privées de ces poils. Il n'aurait pas fallu que cela fût peut-être ! Il aurait fallu que les sexes fussent laissés sans signe distinctif, et que chacun de nous eût à crier : « Je suis un homme ! » Et ce signe n'est-il pas beau ? Ne nous sied-il pas ? N'est-il pas imposant ? Combien il est plus beau que l'aigrette du coq ! d'un plus grand aspect que la crinière du lion ! Nous devions donc conserver ces signes donnés par Dieu ; nous devions ne pas y renoncer, et ne pas confondre, autant qu'il est en nous, les sexes qu'il a distingués.

Sont-ce donc là les seules choses que la Providence ait faites en nous ? Et quel discours pourrait suffire à louer convenablement tout ce qu'elle y a fait, ou même à l'exposer ? Car, si nous avions le sens droit, quelle autre chose devrions-nous faire, tous en commun et chacun en particulier, que de célébrer Dieu, de chanter ses louanges, et de lui adresser des actions de grâces ? Ne devrions-nous pas, en fendant la terre, en labourant, en prenant nos repas, chanter cet hymne à Dieu ? « Dieu est grand, parce qu'il nous a donné ces instruments, avec lesquels nous travaillerons la terre! Dieu est grand, parce qu'il nous a donné des mains, un gosier, un estomac; parce qu'il nous a permis de croître sans nous en apercevoir, et de réparer nos forces en dormant! »

Voilà ce que nous devrions chanter à propos de chaque chose; mais ce pour quoi nous devrions chanter l'hymne le plus grand, le plus à la gloire de Dieu, c'est la faculté qu'il nous a accordée de nous rendre compte de ces dons, et d'en faire un emploi méthodique. Eh bien! puisque vous êtes aveugles, vous, le grand nombre, ne fallait-il pas qu'il y eût quelqu'un qui remplît ce rôle, et qui chantât pour tous l'hymne à la divinité? Que puis-je faire, moi, vieux et boiteux, si ce n'est de chanter Dieu? Si j'étais rossignol, je ferais le métier d'un rossignol; si j'étais cygne, celui d'un cygne. Je suis un être raisonnable; il me faut chanter Dieu. Voilà mon métier, et je le fais. C'est un rôle auquel je ne faillirai pas, autant qu'il sera en moi; et je vous engage tous à chanter avec moi.

CHAPITRE XVII

De la nécessité de la logique.

Puisque c'est la raison qui est la régulatrice de tout le reste, et qui en tire parti, et puisqu'elle ne pouvait être elle-même sans régulateur, quel a été ce régulateur? Il est évident que ce doit être elle-même ou un autre. Or, cet autre est une raison à son tour, ou quelque chose de meilleur que la raison; ce qui est impossible. Mais si c'est une raison, quel sera à son tour son régulateur? Car si elle est son régulateur à elle-même, la première pouvait l'être aussi; et, si elle ne l'est pas, cela est sans fin et sans terme.

— Soit ; mais il est plus pressant de guérir ses passions et tout le reste. — Veux-tu donc m'écouter sur ce sujet-là ? Ecoute-moi ; mais ne va pas me dire : « *Je ne sais pas si tu raisonnes bien ou mal ;* » et, au cas où je prononcerais une parole ambiguë, ne me dis pas non plus : « *Précise ;* » car je ne te supporterai pas, et je te dirai : « *Mais il est plus pressant de...,* etc. » C'est en effet, je crois, pour cette raison que l'on place la Logique en tête, comme nous voulons qu'on apprenne à connaître les mesures avant de se mettre à mesurer le blé. Car, si nous ne commençons pas par savoir ce que c'est qu'un boisseau et par savoir ce que c'est qu'une balance, comment pourrons-nous mesurer ou peser quoique ce soit? Ici de même, si nous n'avions pas étudié et ne connaissions pas exactement ce qui nous sert à juger et à connaître tout le reste, comment pourrions-nous connaître exactement quelque autre chose? Est-ce que cela se pourrait ? — Non ; mais un boisseau n'est que du bois stérile ! — Oui, mais c'est par lui que nous mesurons le blé. -- La Logique aussi est stérile ! — C'est ce que nous verrons ; mais, alors même qu'on l'accorderait, ce serait encore assez pour elle que de servir à juger et à discuter le reste, et d'y tenir lieu, pour ainsi dire, de poids et de mesure. Et qu'est-ce qui parle ainsi ? N'est-ce que Chrysippe, que Zénon, que Cléanthe ? N'est-ce pas aussi Antisthènes ? Et quel est celui qui a écrit que le point de départ de l'éducation était l'étude des mots ? N'est-ce pas aussi Socrate qui parle ainsi ? Et de qui Xénophon a-t-il écrit qu'il commençait par étudier la signification des mots?

La grande chose, la chose digne d'admiration, serait-elle donc de comprendre ou d'expliquer Chrysippe? Eh, qu'est-ce qui dit cela? Quelle est donc la chose digne d'admiration ? C'est de comprendre la volonté de la nature. Or, peux-tu la démêler par toi-même? De quoi aurais-tu besoin alors? Car s'il est vrai qu'on ne faillisse jamais que malgré soi, et si tu as su découvrir la vérité, il est impossible que dès lors tout ne soit pas bien chez toi. « Mais, par Jupiter, je ne sais pas découvrir la volonté de la nature. Qui donc sait l'exposer? On dit que c'est Chrysippe. » Je vais, et je cherche ce que dit cet interprète de la nature. Contrarié de ne pas comprendre ce qu'il dit, je cherche quelqu'un qui me l'explique. « Vois, me dit-on, et examine ce qui est écrit là, comme si ce l'était en latin. »

Mais de quoi donc l'explicateur peut-il s'enorgueillir ici? Chrysippe lui-même n'aurait pas le droit de s'enorgueillir, s'il n'arrivait qu'à m'expliquer la volonté de la nature, sans la comprendre lui-même. A combien plus forte raison, celui qui explique Chrysippe! Car ce n'est pas pour Chrysippe lui-même que nous avons besoin de Chrysippe, mais pour comprendre la nature. Nous n'allons pas trouver le devin pour l'amour de lui-même, mais parce que nous croyons apprendre par lui l'avenir, et ce que présagent les dieux. Ce n'est pas non plus pour l'amour d'elles-mêmes que nous allons regarder les entrailles, mais pour ce qu'elles présagent. Ce n'est ni le corbeau ni la corneille que nous honorons; c'est le Dieu qui nous avertit par eux.

Je vais trouver celui qui explique tout cela, le devin, et je lui dis : « Examine pour moi les entrailles. Que me présagent-elles? » Il les prend, les ouvre, les interprète, et me répond : « O homme, tu as en toi une faculté de juger et de vouloir, dont la nature est de ne pouvoir être entravée ni contrainte; voilà ce qui est écrit ici, dans ces entrailles. Je te le montrerai d'abord au sujet du jugement. Quelqu'un peut-il t'empêcher d'adhérer à la vérité? — Personne. — Quelqu'un peut-il te forcer à recevoir pour vrai ce qui est faux? — Personne. — Ne vois-tu pas alors que sur ce terrain ton libre arbitre est au-dessus de toute entrave, de toute contrainte, de tout empêchement? Eh bien! sur le terrain du désir et de la volonté, en est-il autrement? Qu'est-ce qui peut triompher d'une volonté, si ce n'est une autre volonté? d'un désir ou d'une aversion, si ce n'est un autre désir ou une autre aversion? — Mais, dis-tu, si tu emploies la crainte de la mort, tu me contraindras. — Ce n'est pas ce que j'emploierai qui te contraindra, mais c'est que tu jugeras qu'il vaut mieux faire telle chose que de mourir. C'est donc ton jugement qui t'aura contraint, c'est-à-dire que c'est ton libre arbitre qui aura contraint ton libre arbitre. Car, si Dieu eût fait que cette partie spéciale, qu'il a détachée de lui-même pour nous la donner, pût être contrainte par lui ou par d'autres, il ne serait pas Dieu, et n'aurait pas de nous le soin qu'il en doit avoir. Voilà (continue le devin) ce que je trouve dans les victimes; voilà ce qu'elles t'annoncent. Si tu le veux, tu es libre; si tu le veux, tu n'accuseras personne, tu ne feras de reproche à personne. Tout arrivera conformément à ta volonté et à celle de Dieu tout ensemble. » Telle est la réponse en vue de laquelle je vais trouver le devin et le philosophe; et ce n'est pas devant lui que je m'incline à cause de son talent d'explication, mais devant les choses qu'il m'explique.

CHAPITRE XVIII

Il ne faut pas s'emporter contre ceux qui font mal.

S'il est réel, comme le disent les philosophes, qu'il n'y a aux affirmations des hommes qu'une seule cause, la conviction que telle chose est vraie; une seule à leurs négations, la conviction que telle chose est fausse; une seule à leurs doutes, la conviction que telle chose est incertaine; une seule à leurs vouloirs, la conviction que telle chose est convenable; une seule à leurs désirs, la conviction que telle chose leur est utile; s'il leur est impossible de désirer autre chose que ce qu'ils jugent utile, et de vouloir autre chose que ce qu'ils jugent convenable, pourquoi nous emporter contre la plupart d'entre eux? — Ce sont des filous et des voleurs, dis-tu! — Qu'est-ce donc que les filous et les voleurs? Des gens qui se trompent sur ce qui est bon et sur ce qui est mauvais. Par suite est-ce l'indignation ou la pitié qu'ils doivent t'inspirer? Montre leur qu'ils se trompent, et tu verras comment ils cesseront de faire mal. S'ils ne voient pas leur erreur, ils n'ont rien qu'ils puissent préférer à leur opinion.

— Quoi donc ! ce voleur et cet adultère ne devraient-ils pas périr? — Ne parle pas ainsi ; mais dis plutôt « Cet homme qui s'égare et qui se trompe sur les sujets les plus importants, cet homme aveugle, non dans ces yeux du corps qui distinguent le blanc du noir, mais dans ces yeux de l'esprit qui distinguent le bien du mal, ne devrait-il pas périr? » Et si tu parles ainsi, tu reconnaîtras combien ton dire est inhumain, combien il ressemble à celui-ci : « Cet homme aveugle et sourd ne devrait-il pas périr? » Car si le plus grand de tous les dommages est d'être privé des plus grands biens, et si le plus grand de tous les biens est un jugement droit, pourquoi t'emporter encore contre celui qui en est privé? O homme, il ne faut pas que les torts des autres produisent sur toi un effet contraire à la nature; aie pitié d'eux plutôt. Laisse-là ces mots de colère et de haine, ces exclamations de la multitude : « Quel monstre ! Quelle canaille ! Quel être odieux? » Es-tu donc, pour ta part, devenu sage en un jour ! Te voilà bien sévère ! Pourquoi donc nous emportons-nous? Parce que nous attachons du prix à ce qu'on nous enlève. N'attache pas de prix à ton manteau, et tu ne t'emporteras pas contre son voleur; n'attache pas de prix à ta femme, si belle qu'elle soit, et tu ne t'emporteras pas contre son amant. Sache que le voleur et l'amant n'ont pas de prise sur ce qui est à toi, qu'ils n'en ont que sur les choses qui ne sont pas à toi, et qui ne dépendent pas de toi. Si tu te détaches de ces choses-là et n'en fais aucun cas, contre qui auras-tu encore à t'emporter? Tant que tu y attacheras quelque prix, c'est de toi que tu devras être mécontent, et non pas des autres.

Vois un peu : tu as de beaux vêtements, tandis que

ton voisin n'en a pas, et tu as une fenêtre ; veux-tu les y mettre à l'air? Il ne sait pas quel est le bien de l'homme, et s'imagine que c'est un bien d'avoir de beaux vêtements, ce que d'ailleurs tu crois toi-même, et il ne viendrait pas te les prendre! Tu montres un gâteau à des gourmands, et tu le manges seul, et tu veux qu'ils ne te l'arrachent pas! Ne les tente pas; n'aie pas de fenêtre ; ne mets pas à l'air tes vêtements. Moi, avant-hier, j'avais une lampe de fer devant mes dieux pénates ; j'entendis du bruit à ma porte ; je courus, et je trouvai qu'on avait enlevé ma lampe. Je me dis que celui qui l'avait volée n'avait pas fait une chose déraisonnable. Qu'arriva-t-il donc? Je dis : « Demain tu en trouveras une de terre cuite. » On ne perd jamais que ce que l'on a. « J'ai perdu mon manteau! » — C'est que tu avais un manteau. — « J'ai mal à la tête ! » — Est-ce que tu as mal aux cornes? Pourquoi te fâcher? On ne perd que ce que l'on a ; on ne souffre que dans ce que l'on a.

Mais le tyran va mettre dans les fers?... — quoi? ta jambe. — Mais il va m'enlever?... quoi? la tête. Qu'est-ce qu'il ne pourra ni mettre dans les fers ni t'enlever? ton libre arbitre. C'est là précisément la raison du précepte ancien : « *Connais-toi toi-même.* » Il fallait, par tous les dieux, t'exercer dans les petites choses, commencer par elles, pour passer à de plus grandes. — « La tête me fait mal » — Ne dis pas, hélas! — « L'oreille me fait mal, » — Ne dis pas, hélas! Je ne prétends point qu'il ne t'est pas permis de pousser un gémissement ; mais ne gémis pas dans ton for intérieur. Si ton esclave est lent à t'apporter tes bandelettes, ne crie pas, ne te mets pas hors de toi, ne dis pas : « Tout le monde me hait! » Qui, en effet, ne haïrait pas un pareil individu? Marche droit et libre, en mettant désormais ta confiance dans ces principes, et non dans ta force corporelle, comme un athlète. Car ce n'est pas comme d'un âne que nul ne doit venir à bout de toi.

Quel est donc l'homme dont rien ne vient à bout? Celui que ne tire de son calme rien de ce qui est en dehors de son libre arbitre. Cela posé, j'énumère toutes les occasions possibles ; et, comme on dit, en parlant d'un athlète : « Il a vaincu le premier sur lequel le sort l'a fait tomber ; mais en eut-il vaincu un second ? Eût-il vaincu, si le temps eût été chaud ? Si c'eût été à Olympie ? » de même ici je dis : « Si tu mets de l'argent devant lui, il en fera fi ; mais une jeune fille, et de nuit ? Mais la gloriole ? Mais les insultes ? Mais les éloges ? Mais la mort ? Pourrait-il en triompher également ? Et s'il avait la fièvre ? Et s'il était pris de vin ? Et s'il était dans une humeur noire ? » Voilà pour moi l'athlète qui ne serait jamais vaincu.

CHAPITRE XIX

Que devons-nous être à l'égard des tyrans ?

Quiconque a un avantage sur les autres, ou croit en avoir un, quoiqu'il n'en ait pas, s'enorgueillira nécessairement, s'il est sans culture. Tout d'abord le tyran dit : « Je suis plus puissant que tous les autres. » — Eh ! que peux-tu me donner ? Peux-tu faire que mes désirs ne trouvent point d'obstacles ? Comment le pourrais-tu ? Toi-même réussis-tu toujours à éviter ce que tu veux fuir ? Es-tu infaillible dans tout ce que tu essaies de faire ? Et d'où te viendrait cet avantage ? Sur un navire, en qui as-tu confiance, en toi ou dans les hommes du métier ? En qui sur un char, si ce n'est encore dans les hommes du métier ? Et quand il s'agit de tout autre art ? même chose. Que peux-tu donc par toi-même ? — « Quels soins tout le monde a de moi (dis-tu) ! » — J'ai bien soin de ma planchette, moi ! Je la lave et je l'essuie ; j'enfonce aussi des clous pour accrocher ma burette à huile. Ma planchette et ma burette seraient-elles donc supérieures à moi ? Non ; mais elles me servent pour quelque usage, et c'est pour cela que j'en prends soin. Est-ce que je ne prends pas soin de mon âne? Est-ce que je ne lui lave pas et ne lui nettoie pas les pieds? Ne vois-tu donc pas que c'est de lui-même que tout homme a soin, et qu'on n'a des soins pour toi que comme on en a pour son âne? Qui donc en effet a des soins pour toi à titre d'homme? Montre-moi celui-là. Qu'est-ce qui veut te ressembler? Qu'est-ce qui veut marcher sur tes traces comme sur celles de Socrate? — « Mais je puis te faire couper la tête! » — Tu as raison; j'oubliais qu'il me fallait des soins vis-à-vis de toi comme vis-à-vis de la fièvre et du choléra, et que je devais t'élever un autel comme il y a dans Rome un autel élevé à la fièvre.

Q'est-ce qui trouble donc le vulgaire et qu'est-ce qui l'effraie? Le tyran et ses gardes? Comment cela serait-il? Et à Dieu ne plaise que cela soit! Il n'est pas possible que l'être né libre soit troublé, entravé par un autre que par lui-même. Ce sont ses jugements seuls qui causent son trouble. Car, lorsque le tyran dit: « Je chargerai de fers ta jambe, » celui qui attache du prix à sa jambe, s'écrie: « Non! par pitié! » mais celui qui n'attache de prix qu'à sa libre décision, dit: « Charge-la de fers, si cela te semble bon. — Cela ne te fait rien. — Cela ne me fait rien. -- Je te montrerai que je suis le maître. — Comment le pourrais-tu? Jupiter m'a fait libre. Crois-tu qu'il ait pu permettre que son propre fils devînt esclave? Tu es le maître de ma carcasse; prends-la. — Ce n'est donc pas moi qui suis l'objet de de tes soins lorsque tu m'approches? — Non, mais moi-même. Et, si tu veux me faire dire que tu l'es aussi, entends-moi bien: « Tu l'es comme le serait une cruche. »

Ce n'est pas là de l'égoïsme, car l'être animé est fait pour agir toujours en vue de lui-même. C'est pour lui-même que le soleil fait tout, et Jupiter aussi. Mais, quand ce Dieu veut être le *distributeur de la pluie*, le *producteur des fruits*, le *père des dieux et des hommes*, tu peux voir qu'il n'en obtient et le nom et la chose qu'en étant utile à la communauté. Il a donné à tout être raisonnable une nature telle, qu'aucun d'entre eux ne peut trouver son bien particulier qu'en faisant quelque chose d'utile à tous. C'est ainsi qu'on n'est pas l'ennemi de la communauté, tout en n'agissant qu'en vue de soi-même. Qu'attends-tu, en effet ? qu'un être renonce à lui-même et à son intérêt propre ? Comment donc alors la première loi de tout être indistinctement sera-t-elle l'amour de lui-même ?

Que dirai-je donc ? que, lorsque nous avons, au sujet des choses qui ne relèvent pas de notre libre arbitre, l'opinion absurde qu'elles sont des biens ou des maux, il nous faut de toute nécessité faire la cour aux tyrans. Et plût au ciel que ce ne fût qu'aux tyrans, et pas aussi à leurs valets de chambre ! Comment un homme devient-il tout à coup un génie, parce que César l'a préposé à ses pots de chambre ? Pourquoi disons-nous sur-le-champ : « Félicion m'a parlé en homme bien capable ? » Je voudrais qu'il fût précipité de dessus son tas d'immondices, pour que de nouveau tu ne visses en lui qu'un imbécile. Epaphrodite avait un cordonnier qu'il vendit parce qu'il n'était bon à rien. Le sort fit que cet homme fut acheté par une des créatures de César, et devint le cordonnier de César. As-tu vu en quelle estime le tint alors Epaphrodite ? » Comment va mon cher Félicion ? Oh ! que je t'aime ! » Et, si quelqu'un de nous demandait : « Que fait Epaphrodite ? » on nous répondait qu'il était en conférence avec Félicion ! Ne l'avait-il donc pas vendu comme n'étant bon à rien ? Qu'est-ce qui en avait fait tout à coup un génie ? Voilà ce que c'est que d'attacher du prix à autre chose qu'à ce qui relève de notre libre arbitre.

Quelqu'un a-t-il obtenu le tribunat, tous ceux qui le rencontrent le félicitent. L'un lui baise les yeux, un autre le cou, et ses esclaves les mains. Il arrive dans sa maison ; il y trouve tous les flambeaux allumés. Il monte alors au Capitole, et y offre un sacrifice. Qui donc en a jamais offert pour avoir eu de bons désirs et pour avoir conformé sa volonté à la nature ? C'est que nous ne remercions les dieux que de ce que nous prenons pour un bien.

Quelqu'un aujourd'hui me parlait du titre de prêtre d'Auguste. « Mon ami, lui dis-je, laisse-là cette affaire ; tu y dépenseras beaucoup pour n'arriver à rien. — Mais les rédacteurs des arrêtés officiels y inscriront mon nom ! — Est-ce que tu seras auprès des lecteurs pour leur dire : *C'est moi dont ils ont écrit le nom* ? Et, si tu peux y être maintenant, que feras-tu quand tu seras mort ? — Mais mon nom subsistera ! — Écris-le sur une pierre ; il subsistera de même. Eh ! qui se souviendra de toi en dehors de Nicopolis ? — Mais je porterai une couronne d'or ! — Si tu as envie d'une couronne, prends-en une de roses, et mets-la sur ta tête : elle sera, certes, plus gracieuse à voir. »

CHAPITRE XX

Comment la raison se contemple elle-même.

Toute espèce d'art ou de faculté a un objet spécial de ses études. Quand elle est de même nature que cet objet, elle s'étudie forcément aussi elle-même ; mais quand elle est de nature différente, elle ne peut pas s'étudier ainsi. L'art du cordonnier, par exemple, s'occupe des cuirs, mais sa nature est à mille lieues de celle des cuirs ; aussi ne peut-il s'étudier lui-même. La grammaire, à son tour, s'occupe d'écrire les mots, mais est-elle elle-même un mot à écrire ? Non. Aussi ne peut-elle s'étudier elle-même. Pourquoi donc la nature nous a-t-elle donné la raison ? pour user des *idées*, comme il faut en user. Or, qu'est la raison ? un certain ensemble d'*idées*. Elle peut ainsi, en vertu de sa nature, s'examiner elle-même. La sagesse, à son tour, pour l'étude de quoi nous a-t-elle été donnée ? pour l'étude de ce qui est bien, de ce qui est mal, et de ce qui est indifférent. Qu'est-elle donc elle-même ? un bien. Et le manque de sagesse ? un mal. Tu vois bien que forcément elle doit pouvoir s'étudier elle-même et étudier son contraire. Aussi le premier et le plus important devoir du philosophe est-il d'examiner ses *idées*, de les juger, et de n'adhérer à aucune qu'après examen. Voyez comme nous avons su trouver un art pour la monnaie qui semble nous intéresser si fort, et de combien de moyens se sert l'essayeur d'argent pour la vérifier. Il se sert de la vue, du toucher, de l'odorat, et finalement de l'ouïe. Il frappe sur une pièce, écoute le son, et ne se contente pas de la faire sonner une fois ; c'est à force de s'y reprendre que son oreille arrive à juger. C'est ainsi que, lorsque nous croyons qu'il est pour nous de grande conséquence de nous tromper ou de ne pas nous tromper, nous apportons la plus grande attention à l'examen des choses qui peuvent nous tromper. Mais, bâillant et endormis, pour tout ce qui regarde notre faculté maîtresse, nous acceptons au hasard toutes les *idées*, parce qu'ici nous ne sentons pas nos pertes.

Lorsque tu voudras connaître tout ton relâchement à l'endroit du bien et du mal, et toute ton ardeur pour les choses indifférentes, compare ce que tu penses de la cécité et ce que tu penses de l'erreur ; tu connaîtras alors combien tu es loin d'avoir pour le bien et pour le mal les sentiments que tu dois avoir. — Mais il y faudrait une longue préparation, beaucoup de travail et d'études ! — Quoi donc ! espères-tu acheter au prix de peu d'efforts la plus grande de toutes les sciences ? Et pourtant, après tout, ce que les philosophes nous enseignent de fondamental n'est pas bien long ! Si tu veux t'en assurer, lis les écrits de Zénon, et tu verras. Qu'y a-t-il de si long à dire que la fin de l'homme est de suivre les dieux ? que le véritable bien est le bon usage des *idées* ? Mais dis-nous ce que c'est qu'une *idée*, quelle est la nature des individus, quelle est celle du tout. Voilà qui est long. Si Épicure après cela vient nous dire que le bien est dans la chair, voilà encore qui sera long, car il nous faudra apprendre quelle est en nous la partie maîtresse, quelle est en nous la personne, la substance! S'il n'est pas vraisemblable que le bien de l'huître soit dans son enveloppe, l'est-il donc que le bien de l'homme soit dans la sienne? Toi-même, Épicure, tu as quelque chose de principal en toi. Qu'est-ce donc qui délibère en toi? Qu'est-ce qui y examine chaque chose? Qu'est-ce qui y porte sur la chair elle-même ce jugement, quelle est en toi le principal? Pourquoi donc allumer ta lampe, travailler pour nous, écrire tant de livres? pour que nous n'ignorions pas la vérité? Mais que sommes-nous donc? Et quel intérêt avons-nous pour toi?

C'est là ce qui allonge l'enseignement.

CHAPITRE XXI

Contre ceux qui veulent se faire admirer.

Lorsque quelqu'un dans cette vie est ce qu'il doit être, il ne s'extasie pas devant les choses du dehors. Homme, que souhaites-tu qu'il t'arrive? Pour moi il me suffit que mes désirs et mes aversions soient conformes à la nature; que, dans mes vouloirs ou dans mes refus, dans mes projets, dans mes efforts, dans mes jugements, je sois ce que je suis né pour être. Pourquoi marches-tu aussi raide que si tu avais avalé une broche? — Je veux que tous ceux qui se trouvent sur mon chemin m'admirent et me suivent en criant: Quel grand philosophe! — Eh! qui sont ces gens dont tu veux te faire admirer? Ne sont-ce pas ceux dont tu as l'habitude de dire qu'ils sont fous? Et c'est par des fous que tu veux être admiré!

CHAPITRE XXII

Des notions *a priori*.

Les notions *a priori* sont communes à tous les hommes, et jamais une notion *a priori* n'est en opposition avec une autre. Qui de nous, en effet, ne pose pas en principe que le bien est utile et désirable, et que dans toutes les circonstances il faut le rechercher et le poursuivre? Qui de nous ne pose pas en principe que tout ce qui est juste est beau et convenable? Quand donc se produit le désaccord? dans l'application des notions *a priori* aux faits particuliers; quand l'un dit: « *Un tel a bien agi; c'est un homme de cœur;* » et que l'autre dit: « *Non, c'est un fou.* » Voilà comment arrive le désaccord des hommes entre eux. Tel est le désaccord entre les Juifs, les Syriens, les Egyptiens, les Romains. Il ne porte pas sur ce point-ci: ce qui est honnête doit-il être préféré à tout, et recherché partout? Mais sur celui-ci: est-ce une chose honnête que de manger du cochon, ou bien est-ce une impiété? Tel se trouve être aussi le désaccord d'Agamemnon et d'Achille. Appelle-les devant nous. « Que dis-tu, toi, Agamemnon? qu'il ne faut pas faire ce qui est légitime et ce qui est bien? — Certainement il faut le faire. — Et toi, Achille, que dis-tu? qu'il ne te plaît pas de faire ce qui est bien? — C'est de toutes les choses celles qui me plaît le mieux. — Appliquez donc vos notions *a priori.* » C'est là que commence leur désaccord. L'un dit: « Il ne faut pas que je rende Chryseïs à son père; » l'autre dit: « Il faut que tu la rendes. » En somme, il y en a un des deux qui applique mal la notion *a priori* du devoir. L'un dit encore: « Si je dois rendre Chryseïs, je dois prendre ce que l'on a donné à l'un de vous comme récompense. » L'autre dit: « Tu ne prendras pas ma maîtresse. » — « Je la prendrai, » réplique l'autre. — « Eh quoi! serai-je donc seul (sans récompense)? — Et moi seul à ne rien avoir? »

C'est ainsi que naît le désaccord.

Qu'est-ce donc que s'instruire? C'est apprendre à appliquer aux faits particuliers, d'une manière conforme à la nature, nos notions naturelles *a priori;* c'est encore partager le monde en choses qui dépendent de nous et choses qui n'en dépendent pas. Ce qui dépend de nous, c'est notre libre arbitre, et tous les actes de ce libre arbitre; ce qui n'en dépend pas, c'est notre corps et ses parties, notre fortune, nos parents, nos frères, nos enfants, notre patrie, en un mot tous ceux avec qui nous vivons. Où placerons-nous donc le bien? A quelle espèce de choses en appliquerons-nous la notion? à celles qui dépendent de nous? Alors ce ne sera pas un bien qu'un corps sain et complet, non plus que la vie elle-même! Nos enfants ne seront pas un bien! nos parents et notre patrie non plus! Qu'est-ce qui supportera ce langage? Essayons donc de mettre le bien dans ces choses.

Mais est-il possible d'être heureux, lorsque l'on éprouve du mal et que l'on est privé du bien? Cela n'est pas possible. Est-il possible alors de se conduire comme on le doit envers ceux avec qui l'on vit? Comment cela se pourrait-il? Je suis né pour faire ce qui m'est utile. S'il m'est utile d'avoir un champ, il m'est utile de prendre celui de mon voisin. S'il m'est utile d'avoir un manteau, il m'est utile d'en voler un aux bains. De là viennent les guerres, les dissensions civiles, les tyrannies, les complots. Comment observer alors ce que je dois à Jupiter? Car, si l'on me fait du tort, et si je suis malheureux, c'est qu'il ne s'occupe pas de moi. Et qu'ai-je affaire de lui, s'il ne peut pas me secourir? Qu'en ai-je affaire encore, si c'est par sa volonté que je me trouve dans cette situation? Je me mets par suite à le haïr. Pourquoi donc alors lui élevons-nous des temples, des statues? Il est vrai qu'on en élève aux mauvaises divinités, à la Fièvre; mais comment s'appellera-t-il encore le Dieu sauveur, le

Dieu qui répand la pluie, le Dieu qui donne les fruits? Et cependant si nous plaçons le vrai bien dans les choses qui ne dépendent pas de nous, tout cela s'en suivra.

Que ferons-nous donc? Voilà la recherche qui convient au vrai philosophe, à celui dont les efforts doivent aboutir.

Si je dis aujourd'hui que je ne sais pas quel est le bien et quel est le mal, ne serai-je pas fou? Certes oui. Mais, d'autre part, si je dis: *Dois-je placer le bien uniquement dans ce qui dépend de nous?* tous vont me rire au nez. Il viendra un vieillard qui aura des cheveux blancs, et beaucoup d'anneaux d'or; il secouera la tête et dira: « Ecoute-moi, mon fils. Il est bon de philosopher; mais il est bon aussi d'avoir de la cervelle; ce sont des sottises que tout cela! Les philosophes t'apprennent le syllogisme; mais ce que tu dois faire, tu le sais beaucoup mieux que les philosophes. » — O homme, pourquoi me reproches-tu ce que je fais, si je sais ce que je dois faire? Que dire à un pareil esclave? Et si je ne lui dis rien, il crève de dépit. Il faut lui répondre: « Pardonne-moi, comme on pardonne aux amoureux; je ne m'appartiens plus; je suis fou. »

CHAPITRE XXIII

Contre Épicure.

Epicure lui-même comprend que nous sommes faits pour la société; mais, comme il a commencé par placer notre bien dans notre seule enveloppe, il ne peut rien dire de plus. Car il soutient vigoureusement, d'autre part, qu'il faut ne faire cas de rien et ne s'attacher à rien en dehors du véritable bien; et il a raison de le soutenir. « Mais, lui dirai-je, comment donc serions-nous nés pour la société, nous à qui la nature n'aurait donné aucun amour pour nos enfants? Pourquoi aussi conseilles-tu au sage de ne pas élever ses enfants? Comment peux-tu craindre de le voir tomber dans la peine à cause d'eux? Y tombe-t-il donc à cause du rat qu'il nourrit dans sa maison? Et que peut lui faire qu'un petit rat de plus pleure chez lui? » C'est qu'Épicure savait bien malgré son système, qu'une fois que l'enfant est né, il nous est impossible de ne pas l'aimer et de ne pas songer à lui.

C'est dans ce même système qu'il dit encore que le sage ne doit pas s'occuper du gouvernement, car il sait tout ce qu'est obligé de faire celui qui s'en occupe. Mais qui empêche le sage de s'en occuper, s'il doit s'y conduire comme il se conduirait au milieu des mouches?

Et, tout en sachant cela, Épicure ose dire : « N'élevons pas nos enfants! » Mais quoi! la brebis et le loup lui-même n'abandonnent pas leurs enfants, et l'homme abandonnerait les siens! Que veux-tu que nous soyons! Stupides, comme les brebis? Mais elles-mêmes n'abandonnent pas leurs petits. Féroces, comme les loups? Mais eux non plus ne les abandonnent pas. Eh! qui suit ton conseil à la vue de son enfant qui pleure parce qu'il est tombé par terre? Je crois, pour moi, que quand même ton père et ta mère auraient deviné que tu devais un jour parler ainsi, ils ne t'auraient pourtant pas rejeté.

CHAPITRE XXIV

Comment doit-on lutter contre les circonstances difficiles?

Ce sont les circonstances difficiles qui montrent les hommes. A l'avenir, quand il s'en présentera une, dis-toi que Dieu, comme un maître de gymnase, t'a mis aux prises avec un adversaire redoutable. « Pourquoi? » me dis-tu. Pour faire de toi un vainqueur aux jeux olympiques; et tu ne peux l'être sans sueurs. Or personne, ce me semble, ne s'est jamais trouvé dans des circonstances meilleures que celles où tu es, pourvu que tu veuilles en tirer parti, comme l'athlète tire parti de son adversaire. Voici qu'aujourd'hui nous t'envoyons dans Rome à la découverte; or on n'envoie jamais un lâche à la découverte, car, s'il entendait le moindre bruit ou apercevait l'ombre de quoi que ce fût, il reviendrait en courant, hors de lui, et disant que les ennemis sont là. Si, à son exemple, aujourd'hui tu revenais nous dire: « Quelles épouvantables choses il y a à Rome! La mort est bien terrible! Terrible est l'exil! Terrible l'ignominie! Terrible la pauvreté! Fuyez, ami; l'ennemi est là! » nous te dirions: « Va-t'en! garde tes avertissements pour toi! notre seul tort à nous, ça été d'envoyer un pareil individu à la découverte. »

Diogène a été envoyé avant toi; mais ce qu'il nous a rapporté est bien différent: il dit que la mort n'est pas un mal, parce qu'elle n'est pas une honte; il dit que la gloire est un vain bruit, que font des insensés. Quelles belles choses sur la peine, quelles belles choses sur le plaisir, quelles belles choses sur la pauvreté nous a dites cet explorateur! Il dit que la nudité vaut mieux que tous les habits de pourpre; et que le sol où l'on dort à la dure est le plus doux des couchers! Et, à l'appui de chacune de ses paroles, il présente son propre courage, sa propre tranquillité d'âme, sa propre indépendance, son propre corps brillant de santé et aux formes pleines. « Pas un ennemi près de nous, dit-il; paix complète partout. » — Comment le sais-tu Diogène? — « Voici, dit-il. M'a-t-on fait le moindre mal? M'a-t-on fait la moindre blessure? Ai-je fui devant quelqu'un? » Voilà comme doit être celui qui va à la découverte. Toi, quand tu reviens vers nous, tu nous débites nouvelles sur nouvelles. Ne retourneras-tu pas, et ne verras-tu pas mieux, guéri de ta lâcheté?

— Que ferai-je donc? — Que fais-tu, quand tu desconds d'un navire? Est-ce que tu emportes le gouvernail ou les rames? Qu'emportes-tu donc? ce qui est à toi, ta fiole à l'huile et ta besace. Eh bien, ici aussi rappelle-toi ce qui est à toi, et tu ne désireras pas ce qui est aux autres. Te dit-on : « Quitte ta toge à large bande de pourpre? » — « Voici, je n'ai plus que ma toge à bande étroite. » Te dit-on : « Quitte celle-là aussi? » — « Voici, je n'ai plus que mon manteau. » Te dit-on : « Quitte ton manteau? » — « Me voici nu. » — « Mais tu m'es insupportable. » — « prends mon corps tout entier. » Comment craindrais-je celui à qui je puis jeter mon corps?

Un tel, d'autre part, ne me fera pas son héritier! Mais quoi! ai-je oublié qu'aucune de ces choses n'était à moi? De quelle façon disons-nous donc qu'elles sont à nous? comme nous le disons d'un lit dans une auberge. Si l'hôtelier en mourant te laisse ses lits, ils seront à toi; s'il les laisse à un autre, ils seront à cet autre, et tu chercheras ailleurs. Si tu n'en trouves pas, tu dormiras par terre, mais tu y dormiras le cœur tranquille, et jusqu'à ronfler, parce que tu te rappelleras que c'est chez les riches, chez les rois, chez les tyrans, qu'il y a place pour la tragédie; tandis que les pauvres ne jouent jamais de rôle dans les tragédies, si ce n'est comme choristes. Les rois débutent par des prospérités : « Décorez ces maisons. » disent-ils; mais au troisième ou au quatrième acte : « O Cithéron, pourquoi m'as-tu reçu? » Esclave, que sont donc devenues tes couronnes? Qu'est devenu ton diadème? Tes gardes ne te servent de rien.

Lors donc que tu abordes un de ces hommes, rappelle-toi que tu te trouves en face d'un personnage de tragédie, et non pas de l'histrion, mais d'Œdipe lui-même.

« Un tel, dis-tu, est bien heureux, car il a nombreuse compagnie quand il se promène! » — Eh bien! je n'ai qu'à me mêler à la foule, et moi aussi je me promènerai en nombreuse compagnie.

Mais voici l'essentiel : souviens-toi que la porte t'est

toujours ouverte. N'aie pas moins de cœur que les enfants. Quand un jeu cesse de leur plaire, ils disent : « Je ne jouerai plus. » Et bien ! toi aussi, quand tu te trouves dans une situation analogue, dis : « Je ne jouerai plus ; » et va-t'en. Mais si tu restes, ne te plains pas.

CHAPITRE XXV

Sur le même sujet.

Si tout cela est vrai, si nous ne sommes pas des vantards et des comédiens, quand nous disons que le bien et le mal de l'homme sont dans ses façons de juger et de vouloir, et que le reste est pour nous sans intérêt, qu'est-ce qui peut nous troubler et nous effrayer encore ? Personne n'a de pouvoir sur les choses auxquelles nous attachons de l'importance ; et celles sur lesquelles les autres hommes ont quelque pouvoir, nous ne nous en soucions pas. Quels ennuis pouvons-nous donc avoir ? — « Prescris-moi ce que je dois faire, » dis-tu. — Pourquoi te le prescrirai-je ? Jupiter ne l'a-t-il pas fait ? Ce qu'il t'a donné pour être à toi n'est-il pas affranchi de toute entrave et de toute contrainte, tandis que ce qui n'est pas à toi est exposé aux entraves et à la contrainte ? Et quel ordre, quel commandement as-tu reçu de lui, quand tu es venu de là-bas ici ? « Sauvegarde par tout moyen ce qui est à toi ; ne convoite pas ce qui ne t'appartient pas. La probité est tienne ; le respect de toi-même est tien. Qui peut te les enlever ? Quel autre que toi peut t'empêcher de les pratiquer ? Et comment t'en empêcheras-tu ? C'est en convoitant ce qui n'est pas à toi que tu perdras ce qui est à toi. » Quand tu as reçu de Jupiter de tels préceptes et de tels ordres, quels sont ceux que tu veux encore de nous ? Est-ce que je vaux mieux que lui ? Est-ce que je mérite plus de confiance ? En observant ses commandements, de quels autres as-tu besoin encore ? Ceux que je te donnerais, ne te les a-t-il pas donnés ? (En veux-tu la preuve ?) Apporte-nous là tes notions *a priori*, apporte-nous là les démonstrations des philosophes, et tout ce que tu as entendu si souvent, et tout ce que tu as dit toi-même, et tout ce que tu as lu, et tous les résultats de tes méditations.

Mais jusqu'où est-il bien d'observer ces préceptes et de ne pas arrêter *le jeu ?* — Tant qu'on peut le faire convenablement. Dans les Saturnales le sort a désigné un roi (c'est à ce jeu, je suppose, qu'il a paru bon de jouer) ; ce roi me donne ses ordres : « *Bois*, me dit-il ; *mélange ; chante ; va-t'en ; viens.* » J'obéis, pour que ce ne soit pas moi qui arrête le jeu. Mais, s'il me disait : « *Crois que tu es malheureux*, » je ne le croirais pas. Et qui pourrait m'y forcer ?

Autre exemple. Nous sommes convenus de représenter la querelle d'Agamemnon et d'Achille, et celui qui a été chargé du rôle d'Agamemnon me dit : « Va chez Achille, et prends-lui Briseïs ; » j'y vais. Il me dit : « Viens ; » je viens. Il faut faire, en effet, dans la vie, ce que dans les discussions nous faisons par rapport aux hypothèses. « Supposons qu'il est nuit. — Je le suppose. — Eh bien ! est-il jour maintenant ? — Non, car j'ai accepté l'hypothèse qu'il faisait nuit. — Supposons que tu croies qu'il est nuit. — Je le suppose. — Ce n'est pas assez : crois en réalité qu'il est nuit. — Cela ne résulte pas de l'hypothèse. » De même dans les choses de la vie. « Supposons que tu es malheureux. — Je le suppose. — Ainsi tu es infortuné ? — Oui. — Ainsi tu es maltraité par le sort ? — Oui. — Ce n'est pas assez : crois que tu es réellement dans le malheur. — Cela ne résulte pas de l'hypothèse ; et il y a quelqu'un qui m'en empêche. »

Jusqu'où donc faut-il se prêter à tout cela ? — Tant qu'il est utile de le faire, c'est-à-dire tant qu'on y sauvegarde sa dignité et les convenances. Il y a des gens sans indulgence et sans complaisance qui disent : « Je ne puis pas aller dîner chez un tel, pour supporter tous les jours le récit de ses campagnes en Mysie ; pour l'entendre me dire : Je t'ai raconté, mon cher, comment j'emportai cette hauteur ; ce fut alors moi qui commençai à être assiégé. » D'autres disent, au contraire : « J'aime mieux dîner, et entendre tout ce qu'il lui plaira de débiter. » Toi, choisis entre ces manières de voir : seulement ne fais rien avec ennui ; ne te chagrine jamais, et ne te crois jamais dans le malheur, car personne ne peut t'y mettre de force. Fume-t-il dans la maison ? si modérément, je resterai ; si beaucoup trop, je pars. Car il y a une chose qu'il faut toujours se rappeler, toujours garder dans sa pensée, c'est que la porte nous est ouverte. On me dit : « N'habite pas à Nicopolis ; » je n'y habite pas. « N'habite pas à Athènes : » je n'habite pas à Athènes. « N'habite pas à Rome non plus ; » je n'habite pas à Rome. « Habite à Gyaros ; » j'y habite. Mais habiter à Gyaros me produit le même effet qu'une fumée épaisse : je m'en vais dès lors où personne ne m'empêchera d'habiter ; c'est là une demeure ouverte à tout le monde. Finalement, au delà de mon enveloppe, c'est-à-dire de mon corps, personne ne peut rien sur moi. C'est pour cela que Démétrius disait à Néron : « Tu me menaces de la mort, mais la nature t'en menace aussi. » Si j'attache du prix à mon corps, je me fais esclave ; si à ma cassette, esclave encore. Car aussitôt je révèle moi-même contre moi par où l'on peut me prendre ; de même qu'en voyant le serpent retirer sa tête, je te dis : « Frappe-le à la partie qu'il veut préserver. » Sache, toi aussi, que, si tu veux conserver quelque chose, ce sera par là que ton maître mettra la main sur toi. Si tu te dis bien tout cela, qui flatteras-tu ou craindras-tu encore ?

— « Mais je veux m'asseoir où s'asseoient les sénateurs. — Ne t'aperçois-tu pas que tu te mets toi-même à l'étroit, à la gêne ? — Comment sans cela bien voir au théâtre ? — Mon ami, n'y va pas voir, et tu ne seras pas gêné. Qu'as-tu besoin d'y aller ? Ou bien, attends un peu, puis, quand tous les spectateurs seront sortis, va t'asseoir aux places des sénateurs, et chauffe-t'y au soleil. » Il faut, en effet, se rappeler à propos de tout, que c'est nous-mêmes qui nous mettons à la gêne, nous-mêmes qui nous mettons à l'étroit; c'est-à-dire que ce sont nos façons de juger qui nous y mettent. Qu'est-ce, en effet, que d'être injurié? Place-toi en face d'une pierre, et injurie-là: que produiras-tu? Si donc quelqu'un se fait semblable à une pierre, quand il s'entend injurier, à quoi aboutira celui qui l'injuriera? Mais, si la faiblesse d'esprit de l'insulté est comme un pont pour l'insulteur, c'est alors qu'il arrivera à quelque chose. « Dépouille cet homme! » dis-tu — Qu'ordonnes-tu de me faire? — « Arrache-lui son manteau; dépouille-le! » dis-tu encore; et tu m'ajoutes: « Je t'ai fait injure. » Grand bien t'arrive!

C'est là ce que Socrate méditait sans cesse; et c'est pour cela qu'il eut toute sa vie le même visage. Mais nous, il n'est rien à quoi nous n'aimions mieux réfléchir et nous exercer qu'aux moyens d'être libres et sans entraves. « Paradoxes, dit-on, que les propos des philosophes! » Mais dans les autres sciences, n'y a-t-il donc point de paradoxes? Qu'y a-t-il de plus paradoxal que de percer l'œil de quelqu'un pour qu'il voie clair? Et si l'on disait cela à un homme qui ne saurait rien de la médecine, ne rirait-il pas au nez de celui qui le lui dirait? Qu'y a-t-il donc d'étonnant à ce que dans la philosophie aussi il y ait des vérités qui paraissent des paradoxes à ceux qui ne s'y connaissent pas?

CHAPITRE XXVI

Que faut-il faire pour apprendre à vivre?

Pendant que quelqu'un lisait le traité des raisonnements hypothétiques, Epictète se mit à dire: C'est une loi des raisonnements hypothétiques que d'accepter tout ce qui est conforme à l'hypothèse ; mais voici une loi bien plus importante que celle-là, c'est la loi pratique de faire ce qui est conforme à la nature. Or, si nous voulons dans toutes les circonstances et dans tous les cas rester fidèles à la nature, il faut évidemment nous préoccuper partout de ne point laisser échapper ce qui lui est conforme, et de ne jamais recevoir ce qui lui est contraire. Aussi les philosophes commencent-ils par nous exercer à la Logique, ce qui est le plus facile ; puis ils nous mènent par elle à ce qui est plus difficile. Dans la Logique, en effet, il n'y a jamais rien qui nous tire à soi pour nous empêcher de suivre ce que l'on nous enseigne ; mais dans la pratique, que de choses autour de nous pour nous entraîner dans un autre sens ! Il serait donc ridicule, celui qui dirait qu'il veut commencer par la pratique ; car c'est chose mal aisée que de commencer par ce qu'il y a de plus difficile.

Voici la justification que les fils devraient apporter à leurs parents, qui les grondent d'étudier la philosophie : « Est-ce que j'agis mal, mon père ? Est-ce que j'ignore ce qui est mon devoir et ce qui me convient ? Si cela ne peut ni s'enseigner ni s'apprendre, pourquoi me fais-tu des reproches ? Si cela peut s'enseigner, enseigne-le moi ; ou, si tu ne peux me l'enseigner toi-même, laisse-moi l'apprendre de ceux qui disent le savoir. Car que penses-tu ? que c'est volontairement que je tombe dans le mal, et que je passe à côté du bien ? A Dieu ne plaise ! Quelle est donc la cause du mal que je fais ? L'ignorance. Ne veux-tu pas que je me délivre de cette ignorance ? A qui la colère a-t-elle jamais enseigné ou la manœuvre ou la musique ? Crois-tu donc que ce sera ta colère qui m'enseignera à vivre ? »

Ce langage ne peut être tenu que par celui qui apporte vraiment chez nous cette disposition d'esprit. Mais celui qui, lorsqu'il lit nos livres, et quand il va aux leçons des philosophes, n'aspire qu'à pouvoir faire montre dans un festin de sa connaissance des syllogismes hypothétiques, celui-là que fait-il, que chercher à se faire admirer du sénateur son voisin de table? C'est qu'en effet c'est là-bas (à Rome) que sont les objets d'importance, tandis que nos trésors à nous n'y paraissent que niaiseries. Aussi est-il difficile de rester maître de ses sens, quand ce qui les ébranle est d'importance. J'ai connu quelqu'un qui embrassait les genoux d'Epaphrodite en pleurant et se disant malheureux, parce qu'il ne lui restait que quinze cent mille sesterses. Que fit Epaphrodite? Lui rit-il au nez, comme nous l'aurions fait? Non; il lui dit avec étonnement: « Malheureux, comment n'en disais-tu rien? Comment t'y résignais-tu? »

A ce moment Epictète interpella celui qui lisait ce traité des Hypothétiques; ce qui fit rire l'individu qui avait donné l'ordre de lire. « C'est de toi-même que tu ris, lui dit le philosophe. Tu n'as pas commencé par exercer ce jeune homme; et tu ne t'es pas assuré qu'il était capable de comprendre ce qu'il lit. Peux-tu bien t'en servir comme de lecteur? Et comment, continua-t-il, quand un esprit n'est pas de force à démêler un raisonnement embarrassé, nous en rapporterons-nous à ses louanges, à ses blâmes, à ses jugements sur ce qui se fait de bien ou de mal? S'il critique quelqu'un, celui-ci y fera-t-il attention? S'il le loue, celui-ci sera-t-il bien fier d'être approuvé d'un homme qui dans des choses aussi minimes ne sait pas trouver la conclusion? La première chose à faire, quand on étudie la philosophie, c'est de connaître en quel état est notre partie maîtresse; car, si on la sait faible, on ne voudra pas l'appliquer aux choses les plus difficiles. Mais aujourd'hui des gens qui ne pourraient pas avaler un petit livre qui ne ferait qu'une bouchée, achètent de gros volumes qu'ils s'efforcent de digérer. De là les vomissements ou les indigestions, puis les coliques, puis les flux de ventre, puis les fièvres. On devrait d'abord se demander ce dont on est capable. Mais, si dans les questions de logique il est facile de confondre l'ignorant, dans la vie nous ne nous présentons jamais à qui peut nous confondre, et nous haïssons qui nous confond. Socrate disait pourtant que vivre sans examen ce n'était pas vivre ».

CHAPITRE XXVII

De la diversité des *idées*, et des secours que nous devons nous ménager contre elles.

Nos *idées* sont de quatre sortes : ou les objets nous apparaissent comme ils sont ; ou bien ils ne sont pas, et nous paraissent en effet ne pas être ; ou bien ils sont, et nous paraissent n'être pas ; ou bien ils ne sont pas, et nous paraissent être. Prononcer juste dans tous ces cas n'appartient qu'à l'homme qui a étudié. Or, contre chaque difficulté il y a une ressource spéciale à laquelle nous devons recourir. Si ce sont les sophismes des Pyrrhoniens et des Académiciens, qui nous arrêtent, recourons à la ressource qui est contre eux ; si ce sont ces apparences trompeuses, grâce auxquelles nous croyons voir le bien où il n'est pas, recourons à la ressource contre elles ; si c'est une habitude qui nous arrête, c'est la ressource contre elle qu'il nous faut essayer de trouver. Quelle est donc la ressource que l'on peut trouver contre une habitude ? l'habitude contraire. Tu entends le vulgaire dire : « Cet homme est mort malheureux ; il a perdu son père et sa mère ; il a été enlevé avant l'âge et sur la terre étrangère. » Prête l'oreille aux paroles contraires ; arrache-toi à ces propos ; oppose à l'habitude l'habitude adverse. Aux sophismes oppose la Logique, à laquelle tu dois être exercé et rompu, et contre les apparences trompeuses aie à ta disposition des notions *a priori* bien claires et bien nettes.

Ainsi, lorsque la mort te paraît un mal, aie aussitôt à la pensée que, tandis que notre devoir est d'éviter ce qui est mal, la mort est inévitable. Que puis-je faire en effet? Où puis-je fuir la mort? J'accorde que je ne suis pas Sarpédon, le fils de Jupiter, pour dire aussi bravement: « J'irai, et je veux me distinguer entre tous, ou donner du moins à un autre l'occasion de se distinguer. Si je ne puis pas réussir moi-même, je ne refuserai pas à un autre l'occasion d'une action d'éclat, » J'accorde qu'un tel langage est au-dessus de mes forces, mais l'autre chose au moins n'est-elle pas en mon pouvoir? Où fuirai-je en effet la mort? Indiquez-moi le pays; indiquez-moi le peuple chez qui je pourrai aller, et où elle ne pénétrera pas. Indiquez-moi un charme contre elle. Si je n'en ai pas, que voulez-vous que je fasse? Mais, si je ne puis pas échapper à la mort, ne puis-je échapper à sa crainte? Ou me faudra-t-il mourir en gémissant et en tremblant? Car la cause de tous les troubles de l'âme, c'est le désir de choses qui ne s'accomplissent pas. C'est là ce qui fait que, si je puis changer à mon gré les choses extérieures, je les change, et que, si je ne le puis pas, je voudrais crever les yeux à celui qui m'en empêche. Il est, en effet, dans la nature de l'homme, de ne pouvoir supporter d'être privé de son bien, de ne pouvoir supporter de tomber dans le malheur. Puis finalement, quand je ne puis ni changer les choses, ni crever les yeux à qui m'empêche de le faire, je m'assieds en pleurant, et j'injurie qui je puis, Jupiter et les autres diuex, car s'ils ne s'occupent pas de moi, qu'ai-je besoin d'eux? — « Oui, mais tu seras impie! — Eh bien! en quoi m'en trouverai-je plus mal que maintenant? » La conclusion, c'est qu'il faut se rappeler que, si la piété et l'intérêt ne sont pas d'accord, il ne sera possible à personne d'être pieux. Cela ne te paraît-il pas de toute nécessité?

Que le Pyrrhonien et l'Académicien viennent me faire des objections, pour ma part je n'ai pas le loisir de les discuter, et je ne serais pas de force d'ailleurs à défendre contre eux la manière de faire générale. Mais, si j'avais un petit procès au sujet de mon petit champ, irais-je chercher un avocat ? Non. Et de quoi donc me contenterais-je ? Des faits eux-mêmes. Eh bien ! je ne puis peut-être pas rendre compte de la manière dont la sensation se produit, ni dire si elle se produit par tout le corps ou dans une partie seulement, car l'une et l'autre opinion m'embarrassent; mais que toi et moi ne soyons pas le même individu, c'est là une chose que je sais très bien. Comment cela se fait-il ? Jamais, quand je veux avaler quelque chose, je ne porte le morceau à cet endroit-ci mais toujours à celui-là. Jamais, non plus, voulant prendre du pain, je n'ai pris un balai ; mais toujours je vais droit au pain, comme à mon but. Et vous, qui supprimez en nous les sens, est-ce que vous agissez autrement ? Qui de vous, voulant s'en aller au bain, est allé au moulin ? — Mais quoi ! ne devons-nous pas nous attacher aussi de tout notre pouvoir à préserver la vérité, et à la défendre contre toute attaque ? — Eh ! qui dit le contraire ? Mais que celui-là le fasse qui en a le pouvoir et le loisir. Quant à celui qui tremble, qui se trouble, et dont le cœur éclate dans sa poitrine, il y a d'autres choses dont il lui convient de s'occuper.

CHAPITRE XXVIII

Il ne faut pas s'emporter contre les hommes. — Et qu'y a-t-il de grand, qu'y a-t-il de petit dans les choses humaines ?

Qu'est-ce qui nous fait croire à une chose ? c'est qu'il nous semble qu'elle est. Il ne nous est donc pas possible de croire à une chose qui nous semble n'être pas. Pourquoi ? parce qu'il est dans la nature de notre intelligence d'adhérer à ce qui est vrai, de repousser ce qui est faux, de s'arrêter en face de ce qui est incertain. Quelle preuve en as-tu? — Crois, si tu le peux maintenant, qu'il est nuit. — Je ne le puis. — Crois qu'il ne fait pas jour. — Je ne le puis. — Crois que les astres sont pairs, ou crois qu'ils sont impairs. — Je ne le puis. — Lors donc que quelqu'un adhère à une erreur, sache qu'il n'a pas voulu adhérer à une erreur; car, suivant le mot de Platon, c'est toujours malgré elle qu'une âme est sevrée de la vérité. L'erreur lui a paru une vérité. Voilà tout.

Eh bien! dans nos actions avons nous quelque chose d'analogue à ce qu'est ici la vérité ou l'erreur? Oui: ce qui convient et ce qui ne convient pas, ce qui nous est bon et ce qui nous est nuisible, ce qui dépend de moi et ce qui n'en dépend pas, et toutes les choses de ce genre. Quelqu'un peut-il donc croire qu'une chose lui est bonne et ne pas la choisir? Il ne le peut. Comment donc une femme a-t-elle dit:

« Je comprends tout le mal que je vais faire; mais ma colère est plus forte que toutes mes réflexions? »

C'est parce que ce fait même de céder à sa colère et de punir son mari lui paraissait préférable à la vie de ses enfants. — Oui; mais elle se trompait. — Montre-lui clairement qu'elle se trompe, et elle agira autrement. Mais, tant que tu ne le lui auras pas montré, que veux-tu qu'elle suive, si ce n'est ce qu'elle croit voir? — Rien. — Pourquoi donc t'emporter contre elle, parce que la malheureuse s'est trompée sur les points les plus importants, et parce que de femme elle est devenue vipère? Pourquoi donc, s'il en est ainsi, nous qui avons pitié des aveugles et des boiteux, n'avons-nous pas plutôt une égale pitié de ceux qui sont aveugles et boiteux pour les choses les plus importantes?

Si donc on sait clairement que l'homme n'a d'autre mesure de ses actions que ce qu'il lui semble voir (que cela lui semble à tort ou à raison d'ailleurs: si à raison, il est sans reproches; si à tort, il est le premier à en souffrir; car il ne se peut pas que l'erreur soit d'un côté et la souffrance de l'autre), on n'aura de colère ni d'indignation contre personne, d'injures pour personne, jamais de reproches; jamais de haines; jamais d'inimitiés. — Ainsi les belles actions et les mauvaises ont une même origine : ce que nous croyons voir? — Pas d'autre que celle-là. L'Iliade n'est rien qu'idées de ce genre et applications de ces idées. Pâris a cru bon d'enlever la femme de Ménélas; Hélène a cru bon de le suivre. Si Ménélas avait cru bon de se dire que c'est tout profit que la perte d'une pareille femme, que serait-il arrivé? C'en était fait non seulement de l'Iliade, mais encore de l'Odyssée. — Toutes ces choses importantes ont-elles donc tenu à si peu? — Qu'appelles-tu ces choses importantes? — Les guerres, les dissensions, la mort de tant d'hommes, la destruction de tant de villes. — Et qu'y a-t-il d'important là-dedans? — Quoi! rien? — Qu'y a-t-il donc d'important dans la mort d'un grand nombre de bœufs ou de brebis; dans l'incendie ou la destruction d'un grand nombre de nids d'hirondelles ou de cigognes? — Quelle analogie y a-t-il entre ces deux genres de choses? — Une complète. On a détruit là des carcasses d'hommes, ici des carcasses de bœufs et de moutons. On a incendié là des gîtes d'hommes; ici des nids de cigognes. Qu'y a-t-il donc là d'important ou de grave? Ou bien montre-moi que la maison de l'homme est supérieure au nid de la cigogne en tant que demeure. La seule différence, c'est que l'un fait son gîte avec des solives, des tuiles et des briques; l'autre avec de petites branches et de la boue. — Est-ce donc la même chose qu'une cigogne et qu'un homme? — Que nous dis-tu là? Ils sont la même chose quant au corps.

— L'homme n'est-il donc en rien supérieur à la cigogne? — A Dieu ne plaise! Mais ce n'est pas par le corps qu'il lui est supérieur. — Par quoi donc lui est-il supérieur? — Cherche, et tu trouveras que c'est par autre chose. Vois si ce n'est pas par l'intelligence de ce qu'il fait; vois si ce n'est pas par la sociabilité, par l'honnêteté, par la réserve, par la prudence, par la sagesse. Où donc se trouvent dans l'homme le bien et le mal importants ? Là où se trouve sa supériorité. S'il la sauve, si elle demeure comme à l'abri derrière des murailles, si ne périssent ni sa réserve, ni son honnêteté, ni sa sagesse, alors il est sauvé lui aussi ; mais, s'il laisse détruire, emporter de vive force quelqu'une de ces vertus, alors c'en est fait de lui aussi. Voilà ce qu'il y a d'important en lui. On dit que ce fut un grand malheur pour Pâris quand les Grecs vinrent l'attaquer, quand ils saccagèrent Troie, quand ils égorgèrent ses frères. Mais on se trompe, car personne n'est malheureux par le fait d'autrui. Il n'y eut à ce moment qu'un saccagement de nids de cigognes. Son malheur fut quand il perdit sa réserve, son honnêteté, son affection pour son hôte, son respect des convenances. Quel fut le malheur d'Achille ? la mort de Patrocle ? A Dieu ne plaise ! Son malheur fut de s'emporter, de pleurer pour une femme, d'oublier qu'il était là, non pour avoir des maîtresses, mais pour se battre. Voici quand l'homme est malheureux ; voici quand on lui emporte sa ville d'assaut ; voici quand on la lui saccage : c'est quand on lui enlève et lui détruit ses opinions vraies.

— Mais qu'on entraîne nos femmes, qu'on fasse nos enfants prisonniers, qu'on nous égorge nous-mêmes, ne sont-ce pas là des malheurs ? Où vois-tu cela ? montre-le-moi. — Je ne le puis ; mais pourquoi dis-tu que ce ne sont pas des malheurs ? — Recourons aux règles ; apporte-nous ici tes notions *a priori*. Car c'est faute de cela que nous n'apprécions pas exactement ce qui arrive. Quand nous voulons juger ce que pèse une chose, nous ne la jugeons pas à la légère, pas plus que nous ne déclarons à la légère qu'elle est droite ou qu'elle est courbe. En un mot, partout où nous croyons qu'il nous importe de connaître la vérité sur une question, nous ne procédons jamais à la légère. Mais qu'il s'agisse de la première et unique cause de nos vertus ou de nos vices, de notre bonheur ou de notre malheur, de notre félicité ou de notre infortune, alors et là seulement nous agissons à la légère et au hasard ! Nous n'y usons de quoi que ce soit qui ressemble à une règle ! Quelque chose me paraît bon, et ce quelque chose est fait aussitôt. — Puis-je en effet prétendre à être meilleur qu'Achille ou qu'Agamemnon? Et, quand c'est en suivant ce qui leur paraissait bon, qu'ils ont causé et souffert tant de maux, ne sera-ce pas assez pour moi qu'une chose me paraisse bonne? Quelle tragédie a un autre point de départ? Qu'est-ce que l'Atrée d'Euripide? une manière de voir. Qu'est-ce que l'Œdipe de Sophocle? une manière de voir. Et Phœnix? une manière de voir. Et Hyppolyte? une manière de voir *.

. . . .

. . . . — Mais comment appelle-t-on ceux qui obéissent à toutes leurs idées? des insensés. Or, faisons-nous autre chose?

CHAPITRE XXIX

De la force d'âme.

Le vrai bien est dans une certaine façon de juger ou de vouloir; le vrai mal, dans une certaine autre. Et les objets extérieurs, que sont-ils? les choses sur lesquelles s'exerce notre faculté de juger et de vouloir; et, suivant la manière dont celle-ci se comporte vis-à-vis d'elles, elle arrive au bien ou au mal. Comment arrivera-t-elle au bien? Si elle ne s'en laisse pas imposer par les choses; car des jugements sains sur les choses nous font une volonté droite à son tour, et des jugements erronés et à côté du vrai nous en font une dépravée. C'est là une loi qu'a établie Dieu lui-même, qui a dit: « Si tu désires quelque bien, tire-le de toi-même. » — Non, dis-tu; mais d'un autre. — « Non

* Ici se place une phrase évidemment altérée, et partant inintelligible.

pas : de toi-même. » Par suite, quand un tyran me menace et me fait venir, je lui dis : « Qui menaces-tu ? » S'il me répond : « Je te ferai enchaîner, » « Ce sont mes mains et mes pieds que tu menaces, » lui dis-je. S'il me répond, « Je te ferai couper le cou, » je lui dis : « C'est mon cou que tu menaces. » S'il me répond : « Je te ferai jeter en prison, » je lui dis : « Ce ne sera que ma carcasse. » Même chose, s'il me menace de l'exil. — Nulle de ces menaces ne s'adresse-t-elle donc à toi ? — Aucune, si je regarde ces choses-là comme m'étant indifférentes ; mais, si je me mets à craindre l'une d'entre elles, c'est moi qu'il menace. Quel est donc celui que je redouterai après cela ? Et de quoi donc sera-t-il maître ? de ce qui est à moi ? Personne ne l'est ? de ce qui n'est pas à moi ? Est-ce que je m'en occupe ?

— Vous enseignez donc, philosophes, à mépriser les rois ? — A Dieu ne plaise ! Car qui de nous enseigne à leur disputer ce qui est dans leur pouvoir ? Prends mon corps, prends ma fortune, prends ma réputation, prends les miens. Si je conseille à quelqu'un de s'attacher à ces objets, accuse-moi alors à bon droit. — Oui, mais je veux aussi commander à tes convictions. — Qu'est-ce qui t'en a donné le pouvoir ? Comment pourrais-tu triompher des convictions d'un autre ? — J'en triompherai bien, dis-tu, en lui faisant peur. — Ignores-tu qu'elles triomphent d'elles-mêmes, mais que personne ne triomphe d'elles. Nul ne peut triompher de notre libre arbitre, si ce n'est lui-même. C'est à cause de cela que Dieu a établi cette loi toute puissante et toute juste : « Que le plus fort l'emporte toujours sur le plus faible. » Dix sont plus forts qu'un seul ; mais quand il s'agit de quoi ? quand il s'agit de garroter, de tuer, d'entraîner de force où l'on veut, d'enlever aux gens ce qu'ils possèdent. Dix triomphent donc d'un seul sur le terrain où ils sont plus forts que lui. — Mais est-il un terrain où ils soient les plus faibles ? — Oui, celui des convictions, si les siennes sont fondées, et les leurs non ? — Quoi ! ils ne pourraient le vaincre sur ce terrain? — Comment le pourraient-ils? Si nous étions dans une balance, ne serait-ce pas forcément le plus lourd de nous deux qui enlèverait l'autre?

— Socrate a-t-il bien pu être traité par les Athéniens comme il l'a été? — Esclave! que parles-tu de Socrate? Dis la chose comme elle est : « Se peut-il que le corps de Socrate ait été conduit et traîné en prison par ceux qui étaient plus forts que lui? Se peut-il qu'on ait donné de la ciguë à ce corps de Socrate, et qu'on l'ait ainsi fait mourir? » Que trouves-tu là qui t'étonne? Qu'y trouves-tu de contraire à la justice? Vas-tu en faire des reproches à Dieu? Est-ce que Socrate n'a rien eu en échange? Où était à ses yeux le bien réel? Qui écouterons-nous de toi ou de lui? Et que dit-il? « Anytus et Melitus peuvent me tuer, mais ils ne peuvent me faire tort; » et ailleurs : « Si cela plaît à Dieu, que cela se fasse. Montre-nous, toi, que les convictions de mauvais aloi triomphent des convictions de bon aloi. Tu ne nous le montreras pas, tant s'en faut! Car c'est la loi de la nature et de Dieu, que celui qui vaut le plus ait toujours le dessus sur celui qui vaut le moins. Mais le dessus en quoi? dans ce pourquoi il vaut le plus. Un corps est plus fort qu'un autre corps; dix sont plus forts qu'un seul; un voleur est plus fort que celui qui n'est pas voleur. J'ai perdu ma lampe, parce que, en fait de guet, le voleur vaut mieux que moi. Mais voici ce que lui a coûté ma lampe: pour une lampe, il est devenu voleur; pour une lampe, malhonnête homme; pour une lampe, une sorte de bête fauve. Et il a cru qu'il y gagnait!

— Soit! mais quelqu'un me saisit par mon vêtement, et m'entraîne sur la place publique; puis d'autres me crient; « Philosophe, de quoi t'ont servi tes principes? Voici qu'on te traîne en prison! Voici qu'on va te trancher la tête! » — Eh! quelles idées aurais-je pu me faire qui eussent empêché qu'un plus fort que moi ne m'entraînât, quand il a mis la main sur mon manteau, et que dix hommes qui me tirent pour me jeter en prison, ne m'y jetassent? Mais n'y a-t-il pas quelque chose que j'aie appris en échange? J'ai appris que tout ce que je vois se produire ne m'est de rien, s'il ne dépend pas de mon libre arbitre. — Et qu'y as-tu gagné pour la circonstance présente? — Pourquoi chercher le profit de la science ailleurs que dans la science même?

Ceci répondu, je m'assieds dans ma prison, et je me dis. « Cet homme qui crie ainsi contre moi n'écoute pas ce qu'on veut lui apprendre, et ne comprend pas ce qu'on lui dit. En un mot, il s'inquiète peu de savoir ce que disent ou ce que font les philosophes. Laisse-le. »

Mais voici qu'on me dit : « Sors de prison. » Si vous n'avez plus besoin de moi dans cette prison, j'en partirai. Si vous en avez besoin de nouveau, j'y reviendrai. — Jusques à quand? — Tant que la raison voudra que je reste uni à mon corps. Quand elle ne le voudra plus, emportez-le, et soyez heureux. Seulement il faut que j'agisse ici avec réflexion, sans faiblesse, et sans me contenter du premier prétexte venu. Car c'est là, à son tour, une chose que Dieu défend : il a besoin que le monde soit ce qu'il est, que ceux qui vivent sur la terre soient ce qu'ils sont. Mais, s'il nous donne le signal de la retraite, comme à Socrate, il faut obéir à son signal, comme à celui d'un général.

Quoi donc! faut-il dire tout cela à la multitude? Et pourquoi le lui dirais-tu? Ne te suffit-il pas d'y croire personnellement? Lorsque les enfants viennent nous dire en battant des mains : « Quelle bonne chose! ce sont aujourd'hui les Saturnales! » leur disons-nous que ce n'est pas une bonne chose? Non; mais nous battons des mains avec eux. De même, quand tu ne pourras pas persuader quelqu'un, dis-toi que c'est un enfant, et bat des mains avec lui; ou, si tu ne veux pas le faire, ne lui dis plus rien.

Voilà ce dont nous devons nous souvenir; et, quand nous sommes appelés à une épreuve pareille, il nous faut savoir que le moment est venu de montrer ce que nous avons appris. Le jeune homme qui, au sortir de l'école, se trouve dans une de ces épreuves, est dans le même cas que celui qui a appris à analyser des syllogismes. Si vous présentez à ce dernier un syllogisme facile, il vous dira : « Donnez-m'en plutôt un qui soit savamment compliqué, pour m'exercer. » Les athlètes, de leur côté, n'aiment pas un adversaire trop jeune et trop peu lourd : « Il ne peut m'enlever de terre, » disent-ils. C'est comme cela qu'agit le jeune homme heureusement doué. Loin de faire ainsi, te faut-il, quand l'occasion t'appelle, te mettre à pleurer et à dire : « Je voudrais bien apprendre encore? » — Eh! apprendre quoi? car si tu n'as pas appris tout cela de façon à le prouver par ta conduite, à quelle fin l'as-tu appris?

Moi, je crois que, parmi ceux qui sont assis ici, il y en a qui couvent quelque chose en eux-mêmes, et qui disent : « Ne se présentera-t-il pas pour moi une épreuve pareille à celle qui s'est présentée pour lui? Dois-je passer ma vie assis dans un coin, tandis que je pourrais être couronné à Olympie? Quand m'annoncera-t-on pour moi une pareille lutte? » Voilà comme vous devriez être tous.

Parmi les gladiateurs de César il y en a qui s'indignent de ce que personne ne les emmène pour les mettre en face d'un adversaire, qui font pour cela des prières aux dieux, et qui vont trouver leurs surveillants pour leur demander de combattre. Ne verra-t-on donc parmi vous personne de cette trempe? Moi je voudrais traverser la mer à cette seule fin de voir ce que ferait mon lutteur, et comment il se tirerait de la question qui lui serait posée. — « Je ne veux pas de celle-là, » dit-il. — Est-ce qu'il est en ton pouvoir d'avoir la question que tu veux? On t'a donné tel corps, tels parents, tels frères, telle patrie, et tel rang dans cette patrie ; puis tu viens me dire : « Change-moi la question. » N'as-tu donc pas les moyens de te tirer de celle qui t'a été donnée? Tu devrais dire : « A toi de me présenter une question ; à moi de m'en bien tirer. » Au lieu de cela tu dis : « Ne me présente pas telle forme de syllogisme, mais telle autre ; ne m'oppose pas telle objection, mais telle autre. » Un temps viendra bientôt où les acteurs croiront que leurs masques, leurs brodequins et leurs robes sont eux-mêmes ! Homme, ce sont là tes instruments, et les éléments de ton rôle. Parle un peu, afin que nous sachions si tu es un véritable acteur ou si tu n'es qu'un farceur : car tout le reste leur est commun. Otez donc à un individu ses sandales et son masque, et amenez-le sur la scène sous sa forme propre : en sera-ce fait de l'acteur, ou subsistera-t-il encore ? Il subsistera, s'il sait parler.

De même ici : « Accepte ce gouvernement. » — Je l'accepte ; et, après l'avoir accepté, je montre comment s'y conduit un homme qui a étudié. — « Dépose le laticlave ; prends des haillons, et montre-toi dans ce rôle de pauvre. » — Eh bien! ne m'est-il pas possible d'y porter un beau débit ?

Dans quel rôle te présentes-tu donc maintenant ? — Comme un témoin appelé par Dieu même. « Viens, m'a-t-il dit, et dépose en ma faveur ; car tu es digne que je te présente en témoignage. De tout ce qui est en dehors de ton libre arbitre est-il quelque chose qui soit un bien ou un mal ? Est-il quelqu'un à qui je nuise ? Ce qui est utile à chacun, l'ai-je mis aux mains d'un autre ou en ses mains à lui ? Mais toi, quel témoignage rends-tu à Dieu ? — « Je suis, dis-tu, dans une position critique, maître ; je suis dans le malheur. Personne ne s'intéresse à moi ; personne ne me donne ; tout le monde me blâme ; tout le monde m'injurie. » — Est-ce donc ainsi que tu dois déposer ? Et dois-tu déshonorer celui qui t'a appelé, parce qu'il t'a assez estimé pour cela, et qu'il t'a cru digne d'être ainsi présenté par lui comme témoin ?

Mais celui qui est au pouvoir a dit : « Je te déclare impie et criminel ! » Que t'est-il donc arrivé ? — J'ai été déclaré impie et criminel. — Pas autre chose ? — Non. — S'il avait à prononcer sur une proposition conjonctive, et qu'il rendît cet arrêt. « Je déclare faux qu'il fasse clair, s'il fait jour, » qu'en résulterait-il pour cette proposition conjonctive? Qui juge-t-on ici en effet? Qui condamne-t-on? la proposition conjonctive, ou celui qui se trompe à son endroit? Est-ce que cet individu, qui a le pouvoir de prononcer sur toi, sait ce que c'est que la piété ou l'impiété? Est-ce qu'il y a jamais réfléchi? Est-ce qu'il l'a jamais appris? Où l'aurait-il fait? Et de qui? Un musicien s'inquiéterait fort peu qu'il déclarât que la note la plus basse est la plus haute; un géomètre, qu'il prononçât que toutes les lignes menées de la circonférence au centre ne sont pas égales; et l'homme vraiment instruit s'occupera des jugements d'un ignorant sur ce qui est honnête et sur ce qui ne l'est pas, sur ce qui est juste et sur ce qui est injuste! Quel tort pour des gens instruits! Est-ce là ce que tu as appris ici?

Tous les beaux raisonnements sur toutes ces choses, ne veux-tu pas les laisser à d'autres, à ces diminutifs d'hommes qui ne savent pas ce que c'est que de souffrir, pour qu'ils restent assis dans leur coin à recevoir leur salaire, ou à grogner de ce qu'on ne leur donne rien? Ne veux-tu pas venir devant nous appliquer ce que tu as appris? Ce ne sont pas les beaux raisonnements qui nous manquent aujourd'hui! Les livres des Stoïciens sont pleins de beaux raisonnements. Qu'est-ce qui nous manque donc? Quelqu'un qui pratique, et qui confirme ses paroles par ses actes. Viens prendre ce rôle, pour que nous n'employions plus dans l'école des exemples tirés de l'antiquité, mais que nous en ayons aussi un de notre époque. Qui doit contempler les objets que nous avons devant nous? Celui qui a du loisir: car l'homme est un animal ami de la contemplation. Seulement il est honteux de les regarder comme regardent les esclaves qui ont fui de chez leur maître. Il faut rester assis à écouter sans distraction tantôt l'acteur tragique, tantôt l'acteur comique, et non pas faire comme font ces esclaves. Ils entrent, ils applaudissent l'acteur, et en même temps ils regardent de tous les côtés; et, si quelqu'un prononce le nom de leur maître, les voilà qui se troublent et qui tremblent. C'est une honte pour les philosophes que de regarder ainsi les œuvres de la nature. Car qu'est-ce qui est leur maître? Ce n'est pas l'homme, qui est le maître de l'homme, mais la mort et la vie, mais le plaisir et la peine. Amène-moi en effet César sans ce cortège, et tu verras comme je serai brave ! Mais, quand il vient avec ce cortège, quand il vient tonnant et lançant la foudre, et que tout cela me fait peur, puis-je ne pas reconnaître en lui mon maître à la façon des esclaves fugitifs ? Quand j'ai de ce côté un moment de répit, je suis dans la vie comme l'esclave fugitif au spectacle : je me lave, je bois, je chante ; mais le tout en tremblant et bien tristement. Mais que je m'affranchisse de tous les tyrans, c'est-à-dire de tout ce qui me rend les tyrans redoutables, quel ennui, quel maître puis-je avoir encore ?

Quoi donc ! faut-il proclamer ces idées devant tout le monde ? Non ; mais il faut avoir de l'indulgence pour les ignorants, et dire : « Cet homme me conseille ce qu'il regarde personnellement comme un bien ; je le laisse faire. » Socrate laissa faire le gardien de la prison, qui pleurait quand il allait prendre le poison, et il dit. « Avec quel bon cœur cet homme nous pleure ! » Lui dit-il : « Nous avons renvoyé les femmes pour le même fait ? » Non ; il le dit à ceux qui ont étudié, et qui peuvent entendre ce langage ; mais il a de l'indulgence pour lui, comme pour un enfant.

CHAPITRE XXX

Que faut-il avoir présent à l'esprit dans les circonstances difficiles?

Lorsque tu vas trouver quelqu'un de tes supérieurs, rappelle-toi qu'il en est un autre qui considère d'en haut ce qui se passe, et à qui il te faut plaire plutôt qu'à celui-là. Ce maître d'en haut te pose cette question : « Dans l'école, que disais tu de l'exil, de la prison, des fers, de la mort, et de l'obscurité ? — Moi ? que ce sont des choses indifférentes. — Et maintenant, qu'est-ce que tu en dis ? Ont-elles changé ? — Non. — Est-tu changé, toi ? — Non. — Dis-nous donc quelles sont les choses indifférentes. — Celles qui sont en dehors de notre libre arbitre. — Dis donc aussi ce qui s'ensuit : « Les choses indifférentes ne me touchent en rien. » Dis aussi ce qui vous semblait être des biens. — Juger et vouloir comme on le doit, et user de même des *idées*. — En fin de quoi ? — Afin de t'obéir. — Est-ce là encore ce que tu dis aujourd'hui ? — C'est ce que je dis aujourd'hui. — Va donc et entre sans crainte, en te souvenant de tout cela ; et tu verras ce qu'est au milieu des gens qui n'ont pas étudié un jeune homme qui a étudié comme on le doit. »

Moi pour ma part, je m'imagine que voici l'impression que tu y éprouveras : — « Pourquoi donc nous préparer si sérieusement et si longtemps contre ce qui n'est rien ? quoi ! Voilà ce qu'est la puissance ! Voilà ce qu'est une salle d'attente ! Voilà ce que sont les valets de chambre et les gardes ! C'est pour cela que j'ai écouté tant de discours ! Tout cela n'est rien, et je me suis préparé contre tout cela comme si c'était beaucoup !

LIVRE DEUXIÈME

CHAPITRE Ier

L'assurance n'est pas incompatible avec les précautions.

Cette maxime des philosophes paraît peut-être un paradoxe à quelques personnes ; examinons pourtant, dans la mesure de nos forces, s'il est vrai de dire qu'il est toujours possible d'agir à la fois avec assurance et avec précaution. Les précautions, en effet, semblent contradictoires à l'assurance ; et les contradictoires ne peuvent coexister.

Si bien des gens croient ici à un paradoxe, cela me semble avoir une raison que voici : c'est que l'on aurait en effet le droit de nous accuser de réunir des choses inconciliables, si nous prétendions qu'on peut réunir les précautions et l'assurance dans une même affaire. Mais qu'y a-t-il de choquant dans ce que nous disons maintenant ? Car, s'il est vrai, comme on l'a dit tant de fois, et démontré tant de fois, que le vrai bien, et le vrai mal sont également dans l'usage que l'on fait des *idées*, et que tout ce qui ne relève pas de notre libre arbitre ne peut être ni un bien ni un mal, quel paradoxe soutiennent les philosophes, quand ils disent : « Dans tout ce qui ne relève pas de ton libre arbitre, sois plein d'assurance : mais dans tout ce qui en relève, tiens-toi sur tes gardes » ? Car, si le mal est dans un jugement ou dans une volonté coupables, c'est uniquement contre ce jugement et cette volonté qu'il faut se tenir en garde ; et, si toutes les choses qui ne relèvent pas de notre libre arbitre, et qui ne dépendent pas de nous, ne sont rien par rapport à nous, il nous faut user d'assurance vis-à-vis d'elles. C'est ainsi que nous réunirons les précautions et l'assurance ; et, par Jupiter ! c'est à nos précautions que nous devrons notre assurance. Car c'est parce que nous nous tiendrons en garde contre les maux réels, que nous pourrons avoir de l'assurance contre ce qui n'en est pas.

Du reste il nous arrive la même chose qu'aux cerfs. Quand ils prennent peur et fuient devant des plumes, du côté de quoi se tournent-ils ? Où vont-ils se jeter comme dans un asile sûr ? dans les filets. Et ils périssent ainsi pour avoir préféré ce qu'ils auraient dû craindre à ce qui ne pouvait leur nuire. Nous de même. De quoi avons-nous crainte ? des choses qui ne relèvent point de notre libre arbitre. Où sommes-nous, au contraire, pleins d'assurance, comme en l'absence de tout péril ? dans ce qui relève de notre libre arbitre. Ainsi il nous est indifférent de nous tromper, d'user de précipitation, d'agir sans pudeur, de nous passionner honteusement, pourvu que nous réussissions dans ce qui ne relève pas de notre libre arbitre. Mais la mort, l'exil, la peine, l'infamie, voilà où nous allons nous jeter, quoique ce soit aussi ce que nous redoutons. Puis, par une conséquence toute naturelle après une aussi grosse erreur, nous transformons ce qui de sa nature est l'assurance en témérité, en désespoir, en effronterie, en impudence ; et ce qui de sa nature est la prudence, en une lâcheté et en une bassesse de cœur, toutes pleines de terreurs et de trouble. Car, si nos précautions s'appliquent à notre faculté de juger et de vouloir et à ses actes, aussitôt que nous avons la résolution de nous tenir sur nos gardes, nous avons en nous la puissance d'éviter le mal ; mais, si nos précautions s'appliquent aux choses qui ne dépendent pas de nous et ne relèvent point de notre libre arbitre, si nous cherchons à éviter ce qui est en la puissance d'autrui, nous voici condamnés aux terreurs, aux bouleversements, aux troubles de toute sorte. Ce n'est pas en effet la mort et la douleur que nous devons craindre, mais la crainte même de la douleur et de la mort. Aussi j'approuve celui qui a dit :

« Le mal n'est pas de mourir, mais de mourir honteusement. »

C'est donc contre la mort que nous devrions être pleins d'assurance, et c'est contre la crainte de la mort que nous devrions nous tenir en garde. Eh bien ! au contraire, c'est la mort que nous cherchons à éviter ; mais à l'égard de l'opinion que nous nous faisons d'elle, il n'y a en nous qu'incurie, laisser-aller, et indifférence. La mort, la douleur, voilà ce que Socrate (et il avait raison de le faire) nommait des masques dont on s'effraie. Les enfants, en effet, s'effraient et s'épouvantent d'un masque, grâce à leur ignorance ; et nous, à notre tour, nous tremblons devant les objets pour la même raison que les enfants devant les masques. Qu'est-ce qu'être enfant ? c'est ignorer. Qu'est-ce qu'être enfant ? c'est ne pas savoir. Quand l'enfant sait, il ne fait pas plus mal que nous. Qu'est-ce que la mort ? un masque qui t'effraie. Retourne-le ; regarde ce que c'est ; tu verras qu'il ne mord pas. Il faut que ton corps soit séparé de ton âme, aujourd'hui ou plus tard, comme il l'a été auparavant. Pourquoi te fâcher de ce que c'est aujourd'hui ? Si ce n'était pas aujourd'hui, ce serait plus tard. Et pourquoi en est-il ainsi ? Pour que s'accomplisse la révolution du monde, qui a besoin de choses actuelles, de choses futures et de choses passées. Qu'est-ce que la douleur ? un masque qui t'effraie. Retourne-le, et vois ce que c'est. Ton corps est dans un mouvement pénible en ce moment, agréable en un autre. Si tu n'y trouves pas ton compte, la porte t'est ouverte : si tu l'y trouves, prends patience. La porte nous est toujours ouverte. Il le fallait ; et c'est par là que rien ne peut nous gêner.

Que gagnons-nous donc à penser ainsi ? ce qu'il y a forcément de meilleur et de plus convenable pour les gens qui ont la vraie science : nous y gagnons le calme, la sécurité, la liberté. Sur ce point, en effet, il ne faut pas s'en rapporter à la foule, qui prétend que les hommes libres seuls peuvent s'instruire ; mais bien plutôt aux philosophes, qui soutiennent que les gens instruits sont seuls libres. Et comment cela ? Le voici. La liberté est-elle autre chose que le pouvoir de vivre comme on le veut ? — Non. — Répondez-moi donc, ô mortels : Voulez-vous vivre en vous trompant ? — Nous ne le voulons pas. — Donc quiconque se trompe n'est pas libre. Voulez-vous vivre tremblants de peur ? Voulez-vous vivre tristes ? Voulez-vous vivre bouleversés ? — Non. — Tous ceux donc qui tremblent, tous ceux qui sont tristes, tous ceux qui sont bouleversés ne sont pas libres ; tous ceux, au contraire, qui sont affranchis de la tristesse, de la crainte et des bouleversements, tous ceux-là sont par le même moyen affranchis de la servitude. Comment donc aurons-nous encore confiance en vous, ô chers législateurs ? Allons-nous n'accorder le droit de s'instruire qu'aux gens libres ? Mais les philosophes disent : « Nous n'accordons la liberté qu'à ceux qui sont instruits. » Et cela signifie que c'est Dieu lui-même qui ne l'accorde qu'à ceux-là. — Serait-ce donc ne rien faire que de faire faire à notre esclave un tour sur lui-même devant le préteur ?* — C'est faire quelque chose. — Mais quoi ? — C'est lui faire faire un tour sur lui-même devant le préteur. — Pas autre chose ? — Si : c'est encore s'obliger à payer le vingtième de sa valeur. Mais quoi ! celui qu'on a conduit ainsi n'est-il pas devenu libre ? — pas plus libre qu'il n'est exempt de trouble. Toi-même, en effet, qui peux ainsi conduire les autres devant le préteur, n'as-tu donc point des maîtres ? N'as-tu point pour maîtres l'argent, une jeune fille, un beau jeune homme, le prince, un ami du prince ? S'ils ne sont pas tes maîtres, pourquoi trembles-tu lorsque tu vas vers l'un d'entre eux ?

C'est pour cela que je vous dis si souvent : « Voici ce que vous devez méditer, ce que vous devez toujours

* Pour affranchir un esclave on le conduisait devant le préteur, et là on le frappait sur la joue et on lui faisait faire un tour sur lui-même.

avoir présent à la pensée : quelles sont les choses vis-à-vis desquelles sied l'assurance, et celles vis-à-vis desquelles siéent les précautions ? L'assurance sied dans les choses qui ne dépendent pas de notre libre arbitre ; les précautions dans les choses qui dépendent de notre libre arbitre. — Mais ne t'ai-je donc rien lu ? Ne sais-tu pas ce dont je suis capable ? — En fait de quoi ? en fait de belles paroles ! Garde tes belles paroles pour toi, et montre-moi où tu en es en fait de désirs et d'aversions ; montre-moi que tu ne manques jamais ce que tu veux avoir, que tu ne tombes jamais dans les choses que tu veux éviter. Quant à tes belles périodes, si tu as du bon sens, tu les prendras et tu les effaceras. — Mais quoi ! Socrate n'a-t-il pas écrit ? — Qui a écrit autant que lui ? Mais comment le faisait-il ? Comme il ne pouvait pas toujours avoir là quelqu'un pour lui réfuter ses opinions et pour lui donner les siennes à réfuter à leur tour, il s'examinait et se réfutait lui-même, et constamment il s'exerçait à appliquer dans la vie quelqu'un de ses principes. Voilà comment écrit un philosophe. Mais quant aux belles paroles et à la méthode dont je parle, il les laisse à d'autres, soit aux imbéciles, soit aux bienheureux qui ont du temps à perdre parce qu'ils sont enfin exempts de toute agitation, soit à ceux qui par légèreté d'esprit ne calculent pas les conséquences de ce qu'ils font.

Et maintenant, quand l'occasion t'y invitera, viendras-tu encore nous montrer toutes ces belles choses ? Viendras-tu nous les lire, et nous dire en te rengorgeant : « Voilà comme je compose des dialogues » ? Homme, ce n'est pas cela. Voici plutôt ce que tu devrais dire : « Voilà comme je ne manque jamais ce que je désire, comme je ne tombe jamais dans ce que je veux éviter. Amène ici la mort, et tu verras ; amène la souffrance, amène la prison, amène la perte de ma réputation, amène la condamnation ! » Voilà ce que doit montrer un jeune homme qui sort de l'école. Laisse le reste à d'autres ; qu'on ne t'en entende jamais parler ; ne permets pas qu'on te vante à son sujet.

Crois que tu n'es rien et que tu ne sais rien. Ne montre en toi qu'une seule science, celle de ne pas manquer ce que tu désires, de ne pas tomber dans ce que tu veux éviter. Que d'autres pensent aux procès, aux problèmes, aux syllogismes; ne pense, toi, qu'à la mort, à la prison, à la torture, à l'exil; mais penses-y sans trembler, soumis à celui qui t'a appelé à un pareil sort, à celui qui t'a jugé digne d'être placé dans ce poste, pour y montrer ce que peut une âme raisonnable mise en face des forces qui échappent à l'action de notre volonté. Et c'est ainsi que ce paradoxe : « Il faut réunir les précautions et l'assurance, » ne paraîtra plus une chimère ni un paradoxe. Dans ce qui ne relève point de notre libre arbitre, soyons pleins d'assurance; dans ce qui relève de lui, soyons sur nos gardes.

CHAPITRE II

Du calme de l'âme.

Toi qui te rends devant la justice, vois ce que tu veux sauver, et l'espèce de succès que tu cherches. Si tu ne veux sauver que l'accord de ton jugement et de ta volonté avec la nature, tout est sûr, tout est facile pour toi; tu n'as rien à craindre. Car, dès que tu ne veux que sauver ce qui est en ton pouvoir, ce qui de sa nature est indépendant et libre, dès que tu ne prétends à rien de plus, de quoi as-tu à t'inquiéter encore? Ces choses ont-elles en effe. .n maître? Est-il quelqu'un qui puisse te les enlever? Si tu veux te respecter toi-même et être honnête, qui t'en empêchera? Si tu veux n'être jamais entravé ni contraint, qui te forcera à désirer ce que tu ne croiras pas devoir désirer, à redouter ce que tu ne croiras pas devoir redouter? Qu'y a-t-il en effet? On peut bien te faire des choses qui paraissent effroyables, mais comment peut-on faire que tu les subisses en les craignant? Dès l'instant donc où le désir et la crainte sont en ta puissance, de quoi peux-tu t'inquiéter encore? Que ce soit là ton exorde, que ce soit là ta narration, que ce soit là ta confirmation, que ce soit là ta réfutation, que ce soit là ta péroraison, que ce soit là ton moyen de te faire admirer.

C'est pour cela que Socrate répondit à celui qui lui conseillait de se préparer à son procès : « Ne trouves-tu donc pas que je m'y suis préparé par ma vie tout entière? » — De quelle façon? — « J'ai sauvé ce qui est vraiment à moi. » — Comment cela? — « Je n'ai jamais rien fait de mal, ni comme homme ni comme citoyen. » Si, toi, tu veux sauver aussi les choses extérieures, ton corps, ta fortune, ta réputation, voici ce que je te dirai : « prépare-toi dès maintenant à ton procès par tous les moyens possibles, puis étudie et le caractère de ton juge et ton adversaire. S'il faut t'attacher à leurs genoux, attache-toi à leurs genoux ; s'il te faut pleurer, pleure, s'il te faut pousser des gémissements, pousse des gémissements ; car dès l'instant où tu soumets ce qui est toi à ce qui n'est pas toi, il te faut être à jamais esclave. Ne va pas regimber par moments, et tantôt consentir à servir, tantôt t'y refuser : il te faut absolument et complètement être dans ton âme ceci ou cela, libre ou esclave, éclairé ou ignorant, brave coq ou mauvais coq. Il te faut supporter les coups jusqu'à ce que tu en meures, ou te rendre immédiatement, si tu ne veux pas qu'il t'arrive de recevoir des coups d'abord et de te rendre ensuite. Si tu crois que ce serait là une honte, fais-toi dès maintenant ce raisonnement : Qu'est-ce qui est un bien ou un mal suivant la nature? ce qui l'est en toute vérité. Mais où sont la vérité et la nature, là aussi est la prudence ; où sont la vérité et la nature, là aussi est l'assurance *. »

* M. Coray propose de ce passage fort peu clair une autre version, mais nous ne nous sommes pas cru autorisé à l'admettre.

Penses-tu, en effet, que si Socrate avait voulu sauver ce qui n'était pas lui, il se serait avancé pour dire : « Anytus et Melytus peuvent me tuer, mais ils ne peuvent me faire de tort » ? Etait-il assez simple pour ne pas voir que cette route ne l'y conduisait pas, mais le conduisait ailleurs ? Autrement quel motif aurait-il eu de n'en tenir aucun compte et de les provoquer ?

Ainsi fit mon ami Héraclite, dans un procès qu'il eut à Rhodes au sujet d'un champ. Après avoir démontré à ses juges que sa cause était juste, il leur dit, quand il fut arrivé à sa péroraison : « Je ne vous prierai pourtant pas, et je m'inquiète peu du jugement que vous allez prononcer. C'est vous que l'on juge, bien plutôt que moi. » Il gâta ainsi son affaire. Et quel besoin en avait-il ? Borne-toi à ne pas prier ; et n'ajoute pas : « Je ne vous prie point , » à moins que tu n'aies comme Socrate quelque motif suffisant de provoquer tes juges. Si tu veux être mis en croix, attends, et la croix viendra ; mais si la raison te détermine à te rendre à la citation du juge et à faire ton possible pour le persuader, il faut être conséquent avec ce premier pas, tout en ne compromettant point ce qui est vraiment à toi.

C'est pour cela aussi qu'il est ridicule de dire : « Conseille-moi. » Que te conseillerais-je, en effet ? Ce que tu devrais dire, c'est ceci : « Fais que mon âme se conforme à tout ce qui lui arrive. » Tu ressembles à un homme qui ne saurait pas écrire, et qui viendrait me dire : « Indique-moi les caractères qu'il faudra que je trace, quand on me donnera un nom à écrire. » Si moi je lui disais qu'il doit tracer les caractères qui entrent dans le mot Dion, et que survînt un autre qui lui donnât à écrire, non pas Dion, mais Théon, qu'arriverait-il de notre homme ? Qu'écrirait-il ? Tandis que, si tu as appris à écrire, tu peux être prêt pour tous les noms qu'on te demandera. Mais si tu n'as pas appris, quel conseil puis-je te donner ? Car, si les circonstances te demandent un autre mot, que diras-tu ? que feras-tu ? Aie la science générale, et tu n'auras pas besoin de conseils. Si tu tombes en extase devant les choses du dehors, il te faudra forcément rouler dans tous les sens, au gré des caprices de ton maître. Et qu'est-ce qui est ton maître? quiconque tient sous sa main ce que tu désires ou ce que tu crains.

CHAPITRE III

Sur ceux qui recommandent quelqu'un aux philosophes.

Diogène eut raison de dire à quelqu'un qui lui demandait des lettres de recommandation : « Rien qu'en te voyant, il saura que tu es un homme. En es-tu un bon? En es-tu un méchant? Il le saura, s'il a le talent de distinguer les bons et les méchants. S'il n'a pas ce talent, il ne le saura pas, alors même que je lui écrirais mille fois. Tu ressembles à une drachme qui demanderait qu'on la recommandât à quelqu'un pour qu'il l'appréciât. S'il se connaît à la monnaie, lui dirait-on, il reconnaîtra ta valeur; car tu te recommandes par toi-même.

Nous devrions avoir dans les choses de la vie un moyen d'apprécier les gens, à l'instar de la monnaie; nous pourrions alors dire comme celui qui se connaît à la monnaie: « Apporte-moi quelle drachme tu voudras, et je jugerai ce qu'elle vaut. » Quand il s'agit de syllogismes aussi, je dis: « Apporte-moi quel homme tu voudras, et je verrai bien s'il sait les analyser. » Pourquoi? C'est que je sais analyser les syllogismes, et que par conséquent j'ai les connaissances qu'il faut avoir pour reconnaître les gens qui s'y entendent. Mais dans les choses de la vie, qu'est-ce que je fais? Je dis d'un même homme tantôt qu'il est bon, tantôt qu'il est mauvais. Et d'où cela vient-il? C'est que, contrairement à ce qui se passe pour les syllogismes, je manque ici de savoir et d'expérience.

CHAPITRE IV

Sur un homme qui avait été surpris en adultère.

Un jour qu'il soutenait que l'homme était né pour l'honnêteté, et que méconnaître ce principe c'était méconnaître le caractère essentiel de l'humanité, survint un de nos prétendus lettrés, qui avait été autrefois surpris à Rome en adultère. Que faisons-nous, dit alors Epictète, lorsque, renonçant à cette honnêteté, pour laquelle nous sommes nés, nous nous attaquons à la femme de notre voisin ? Ce que nous faisons ! Nous perdons et détruisons... quoi donc ? notre honnêteté, notre retenue, notre pureté. Est-ce là tout ? Ne détruisons-nous pas encore les rapports de bon voisinage ? et l'amitié ? et la société civile ! Quel rôle en plus nous donnons nous à nous mêmes ? O homme, quelles relations entretiendrai-je avec toi ? des relations de voisin ? d'ami ? de quoi, enfin ? de citoyen ? Quelle confiance puis-je avoir en toi ? Si tu étais un vase en si piteux état que tu ne pusses servir à rien, on te jetterait dehors, sur un tas de fumier, et personne ne t'y ramasserait. Si tu es un homme et que tu ne puisses jouer aucun des rôles de l'homme, que ferons-nous de toi ? Car, si tu ne peux être à ta place comme ami, y pourras-tu être comme esclave ? Mais là encore qui se fiera à toi ? Et tu ne veux pas qu'on te jette toi aussi sur un tas de fumier, comme un vase inutile, aussi sale que le fumier !

Puis tu viendras dire : « Quoi ! personne ne fait cas de moi qui suis un lettré ! » C'est que tu es un méchant, dont il n'y a rien à faire. C'est comme si les guêpes s'indignaient de ce qu'on ne fait pas cas d'elles, de ce qu'on les fuit, et de ce qu'on les frappe et les abat, quand on le peut ! Tu as un dard qui porte le chagrin et la douleur partout où il frappe. Que veux-tu que nous fassions de toi ? Il n'y a pas de place où te mettre.

« Comment ! dis-tu ; est-ce que la nature n'a pas fait les femmes communes à tous ? » Et moi je te dis : « Le cochon de lait lui aussi est commun à tous les invités. Mais, quand il a été partagé, avise-toi d'aller prendre de force la part de ton voisin, ou de la lui dérober ; ou bien encore mets la main dans son assiette pour goûter de ce qui est dedans, et, si tu ne peux lui enlever sa viande, traîne tes doigts dans sa graisse, et lèche-les. Quel honnête convive ! Quel disciple de Socrate à table ! Le théâtre lui aussi n'est-il pas commun à tous les citoyens ? Eh bien ! lorsqu'ils sont assis, va t'aviser de chasser l'un d'eux de sa place, C'est de cette façon-là que les femmes sont communes. Lorsque le législateur, comme un maître de maison, les a partagées entre tous, toi, plutôt que de chercher à en avoir ta part à toi, aimeras-tu mieux voler la part de ton voisin et y porter la dent ? — Mais je suis un lettré, dis-tu, et je comprends Archédémus ! — Eh bien ! toi qui comprends Archédémus, sois débauché, sois sans honneur ; au lieu d'être un homme, sois un loup ou un singe. Car en quoi diffères-tu d'eux ? »

CHAPITRE V

Comment on peut à l'élévation de l'esprit unir le soin de ses affaires.

Les choses en elles-mêmes sont indifférentes, mais l'usage que nous en faisons n'est pas indifférent. Comment donc tout à la fois maintenir son âme dans la tranquillité et le calme, et faire avec soin ce que l'on fait, sans précipitation comme sans lenteur? On n'a qu'à imiter ceux qui jouent aux dés. Indifférents sont les points ; indifférents sont les dés. Comment savoir, en effet, le dé qui va venir? Mais jouer avec attention et avec habileté le dé qui est venu, voilà ce qui est mon affaire. De même dans la vie ce qu'il y a d'essentiel, c'est de distinguer, c'est de diviser, c'est de se dire : « Les choses extérieures ne sont pas à moi, mais ma faculté de juger et de vouloir est à moi. Où donc chercherai-je le bien et le mal? au-dedans de moi, dans ce qui est à moi. » Ne dis jamais des choses extérieures qu'elles sont bonnes ou mauvaises, utiles ou nuisibles, ni quoique ce soit en ce genre.

Quoi donc! devons-nous y mettre de la négligence? Non pas, car d'autre part la négligence est un mal pour notre faculté de juger et de vouloir, et par conséquent elle est contraire à la nature ; mais il faut tout à la fois y mettre du soin, parce que notre conduite n'est pas indifférente, et garder notre calme avec notre paisible assiette, parce que l'objet dont nous nous occupons est indifférent. Dans tout ce qui m'importe, on ne peut ni m'entraver ni me contraindre ; partout où l'on peut m'entraver et me contraindre, il n'y a rien dont l'obtention dépende de moi, rien donc qui soit un bien ou un mal ; ma conduite seule dans ce cas est un bien ou un mal, mais aussi elle dépend de moi. Il est difficile de réunir et d'associer ces deux choses, les soins de l'homme qui s'intéresse aux objets, et le calme de celui qui n'en fait aucun cas. Pourtant cela n'est pas impossible ; autrement, il ne serait pas possible d'être heureux. C'est ainsi que nous agissons dans un voyage sur mer. Qu'est-ce que nous y pouvons? choisir le pilote, les matelots, le jour, le moment. Une tempête survient après cela. Que m'importe! J'ai fait tout ce qu'on pouvait me demander. Ce qui reste est l'affaire d'un autre, l'affaire du pilote. Mais le navire sombre! Que puis-je y faire? Je me borne à faire ce que je puis : je me noie sans trembler, sans crier, sans accuser Dieu, parce que je sais que tout ce qui est né doit périr. Je ne suis pas l'éternité ; je suis un homme, une partie du grand tout, comme l'heure est une partie du jour ; il faut que je vienne comme vient l'heure, et que je passe comme elle passe. Que m'importe alors de quelle façon je passerai ? que ce soit par l'eau ou par la fièvre ? Il faut bien, en effet, que ce soit par quelque chose de ce genre.

C'est ce que tu verras faire encore à ceux qui savent jouer à la paume. La différence entre eux ne tient pas à ce que la balle est bonne ou mauvaise, mais à leur façon de la lancer et de la recevoir. Il y aura là du bien jouer, de l'habileté, de la promptitude, du coup-d'œil, si je reçois la balle sans tendre ma robe, et si l'autre la reçoit quand je la lance. Mais, si c'est avec désordre et appréhension que nous la lançons ou la recevons, que deviendra le jeu ? Qu'est-ce qui y gardera son sang-froid ? Qu'est-ce qui y démêlera l'ordre à suivre ? L'un dira : « Lance-la ! Ne la lance pas ! » L'autre ; « Tu m'en as lancé une ! » C'est là une dispute ; ce n'est plus un jeu.

Aussi Socrate savait-il jouer à la paume ! Que veux-tu dire par là ? Il savait plaisanter devant le tribunal : « Réponds-moi, Anytus, disait-il ; comment peux-tu dire que je n'admets pas de Dieu ? Que crois-tu que soient les demi-dieux ? Ne crois-tu pas qu'ils sont ou les enfants des dieux, ou un mélange de l'homme et du Dieu ? — Oui, dit l'autre. — Eh bien ! penses-tu qu'on puisse croire aux mulets, et ne pas croire aux ânes ? » Il jouait là comme avec une balle. Or quelle était la balle dans cette partie ? la vie, la prison, l'exil, le poison à boire, sa femme à quitter, ses enfants à laisser orphelins ! Voilà avec quoi il jouait cette partie ; mais il ne l'en jouait pas moins, et n'en lançait pas moins sa balle suivant les règles. Nous, à notre tour, nous devons, à son exemple, mettre dans notre jeu toute l'attention d'un joueur consommé ; mais en même temps nous devons y être indifférents, comme on l'est pour la balle. Toujours, en effet, nous avons à déployer notre talent à propos de quelque objet extérieur, mais sans accorder de valeur à cet objet, et uniquement pour faire montre de notre talent à propos de lui, quel qu'il soit d'ailleurs. C'est ainsi que le tisserand ne fait pas sa laine, mais qu'il déploie son talent sur celle qu'on lui a donnée, quelle qu'elle puisse être. C'est un autre qui te donne tes aliments et ta fortune ; il peut te les enlever, aussi bien que ton corps. Ce sont des matériaux que tu reçois ; mets-les en œuvre. Si tu sors d'un combat sans y avoir reçu de mal, les gens ordinaires, en te rencontrant, te féliciteront d'être sain et sauf ; mais ceux qui s'entendent à juger de ces choses-là, ne te complimenteront et ne te féliciteront que s'ils voient que tu t'es conduit avec honneur à la bataille. Ce sera tout le contraire, s'ils voient que tu n'as sauvé ta vie que par une lâcheté. On ne doit s'associer, en effet, qu'aux bonheurs légitimes.

— Comment se fait-il alors qu'on dise des choses du dehors tantôt qu'elles sont conformes à notre nature, tantôt qu'elles lui sont contraires ? — Tu parles, comme si nous étions des êtres isolés. Je puis dire qu'il est conforme à la nature du pied d'être propre ; mais, si tu le prends comme le pied de quelqu'un et non plus comme un tout isolé, voici qu'il lui devient séant de s'enfoncer dans la boue, de marcher sur des épines, parfois même d'être coupé dans l'intérêt du corps entier ; autrement ce ne serait pas le pied de quelqu'un. C'est à peu près ainsi que nous devons raisonner pour nous-mêmes. Qu'est-ce que tu es ? un homme. Si tu te considères comme un tout isolé, il est dans ta nature de vivre jusqu'à la vieillesse, d'être riche et en bonne santé. Mais, si tu te considères comme un homme et comme une partie d'un tout, il t'est séant, dans l'intérêt de ce tout, d'être tantôt malade, tantôt sur mer, tantôt en péril, tantôt dans l'indigence, et finalement de mourir avant le temps. Pourquoi t'en irriter ? Ne sais-tu pas qu'autrement tu cesserais d'être un homme, comme le pied d'être le pied de quelqu'un. Qu'est-ce qu'un homme en effet ? un membre d'une cité : d'abord de cette cité qui se compose des dieux et des hommes, puis de celle qui porte ce nom tout près de nous, et qui est une petite image de la cité universelle. « On va me mettre en jugement ! » dis-tu. Eh bien, un autre à la fièvre ; un autre est sur mer ; un autre meurt ; un autre est condamné. C'est qu'il était impossible qu'avec un pareil corps, avec un pareil entourage, avec de pareils compagnons, il n'arrivât pas dans ce genre aux uns ceci, aux autres cela. Tout ce que tu as à faire c'est quand tu es là de dire ce que tu dois dire, et d'user des choses comme il convient. Puis cet autre vient te dire : « Je te déclare coupable. » — « Grand bien t'arrive ! J'ai fait ce que je devais faire ; à toi de voir si tu auras fait aussi ce que tu devais faire, car il y a là aussi un risque ; ne t'y trompe pas. »

CHAPITRE VI

Des choses indifférentes.

La conséquence d'une proposition est en elle-même indifférente, mais le jugement à porter sur elle n'est pas indifférent, car il sera de la *science*, une simple *conjecture* ou une *erreur*. De même la vie est chose indifférente, mais notre façon de vivre ne l'est pas. N'allez donc pas vous mettre à tout négliger, parce qu'on vous aura dit que la vie elle-même est chose indifférente ; mais n'allez pas non plus, parce qu'on vous aura exhorté à l'attention, vous abaisser à tomber en admiration devant les choses extérieures.

Il est bon aussi de connaître ce que l'on a appris et ce que l'on sait, afin de se tenir tranquille dans les choses qu'on n'a pas apprises, et de ne pas s'indigner d'y voir quelques autres mieux réussir que vous. Tu revendiqueras pour toi la supériorité dans les syllogismes, et, si l'on s'en fâche, tu diras aux gens pour les calmer : « Je les ai étudiés, et vous, non. » De même dans tout ce qui demande qu'on s'y soit exercé, ne prétends pas avoir ce que l'exercice donne seul ; laisse l'avantage à ceux qui se sont exercés, et contente-toi de ton calme.

— « Va saluer un tel. — De quelle façon ? — Sans faire de bassesse. — Je n'ai pas pu entrer, car je n'ai pas appris à passer par la fenêtre ; et, trouvant sa porte fermée, il m'a fallu me retirer ou passer par la fenêtre. — Parle-lui pourtant. — Je lui parlerai ; mais de quelle façon ? — Sans faire de bassesse. » Voilà que tu n'as pas réussi ; mais ce n'était pas là ton affaire ; c'était la sienne. Pourquoi prétendrais-tu à ce qui n'est pas à toi ? Souviens-toi toujours de ce qui est à toi et de ce qui n'est pas à toi, et tu ne te déconcerteras de rien. Aussi Chrysippe a-t-il raison de dire : « Tant que j'ignore ce qui doit suivre, je choisis toujours ce qui est le plus propre à me faire vivre suivant la nature ; car c'est Dieu lui-même qui m'a fait pour choisir ainsi. Mais, si je savais qu'il est dans ma destinée d'être malade, j'irais de moi-même vers la maladie. » Le pied, en effet, s'il était intelligent, irait de lui-même dans la boue.

Pourquoi naissent les épis ? N'est-ce pas pour durcir ? Et pourquoi durcissent-ils, si ce n'est pour être coupés, puisqu'ils ne sont pas isolés dans la nature ? S'ils avaient la pensée, devraient-ils donc souhaiter de n'être jamais coupés ? Ce serait chez les épis un désir impie, que celui de ne jamais être coupés. Sachons qu'à leur exemple c'est dans l'homme un désir impie, que celui de ne jamais mourir. Il est ce que serait le souhait de ne jamais mûrir, de ne jamais être coupé. Mais nous, parce que nous sommes de nature tout à la fois à être coupés et à comprendre que l'on nous coupe, nous nous indignons que ce soit. C'est que nous ne savons pas ce que nous sommes, et que nous n'avons pas étudié la nature de l'homme, autant que les maîtres d'équitation ont étudié la nature du cheval. Chrysante allait frapper l'ennemi ; il entendit la trompette sonner la retraite ; il s'arrêta ; il crut en effet qu'il valait mieux obéir à son général que d'agir pour son propre compte. Mais aucun de nous ne veut, quand la nécessité l'appelle, s'y conformer sans difficulté : c'est en pleurant, c'est en gémissant, que nous subissons ce que nous subissons ; et c'est en criant contre les circonstances ! Hommes, pourquoi criez-vous contre les circonstances ? Si nous crions contre elles par cela seul qu'elles existent*, nous aurons toujours à crier. Si nous crions parce qu'elles sont déplorables, qu'y a-t-il de déplorable à ce que périsse ce qui est né ? Ce qui nous fait périr, c'est une épée, une roue, la mer, une tuile, un tyran. Que t'importe la voie par laquelle tu descendras dans l'enfer ? Toutes se valent. Et, si tu peux écouter la vérité, la voie par laquelle vous expédie le tyran est encore la plus courte. Jamais un tyran n'a mis six mois à tuer un homme, et la fièvre y met souvent une année. Il n'y a dans tout cela que du bruit et un étalage de mots vides de sens.

— « Je suis en danger de perdre la vie par le fait de César. » — Eh bien ! est-ce que je ne cours pas de dangers, moi qui habite Nicopolis, où il y a tant de tremblements de terre ? Et toi-même, quand tu traverses l'Adriatique, n'es-tu pas en danger, et en danger pour ta vie ? — « Ce sont mes opinions qui sont en danger. » — Les tiennes ? Comment cela se peut-il ? Qu'est-ce qui pourrait te contraindre à croire ce que tu ne veux pas croire ? Sont-ce celles des autres ? Et quel danger y a-t-il pour toi dans l'erreur des autres ? — « Je suis en danger d'être exilé. » — Qu'est-ce qu'être exilé ? Est-ce être ailleurs qu'à Rome ? — « Oui. Et que faire si je suis envoyé à Gyaros ? » — S'il est dans ton intérêt d'y aller, tu iras ; si non, tu as où aller à la place de Gyaros : tu peux aller dans un lieu où celui qui t'envoie à Gyaros ira lui aussi, qu'il le veuille ou non. Pourquoi alors partir pour l'exil comme pour un grand malheur ? C'est une petite épreuve après tant de préparations !

* Il y a là dans le texte un jeu de mots intraduisible.

Un jeune homme d'un beau naturel dirait à son sujet : « Ce n'était pas la peine de tant apprendre, ni de tant écrire, ni de rester si longtemps assis chez un petit vieillard qui n'avait pas grande valeur ! » Souviens-toi seulement de la distinction entre ce qui est à toi et ce qui n'est pas à toi, et ne prétends jamais à ce qui est aux mains des autres. La tribune et la prison sont des endroits différents : l'une est en haut, l'autre est en bas ; mais ton jugement et ta volonté peuvent rester les mêmes dans l'une ou dans l'autre, si tu le veux. Nous serons des émules de Socrate, quand nous pourrons dans la prison écrire des Péans. Mais, tels que nous sommes dans le moment, crois-tu que nous pourrions seulement supporter dans la prison quelqu'un qui nous dirait : « Veux-tu que je te lise des Péans ! » — « Que viens-tu m'ennuyer ! lui dirions-nous. Ne sais-tu pas quel est mon malheur? Est-ce avec lui que je puis t'écouter? — Et quel est-il donc? — Je dois mourir. — Est-ce que les autres hommes seront immortels? »

CHAPITRE VII

Comment faut-il consulter les oracles ?

Beaucoup de personnes manquent souvent à leurs devoirs, parce qu'elles consultent mal les devins. Qu'est-ce que le devin peut voir en effet ? la mort, les périls, la maladie, et autres choses de cette sorte, rien de plus. Si donc il me faut braver un danger pour un ami, si mon devoir est de mourir pour lui, quel besoin ai-je de consulter le devin ? N'ai-je pas en moi un oracle, qui me dira où est le vrai bien et le vrai mal, et qui me fera connaître les caractères de l'un et de l'autre? Qu'ai-je donc encore besoin des entrailles et des oiseaux? Et supporterai-je le devin quand il me dit : « Voilà ce qui t'est utile » ? Est-ce qu'en effet il sait ce qui est utile ! Est-ce qu'il sait ce qui est bien? Est-ce qu'il a appris à connaître les caractères du bien et du mal comme ceux des entrailles? S'il connaissait ceux du bien et du mal, il connaîtrait aussi ceux de la beauté et de la laideur, de la justice et de l'injustice ! « Homme, dis-moi ce qui m'est présagé, la vie ou la mort, la pauvreté ou la richesse. Mais me seront-elles utiles ou fatales, c'est ce que je ne te demanderai pas. Pourquoi ne parles-tu jamais sur la grammaire, mais seulement sur les questions où nous sommes dans l'incertitude, et en désaccord les uns avec les autres?[1] » Aussi est-ce une belle réponse que celle de cette femme, qui voulait envoyer à l'exilée Gratilla un bâtiment chargé de vivres pour un mois, et à qui on disait que Domitien le ferait enlever : « J'aime mieux, dit-elle, qu'il l'enlève que de ne pas l'envoyer. »

Qu'est-ce qui nous pousse donc continuellement à consulter les oracles? notre lâcheté, notre frayeur de ce qui doit arriver. C'est pour cela que nous faisons la cour aux devins. « Maître, hériterai-je de mon père ? — Il faut voir ; sacrifions pour cela. — Oui. Maître, qu'il en soit comme le veut la fortune ! » Quand il nous dit : « Tu hériteras, » nous le remercions comme si c'était de lui que nous tinssions l'héritage. Aussi ces gens-là ont-ils belle à se moquer de nous !

Que devons-nous faire? Aller les trouver, sans rien désirer, sans rien craindre, semblables au voyageur qui demande à un passant celle des deux routes qui conduit où il va : il ne désire pas que ce soit celle de droite plutôt que celle de gauche qui y conduise ; car ce qu'il veut ce n'est pas d'aller de préférence par une d'entre elles, mais par celle qui conduit où il va. C'est ainsi qu'il faut aller trouver Dieu, pour qu'il nous guide. Usons de lui comme nous usons de nos yeux : nous ne leur demandons pas de nous faire voir ceci plutôt que cela ; nous nous bornons à recevoir les idées des choses qu'ils nous font voir. Ici, au contraire, nous

[1] Le texte ici est probablement altéré.

nous emparons de l'augure en tremblant ; nous appelons Dieu à notre aide, et nous lui disons avec prière : « Seigneur, aie pitié de moi ; accorde-moi de me tirer de là ! » Esclave, veux-tu donc autre chose que ce qu'il y a de mieux ? Eh, qu'y a-t-il de mieux que ce qui a été arrêté par Dieu ? Pourquoi donc, autant qu'il est en toi, corromps-tu ton juge, et séduis-tu ton conseiller ?

CHAPITRE VIII

De la nature du bien.

Dieu est utile ; mais le bien aussi est utile ; il est donc naturel qu'où Dieu est réellement, là aussi soit réellement le bien. Qu'est-ce que Dieu est donc en réalité ? est-il notre corps ? Oh ! que non pas ! est-il notre champ ? Oh ! que non pas ! est-il la gloire ? Oh ! que non pas ! est-il esprit, savoir, droite raison ? Oui. C'est donc uniquement là qu'il te faut chercher le bien. Le chercherais-tu dans la plante ? — Non. — Dans un animal sans raison ? — Non. — Lors donc que tu le cherches dans l'être raisonnable, où peux-tu l'y chercher ailleurs que dans ce qui fait la différence de cet être avec ceux qui n'ont point de raison ? Les plantes n'ont pas l'usage des *idées* des sens ; et tu dis en conséquence que le bien n'est pas dans la plante. Le bien suppose donc l'usage des *idées*. Ne suppose-t-il que lui ? Si oui, dis que le bien est dans tous les animaux, et avec lui le bonheur et le malheur. Mais tu dis qu'il n'y est pas, et tu as raison. Car, si les animaux ont, et au plus haut degré, l'usage des *idées* des sens, ils n'ont pas l'intelligence de cet usage ; et cela est tout naturel, puisqu'ils sont nés pour servir d'autres êtres, et non pour commander. Pourquoi l'âne est-il né ? pour commander ? Non, mais parce que nous avions besoin d'un dos qui fût capable de porter. Nous avions aussi, par Jupiter ! besoin qu'il put marcher ; en conséquence, il a reçu l'usage des *idées*, car autrement il n'aurait pas pu marcher. Il s'en tient là du reste. Mais, s'il avait reçu en plus l'intelligence de l'usage des *idées*, il en résulterait évidemment qu'il ne nous obéirait plus, qu'il ne nous servirait plus comme il le fait, qu'il serait à notre niveau et pareil à nous.

Ne veux-tu donc pas chercher le vrai bien dans ce qui ne peut manquer quelque part sans que tu ne refuses aussitôt de dire que le bien y est ?

Mais quoi ! les autres êtres ne sont-ils pas eux aussi des œuvres de Dieu ? — Oui, mais ils ne sont pas nés pour commander, et ils ne sont pas des parties de Dieu. Toi, tu es né pour commander ; tu es un fragment détaché de la divinité ; tu as en toi une partie de son être. Pourquoi donc méconnais-tu ta noble origine ? Ne sais-tu pas d'où tu es venu ? Ne consentiras-tu pas à te rappeler, quand tu es à table, qui tu es, toi qui es à table, et qui tu nourris en toi ? à te rappeler, quand tu as des rapports avec ta femme, qui tu es, toi qui as ces rapports ? Lorsque tu causes avec quelqu'un, lorsque tu t'exerces, lorsque tu discutes, ne sais-tu pas que tu nourris en toi un Dieu ? C'est un Dieu que tu exerces ! un Dieu que tu portes partout ! et tu n'en sais rien, malheureux ! Et crois-tu que je parle ici d'un Dieu d'argent ou d'or, en dehors de toi ? Le Dieu dont je parle, tu le portes en toi-même ; et tu ne t'aperçois pas que tu le souilles par tes pensées impures et tes actions infâmes ! En présence de la statue d'un Dieu tu n'oserais rien faire de ce que tu fais ; et, quand c'est le Dieu lui-même qui est présent en toi, voyant tout, entendant tout, tu ne rougis pas de penser et d'agir de cette façon, ô toi, qui méconnais ta propre nature et qui attires sur toi la colère divine ! Au reste, quelle est notre crainte, quand nous faisons sortir un jeune homme de l'école, pour entreprendre quoi que ce soit ? Nous craignons qu'il n'ait une autre conduite, une autre façon de se nourrir, et d'autres liaisons que celles qu'il doit avoir; qu'il ne rougisse de porter des guenilles, ou qu'il ne soit fier de porter de beaux habits. Il ne connaît pas son Dieu; il ne sait pas en compagnie de qui il marche. Lui laisserons-nous dire à quelqu'un : « Je voudrais t'avoir pour compagnon? » Est-ce que tu n'as pas Dieu avec toi? Quel autre compagnon cherches-tu, quand tu as celui-là? Et celui-là te dira-t-il autre chose que ce que nous te disons? Si tu étais une statue de Phidias, la Minerve ou le Jupiter, tu te souviendrais de toi-même et de l'artiste qui t'aurait fait; et, si tu avais l'intelligence, tu voudrais ne rien faire qui fût indigne de ton auteur ou de toi, et ne jamais paraître aux regards sous des dehors inconvenants. Vas-tu maintenant, parce que c'est Jupiter qui t'a fait, être indifférent à l'aspect sous lequel tu te montreras? Est-ce qu'il y a égalité entre les deux artistes, égalité entre les deux créations? Est-il une œuvre de l'art qui ait réellement en elle les facultés que semble y attester la façon dont elle est faite? En est-il une qui soit autre chose que de la pierre, de l'airain, de l'or ou de l'ivoire? La Minerve même de Phidias, une fois qu'elle a étendu la main, et reçu la Victoire qu'elle y tient, reste immobile ainsi pour l'éternité, tandis que les œuvres de Dieu ont le mouvement, la vie, l'usage des *idées* et le jugement. Quand tu es la création d'un pareil artisan, voudras-tu le déshonorer? Mais que dis-je? Il ne s'est pas borné à te créer : il t'a confié à toi-même, remis en garde à toi même? Ne te le rappelleras-tu pas? Et souilleras-tu ce qu'il t'a confié? Si Dieu avait remis un orphelin à ta garde, est-ce que tu le négligerais ainsi? Il t'a commis toi-même à toi-même, et il t'a dit : « Je n'ai personne à qui je me fie plus qu'à toi : garde-moi cet homme tel qu'il est né, honnête, sûr, à l'âme haute, au-dessus de la crainte, des troubles et des perturbations. » Et toi tu ne le gardes pas!

Mais on dira : « Pourquoi cet homme porte-t-il si haut la tête, et prend-il cet air d'importance? » Je ne le fais pas encore comme je le devrais; car je n'ai pas encore une confiance entière dans ce que j'ai appris et dans ce que j'ai accepté : je redoute encore ma propre faiblesse. Laissez-moi prendre cette confiance, et vous me verrez alors le regard et le port qu'on doit avoir ; je vous montrerai alors la statue achevée et polie. Mais que croyez-vous que cela soit ? l'air arrogant ? A Dieu ne plaise ? Est-ce que Jupiter à Olympie a l'air arrogant ? Non, mais il a le regard assuré comme doit l'avoir celui qui peut dire ;

« Tout est irrévocable chez moi, et tout y est sûr. »

C'est là ce que je vous ferai voir en moi, avec la sincérité, l'honnêteté, la noblesse de cœur, le calme absolu. Me verrez-vous exempt de la mort, de la vieillesse, de la maladie ? Non ; mais vous me verrez comme un Dieu en face de la mort, comme un Dieu en face de la maladie. Voilà ce que je sais, voilà ce que je puis ; tout le reste, je ne le sais, ni ne le puis. Je vous ferai voir la force d'un philosophe. Et en quoi consiste cette force ? à ne jamais manquer ce qu'on désire, à ne jamais tomber dans ce qu'on redoute, à se porter toujours vers des choses convenables, à donner tous ses soins à ce qu'on se propose de faire, à ne croire jamais qu'après mûr examen. Voilà ce que vous verrez.

CHAPITRE IX

On n'est pas de force à remplir son rôle d'homme, et l'on se charge encore de celui de philosophe.

Remplir son rôle d'homme et rien de plus, n'est pas encore une chose toute simple. Qu'est-ce que l'homme en effet ? un être bien animé, dit-on, qui a la raison, et qui doit mourir. Or, tout d'abord, de qui la raison nous distingue-t-elle ? des bêtes sauvages. Et de qui encore ? du bétail, et de ce qui lui ressemble. Vois donc à ne jamais agir comme la bête sauvage ; autrement, c'en est fait de l'homme en toi : tu n'auras pas rempli ton rôle. Vois à ne jamais agir comme le bétail ; autrement, de cette façon aussi, c'en est fait de l'homme en toi. Quand donc agissons-nous comme le bétail ? Quand nous agissons en vue de notre estomac ou des plaisirs de la chair, sans réflexions, salement et sans soins, de qui nous rapprochons-nous ? des bestiaux. Qui détruisons-nous en nous-mêmes ? l'être raisonnable. Quand nous agissons avec entêtement, avec méchanceté, avec colère, avec violence, de qui nous rapprochons-nous ? des bêtes sauvages. Nous sommes, les uns des bêtes sauvages de grande taille, les autres de ces petites bêtes malfaisantes, à propos desquelles on dit : « Au moins si c'était un lion qui me mangeât ! » Mais, avec les unes comme avec les autres, c'en est fait de notre rôle d'homme. Qu'est-ce qui sauve, en effet, un raisonnement conjonctif ? C'est d'atteindre son but ; et c'est pour cela que ce qui sauve un raisonnement conjonctif, c'est d'être composé de propositions vraies. Et qu'est-ce qui sauve un raisonnement disjonctif ? encore d'atteindre son but. Et une flûte ? Et une lyre ? Et un cheval ? Et un chien ? Qu'y a-t-il donc d'étonnant à ce que l'homme se conserve à des conditions semblables, se perde à des conditions semblables ?

Toute qualité se fortifie et se conserve par les actes qui lui sont conformes, le talent du charpentier par de belles œuvres de charpentier, le talent du littérateur par de belles œuvres littéraires. Si vous vous habituez à écrire contrairement aux règles, tout votre talent se détruit et se perd infailliblement. De même l'honnêteté se conserve par des actes honnêtes, et des actes déshonnêtes la détruisent ; la loyauté se conserve par des actes loyaux, et des actes contraires la détruisent. Les défauts à leur tour, se fortifient par des actes coupables : l'impudence par des actes impudents ; la déloyauté, par des actes déloyaux ; l'amour de la médisance, par des médisances ; l'irascibilité, par la colère ; et l'avidité, par la supériorité des recettes sur les déboursés.

C'est pour cela que les philosophes nous avertissent qu'il ne suffit pas d'apprendre la théorie, qu'il faut y joindre encore la méditation, puis la pratique ; car il y a longtemps que nous sommes habitués à faire le contraire de ce qu'ils nous enseignent, et à suivre dans la pratique des idées qui sont le contraire des vraies. Si donc nous ne faisons pas, à leur tour, passer dans la pratique des idées vraies, nous ne serons jamais que des gens qui expliquent les pensées des autres. Aujourd'hui quel est celui de nous qui ne peut disserter avec art sur le bien et sur le mal ; montrer que telles choses sont bonnes, telles autres mauvaises, telles autres indifférentes ; que les bonnes sont les vertus et tout ce qui s'y rattache ; que les mauvaises sont leurs contraires ; que les choses indifférentes sont la richesse, la santé, la réputation ? Mais si, au milieu de notre dissertation, il survient un bruit un peu fort, ou si quelqu'un des assistants se moque de nous, nous voici décontenancés ! Philosophe, où donc est ce que tu disais ? D'où le tirais-tu quand tu le disais ? Cela était sur tes lèvres, et rien de plus. Pourquoi déshonorer des ressources que tu n'as pas su t'approprier ? Pourquoi te jouer de ce qu'il y a de plus respectable ? Autre chose est de faire comme ceux qui serrent dans leur cellier du pain et du vin, ou de faire comme ceux qui s'en nourrissent. Ce dont on se nourrit se digère, se répand dans le corps, devient des muscles, de la chair, des os, du sang, le teint et la respiration de la santé. Ce que l'on a serré, on l'a sous la main pour le pouvoir prendre et montrer ; mais on n'en tire d'autre profit que de faire voir qu'on l'a. Quelle différence y a-t-il à exposer les idées que tu n'appliques pas, ou à exposer celles d'une autre école ? Assieds-toi et explique-nous le système d'Épicure. Peut-être nous l'expliqueras-tu plus habilement que lui-même. Pourquoi te prétendre Stoïcien ? Pourquoi tromper la foule ? Pourquoi joues-tu le Juif, quand tu es Grec ? Ne sais-tu pas pourquoi l'on dit qu'un tel est Juif, Syrien ou Égyptien ?

D'ordinaire, quand on voit quelqu'un être à moitié ceci, à moitié cela, on dit : « Il n'est pas Juif, mais il joue le Juif. » Ce n'est que quand un homme prend l'esprit du baptisé et du sectaire qu'il est réellement Juif, et qu'on lui en donne le nom. Il en est de même de nous : nous n'avons pas été baptisés ; nous sommes Juifs de nom, mai pas de fait. Notre esprit ne répond pas à notre langage ; nous sommes loin d'appliquer ce que nous disons, et ce que nous sommes si fiers de savoir.

Voilà comment n'étant déjà pas de force à remplir notre rôle d'homme, nous nous chargeons encore de celui de philosophe : c'est se charger comme quelqu'un qui ne pourrait soulever dix livres, et qui voudrait porter la pierre d'Ajax.

CHAPITRE X

Comment de nos différents titres on peut déduire nos différents devoirs.

Examine qui tu es. Avant tout, un homme, c'est-à-dire un être chez qui rien ne prime la faculté de juger et de vouloir. Tout le reste lui est soumis ; mais quant à elle, elle est libre et indépendante. Examine de qui te distingue la raison. Elle te distingue des bêtes sauvages ; elle te distingue des bestiaux. En plus, tu es citoyen du monde, dont tu es une partie ; et non pas une des parties destinées à servir, mais une partie destinée à commander ; car tu peux comprendre le gouvernement de Dieu, et te rendre compte de l'enchaînement des choses. Quel est donc le devoir du citoyen ? de ne jamais considérer son intérêt particulier ; de ne jamais calculer comme s'il était un individu isolé. C'est ainsi que le pied ou la main, s'ils pouvaient réfléchir et se rendre compte de la construction du corps, ne voudraient ou ne désireraient jamais rien qu'en le rapportant à l'ensemble. Aussi les philosophes ont-ils raison de dire que, si l'homme de bien prévoyait l'avenir, il coopérerait lui-même à ses maladies, à sa mort, à sa mutilation, parce qu'il se dirait que ce sont là les lots qui lui reviennent dans la distribution de l'ensemble, et que le tout est plus important que la partie, l'État que le citoyen. Aujourd'hui que nous ne savons pas l'avenir, notre devoir est de choisir ce qui de sa nature est préférable, car c'est pour cela que nous sommes nés.

Rappelle-toi après cela que tu es fils. Quels sont les devoirs de ce rôle? regarder tout ce qu'on a comme étant à son père, lui obéir en tout, ne jamais le blâmer devant personne, ne rien dire ou ne rien faire qui puisse lui porter préjudice, renoncer à tout pour lui et lui céder en tout, lui venir en aide de tout son pouvoir.

Après cela songe que tu es frère. Or dans ce rôle tes obligations sont d'être complaisant et empressé, de toujours parler en bien de ton frère, de ne jamais lui disputer aucune de ces choses qui ne relèvent point de ton libre arbitre, de les lui abandonner au contraire avec bonheur, pour être plus riche de celles qui relèvent du libre arbitre. Car vois un peu ce que c'est que de te donner l'élévation de l'âme au prix d'une laitue peut-être, ou d'une préséance ! Quel profit n'y a-t-il pas là pour toi !

Après cela, si tu es sénateur dans une ville, songe que tu es sénateur : si jeune homme, que tu es jeune homme ; si vieillard, que tu es vieillard ; si père, que tu es père ; car chacun de ces noms, chaque fois qu'il se présente à notre pensée, nous rappelle sommairement les actes qui sont en rapport avec lui. Si tu vas dehors blâmer ton frère, je te dirai : « Tu as oublié qui tu es, et quel est ton nom. » Si, forgeron, tu te servais mal de ton marteau, c'est que tu aurais oublié ton métier de forgeron. Eh bien ! si tu oubliais ton rôle de frère, si tu devenais un ennemi au lieu d'un frère, crois-tu que ce ne serait pas là pour toi échanger avec perte une chose contre une autre? Si, au lieu d'être un homme, un animal doux et sociable, tu devenais une bête fauve qui nuit, qui guette et qui déchire, n'y aurais-tu rien perdu? Il faut peut-être que tu perdes ta bourse pour éprouver quelque dommage; et il n'y a aucune autre chose dont la perte fasse tort à l'homme! Si tu avais perdu tes connaissances en littérature ou en musique, tu croirais que c'est là une perte: et, si tu perds ton honnêteté, ta modération, ta douceur, tu croiras que ce n'est rien! Les premières, cependant, se perdent par des causes extérieures et indépendantes de notre libre arbitre, les autres par notre faute. En plus, il n'y a point de honte à ne pas avoir les premières ou à les perdre, tandis que c'est une honte, une tache, un malheur, que de ne pas avoir les autres ou de les perdre. Que perd celui qui se prête à des complaisances infâmes? son titre d'homme. Et celui pour qui il les a? bien des choses, et tout comme lui son titre d'homme. Que perd celui qui corrompt une femme mariée? il perd sa retenue, son empire sur lui-même, son honnêteté; il tue en lui le citoyen et le voisin. Que perd celui qui se met en colère? quelque chose. Celui qui s'intimide? quelque chose. On ne peut en effet être en faute sans perte et sans dommage.

Après cela, si tu ne comprends d'autre perte que celle de l'argent, tous ces gens n'ont éprouvé ni dommage ni perte; et au besoin même il y a eu pour eux gain et profit, quand l'argent leur est venu par de pareils actes. Fais attention seulement que, si l'on rapporte tout à la bourse, ce n'est pas éprouver un dommage que de perdre même son nez. — Si, dis-tu, car c'est être mutilé. — Eh bien! perdre l'odorat seul, serait-ce donc ne rien perdre? Et l'âme, à son tour, n'a-t-elle pas des qualités dont la possession est un avantage, dont la perte est un dommage? — De quelles qualités parles-tu? — Ne tenons-nous pas de la nature l'honnêteté? — Oui. — La perdre n'est-ce donc pas éprouver un dommage? N'est-ce pas être privé, dépouillé de quelque chose qui était à nous? Ne tenons-nous pas encore de la nature la loyauté, l'amour, la charité, la patience à l'égard les uns des autres ? Et celui qui les laisse endommager en lui, n'éprouve-t-il donc ni tort ni dommage ?

— Quoi donc ! ne nuirai-je pas à qui m'a nui ? — Vois d'abord ce que c'est que de nuire, et rappelle-toi ce que tu as appris des philosophes. Si le bien, en effet, est dans notre façon de juger et de vouloir, et si le mal y est aussi, prends garde que tes paroles ne reviennent à ceci : « Comment ! cet autre s'est nui à lui-même en me faisant injustice, et je ne me nuirais pas à moi-même en lui faisant injustice ! »

Pourquoi donc ne pensons-nous pas ainsi, et croyons-nous, au contraire, qu'il y a dommage quand notre santé ou notre bourse baissent, mais qu'il n'y a pas dommage quand baisse notre façon de juger et de vouloir ? C'est que nous pouvons nous tromper ou commettre une injustice, sans pour cela souffrir de la tête, des yeux ou de la hanche, et aussi sans perdre notre champ. Or, nous ne voulons pas autre chose. Mais que notre volonté soit honnête et loyale, ou déshonnête et sans foi, c'est ce qui ne nous inquiète guère, si ce n'est dans l'école et pour la discussion. C'est dans la discussion, en effet, que sont tous nos progrès. En dehors d'elle, ils sont nuls.

CHAPITRE XI

Quel est le commencement de la philosophie ?

Le commencement de la philosophie, chez ceux du moins qui s'y attachent comme il convient et en chasseurs sérieux, c'est le sentiment de notre infirmité et de notre faiblesse dans les choses indispensables.

Nous venons au monde sans avoir naturellement aucune notion du triangle rectangle, du dièse ou des demi-tons, chacune de ces choses ne s'apprenant que par la transmission de la science ; aussi ceux qui ne les savent pas ne croient-ils pas les savoir. Mais quant au bien et au mal, quant à la beauté et à la laideur, quant à ce qui est séant ou malséant, quant au bonheur ou au malheur, quant à ce qui convient ou ne convient pas, quant à ce que nous devons faire ou ne pas faire, qu'est-ce qui est venu au monde sans en avoir en lui la notion ? Aussi tout le monde se sert-il de ces termes, et essaie-t-il d'appliquer ces notions premières aux faits particuliers. « Un tel a bien agi. C'était son devoir. C'était contre son devoir. Il a été heureux. Il a été malheureux. Il est injuste. Il est juste. » Qui de nous s'abstient de ces façons de dire ? Qui de nous en remet l'usage au temps où il sera instruit, comme le font, pour les figures de géométrie et pour les notes de la musique, ceux qui ne s'y connaissent pas ? La cause en est que nous venons au monde en tenant de la nature sur ce point une petite instruction, d'où nous partons pour nous permettre de juger. « Pourquoi, en effet, dit-on, ne me connaîtrais-je pas au beau et au bien ? N'en ai-je donc point les notions ? — Tu les as. — Est-ce que je ne les applique pas aux faits particuliers ? — Tu les appliques. — Est-ce que je ne les applique pas bien ? » — Toute la question est là ; car c'est dans ces applications mêmes que consistent les jugements. Tous les hommes sont d'accord sur ces notions premières, qui sont leur point de départ ; mais ils arrivent à des conclusions douteuses, parce qu'ils ne les appliquent pas bien. Si, avec ces notions elles-mêmes, on avait en plus le talent de les appliquer, qu'est-ce qui empêcherait d'être parfait ? Mais enfin, puisque tu crois appliquer à propos ces notions premières aux faits particuliers, dis-moi d'où tu tires cette croyance. — De ce que les choses me paraissent ainsi. — Mais il est tel individu à qui elles ne paraissent pas ainsi, et qui croit, lui aussi, appliquer ces notions d'une manière convenable. Est-ce que par hasard il ne le croit pas ?

— Il le croit — Mais se peut-il, quand vos jugements se contredisent, que des deux côtés vous appliquiez à propos les notions premières ? — Cela ne se peut. — Pourrais-tu me montrer quelque chose qui, pour nous guider dans leur application, fût supérieur et préférable au : *Cela me paraît être*? Le fou lui-même fait-il autre chose que ce qui lui paraît bien ? Et serait-ce donc là chez lui aussi un critérium suffisant ? — Ce n'en est pas un suffisant. — Arrive donc à quelque chose qui soit supérieur à l'apparence. Mais quel est ce quelque chose ?

Le voici. Le commencement de la philosophie, c'est de s'apercevoir des contradictions qui existent entre les hommes, d'en rechercher la cause, de faire peu de cas de la simple apparence, de la tenir pour suspecte, d'examiner avec soin si elle est fondée, de trouver un moyen de jugement qui soit pour elle ce qu'a été l'invention de la balance pour les poids, l'invention du fil à plomb pour les lignes droites ou courbes. Voilà le commencement de la philosophie.

Ce qui paraît vrai à chaque homme l'est-il donc réellement ? — Comment des choses contradictoires pourraient-elles être également vraies ? — Eh bien ! ce ne sera pas ce qui paraît vrai à chacun, mais ce qui nous paraît vrai à nous. — Mais pourquoi à nous plutôt qu'aux Syriens ? Pourquoi à nous plutôt qu'aux Egyptiens ? Pourquoi de préférence ce qui paraît vrai à moi ou à un tel ? Pas de raison pour cela. Donc parce qu'une chose paraît vraie à quelqu'un, ce n'est pas une raison pour qu'elle le soit. C'est ainsi qu'en fait de poids et de mesures nous ne nous en tenons pas à l'apparence, et que nous avons trouvé un moyen sûr de prononcer dans chaque cas.

N'y a-t-il donc pas ici un moyen de juger qui soit supérieur à l'apparence ? Eh ! comment se pourrait-il que ce qu'il y a de plus nécessaire à l'homme fût impossible à découvrir et à reconnaître ? Ce moyen existe donc.

Pourquoi alors ne pas nous mettre à le chercher, à

le trouver, pour nous en servir, après l'avoir trouvé, sans plus nous tromper désormais, car nous n'étendrons même plus le doigt sans recourir à lui ? Or, ce moyen, dont la découverte guérira de leur folie ceux qu'égare l'apparence, leur seule mesure du vrai, le voici, je crois : désormais nous ne partirons que de principes bien reconnus et bien déterminés, et nous commencerons par bien éclaircir nos notions premières avant de les appliquer aux faits particuliers. *

Quel objet se présente donc à notre examen en ce moment ? le plaisir. Applique-lui la règle ; mets-le dans la balance. Le bien doit-il être de nature à nous donner toute sécurité ? — Oui. — à nous inspirer toute confiance ? Nécessairement. — Or, peut-on être sûr de ce qui est instable ? — Non. — Le plaisir est-il stable ? — Non. — Enlève-le donc ; ôte-le de la balance ; jette-le loin de la place des vrais biens. Que si tu n'as pas la vue bonne, et si une seule balance ne te suffit pas, en voici une autre. A-t-on le droit d'être fier de ce qui est bien ? — Oui. — La présence du plaisir nous donne-t-elle donc le droit d'être fiers ? Prends garde de répondre qu'elle nous le donne ; si non, je ne te croirais plus de droits à te servir de la balance. Voilà comme on apprécie et pèse ces choses, quand on s'est fait des règles de jugement. Philosopher n'est autre chose qu'examiner et consolider ces règles. Et appliquer celles qui sont reconnues est la tâche du sage.

CHAPIRE XII

Des discussions.

Notre école a exposé dans le dernier détail tout ce qu'il faut apprendre pour savoir discuter ; mais elle

* Avons nous besoin de faire remarquer l'analogie qu'il y a entre les idées de ce chapitre et celles que Descartes exprime dans les deux premières parties de son *discours sur la méthode* ?

nous laisse absolument sans instructions sur la façon dont on doit user de ce talent. Donne à celui de nous que tu voudras un ignorant pour discuter avec lui, et il ne trouvera rien à en faire; il tâtera un peu son homme, puis, si celui-ci répond à contre-temps, il ne saura plus par où le prendre. Alors il l'injuriera ou se moquera de lui, et dira : « C'est un ignorant ; il n'y a rien à faire. » Un bon guide, au contraire, quand il trouve quelqu'un d'égaré, le met dans son vrai chemin, au lieu de le laisser là après forces railleries et injures. Montre donc à cet homme, toi aussi, où est la vérité, et tu verras comme il ira. Si tu ne le lui montres pas, ne te moque pas de lui ; aie plutôt le sentiment de ton impuissance.

Comment faisait donc Socrate ? Il forçait son interlocuteur lui-même à rendre témoignage de la vérité de ce qu'il lui disait, et il n'avait besoin de témoignage de personne autre. Il avait donc le droit de dire : « Je laisse de côté les autres ; je me contente du témoignage de mon interlocuteur. Je ne demande pas l'avis des autres ; il n'y a que celui de mon interlocuteur que je demande. » Il savait, en effet, rendre si claires les conséquences de nos pensées, que le premier venu s'apercevait des contradictions qu'il y avait entre les siennes, et y renonçait. « Est-ce que l'envieux est en joie ? disait-il. Non, il souffre plutôt. *Le voisinage d'un* sort contraire au sien l'a affecté.* Mais quoi ! l'envie est-elle un chagrin causé par le malheur (d'autrui) ? Eh ! qui est envieux du malheur ? » C'est ainsi qu'il amenait son interlocuteur à dire que l'envie était un chagrin causé par le bonheur (d'autrui). « Mais quoi ! (ajoutait-il), pouvons-nous être envieux de ce qui est sans rapports avec nous ? » C'est ainsi qu'avant de s'éloigner il avait complété et précisé l'idée en question. Il ne disait pas (comme nous) ; « Définis-moi l'envie ; » puis, quand on la lui avait définie : « Tu l'as

* Il y a ici une phrase altérée que j'ai traduite librement, en opposition complète avec M. Thurot et M. Coray.

mal définie, parce que ta définition n'est pas convertible dans le défini. » Termes techniques, ennuyeux et inintelligibles pour l'ignorant, et dont nous ne savons pas nous défaire. Nous ne savons pas agir sur l'ignorant, en nous y prenant de telle façon qu'il n'ait qu'à suivre ses propres pensées pour arriver à nous dire oui ou non. Aussi, sentant notre impuissance à cet égard, nous abstenons-nous avec raison de tenter l'affaire, pour peu que nous ayons de bon sens. Mais les étourneaux, qui sont le plus grand nombre, quand ils se trouvent en pareille conjoncture, embrouillent les autres et s'embrouillent eux-mêmes, et finalement en arrivent à échanger des injures, avant de se retirer.

Le premier et le plus singulier mérite de Socrate était de ne jamais s'emporter dans la discussion, de ne jamais proférer une parole outrageante ou injurieuse, mais de laisser dire ceux qui l'insultaient, et de couper court aux disputes. Si vous voulez connaître toute sa force en ce genre, lisez *le Banquet* de Xénophon, et vous verrez à quelles disputes il sut mettre fin. Aussi chez les poètes eux-mêmes est-ce avec raison un grand éloge que ce mot :

« Il sut faire cesser un instant la dispute, si vive qu'elle fût. »

Disons tout. De telles interrogations aujourd'hui ne seraient pas sans péril, et surtout à Rome. Celui qui les fera, en effet, ne devra évidemment pas les faire dans un coin ; il devra aborder un personnage consulaire, si l'occasion s'en présente, ou bien un richard, et lui poser cette question : « Peux-tu me dire à qui tu as confié tes chevaux ? — Moi ! — Au premier venu, sans connaissance de l'équitation ? — Nullement. — Eh bien ! à qui as-tu confié ton argent, ton or, tes vêtements ? — Je ne les ai pas non plus confiés au premier venu. — Et ton corps, as-tu bien examiné à qui tu en confierais le soin ? — Comment non ? — Evidemment encore à quelqu'un qui se connût aux exercices du gymnase et à la médecine ? — Parfaitement. Est-ce donc là ce que tu as de meilleur ? Ou n'as-tu pas quelque chose qui vaille mieux encore? — De quoi parles-tu? — de ce qui use de tout cela, par Jupiter! de ce qui juge chacune de ces choses et qui en délibère. — Tu veux parler de l'âme? — Tu m'as compris; c'est d'elle que je parle. — Par Jupiter! je crois avoir là une chose qui vaut beaucoup mieux que toutes les autres. — Peux-tu donc nous dire comment tu prends soin de ton âme? Car il n'est pas probable que toi, qui es un homme de sens, si considéré dans la ville, tu ailles, sans réflexion, abandonner au hasard ce qu'il y a de meilleur en toi, que tu le négliges et le laisses dépérir. — Certes non. — En prends-tu donc soin toi-même? Et dans ce cas le fais-tu d'après les leçons de quelqu'un, ou d'après tes propres idées? » Il est fort à craindre à ce moment que cet homme ne te dise tout d'abord: « De quoi te mêles-tu, mon cher? Est-ce que tu es mon juge? » Puis, si tu ne cesses pas de l'ennuyer, il y a de grandes chances pour qu'il lève le poing et te frappe. Moi aussi jadis, j'ai eu le goût de ces interrogations; mais c'était avant de rencontrer cet accueil.

CHAPITRE XIII

De l'inquiétude.

Quand je vois quelqu'un dans l'inquiétude, je me dis: « Que veut-il? S'il ne voulait pas quelqu'une des choses qui sont hors de son pouvoir, comment serait-il dans l'inquiétude? » C'est ainsi que le joueur de harpe n'est pas inquiet, quand il joue pour lui seul; mais il l'est, quand il paraît sur la scène, si belle que soit sa voix, et quel que soit son talent de musicien. Car alors il ne se borne plus à vouloir bien chanter: il veut encore être applaudi; et cela ne dépend pas de lui. Il est plein d'assurance sur le terrain des choses qu'il sait.

Amène-lui à leur sujet tel ignorant que tu voudras, il ne s'en occupera pas. Mais il est inquiet à l'endroit des choses qu'il n'a pas étudiées et qu'il ne sait pas. — Que veux-tu dire par là ? — Il ne sait pas ce que c'est que la foule ou les éloges de la foule. Il a appris à toucher la corde la plus basse et la corde la plus haute ; mais ce que c'est que les applaudissements de la multitude, et quelle est leur importance dans notre vie, voilà ce qu'il ne sait pas, ce qu'il n'a jamais étudié. Il faut donc forcément qu'il tremble et qu'il pâlisse de peur à leur sujet.

Quand je vois quelqu'un trembler ainsi, je ne puis pas dire qu'il n'est pas musicien, mais je puis dire qu'il est autre chose encore, et non pas une seule chose, mais plus d'une. Avant tout, je l'appelle un étranger, et je dis : « Cet homme ne connaît pas le pays où il est ; depuis si longtemps qu'il vit parmi nous, il ignore les lois et les habitudes de notre cité, ce qui y est permis, ce qui y est défendu ; et il n'a jamais pris un jurisconsulte pour lui apprendre et lui expliquer nos institutions. Eh quoi ! s'il ne savait pas rédiger un testament, il ne le rédigerait pas sans prendre quelqu'un qui le sût ; il ne s'aventurerait pas davantage à signer une garantie ou à écrire un engagement : et le voilà qui désire, qui craint, qui se porte vers les choses, qui s'efforce, qui entreprend sans l'aide d'aucun jurisconsulte ! » Et comment puis-je dire qu'il le fait sans l'aide d'aucun jurisconsulte ? C'est qu'il ne sait pas qu'il veut ce qu'il ne lui est point donné d'avoir, et qu'il se refuse à ce qu'il ne peut éviter ; c'est qu'il ne sait pas non plus ce qui est à lui et ce qui ne l'est point. Or, s'il le savait, il n'y aurait jamais pour lui ni embarras ni contrainte, ni inquiétude. Comment y en aurait-il en effet ? Redoute-t-on ce qui n'est pas un mal ? Non. Mais quoi ! redoute-t-on le mal lui-même, quand il est en notre pouvoir de l'empêcher ? Nullement. Si donc les choses dont nous n'avons pas le choix, ne sont ni des biens ni des maux ; si celles dont nous avons le choix dépendent toutes de nous ; si personne ne peut nous les enlever, non plus que nous les imposer quand nous n'en voulons pas, quelle place y a-t-il encore pour l'inquiétude? Ce qui nous inquiète, c'est notre corps, c'est notre bourse, c'est l'opinion de César; mais jamais notre dedans ne peut nous inquiéter. « — Quoi! ne m'inquiéterai-je pas de tomber dans l'erreur? — Non, car il dépend de moi de n'y pas tomber. — De tendre vers un but contraire à la nature? — Pas de cela non plus. » Lors donc que tu vois un homme au visage fatigué, sois comme le médecin, qui dit d'après le teint: « Un tel est malade de la rate, et un tel du foie. » Dis, toi aussi: « Le désir et l'aversion sont malades chez lui: ils ne vont pas bien; ils sont en feu. » Il n'y a jamais que cela, en effet, qui nous fasse changer de couleur, trembler, claquer des dents; il n'y a que cela « qui fasse que les genoux nous manquent, et que nous nous affaissions sur nos deux jambes ».

Aussi Zénon était-il tranquille, au moment de se trouver en présence d'Antigone, parce que pas une des choses dont il faisait cas ne dépendait de ce dernier, et que tout ce qui dépendait de ce dernier lui était indifférent. Antigone, au contraire, n'était pas tranquille, au moment de se trouver en présence de Zénon; et ce n'était pas sans motif, car il désirait son approbation, chose dont il n'était pas le maître. Quant à Zénon, il ne désirait pas l'approbation d'Antigone: un maître ès-arts ne désire jamais l'approbation d'un ignorant.

« Je désire ton approbation. — Eh, par quoi veux-tu l'obtenir? Est-ce que tu connais les mesures au moyen desquelles un homme juge un autre homme? T'es-tu occupé de connaître ce que c'est qu'un homme de bien, ce que c'est qu'un méchant, et comment on devient l'un ou l'autre? Pourquoi alors n'es-tu pas toi aussi un homme de bien? — Comment! je n'en suis pas un! — Non, car aucun homme de bien ne s'afflige, aucun ne gémit, aucun ne pleure, aucun ne pâlit et ne tremble en disant: « Comment va-t-il m'accueillir? Comment va-t-il m'écouter? » Comme il le voudra, esclave! Que t'occupes-tu des affaires des autres? N'est-ce pas à lui que sera la faute, s'il accueille mal ce qui viendra de toi ? — Evidemment oui. — Mais la faute peut-elle être chez l'un, et le mal chez l'autre ? — Non. — Pourquoi donc t'inquiéter des affaires d'autrui ? — Tu as raison ; mais ce qui m'inquiète, c'est la façon dont je lui parlerai. — Eh bien n'es-tu pas le maître de lui parler comme tu le voudras ? — Oui, mais je crains de ne pas m'en tirer. — Est-ce que, si tu avais à écrire le nom de Dion, tu craindrais de ne pas t'en tirer ? — Pas du tout. — Pour quelle raison, si ce n'est parce que tu as appris à écrire ? — Evidemment oui. — Et si tu avais à le lire, n'en serait-il pas de même ? — de même. — Pour quelle raison ? C'est que toute espèce de savoir vous donne la force et la confiance dans les choses de son ressort. N'as-tu donc pas appris à parler ? Et quelle autre chose as-tu apprise dans les écoles ? — J'ai appris les syllogismes et les sophismes. — A quelle fin, si ce n'est de discuter en homme exercé ? Et faire une chose en homme exercé, n'est-ce pas la faire avec à propos, avec certitude, avec intelligence, sans se tromper ni s'embarrasser jamais, et, en sus de tout cela, avec assurance ? — Oui. — A cheval, et dans une plaine, redoutes-tu un fantassin, dans un genre de combat auquel tu es préparé, et lui non ? — Soit ! mais cet homme peut me tuer. — Parle donc franchement, malheureux ! au lieu de faire le brave. Ne te prétends pas philosophe, et ne méconnais pas tes maîtres. Tant que tu auras ce corps par lequel tu donnes prise sur toi, obéis à tous ceux qui sont plus forts que toi.

Socrate avait vraiment appris à parler, lui qui tenait aux tyrans, aux juges et dans la prison, ce langage que vous savez. Diogène avait appris à parler, lui qui disait ce que vous savez à Alexandre, à Philippe, aux pirates, à celui qui l'avait acheté. Leur assurance à tous deux venait de leur savoir. Mais toi, va à tes affaires, et n'en sors plus. Va t'asseoir dans ton coin ; arranges-y des syllogismes, et propose-les à d'autres. Il n'y a pas en toi l'homme qui peut conduire un peuple.

CHAPITRE XIV

A Nason.

Un Romain était entré un jour avec son fils pour écouter Epictète faire une lecture : » Telle est, dit le maître, la façon d'enseigner ; » et il se tut. Le Romain le pria de dire la suite. « Il n'est point d'art, dit Epictète, dont l'enseignement ne soit ennuyeux pour l'ignorant qui n'y connaît rien. Mais pour les produits des arts, le but de leur création se révèle au premier coup-d'œil, et la plupart d'entre eux ont quelque chose qui séduit et agrée. C'est une triste chose que de rester là à voir comment s'apprend le métier de cordonnier ; mais la chaussure a son utilité, et n'est pas d'autre part désagréable à la vue. L'enseignement du métier de charpentier aussi est peu attrayant, surtout pour l'ignorant qui y assiste par hasard ; mais l'utilité de ce métier se manifeste par ses produits. C'est ce qui se voit encore bien mieux dans la musique : assistez à une leçon et vous trouverez que c'est le plus ennuyeux de tous les enseignements ; mais que d'agrément et de charmes dans les produits de la musique, même pour l'oreille des ignorants !

Or, voici comment nous nous représentons ici ce qu'a à faire le philosophe : il doit régler sa volonté sur les événements, si bien que rien de ce qui arrive n'arrive contre son gré, et qu'il ne désire jamais l'arrivée de ce qui n'arrive pas. Cela fait, il y gagne de ne jamais manquer ce qu'il désire, de ne jamais tomber dans ce qu'il veut éviter, de vivre, pour ce qui le regarde, sans chagrin, sans crainte, sans trouble, et à l'égard de la société, en accomplissant ses devoirs naturels ou adventices, comme fils, comme père, comme frère, comme citoyen, comme mari, comme femme, comme voisin, comme compagnon de route, comme gouvernant, comme gouverné. Voilà comment nous nous représentons ce que doit faire le philosophe. Il nous reste à chercher après cela comment il arrive à le faire.

Nous voyons que c'est en apprenant certaines choses que le charpentier devient charpentier; que c'est en apprenant certaines choses que le pilote devient pilote. N'admettrons-nous donc pas ici aussi que pour devenir un sage parfait il ne suffit pas de vouloir, et qu'il faut encore apprendre certaines choses? Nous cherchons donc quelles elles sont. Or, les philosophes disent que la première chose à apprendre, c'est qu'il y a un Dieu, que sa clairvoyance s'étend d'avance sur tout l'univers, et que nous ne pouvons lui dérober, je ne dis pas nos actes, mais nos pensées ou même nos sentiments. La seconde, c'est que les dieux; car ce qu'ils se trouveront être, il faudra que l'homme qui veut leur plaire en leur obéissant cherche à l'être, pour leur ressembler dans la mesure de ses forces. Si la divinité est loyale, il faudra que l'homme soit loyal; si elle est libre, il faudra qu'il soit libre; si elle a le cœur haut placé, il faudra qu'il l'ait; enfin ce sera à l'imitation de Dieu, qu'il faudra tout dire et tout faire.

— Par où faut-il commencer? — Si tu le veux bien, je te dirai qu'il faut commencer par comprendre les mots. — Ainsi donc aujourd'hui je ne comprends pas les mots? — Tu ne les comprends pas. — Comment est-ce donc que je m'en sers? — Comme ceux qui ne savent pas lire se servent des mots écrits, et les bestiaux des *idées* des sens. Autre est de se servir des choses, autre est de les comprendre. Si tu crois comprendre les mots, apporte-moi celui que tu voudras, le mot *bien* et le mot *mal* par exemple, et demandons nous si nous les comprenons. Mais il est triste de se voir convaincre d'erreur, quand on a déjà un certain âge, et que peut-être on a déjà fait trois campagnes. Je le sais bien. Et, quand tu es entré tout à l'heure chez moi, tu croyais bien n'avoir besoin de rien. Que pourrais-tu croire qu'il te manque en effet? Tu es riche; tu as peut-être une femme et des enfants, ainsi que de nombreux serviteurs ; César te connaît ; tu t'es fait à Rome de nombreux amis ; tu es en état de rendre le bien pour le bien et le mal pour le mal. Que te manque-t-il encore ? Si donc je te montre qu'il te manque précisément ce qu'il y a de plus important et de plus essentiel pour le bonheur ; que jusqu'ici tu t'es occupé de toute chose plutôt que de ce dont tu dois t'occuper ; si j'ajoute, pour couronner le tout, que tu ignores ce que c'est que Dieu, ce que c'est que l'homme, ce que c'est que le bien, ce que c'est que le mal, peut-être me laisseras-tu te dire tout cela ; mais, quand je te dirai que tu ne te connais même pas toi-même, pourras-tu me supporter, souffrir que je te le prouve, rester là enfin ? Non ; tu t'en iras tout de suite, et furieux. Et cependant, quel tort t'aurai-je fait ? aucun, à moins que le miroir ne fasse du tort aux gens laids, en les montrant à eux-mêmes tels qu'ils sont ; à moins qu'on ne trouve que le médecin insulte le malade, quand il lui dit : « Mon ami, tu crois ne rien avoir ! Tu as la fièvre. Fais diète aujourd'hui et ne bois que de l'eau. » Personne ne lui dit alors : « Quelle insolence ! » Mais, si l'on dit à quelqu'un que ses appétits sont en feu, que ses craintes sont basses, que ses projets se contredisent, que ses volontés sont contre nature, ses opinions irréfléchies et fausses, il sort aussitôt en disant : « On m'a insulté. »

Le monde est comme une grande foire, où l'on amène des bêtes de somme et des bœufs pour les vendre, et où la plupart des gens viennent pour acheter ou pour vendre ; bien peu pour se donner le spectacle de la foire, pour voir comment les choses s'y passent, en vue de quoi elles se font, quels sont ceux qui l'ont établie, et pourquoi ils l'ont fait. Ainsi en est-il de la grande foire de la vie : bon nombre de gens, semblables aux bêtes de somme, ne s'y occupent d'autre chose que du fourrage. Car, vous tous qui ne vous occupez que d'argent, de terres, d'esclaves et de magistratures, il n'y a dans tout cela que du fourrage. Bien peu parmi les hommes qui sont rassemblés ici, ont la curiosité d'examiner ce qu'est ce monde, et qui le gouverne. N'y a-t-il donc personne qui le gouverne? Comment serait-il possible qu'une ville ou une maison ne pussent subsister un seul instant sans quelqu'un qui les administrât et les conduisît, et que ce grand et magnifique ensemble fût maintenu dans un si bel ordre par les caprices du hasard ? Il y a donc quelqu'un qui le régit. Quel est ce quelqu'un, et comment le régit-il? Qui sommes-nous, nous qui sommes nés de lui, et qu'avons-nous à faire? Y a-t-il un lien entre lui et nous? Sommes-nous, ou non, en rapport avec lui? Voilà les pensées de ce petit nombre, qui ne songe d'ailleurs qu'à une chose, à quitter la foire après l'avoir bien regardée. Mais quoi! le vulgaire se moque d'eux! C'est qu'en effet, à la foire, les marchands se moquent des simples spectateurs, et que les bêtes de somme, si elles avaient l'intelligence, se moqueraient de ceux qui attachent du prix à autre chose qu'au fourrage.

CHAPITRE XV

Sur les gens qui persistent obstinément dans ce qu'ils ont décidé.

Il est des gens qui, pour avoir entendu dire qu'il faut être ferme, que notre faculté de juger et de vouloir est de sa nature indépendante et libre, que tout le reste, pouvant être entravé ou contraint, est esclave et ne nous appartient pas, s'imaginent qu'ils doivent persister obstinément dans toutes les décisions qu'ils ont pu prendre. Mais, avant tout, il faut que ta décision soit saine. Je veux que ton corps ait de la force, mais une force due à la santé et au travail. Si la force que tu m'étales est celle de la frénésie, et si tu t'en vantes, je te dirai : « Mon ami, cherche un médecin; ce n'est pas là de la force, mais un manque de force à un autre point de vue. » Tel est au moral l'état de ceux qui comprennent mal les préceptes dont nous parlions. C'est ainsi qu'un de mes amis résolut, sans aucun motif, de se laisser mourir de faim. Je l'appris, quand il y avait déjà trois jours qu'il s'abstenait de manger; j'allai le trouver, et lui demandai ce qu'il y avait. « Je l'ai résolu, me dit-il. — Mais quel est le motif qui t'y a poussé? Car, si ta résolution est raisonnable, nous allons nous asseoir près de toi, et t'aider à sortir de cette vie; mais, si elle est déraisonnable, changes-en. — Il faut être ferme dans ses décisions. — Que dis-tu là mon ami? Il faut être ferme, non dans toutes ses décisions, mais dans celles qui sont raisonnables. Quoi! si par un caprice tu avais décidé qu'il faisait nuit, tu ne changerais pas, tu persisterais en disant : « Je persiste dans mes décisions! » Que fais-tu mon ami! Il ne faut pas persister dans toutes. Ne consentiras-tu pas à poser d'abord solidement ta base et tes fondements, à examiner si ta décision est bonne ou mauvaise, avant de lui faire porter le poids de ta fermeté et de ta constance? Si les fondements que tu poses sont défectueux et sans solidité, plus ce que tu y établiras sera fort et massif, plus ce sera prompt à s'écrouler. Vas-tu, sans aucune raison, nous enlever un homme que la vie a fait notre ami et notre compagnon, notre concitoyen dans la grande comme dans la petite patrie? Tu commets un meurtre, tu tues un homme qui n'a fait aucun mal, et tu dis : « Je suis ferme dans mes décisions. » Mais, s'il te venait la volonté de me tuer, serait-ce un devoir pour toi d'être ferme dans ta décision? »

Notre homme se laissa dissuader, mais non sans peine; et de nos jours il en est plus d'un qu'on ne peut faire changer. Aussi crois-je savoir aujourd'hui ce que j'ignorais auparavant, le sens de ce dicton : « On ne persuade pas plus un sot qu'on ne le brise. » Dieu me préserve d'avoir pour ami un philosophe qui ne soit qu'un sot! Il n'y a rien de plus difficile à manier. — « J'ai décidé, » dit-il! — Mais les fous aussi décident;

et plus ils persistent dans leurs décisions erronées, plus précisément ils ont besoin d'ellébore. Ne consentiras-tu pas à te conduire comme un malade, à appeler le médecin? « Je suis malade, maître (lui dit-on)! viens à mon secours; examine ce que je dois faire; je n'ai, moi, qu'à t'obéir. » De même ici : « Je ne sais pas ce que je dois faire (devrait-on lui dire); je suis venu pour l'apprendre. » Au lieu de cela, on lui dit : « Parle-moi d'autre chose. Sur cette question-là, je suis décidé. » — Et de quelle autre chose veux-tu qu'on te parle? Car qu'y a-t-il de plus important et de plus utile que de te convaincre qu'il ne suffit pas d'avoir décidé et de ne point varier dans sa décision? C'est là le déploiement de force d'un fou et non pas d'un homme de bon sens. — Je suis résolu à mourir, si tu veux me contraindre à cela. — Pourquoi, mon ami? Qu'est-il arrivé? — Je l'ai décidé. — Je suis bien heureux que tu n'aies pas décidé de me tuer! — Je ne veux pas de ton argent. — Pourquoi? — Je l'ai décidé. — Sache donc que la force que tu déploies pour refuser, rien ne garantit que tu ne la déploieras pas un jour pour prendre un avis contraire avec aussi peu de raison, et que tu ne diras pas encore : « J'ai décidé. » Dans le corps d'un malade qu'assiègent les rhumatismes, les humeurs se portent tantôt sur un point, tantôt sur un autre; de même une âme faible se porte d'un côté sans savoir pourquoi; puis, quand à cette inclinaison et à ce mouvement vient s'ajouter la force, il n'y a plus contre le mal qui en résulte ni secours ni remède.

CHAPITRE XVI

Nous ne nous préparons pas aux jugements que nous portons sur les choses bonnes ou mauvaises.

Où est le bien? dans notre libre arbitre. Où est le mal? dans notre libre arbitre. Quelles sont les choses indifférentes? celles qui ne relèvent point de notre libre arbitre. Mais quoi? hors de l'école, est-il quelqu'un qui se souvienne de ces principes? Est-il quelqu'un qui se prépare à répondre d'après ce système aux questions que lui posent les choses, comme on répond aux interrogations. « Est-il jour? — Oui. — Eh bien! est-il nuit? — Non. — Eh bien! les astres sont-ils en nombre pair? — Je n'en sais rien. » Quand de l'argent se présente à toi, es-tu préparé à répondre, comme tu le dois, que ce n'est pas un bien? T'es-tu exercé à ces réponses? Ou ne t'es-tu exercé qu'aux discussions de l'école? Pourquoi donc t'étonner de te surpasser toi-même dans les choses pour lesquelles tu t'es préparé, et de rester embarrassé dans celles pour lesquelles tu ne t'es pas préparé? Pourquoi l'orateur, qui est sûr d'avoir écrit de belles choses et de s'être gravé dans la mémoire ce qu'il a écrit, qui de plus apporte à la tribune une voix agréable, est-il pourtant dans l'inquiétude? C'est qu'il ne lui suffit pas de prononcer son discours? Que veut-il donc encore? Il veut être loué par les assistants. Or, il a étudié pour être en état de prononcer son discours, mais au sujet de la louange et du blâme, il n'a rien étudié. De qui a-t-il appris ce que c'est que la louange, ce que c'est que le blâme, quelle est la nature de l'un et de l'autre, quelles sont les louanges qu'il faut rechercher, quel est le blâme qu'il faut fuir? Quand s'est-il adonné au genre d'études qui répond à toutes ces questions? Pourquoi donc t'étonner qu'il soit supérieur aux autres dans les choses qu'il a apprises, et que dans celles qu'il n'a pas étudiées il soit ce qu'est le vulgaire?

C'est ainsi que le joueur de harpe qui sait jouer de la harpe, qui chante bien, et qui a une belle tunique, ne se présente pourtant qu'en tremblant. C'est qu'il sait son métier, mais qu'il ne sait pas ce que c'est que la foule, ce que sont ses clameurs, ce que sont ses moqueries. Il ne sait même pas ce que c'est que l'inquiétude; si elle est l'œuvre d'autrui ou la nôtre; si on peut ou non la faire cesser. Aussi qu'on l'applaudisse, et il sort gonflé d'orgueil; mais que l'on se moque de lui, c'est un ballon que l'on pique et qui s'aplatit.

Il en est à peu près de même de nous. De quoi faisons-nous cas? des choses extérieures. A quoi nous attachons-nous? aux choses extérieures. Pouvons-nous bien nous demander après cela d'où viennent nos craintes et nos tourments? Que peut-il arriver, en effet, quand nous regardons comme des maux ce qui se prépare pour nous? Est-ce qu'alors il nous est possible de ne pas craindre? possible de ne pas nous tourmenter? « Seigneur Dieu, disons-nous après cela, faites que je n'aie point de tourments! » Imbécile! n'as-tu pas des doigts? Et n'est-ce pas Dieu qui te les a donnés? Assieds-toi, et prie-le d'empêcher tes narines de couler. Mouche-toi plutôt, et ne lui fais pas de reproches! Pour le cas présent aussi ne t'a-t-il rien donné? Ne t'a-t-il pas donné la patience? Ne t'a-t-il pas donné l'élévation de l'âme? Ne t'a-t-il pas donné le courage? Voilà des doigts! Et quand tu les as, chercheras-tu encore quelqu'un pour te moucher? Mais nous ne songeons pas à ces ressources, nous n'en tenons point compte; car présentez-moi quelqu'un qui songe à la façon dont il fera quelque chose, qui se préoccupe non point d'un objet à obtenir, mais de la conduite qu'il tiendra. Qui donc, en se promenant, se préoccupe de sa manière de se promener? Qui donc quand il délibère avec lui-même, se préoccupe de sa délibération même, et non pas des moyens de réussir dans ce sur quoi il délibère? S'il réussit, le voilà fier, et il dit : « Comme nous avons su prendre le bon parti! Ne te disais-je pas, frère, qu'il n'est pas possible, quand nous avons réfléchi à une affaire, qu'elle ne tourne pas suivant nos idées? Mais, s'il ne réussit point, voilà notre malheureux à bas, et qui ne trouve plus un mot à dire sur ce qui est arrivé. Quel est celui de nous qui consulte jamais les devins sur ce point? Quel est celui qui ne s'endort pas tranquillement sur ses actes? Quel est-il? Présentez-m'en un seul, pour que je voie l'homme que je cherche depuis si longtemps, l'homme qui est vraiment de noble race et d'une nature d'élite. Qu'il soit jeune ou vieux, présentez-le moi.

Comment donc s'étonner que nous nous connaissions si bien aux choses extérieures, et que dans nos actes il n'y ait que bassesse, impudence, absence de toute valeur, lâcheté, négligence, rien de bon en somme? C'est que nous n'en avons ni soin ni souci. Si nous avions peur, non point de la mort et de l'exil, mais de la peur elle-même, c'est elle que nous tâcherions d'éviter à titre de mal. Aujourd'hui, dans l'école, nous avons du feu et de la langue, et, quand une de ces questions se présente, nous nous entendons à la traiter tout du long. Mais fais-nous passer à l'application, quels pauvres naufragés tu trouveras! Qu'il se présente un objet propre à nous troubler, et tu verras ce à quoi nous nous sommes préparés, ce à quoi nous nous sommes exercés! Aussitôt, faute de préparation, nous nous grossissons les objets qui nous entourent, et nous nous les figurons d'autre taille qu'ils ne sont. Quand je suis sur un navire, si mes yeux plongent dans l'abîme, ou si je considère la mer qui m'entoure, en n'apercevant plus la terre, je me trouble à l'instant, et je me représente que, si je faisais naufrage, il me faudrait boire toute cette mer; et il ne me vient pas à l'esprit qu'il suffit de trois setiers pour me suffoquer. Qu'est-ce qui me trouble donc ici? Est-ce la mer? Non, mais ma façon de voir. De même, quand arrive un tremblement de terre, je me représente toute la ville tombant sur moi. Mais ne suffit-il pas d'une petite pierre pour me faire jaillir ma cervelle?

Qu'est-ce donc qui cause nos chagrins et nos désespoirs? Qu'est-ce, si ce n'est nos façons de voir? Lorsque nous nous éloignons, que nous nous séparons de nos compagnons, de nos amis, des lieux et des gens dont nous avons l'habitude, quelle est la cause de notre chagrin, si ce n'est nos façons de voir? Les enfants pleurent, dès que leur nourrice les quitte tant soit peu; mais qu'on leur donne une friandise, et les voilà qui l'oublient. — Veux-tu donc que nous ressemblions aux enfants? — Non, par Jupiter! car je ne veux pas que ce soit quelque friandise, mais la rectitude de nos jugements, qui produise sur nous cet effet. Quels sont donc les jugements droits? Ceux que l'homme doit méditer tout le jour, pour ne s'attacher à rien de ce qui n'est pas à lui, ni à un ami, ni à un lieu, ni à un exercice, ni à son corps lui-même; pour se souvenir de la loi, et l'avoir toujours devant les yeux. Quelle est donc la loi de Dieu? Veiller sur ce qui est à nous, et ne pas désirer ce qui n'est pas à nous: user de ce que l'on nous donne: ne pas regretter ce qu'on ne nous donne pas; rendre de nous-mêmes et sans difficulté ce que l'on nous enlève, en sachant gré du temps pendant lequel nous nous en sommes servis, à moins que nous ne voulions pleurer après notre nourrice et après le sein. Qu'importe, en effet, quel est ton maître et de qui tu dépends! En quoi vaux-tu mieux que celui qui pleure pour une femme, si tu te désoles pour un gymnase, pour un portique, pour quelques jeunes gens, pour toute autre espèce de passe-temps? Un tel nous arrive en pleurant, parce qu'il ne peut plus boire de l'eau de Dircé. Est-ce que l'eau de la fontaine Marcia vaut moins que celle de Dircé? — Non; mais j'avais l'habitude de celle-là. — Eh bien! tu prendras l'habitude de celle-ci à son tour. Puis, quand tu t'y seras attaché, pleure aussi pour elle, et cherche à faire un vers dans le genre de ceux d'Euripide: « Les thermes de Néron, la fontaine de Marcia! » C'est comme cela que naissent les drames, quand les moindres accidents arrivent aux imbéciles!

— Quand donc reverrai-je Athènes et l'Acropole? — Malheureux ne te suffit-il pas de ce que tu vois chaque jour? Peux-tu voir quelque chose de plus beau, de plus grand que le soleil, la lune, les astres, et la terre, et la mer? Si tu comprends la pensée de celui qui gouverne l'univers, si tu le portes partout en toi-même, peux-tu regretter encore quelques cailloux et la beauté d'une roche? Que feras-tu donc, quand il te faudra quitter le soleil et la lune? T'assiéras-tu à pleurer, comme les enfants?

Que faisais-tu donc à l'école? Qu'est-ce que tu y entendais? Qu'est-ce que tu y apprenais? Pourquoi te dis-tu philosophe, quand tu pourrais dire ce qui est: « J'ai écrit des introductions; j'ai lu les ouvrages de Chrysippe; mais sans franchir le seuil de la philosophie. Qu'ai-je, en effet, de ce qu'avait Socrate, qui a vécu et qui est mort comme vous le savez? Qu'ai-je de ce qu'avait Diogène? » Crois-tu donc, en effet, que l'un des deux pleurât ou s'emportât, parce qu'il ne devait plus voir un tel ou une telle, être à Athènes ou à Corinthe, mais, si le sort le voulait, à Suzes ou à Ecbatane? Celui qui peut, lorsqu'il le voudra, se retirer du festin et cesser de jouer, peut-il être triste pendant qu'il y reste? Ne reste-t-il pas au jeu seulement le temps qu'il lui plaît? C'est bien un homme tel que toi qui saurait supporter un exil éternel ou une condamnation à mort!

Ne veux-tu pas, comme les enfants, cesser enfin de téter, et prendre une nourriture plus forte, sans pleurer après le sein de tes nourrices et sans te lamenter comme une vieille femme? — Mais en les quittant je leur ferai de la peine! — Ce n'est pas toi qui leur en feras; mais pour elles comme pour toi, ce sont vos manières de voir qui vous en feront. Qu'as-tu donc à faire? Rejette tes façons de voir; et ces femmes aussi, si elles font bien, rejetteront les leurs. Si non, ce sera leur faute si elles pleurent. Homme, renonce à tout, suivant le proverbe, pour être heureux, pour être libre, pour avoir l'âme grande. Porte haut la tête; tu es délivré de la servitude. Ose lever les yeux vers Dieu, et lui dire: « Fais de moi désormais ce que tu voudras: je me soumets à toi; je t'appartiens. Je ne refuse rien de ce que tu jugeras convenable; conduis-moi où il te plaira; revêts moi du costume que tu voudras. Veux-tu que je sois magistrat ou simple particulier? que je demeure ici, ou que j'aille en exil? que je sois pauvre ou que je sois riche? Je te justifierai de tout devant les hommes; je leur montrerai ce qu'est en elle-même chacune de ces choses. » Autrement assieds-toi sur une peau de ventre de bœuf, et attends-y que ta nourrice vienne te rassasier.

Si Hercule fût demeuré dans sa maison, qu'aurait-il été? Eurysthée, et non pas Hercule. Eh bien! dans ses courses à travers le monde, combien n'a-t-il pas eu de compagnons et d'amis! Mais jamais il n'a rien eu de plus cher que Dieu. C'est par là qu'il s'est fait regarder comme fils de Jupiter; c'est par là qu'il l'a été. C'est pour lui obéir, qu'il s'en est allé partout, redressant les iniquités et les injustices. Diras-tu que tu n'es pas Hercule, et que tu ne peux redresser les torts faits aux autres? que tu n'es même pas Thésée, pour redresser ceux qu'on fait à l'Attique? Eh bien! remets l'ordre chez toi: chasse de ton cœur, au lieu de Procuste et de Scyron, la tristesse, la crainte, la convoitise, l'envie, la malveillance, l'avarice, la mollesse, l'intempérance. Tu ne pourras les en chasser, qu'en tournant tes regards vers Dieu seul, qu'en t'attachant à lui seul, qu'en te dévouant à l'exécution de ses commandements. Si tu ne veux pas le faire, tu suivras avec des larmes et des gémissements ceux qui seront plus forts que toi; tu chercheras le bonheur hors de toi, et tu ne pourras jamais le trouver. Car tu auras renoncé à le chercher où il est, pour le chercher où il n'est pas.

CHAPITRE XVII

Comment doit-on appliquer les notions *a priori* aux faits particuliers?

Quel est le premier devoir d'un philosophe? de bannir de son esprit les simples croyances, car ce que l'on croit savoir, il est impossible de se mettre à l'apprendre. Or, nous allons tous chez les philosophes en parlant à tort et à travers de ce que l'on doit faire ou ne pas faire, du bien et du mal, du beau et du laid. A propos de toutes ces choses, nous louons, nous blâmons, nous critiquons, nous accusons, prononçant et discourant sur les occupations honorables ou honteuses. Pourquoi donc alors allons-nous trouver les philosophes ? pour apprendre ce que nous ne croyons pas savoir. Et qu'est-ce que nous ne croyons pas savoir ? la logique, car nous voulons apprendre ce dont parlent les philosophes, les uns parce que nous trouvons ces choses-là jolies et fines, les autres pour en faire de l'argent. Or, il est ridicule de croire que, en voulant apprendre, ou bien encore que l'on fera des progrès dans les choses que l'on n'apprend pas.

Ce qui trompe ici la multitude est ce qui trompait l'orateur Théopompe, qui reprochait à Platon de vouloir tout définir. Que dit en effet Théopompe ? « Est-ce que personne avant toi n'a parlé du bien et de la justice ? Ou bien ne prononcions nous là que des mots creux et sans signification, faute de comprendre ce qu'étaient les choses ? » Eh ! qu'est-ce qui te soutient, Théopompe, que nous n'avons point sur chacune de ces choses des notions naturelles *a priori* ? Mais il est impossible d'appliquer aux objets particuliers ces notions *a priori*, si l'on n'a commencé par les éclaircir, et par examiner quels sont les objets qu'il faut ranger sous chacune d'elles. On pourrait, en effet, adresser le même reproche aux médecins. Qui de nous ne parlait pas de ce qui est sain et de ce qui est nuisible, avant la venue d'Hippocrate ? Ou n'était-ce là que de vains sons que nous émettions ? Nous avons une notion *a priori* de ce qui est sain, mais nous ne savons pas l'appliquer. C'est pour cela que l'un dit : « Lève-le ; » un autre : « Donne-lui à manger ; » un autre : « Saigne-le ; » un autre : « Mets-lui les ventouses. » Quelle est la cause de cette diversité, sinon que nous ne savons pas appliquer convenablement aux objets particuliers notre notion *a priori* de ce qui est sain ?

Il en est de même ici. Qui de nous ne parle de ce qui

dans la vie est un bien ou un mal, utile ou nuisible? Qui de nous, en effet, n'a pas une notion *a priori* de chacune de ces choses? Mais est-elle claire et parfaite, cette notion? C'est là ce qu'il te faut montrer. — « Comment le montrerai-je? » — Applique-la convenablement aux objets particuliers. Disons-le tout de suite : c'est d'après la notion *a priori* de l'utile que Platon détermine les objets à poursuivre ; toi, c'est sur celle du nuisible que tu te règles. Est-il donc possible que vous vous en trouviez bien tous les deux? Comment cela se pourrait-il? L'un de vous n'applique-t-il pas la notion du bien à la richesse, et l'autre, non? N'en est-il pas de même pour le plaisir? de même pour la santé? Une fois pour toutes, en effet, si nous tous qui nous servons des mots de la langue, nous connaissions parfaitement le sens de chacun d'eux, et si nous n'avions pas besoin de travailler pour éclaircir nos notions *a priori*, d'où viendraient les divergences entre nous? D'où viendraient nos discussions? D'où viendraient nos critiques réciproques?

Mais qu'ai-je besoin de rapporter et rappeler ici les discussions des hommes entre eux? A te prendre seul, si tu appliques si bien tes notions *a priori*, pourquoi es-tu malheureux? Pourquoi rencontres-tu des obstacles? Laissons-là le second chapitre, le chapitre du vouloir, et de l'habileté à distinguer ce que nous devons faire en ce qui le concerne. Laissons également le troisième chapitre, celui du jugement. Ce sont toutes choses dont je te fais grâce. Tenons-nous en au premier, qui nous prouve d'une manière presque sensible combien tu appliques mal tes notions *a priori*. Est-ce qu'aujourd'hui tu ne désires que ce qui est possible, et que ce qui l'est par toi? Pourquoi alors rencontres-tu des obstacles? Pourquoi es-tu malheureux? Est-ce qu'aujourd'hui tu ne cherches à éviter que ce qui est évitable? Pourquoi alors te heurtes-tu contre certaines choses? Pourquoi tes échecs? Pourquoi ce que tu désires n'arrive-t-il pas, tandis que ce que tu ne voudrais pas arrive? La meilleure preuve, en effet, que l'on est malheureux et misérable, ce sont ces mots : « Je désire quelque chose, et cela ne vient pas. Qu'y a-t-il de plus à plaindre que moi ? »

C'est pour n'avoir pas eu cette force d'âme que Médée en arriva à tuer ses propres enfants. Et en cela elle ne fut pas d'une trempe ordinaire : elle eut une idée juste de ce que c'est que de ne pas obtenir ce que l'on veut. « Quoi ! dit-elle, je ne punirai pas celui qui m'a fait tant de tort et tant d'outrages ! Mais que gagnerai-je à lui faire ainsi du mal ? Qu'arrivera-t-il ? Je tuerai mes enfants ; je me punirai moi-même !..! Eh, que m'importe ! » C'est là, certes, la conclusion d'une âme qui a de la vigueur. Mais c'est aussi qu'elle ne savait pas où réside le secret de faire ce que l'on veut, que ce n'est pas une chose à tirer du dehors, en changeant ce qui est pour l'arranger à sa manière. « Ne veuille pas tel homme (devrait-on lui dire), et rien de ce que tu veux ne manquera à arriver. Ne veuille pas à toute force qu'il vive avec toi ; ne veuille pas rester à Corinthe ; en un mot, ne veuille pas autre chose que ce que Dieu veut. Pourra-t-on alors te forcer, te contraindre ? pas plus qu'on ne le peut pour Jupiter. »

Lorsque tu as un pareil guide, quand tel est celui à la suite de qui tu peux désirer et vouloir, peux-tu redouter quelque échec ? Fais bénévolement de la richesse ou de la pauvreté l'objet de tes désirs ou de tes craintes, et tu manqueras ce que tu désires, tu tomberas dans ce que tu crains. Fais de même pour la santé, et tu seras malheureux. Même chose au sujet des charges, des honneurs, de la patrie, des amis, des enfants, en un mot de tout ce qui ne dépend pas de notre libre arbitre. Mais remets tes craintes ou tes désirs entre les mains de Jupiter et des autres dieux ; confie-les leur ; que ce soient eux qui les gouvernent, et que ceux-ci se règlent sur eux, comment seras-tu encore malheureux ? Si, au contraire, tu es envieux, lâche que tu es ! si tu fais de la sensiblerie, si tu es jaloux, si tu trembles, si tu ne passes pas un jour sans te plaindre toi-même et sans te plaindre des dieux, que prétends-tu avoir appris? Qu'as-tu appris, en effet, ô homme? Tu as étudié les syllogismes et les sophismes; ne voudrais-tu pas plutôt désapprendre tout cela, si c'était possible, et tout reprendre depuis le commencement, bien convaincu que jusqu'ici tu n'as réellement rien fait? Puis, parti de là, ne voudrais-tu pas faire en plus ce qui vient après : veiller à ce que rien n'arrive de ce que tu ne veux pas, à ce que rien de ce que tu veux ne manque à être?

Donnez-moi un jeune homme qui vienne à l'école avec cette intention, qui lutte à cette seule fin, et qui dise : « Adieu, tout le reste! il me suffit de pouvoir vivre sans entraves et sans chagrin, de pouvoir tendre le cou à tout événement, libre et les yeux levés vers le Ciel, comme un ami des dieux, sans crainte de tout ce qui peut arriver. » Que l'on me présente un tel individu, et je lui dirai : « Viens, jeune homme, dans ton domaine. C'est à toi qu'il a été réservé d'être l'honneur de la philosophie. A toi tout cet attirail, à toi tous ces livres, à toi toutes ces discussions. » Puis, quand il aura bien travaillé, quand il se sera bien exercé sur ce premier terrain, je veux qu'il revienne me dire : « Je veux être sans troubles et sans perturbations; je veux, en homme religieux, en homme sage, attentif à tout, savoir quels sont mes devoirs envers les dieux, envers mes parents, envers mes frères, envers ma patrie, envers les étrangers. — Va maintenant, lui dirai je, sur le second terrain; car il t'appartient à son tour. — Je me suis déjà exercé sur ce second terrain; mais je veux être absolument à l'abri de toute atteinte et de tout ébranlement, non seulement quand je veille, mais même quand je dors, même après boire, et dans mes instants d'humeur noire. O homme, tu es un Dieu, car tu as là une grande ambition! »

Mais toi tu me dis : « Ce n'est pas cela. Je veux savoir ce que dit Chrysippe dans son livre sur le *Menteur*. » Va-t'en te faire pendre avec ton beau projet, malheureux que tu es! Et quel profit tireras-tu de là? C'est en pleurant que tu liras tout, c'est en tremblant que tu t'adresseras aux autres. N'est-ce pas là ce que vous faites tous ? « Frère, dites-vous, veux-tu que je te fasse une lecture, et que tu m'en fasses une ? O mon ami, tu écris merveilleusement ! Quel style grandiose vous avez tous, toi à la manière de Xénophon, toi à la manière de Platon, toi à la manière d'Antisthènes ! » Puis, après avoir échangé ces phrases en l'air, vous retombez dans les mêmes fautes : mêmes désirs, mêmes craintes, mêmes volontés, mêmes efforts, mêmes buts, mêmes souhaits, mêmes ardeurs. Et, loin de chercher qui vous rappelle au bien, vous vous fâchez lorsque l'on vous donne ces avis ! « Quel cœur dur que ce vieillard ! dites-vous. Il m'a laissé partir sans pleurer, sans me dire : A quels périls tu vas t'exposer, ô mon fils ! Si tu y échappes, j'allumerai mes flambeaux. » Comme ce serait là, en effet, le langage d'un cœur aimant ! Ce serait un si grand bien pour toi d'échapper au péril ! Voilà qui vaudrait tant la peine d'allumer ses flambeaux ! Tu dois si bien être à l'abri de la mort et de la maladie !

Il nous faut donc rejeter bien loin cette illusion dont je parle, ne plus croire que nous apprenons là quelque chose d'utile, et nous attacher à la vraie science, comme nous nous attachons à la géométrie et à la musique. Sinon, nous serons toujours à mille lieues du progrès, alors même que nous aurions lu toutes les introductions et tous les traités de Chrysippe, avec ceux d'Antipater et d'Archédémus.

CHAPITRE XVIII

Comment il faut lutter contre les *idées* dangereuses.

Toute habitude, tout talent, se forme et se fortifie par les actions qui lui sont analogues : marchez, pour être marcheur ; courez, pour être coureur. Voulez-vous savoir lire? Lisez. Savoir écrire? Ecrivez. Passez trente jours de suite sans lire, à faire tout autre chose, et vous saurez ce qui en arrivera. Restez couché dix jours, levez-vous, et essayez de faire une longue route : vous verrez comme vos jambes seront fortes. Une fois pour toutes, si vous voulez prendre l'habitude d'une chose, faites cette chose ; si vous n'en voulez pas prendre l'habitude, ne la faites pas, et habituez-vous à faire quoi que ce soit plutôt qu'elle. Il en est de même pour l'âme ; lorque vous vous emportez, sachez que ce n'est pas le seul mal qui vous arrive, mais que vous augmentez en même temps votre disposition à la colère : c'est du bois que vous mettez dans le feu. Lorsque vous avez succombé aux attraits de la chair avec quelqu'un, ne vous dites pas qu'il n'y a là qu'une défaite ; mais dites vous que vous avez du même coup alimenté, fortifié votre penchant au plaisir. Il est impossible, en effet, que les actes en analogie avec quelque habitude et quelque disposition ne les fassent pas naître, si elles n'existent pas avant, et ne les développent point, ne les fortifient point, dans l'autre cas.

C'est certainement ainsi, au dire des philosophes, que se forment jour à jour nos maladies morales. Convoitez une fois de l'argent, et qu'il vous arrive ensuite un raisonnement qui vous fasse sentir votre mal, votre convoitise cesse, et votre partie maîtresse est rétablie dans son premier état ; mais que rien ne vienne la guérir, elle ne reviendra pas ce qu'elle était. Bien loin de là, qu'une apparition du même genre l'excite une seconde fois, et la convoitise s'allumera en elle bien plus vite que la première. Que ceci se reproduise d'une manière suivie, le calus se forme à jamais, et la cupidité devient en nous une maladie durable. Celui qui a eu la fièvre et qui a cessé de l'avoir n'est pas dans le même état qu'avant de l'avoir eue, à moins qu'il n'ait été guéri complètement. La même chose arrive pour les maladies de l'âme. Elles y laissent des traces, des meurtrissures, qu'il faut faire disparaître complètement ; sinon, pour peu qu'on reçoive encore quelque coup à la même place, ce ne sont plus des meurtrissures, ce sont des plaies qui se produisent. Si donc tu ne veux pas être enclin à la colère, n'en entretiens pas en toi l'habitude ; ne lui donne rien pour l'alimenter. Calme ta première fureur, puis compte les jours où tu ne te seras pas emporté. « J'avais l'habitude de m'emporter tous les jours, diras-tu ; maintenant c'est un jour sur deux, puis ce sera sur trois, et après cela un sur quatre. » Si tu passes ainsi trente jours, fais un sacrifice à Dieu. L'habitude, en effet, commence par s'affaiblir, puis elle disparaît entièrement. Si tu peux te dire : « Voici un jour que je ne me suis pas affligé ; en voici deux ; puis voici deux mois, voici trois mois ; j'ai veillé sur moi, quand il s'est présenté des choses qui pouvaient me contrarier, » sache que tout va bien chez toi. Si je puis me dire : « Aujourd'hui, à la vue d'un beau garçon ou d'une belle femme, je ne me suis pas dit : *Plût aux dieux qu'on couchât avec elle !* ni, *Bienheureux son mari !* (car celui qui dit cela, dit aussi : *Bienheureux son amant !*) je ne me suis pas non plus représenté tout ce qui s'en suit, cette femme près de moi, se mettant nue, se couchant à mes côtés, » je me caresse la tête, et je me dis : « C'est bien, Epictète ! Tu es venu à bout d'un beau sophisme, d'un sophisme bien plus beau que celui qu'on nomme *le Dominateur*. » Et, si cette femme ne demandait pas mieux, si elle me faisait des signes, si elle envoyait vers moi, si elle me touchait et se mettait tout près de moi, et que je me dominasse encore et triomphasse d'elle, ce serait venir à bout d'un sophisme bien au-dessus du *Menteur* et de *l'endormi*. Voilà ce dont on a le droit d'être fier, et non pas d'avoir proposé *le Dominateur !*

Mais comment en arriver là ? Veuille te plaire à toi-même ; veuille être beau aux yeux de Dieu ; veuille vivre pur avec toi-même qui resteras pur, et avec Dieu. Puis, quand il se présentera à toi quelque apparition de ce genre, Platon te dit : « Recours aux sacrifices expiatoires ; recours, en suppliant, aux temples des dieux tutélaires ; » mais il te suffira de te retirer dans la société de quelqu'un des sages, et de rester avec lui en te comparant à lui, qu'il soit un de ceux qui vivent ou un de ceux qui sont morts. Va vers Socrate, vois-le, couché près d'Alcibiade, triompher de sa beauté en se jouant; songe quelle grande victoire, quelle victoire olympique, il eût alors conscience d'avoir remportée. Fût-il en ce moment beaucoup au-dessous d'Hercule? De par tous les dieux! on put, à bon droit, le saluer de ces paroles: « Salut, ô l'homme incroyable! Ceux que tu as vaincus, ce ne sont pas ces misérables histrions ou héros du Pancrace, ni ces gens bons à une seule lutte, qui sont de la même famille que les autres! » Si tu te représentes tout cela, tu triompheras de l'apparition, et tu ne seras pas entraîné par elle. Commence par résister à son impression trop vive, et dis: « Attends-moi un peu, *idée;* laisse-moi voir qui tu es et sur quoi tu portes. Laisse-moi te juger. » Puis ne lui laisse pas faire de progrès, et retrace à ton imagination tout ce qui la suit; si non, elle va t'entraîner partout où elle voudra. Appelle bien plutôt à sa place quelque autre idée honnête et noble, et chasse ainsi l'image impure. Si tu t'habitues à ce genre de lutte, tu verras ce que deviendront tes épaules, tes tendons et tes muscles; mais pour aujourd'hui, ils n'existent qu'en parole, et rien de plus.

Voilà le véritable lutteur: c'est celui qui s'exerce à combattre ces *idées*. Résiste, ô malheureux! ne te laisse pas entraîner! Importante est la lutte, et elle est le fait d'un Dieu. Il s'y agit de la royauté, de la liberté, de la vie heureuse et calme. Souviens-toi de Dieu, appelle-le à ton secours et à ton aide, comme dans la tempête, les navigateurs appellent les Dioscures. Est-il, en effet, tempête plus terrible que celle qui naît de ces *idées*, dont la force nous jette hors de notre raison? La tempête elle-même, en effet, qu'est-elle autre chose qu'une *idée?* Enlève la crainte de la mort, et amène-nous tous les tonnerres et tous les éclairs que tu voudras, et tu verras quel calme et quelle tranquillité il y aura dans notre âme. Mais, si tu te laisses vaincre une fois, en te disant que tu vaincras demain, et que demain ce soit la même chose, sache que tu en arriveras à être si malade et si faible qu'à l'avenir tu ne t'apercevras même plus de tes fautes, mais que tu seras toujours prêt à trouver des excuses à tes actes. Tu confirmeras ainsi la vérité de ce vers d'Hésiode :

« L'homme irrésolu lutte toute sa vie contre le malheur. »

CHAPITRE XIX

Sur ceux qui n'embrassent la philosophie que pour en discourir.

Voici, ce me semble, les éléments dont se compose le sophisme *le Dominateur*. « Il y a incomptabilité entre les trois propositions suivantes : 1° Tout ce qui est vrai dans le passé est nécessaire ; 2° Possible et impossible sont contradictoires ; 3° Il y a du possible qui n'a pas été réalisé et qui ne le sera pas. » Diodore, s'apercevant de cette incompatibilité, profita de la vraisemblance des deux premières, pour substituer à la troisième celle-ci : « Rien n'est possible que ce qui a été réalisé ou le sera. » D'autre part, les uns conserveront ces propositions-ci, comme étant les deux vraies : « Il y a du possible qui n'a pas été réalisé et qui ne le sera pas ; » et « Possible et impossible sont contradictoires ; » mais ils ne maintiendront pas celle-ci : « Tout ce qui est vrai dans le passé est nécessaire. » C'est ce que paraît dire Cléanthe, auquel s'est le plus souvent rallié Antipater. D'autres maintiendront ces deux-ci : « Il y a du possible qui n'a pas été réalisé et qui ne le sera pas ; » et « Tout ce qui est vrai dans le passé est nécessaire * ; » mais ils diront que possible et impossible ne sont pas contradictoires. Quant à maintenir les trois propositions, cela ne se peut, à cause de leur incompatibilité réciproque.

Que si quelqu'un me demande : « Et toi, quelles sont celles de ces propositions que tu gardes ? » je lui répondrai : « Je n'en sais rien. Mais j'ai appris cette histoire, que Diodore maintenait les propositions ci-dessus, tandis que Panthoïs et Cléanthe, je crois, maintenaient les autres, et Chrysippe d'autres encore. — Mais toi, enfin ? — Moi, je ne me suis pas attaché à cette question ; je n'ai pas soumis à une pierre de touche mes pensées là-dessus ; je n'ai pas comparé ce qu'on en dit, et je ne me suis pas fait de conviction sur ce point. Aussi je n'y diffère en rien d'un simple maître d'école. « Quel était le père d'Hector ? — Priam. — Et ses frères ? — Pâris et Deïphobe. — Quelle était leur mère ? — Hécube. C'est une histoire que j'ai apprise. — Et de qui ? — d'Homère. Je crois

* L'accord de ces deux propositions paraît impossible en français, mais la deuxième phrase grecque prête à un double sens, car elle peut signifier aussi : « Tout le passé est nécessairement vrai (en tant que passé) », et c'est de cette façon évidemment que l'entendaient ceux qui admettaient l'accord de ces deux propositions. Avec elle, en effet, le sens de la seconde proposition devient admissible ; car on peut paraphraser le tout ainsi : « Quoique tout le passé soit nécessairement vrai, en tant que passé, certaines choses qui ne sont pas arrivées n'en étaient pas moins possibles ; et, comme cependant il n'en est pas moins nécessairement vrai qu'elles ne sont pas arrivées, que par conséquent il est impossible de dire qu'elles soient arrivées, il se trouve tout à la fois et qu'elles étaient possibles, et qu'il est impossible de dire qu'elles sont arrivées. »

Mais il n'y a pas de traduction française qui puisse conserver l'équivoque de la deuxième phrase grecque.

Nous en plaindrons-nous ?

Convenons du moins d'une chose : c'est que, dans la plupart des sophismes qu'on reproche à l'esprit des Grecs, et que l'on attribue à leur subtilité naturelle, l'indécision de leurs mots et de leurs constructions grammaticales entrait pour une bonne moitié.

qu'Hellanicus, et quelques individus du même genre, ont également écrit sur ce sujet. » Moi aussi, que puis-je dire qui ait plus de valeur sur le sophisme *le Dominateur?* Rien. Mais, si j'étais vaniteux, j'émerveillerais l'assistance, à table surtout, en énumérant tous ceux qui en ont écrit. Chrysippe en a écrit des choses merveilleuses dont son premier livre sur les Possibles; Cléanthe aussi a écrit spécialement sur lui, ainsi qu'Archédémus; Antipater aussi a écrit sur lui non seulement dans son traité des Possibles, mais dans son livre sur *le Dominateur*, en particulier. — N'as-tu pas lu cet ouvrage? — Je ne l'ai pas lu. — Lis-le. — Et qu'en retirera-t-on? On en deviendra plus bavard et plus fatigant qu'on ne l'est à cette heure. Car, toi, qu'as-tu gagné à le lire? Quelle conviction t'es-tu faite à propos de cette question? aucune. Mais tu nous parleras d'Hélène et de Priam, et de l'île de Calypso, qui n'a jamais été et qui ne sera jamais.

Ici il n'y a pas grand mal à ne savoir que l'histoire, sans s'être fait une conviction à soi; mais la même chose nous arrive dans les questions de morale, bien plus encore que dans ces questions-ci. « Parle-moi des biens et des maux, (disons-nous à quelqu'un). — Écoute (répond-il): *En venant d'Ilion, le vent, qui me poussait, m'a conduit chez les Cicones.* Parmi les choses, les unes sont bonnes, les autres mauvaises, les autres indifférentes. Les bonnes sont les vertus et tout ce qui s'y rattache; les mauvaises sont les vices et tout ce qui se rattache au vice; les indifférentes, qui sont entre les deux, sont la richesse, la santé, la vie, la mort, le plaisir, la peine. — Et comment le sais-tu? — C'est Hellanicus qui le dit dans les Égyptiaques. » Mais qu'importe de répondre cela, ou de répondre que c'est Diogène dans son Éthique, ou bien Chrysippe, ou bien Cléanthe! As-tu examiné à fond quelqu'une de leurs pensées, et t'es-tu fait une conviction à son endroit? Montre-moi comment tu as l'habitude de te comporter sur un bâtiment pendant une tempête. Rappelle-toi ces distinctions, lorsque le vent mugit dans les voiles, et lorsque, pendant que tu cries, un malencontreux, qui est de loisir, s'approche, et te dit : « De par tous les dieux ! dis-moi maintenant ce que tu disais hier : *Est-ce que le naufrage est un vice, ou se rattache à quelque vice ?* » Ne prendrais-tu pas alors un bâton pour l'en frapper ? « Homme, lui dirais-tu, qu'avons-nous affaire de toi ? Nous périssons, et tu viens plaisanter ! » Si César te faisait comparaître devant lui par suite d'une accusation, te rappellerais-tu encore tes distinctions ? Si, pendant que tu entrerais pâle et tremblant quelqu'un t'abordait et te disait : « Homme pourquoi trembles-tu ? De quoi est-il question pour toi ici ? Est-ce que César met la vertu ou le vice au cœur de ceux qui viennent à lui ? — Que viens-tu me railler, en plus de mon malheur ? lui dirais-tu. — Et cependant, répondrait-il, dis-moi, philosophe, pourquoi tu trembles. Ce dont tu cours risque ici, n'est-ce pas la mort, la prison, la souffrance corporelle, l'exil, ou une flétrissure ? Rien autre, n'est-ce pas ? Eh bien ! est-ce qu'il y a dans ces choses quelque vice, ou quoi que ce soit qui se rattache à un vice ? De quel nom les appelais-tu donc hier ? — Homme, dirais-tu, qu'ai-je affaire de toi ? J'ai bien assez de mes maux, ! » Et tu dirais juste ! Tu as bien assez de tes maux, assez de ton manque de cœur, de ta lâcheté, et de ta vanité, qui te faisait si bien te vanter quand tu étais assis dans l'école. Pourquoi te parais-tu de ce qui ne t'appartenait pas ? Pourquoi te disais-tu Stoïcien ?

Observez-vous vous-mêmes d'après cela quand vous agissez ; et vous trouverez à quelle école vous appartenez. Vous trouverez que la plupart d'entre vous sont Epicuriens, quelques-uns Péripatéticiens, mais bien relâchés ceux-là. Ou serait-il vrai en effet, que dans la pratique vous tenez la vertu pour égale et même supérieure à tout le reste ? Montrez-moi un Stoïcien, si vous en avez un. Où et comment le feriez-vous ? Vous me montrerez, il est vrai, des milliers d'individus parlant le langage du Stoïcisme. Mais ces mêmes gens parlent-ils moins bien le langage d'Epicure ? N'expliquent-ils pas aussi parfaitement le Péripatétisme lui-même ? Où donc est le Stoïcien ? De même que nous appelons statues Phidiaques celles qui sont faites d'après le système de Phidias, montrez-moi un homme qui se trouve fait sur le patron des maximes qu'il énonce en babillant. Montrez-moi un homme qui soit à la fois malade et heureux, en péril et heureux, mourant et heureux, exilé et heureux, flétri et heureux. Montrez-le moi. De par tous les dieux, je voudrais voir un Stoïcien ! Si vous ne pouvez m'en montrer un tout fait, montrez-m'en un qui soit en train de se faire, un qui penche vers cette manière d'être. Soyez bon pour moi. Ne refusez pas à ma vieillesse la vue d'un spectacle que je n'ai pas encore eu sous les yeux. Croyez-vous que ce que vous avez à me montrer, ce soit le Jupiter ou la Minerve de Phidias, ouvrages d'or et d'ivoire ? Non. Que quelqu'un d'entre vous me montre une âme d'homme, qui veuille être en communauté de pensées avec Dieu, n'accuser ni Dieu ni homme, n'être frustrée de rien, n'aller se heurter contre rien, n'avoir ni colère, ni haine, ni jalousie ; une âme qui veuille (car à quoi bon tant d'ambages ?) devenir un Dieu au lieu d'un homme, et qui songe, dans ce misérable corps périssable, à vivre en société avec Jupiter. Montrez-m'en une. Vous ne le pouvez pas. Pourquoi donc vous duper vous-mêmes et jouer les autres ? Pourquoi vous revêtir des habits d'autrui, et vous promener de par le monde après avoir dérobé et volé un nom et un rôle qui ne vous appartiennent pas ?

Et maintenant, moi, je suis votre maître, et vous, vous étudiez sous moi. Mon but à moi c'est de faire enfin de vous des hommes affranchis de toute entrave, de toute contrainte, de tout obstacle, libres, tranquilles, heureux, qui tournent leurs regards vers Dieu dans les petites comme dans les grandes choses. Et vous, vous êtes ici pour apprendre et pour travailler à devenir ces hommes. Pourquoi donc l'œuvre ne s'achève-t-elle pas ? Si vous avez le même but que moi, et avec le même but les moyens qu'il faut pour l'atteindre, que nous manque t-il encore? Quand je vois un ouvrier avec ses matériaux près de lui, je n'attends plus que son ouvrage. Nous avons ici l'ouvrier et les matériaux; que nous manque-t-il encore? Est-ce que la chose ne peut pas s'apprendre? Elle le peut. Est-ce qu'elle n'est pas en notre pouvoir? Il n'y a qu'elle au monde qui y soit. Ni la richesse, ni la santé, ni la réputation, ni quoi que ce soit, n'est en notre pouvoir, si ce n'est le bon emploi des *idées;* voilà la seule chose qui de sa nature échappe à toute contrainte et à tout empêchement. Pourquoi donc notre œuvre ne s'achève-t-elle pas? Dites-m'en la cause. Si elle ne s'achève pas, cela tient-il à moi, à vous, ou à la nature même de la chose? La chose en elle-même est possible, et la seule qui soit en notre pouvoir. Il reste donc que cela tienne à moi ou à vous, ou, ce qui est plus exact, à moi et à vous. Eh bien! voulez-vous que nous nous mettions à apporter ici la ferme intention de la faire? Laissons là tout le passé, mettons-nous seulement à l'œuvre fiez-vous à moi, et vous verrez.

CHAPITRE XX

Contre les Epicuriens et les Académiciens.

Ceux-mêmes qui prétendent qu'il n'y a ni vérité ni évidence, se servent forcément de l'une et de l'autre. Et l'on peut même presque voir la preuve la plus forte de la réalité de l'évidence, dans cette nécessité de s'en servir, où se trouvent ceux mêmes qui la nient. Par exemple, pour combattre cette proposition, qu'il y a des vérités générales, il faut évidemment poser l'affirmation contraire: « Il n'y a pas de vérité générale. » Mais, esclave, celle-là même n'est pas vraie! Car à quoi revient-elle ? à dire que toute proposition générale est fausse. De même si quelqu'un venait me dire : « Sache qu'on ne peut rien savoir, et que tout est incertain ; » ou bien un autre : « Fie-toi à moi, et tu t'en trouveras bien : on ne peut se fier à personne ; » ou bien un autre encore : « Homme, apprends de moi qu'on ne peut rien apprendre ; je te le dis, et je te le montrerai, si tu veux. » Et en quoi diffèrent de ces gens-là ceux qui (comment dirai-je ?) ceux qui s'intitulent Académiciens ? « O hommes, disent-ils, soyez certains qu'on ne peut être certain de rien ; croyez avec nous qu'on ne peut croire à rien. »

De même Epicure, quand il veut nous retirer notre mutuel instinct de sociabilité, cède à cet instinct même qu'il nous retire. Que dit-il en effet ? » Hommes, ne vous laissez point tromper, ne vous laissez pas détourner de la vérité, ne vous égarez pas : il n'existe pas chez les êtres raisonnables un mutuel instinct de sociabilité ; croyez-moi bien. Ceux qui vous disent le contraire vous trompent et vous abusent. » Eh ! que t'importe ! Laisse les autres se tromper. T'en trouveras-tu plus mal, quand nous croirons tous que la société est naturelle entre nous, et qu'il faut la maintenir à tout prix ? Au contraire, tu t'en trouveras bien mieux et bien plus en sûreté. Homme, pourquoi t'inquiéter de nous ? Pourquoi veiller à cause de nous ? Pourquoi allumer ta lampe ? Pourquoi te lever si matin ? Pourquoi écrire de si gros livres, afin qu'aucun de nous ne se trompe, en pensant que les dieux s'occupent des hommes, ou ne croie qu'il y a d'autre bien réel que le plaisir ? Car, si les choses sont comme tu le dis, va-t'en dormir, mène la vie d'un ver, celle que tu te crois fait pour vivre, mange, bois, fais l'amour, va à la selle, et ronfle. Que t'importe ce que les autres croiront sur les points dont tu parles ? Que t'importe qu'ils se trompent ou non ? Qu'as-tu affaire de nous ? Occupe-toi des brebis, parce qu'elles se laissent tondre, traire, et enfin égorger. Ne serait-il pas à désirer pour toi que les hommes pussent être séduits et ensorcelés par les

Stoïciens ou point de s'endormir, et de se laisser tondre et traire par toi et tes semblables ? Qu'as-tu besoin de dire à tes disciples ce que tu leur dis, au lieu de leur cacher ? Ne devrais-tu pas bien plutôt leur persuader avant tout, que nous sommes nés pour la société, et qu'il est bon d'être modéré, pour qu'on te gardât tout ? Ou bien serait-ce qu'il y a des gens avec lesquels il faut maintenir la société, et d'autres avec lesquels il ne le faut pas ? Quels sont donc ceux avec lesquels il faut la maintenir ? ceux qui tendent à la maintenir de leur côté, ou ceux qui lui font violence ? Eh, qu'est-ce qui lui fait plus violence que vous, avec de pareilles doctrines ?

Qu'était-ce donc qui arrachait Épicure au sommeil, et le forçait à écrire ce qu'il écrivait ? Qu'était-ce, si ce n'est ce qu'il y a de plus fort dans l'homme, la nature, qui le tirait du côté où elle voulait, malgré sa résistance et ses soupirs ? « L'homme ne te paraît pas fait pour la société ! Eh bien ! écris-le, et transmets-le aux autres : veille à cet effet, et donne toi-même par tes actes un démenti à tes théories !... » Et, après cela, nous dirons qu'Oreste était poursuivi par des Furies qui l'arrachaient à son sommeil, et nous ne dirons pas que des Furies et des divinités vengeresses, autrement terribles, réveillaient Épicure, quand il dormait, ne lui permettaient pas de reposer, et le forçaient à révéler lui-même ses misères, comme la colère et l'ivresse font pour les Gaulois ! Voilà la force invincible de la nature humaine. Est-ce que la vigne peut croître selon les lois, non de la vigne, mais de l'olivier ? Et l'olivier ? suivant les lois, non de l'olivier, mais de la vigne ? Cela ne peut ni se faire, ni se concevoir. De même l'homme non plus ne peut jamais cesser de vivre de la vie de l'homme ; ceux-mêmes auxquels on enlève leur virilité, on ne peut leur enlever les désirs virils. De cette façon, Épicure a pu nous enlever tout ce qui est viril en nous, tout ce qui est du maître de maison, du citoyen et de l'ami, mais il ne nous a pas enlevé les penchants de l'humanité, parce qu'il ne le pouvait pas ;

pas plus que les malheureux Académiciens ne peuvent se débarrasser de leurs sens ou les rendre impuissants, quoiqu'ils en aient la meilleure envie du monde.

Quelle misère! Voici un homme qui a reçu de la nature des mesures et des règles pour juger de la vérité, et il ne travaille pas à les compléter et à les enrichir de ce qui leur manque! Bien loin de là, si il y a quelque autre chose encore qui puisse aider à découvrir la vérité il s'efforce de le supprimer et de le détruire! « Dis-nous, philosophe, que te semble-t-il de la piété et de la sainteté? — Si tu le veux, je t'établirai qu'elles sont un bien. — Oui; établis-le moi, pour que nos concitoyens se réforment, honorent la divinité et cessent de négliger leurs intérêts les plus sérieux. — Tiens-tu bien ces preuves? — Je les tiens; et je t'en remercie. — Eh bien! puisque ce système te plaît tant, écoute les preuves du contraire, les preuves qu'il n'y a pas de dieux, ou que, s'il y en a, ils ne s'occupent pas des hommes, et qu'il n'y a rien de commun entre eux et nous; les preuves que ce que le vulgaire appelle piété et sainteté ne sont que des mensonges de charlatans et de faux sages, ou, par Jupiter! de législateurs, pour effrayer et contenir les méchants. — Bravo, philosophe! tu as rendu service à nos citoyens, et tu as fait la conquête de nos jeunes gens, enclins déjà à mépriser les dieux! — Quoi donc! cela ne te plaît pas! Ecoute alors comment la justice n'est rien, comment la retenue est une sottise, comment le nom de père, n'est rien, comment le nom de fils n'est rien. — Bravo, philosophe! continue, et persuade nos jeunes gens, pour que nous ayons un plus grand nombre d'individus qui pensent et parlent comme toi! » Est-ce avec ces beaux discours-là qu'ont grandi les Etats qui ont eu de bonnes lois? Sont-ce ces beaux discours-là qui ont fait Lacédémone? Les convictions que Lycurgue a inculquées aux Spartiates, par ses lois et par son éducation, sont-elles celles-ci, que la servitude n'est pas plus une honte qu'un honneur, et la liberté pas plus un honneur qu'une honte? Est-ce pour ces maximes que moururent ceux qui sont morts aux Thermopyles ? Est-ce avec des raisonnements de ce genre, que les Athéniens abandonnèrent leur ville ? Et ceux qui parlent ainsi se marient, ont des enfants, prennent part au gouvernement, et s'établissent prêtres et prophètes ! De qui ? de ceux qui n'existent pas ? Et ils interrogent eux-mêmes la Pythie, pour entendre d'elle des mensonges, qu'ils rapportent aux autres en guise d'oracles ! Quel excès d'impudence et de charlatanisme !

Homme, que fais-tu ? Tu te réfutes toi-même tous les jours ! Ne te décideras-tu pas à laisser là ces insipides raisonnements ? Quand tu manges, où portes-tu la main ? à la bouche, ou à tes yeux ? Quand tu te baignes, où entres-tu ? As-tu jamais appelé la marmite une écuelle, ou la cuiller une broche ? Si j'étais l'esclave d'un de ces individus, dût-il me faire tous les jours fouetter jusqu'au sang, je le mettrais au supplice. « Esclave, dirait-il, verse de l'huile dans le bain. » J'y verserais de la saumure, et je m'en irais en la lui répandant sur la tête. — « Qu'est-ce que cela ? — Par ton Génie ! il y avait là pour moi une apparence impossible à distinguer d'avec celle de l'huile, tant elle lui ressemblait. » — « Donne ici la tisane. » Je lui apporterais un plat plein de saumure vinaigrée. — « Ne t'ai-je pas demandé la tisane ? — Oui, maître ; et c'est là la tisane. — Quoi ! ce n'est pas là de la saumure vinaigrée ? — Qu'est-ce, si ce n'est de la tisane ? — Prends-la, et sens ; prends-la, et goûte. — Qu'en peux-tu donc savoir, puisque nos sens nous trompent ? » Si j'avais trois ou quatre compagnons d'esclavage qui me ressemblassent, je le forcerais à se pendre et à crever, ou bien à changer de système. Mais aujourd'hui ces gens se moquent de nous : ils usent dans la pratique de tous les dons que nous a faits la nature, et ils les suppriment dans leurs théories.

O les hommes reconnaissants et pleins de conscience, qui, à tout le moins, mangent chaque jour du pain, et qui osent dire : « Nous ne savons s'il y a une

Cérès, une Proserpine, un Pluton » ! Je ne veux pas ajouter : « Ils jouissent du jour et de la nuit, du changement des saisons, des astres, de la mer, de la terre, de l'assistance des hommes, et rien de tout cela ne les touche le moins du monde ! Ils ne songent qu'à expectorer leurs petites questions, et à s'en aller au bain, quand leur estomac a fait son office ! » Quant à ce qu'ils diront, au sujet qu'ils traiteront, aux personnes à qui ils parleront, et à ce qui résultera pour elles de pareils discours, ils ne s'en occupent si peu que ce soit. Peu leur importe que ces discours produisent de l'effet sur un jeune homme de noble race qui les entend, et que cet effet détruise en lui tous les nobles germes de sa race ! Peu leur importe de donner à un adultère des motifs de ne pas rougir de ce qu'il fait ! Peu leur importe qu'un voleur des deniers publics puise des excuses dans ces discours, et que quelqu'un qui néglige ses parents y trouve un encouragement ! « Eh ! qu'y a-t-il donc, leur dirai-je, de bon ou de mauvais, d'honorable ou de honteux, suivant vous ? Est-ce ceci ou cela ? »

Pourquoi donc disputer jamais contre un de ces hommes-là ? Pourquoi lui donner des explications ou en recevoir de lui ? Pourquoi essayer de le convertir ? Par Jupiter, vous pourriez bien plutôt essayer de convertir un débauché, que des gens qui sont si sourds et si aveugles à l'endroit de leurs maux.

CHAPITRE XXI

Des choses dont on ne convient pas.

Il y a des choses dont les hommes conviennent facilement, et d'autres dont ils ne conviennent pas facilement. Personne ne conviendra qu'il manque d'intelligence ou de bon sens; tout au contraire, vous entendrez dire à tout le monde: « Que n'ai-je autant de chance que j'ai d'intelligence! » On convient aisément qu'on est timide, et l'on dit: « Je conviens que je suis trop timide; mais, à part cela, ce n'est pas un sot que vous trouverez en moi. » On ne conviendra pas aisément que l'on manque d'empire sur soi-même; on ne convient jamais que l'on soit injuste, non plus qu'envieux ou curieux; mais presque tout le monde conviendra qu'il s'attendrit facilement. D'où cela vient-il? Avant tout, d'un désaccord et d'un trouble dans nos opinions sur les biens et sur les maux; puis de ceci pour les uns, de cela pour les autres. Presque jamais on ne convient de ce que l'on regarde comme une honte. Or, on regarde la timidité et la facilité à s'attendrir comme le fait d'une bonne âme; la sottise, comme le pur fait d'un esclave. Quant aux actes qui attaquent la société, on ne consent jamais à les avoir faits. Ce qui nous porte le plus à avouer la plupart de nos fautes, c'est que nous nous imaginons qu'il y a en elles quelque chose d'involontaire, comme dans la timidité et dans la facilité de s'attendrir. Si nous avouons un manque d'empire sur nous-mêmes, nous alléguons l'amour, pour que l'on nous pardonne le fait comme involontaire. Quant à l'injustice, on ne la croit jamais involontaire. Il y a de l'involontaire dans la jalousie, à ce que l'on pense; aussi l'avoue-t-on, elle aussi.

Puisque c'est ainsi que sont faits les gens au milieu desquels nous vivons, esprits troublés, qui ne savent ni ce qu'ils disent, ni ce qu'ils ont ou n'ont pas de mauvais, ni pourquoi ils l'ont, ni comment ils s'en délivreront, je crois qu'il est bon de nous demander sans cesse: « Est-ce que, moi aussi, je suis un d'eux? Quelle idée me fais-je de moi? Comment est-ce que je me conduis? est-ce comme un homme sensé? comme un homme maître de lui? Puis-je dire, moi aussi, que je suis préparé à tout événement? Ai-je bien, comme il convient à celui qui ne sait rien, la conscience que je ne sais rien? Vais-je bien vers mon maître, comme vers un oracle, avec la volonté d'être docile ? Ou ne vais-je pas à l'école, moi aussi, tout enchifrené de sottise, uniquement pour y apprendre des mots, y comprendre des livres que je ne comprenais pas auparavant, et, au besoin, être en état de les expliquer à d'autres à leur tour ? » *Au lieu de cela* *, ô homme, tu t'es chez toi battu à coups de poing avec ton esclave, tu as tout bouleversé dans ta maison, tu as troublé tes voisins : et tu arrives chez moi avec le costume d'un sage ! Et, quand tu t'es assis, tu te prononces sur la façon dont je commente mon texte, ou sur la question que je traite de moi-même ! Tu es venu plein de fiel et de sentiments honteux, parce qu'on ne t'apporte rien de chez toi ; et tu t'assieds, ne songeant à autre chose, pendant tout le cours de la leçon, qu'à la manière dont ton père ou ton frère se conduisent envers toi. « Qu'est ce que les gens de là-bas disent de moi ? (te dis-tu). Ils croient à cette heure que je fais des progrès, et ils disent : *Il va revenir sachant tout.* Je voudrais bien retourner un jour là-bas ayant tout appris ; mais cela demande beaucoup de travail, et personne ne m'envoie rien ; et à Nicopolis les bains sont très sales. Les choses vont mal chez moi, et mal ici. »

Et l'on dit que nul ne profite à l'école ! Mais qui vient à l'école en écolier sérieux ? Qui y vient pour s'y faire traiter, pour y donner ses opinions à guérir, pour y apprendre ce qui lui manque ? Pourquoi donc vous étonner de remporter de l'école ce que vous y apportez ? Vous ne venez pas pour l'y laisser, ou pour l'y améliorer, ou pour l'y changer contre autre chose. Comment y viendriez-vous pour cela ? Vous en êtes bien loin. Regardez donc plutôt si vous y trouvez ce que vous y venez chercher. Ce que vous voulez, c'est de discourir sur les questions de logique. Eh bien ! n'y devenez-vous pas plus beaux parleurs ? L'école ne vous fournit-elle pas les moyens de traiter les questions de logique ? N'y analysez-vous pas les syllogismes et les

* Ces mots sont ajoutés par le traducteur.

sophismes ? N'y étudiez-vous pas les propositions du *Menteur*, et les raisonnements hypothétiques ? Pourquoi donc votre mécontentement de remporter d'ici ce que vous y venez chercher ? — Soit ; mais à quoi tout cela me servira-t-il, si mon enfant ou mon frère meurent, ou s'il me faut mourir moi-même ou être mis en croix ? — Est-ce que c'est pour cela que tu es venu ? Est-ce que c'est pour cela que tu as jamais allumé ta lampe et veillé ? Ou bien, sorti pour te promener, t'es-tu jamais proposé quelque épreuve, au lieu d'un syllogisme ? Et tous tant que vous êtes, avez-vous travaillé de concert à vous en tirer ? Quand l'avez-vous jamais fait ? Ensuite vous venez dire : « La Logique est inutile ! Mais à qui ? à ceux qui n'en font pas l'usage qu'il faut. Les onguents ne sont pas inutiles à ceux qui s'en servent quand et comme il le faut. Les cataplasmes ne sont pas inutiles ; les balanciers de plomb ne sont pas inutiles ; mais ils sont inutiles aux uns, tandis qu'ils sont utiles à d'autres. Si maintenant quelqu'un me fait cette demande : « Les syllogismes sont-ils utiles ? » je lui répondrai : « Ils sont utiles ; et, si tu le veux, je te le démontrerai, — Comment donc se fait-il qu'ils ne m'aient servi de rien ? — Homme, tu ne m'as pas demandé s'ils t'étaient utiles à toi, mais s'ils l'étaient en général. Qu'un homme qui a la dyssenterie me demande si le vinaigre peut servir à quelque chose, je lui répondrai que oui. — Peut-il donc me servir à moi ? — Non, lui dirais-je, cherche d'abord à arrêter ton flux de ventre, et à cicatriser tes intestins attaqués. » Et vous aussi, hommes, commencez par guérir vos parties malades ; arrêtez ce qui déborde en vous ; calmez votre esprit, apportez-le à l'école ne connaissant plus les tiraillements ; et vous apprendrez alors quelles sont les vertus de la Logique.

CHAPITRE XXII

De l'amitié.

On aime vraisemblablement ce à quoi on s'attache. Or, les hommes s'attachent-ils à ce qu'ils croient mauvais? Jamais. A ce qui leur semble indifférent? Jamais non plus. Reste donc qu'ils ne s'attachent qu'à ce qu'ils croient bon, et, puisqu'ils ne s'attachent qu'à cela, qu'ils n'aiment que cela. Celui donc qui se connaît au bien est aussi celui qui s'entend à aimer; mais quand à celui qui ne peut pas distinguer le bien du mal, et tous les deux de ce qui est indifférent, comment s'entendrait-il à aimer? Aimer n'appartient donc qu'au Sage.

— Comment cela? dit-on. Moi, qui ne suis pas un Sage, j'aime pourtant mon enfant. — Je m'étonne par tous les dieux! que tu commences par avouer que tu n'es pas un Sage. Que te manque-t-il en effet? N'as-tu pas des sens? N'apprécies-tu pas les *idées* qui te viennent d'eux? Ne fais-tu pas usage des aliments qui conviennent le mieux à ton corps? N'as-tu pas des habits? une maison? Pourquoi donc conviens-tu que tu n'es pas un Sage? N'est-ce point, par Jupiter! parce que bien souvent les *idées* qui viennent de tes sens te mettent hors de toi et te bouleversent; parce que bien souvent leurs apparences trompeuses triomphent de toi; parce que tu dis d'une chose tantôt qu'elle est bonne, tantôt qu'elle est mauvaise, tantôt qu'elle n'est ni l'un ni l'autre; en un mot, parce que tu te chagrines, t'épouvantes, prends de la jalousie, te déconcertes et changes. N'est-ce point pour tout cela que tu conviens que tu n'es pas un Sage? Et bien! en amitié, ne changes-tu donc jamais? Toi qui dis de la richesse, de la volupté, et de toutes les choses en général, tantôt qu'elles sont des biens, tantôt qu'elles sont des maux, ne dis-tu pas aussi du même individu tantôt qu'il est bon, tantôt qu'il est mauvais? N'as-tu pas pour lui tantôt de l'affection, tantôt de la haine, tantôt des louanges, tantôt du blâme? — Oui, c'est ce qui m'arrive. — Eh bien! quand on se trompe sur quelqu'un, crois-tu qu'on l'aime réellement? — Non pas. — Et celui qui n'a pris quelqu'un que pour le quitter bientôt, crois-tu qu'il lui appartienne de cœur? — Pas davantage. — Et celui qui tantôt vous accable d'injures, tantôt est en extase devant vous? — Pas davantage — Eh bien! n'as-tu jamais vu de petits chiens jouer ensemble, et se caresser si bien que tu disais: « Il n'y a pas d'amitié plus vive! » Si tu veux pourtant savoir ce qu'est cette amitié, mets un morceau de viande entre eux, et tu verras. De même, mets entre ton fils et toi un lopin de terre, et tu verras que ton fils désirera vite t'enterrer et que toi tu souhaiteras vite sa mort. Et tu diras alors: « Quel fils j'ai élevé! Il y a longtemps qu'il voudrait me porter en terre! » Mets entre vous une belle jeune fille: le vieillard l'aimera et le jeune homme aussi. Même division pour une question de vanité. Et, s'il y a un péril à courir, tu tiendras le langage du père d'Admette:

« Tu es heureux de voir la lumière; crois-tu que ton père n'en soit pas heureux aussi? Tu veux voir la lumière; crois-tu que ton père ne le veuille pas aussi? »

Crois-tu que le père d'Admète n'aimait pas son enfant, quand il était petit? Crois-tu qu'il n'était pas inquiet, lorsque son fils avait la fièvre? Crois-tu qu'il n'avait pas dit bien des fois: « Plût aux dieux que ce fût moi qui eusse la fièvre? » Puis, quand le moment est arrivé, quand il est venu, tu vois ce que disent ces gens-là!

Etéocle et Polynice n'étaient-ils pas nés de la même mère et du même père? N'avaient-ils pas été nourris ensemble? N'avaient-ils pas vécu ensemble? N'avaient-ils pas eu même table et même lit? Ne s'étaient-ils pas embrassés plus d'une fois, si bien que celui qui les aurait vus, se serait moqué des paradoxes des philosophes sur l'amitié? Et pourtant, quand la couronne se trouve entre eux deux, à la façon d'un morceau de viande, vois ce qu'ils disent :

Pol. « Où seras-tu, en avant des tours ?

Et. Pourquoi me le demandes-tu ?

Pol. J'y serai en face de toi, pour te tuer.

Et. Moi aussi, je suis possédé du même désir. »

Et ils adressent aux dieux des prières en harmonie avec leurs paroles.

Règle générale (ne vous y trompez pas), tout être doué de la vie n'a rien qui lui soit plus cher que son intérêt propre. Aussi, qu'une chose quelconque lui semble y faire obstacle, fût-ce son frère, son père, son enfant, l'être qu'il aime ou celui dont il est aimé, le voilà qui le hait, le repousse et le maudit. Il n'y a rien, en effet, qu'il soit né pour aimer autant que son intérêt. Père, frère, parent, patrie, Dieu même, son intérêt est tout pour lui. Lors donc que les dieux nous paraissent faire obstacle à notre intérêt, nous les insultons eux aussi, nous renversons leurs statues, nous brûlons leurs temples. Ainsi Alexandre fit brûler le temple d'Esculape, à la mort de celui qu'il aimait. De là suit que notre sainteté, notre honnêteté, notre patrie, nos parents, nos amis, sont sauvés, si nous identifions notre intérêt avec eux ; mais que, si nous mettons d'un côté notre intérêt, et de l'autre nos amis, notre patrie, nos parents, avec nos devoirs eux-mêmes, c'en est fait d'eux, notre intérêt emportant la balance. L'être vivant se porte infailliblement du côté où sont pour lui le *moi* et le *mien :* s'ils sont dans le corps, c'est lui qui est la chose importante ; s'ils sont dans la faculté de juger et de vouloir, c'est elle ; s'ils sont dans les objets extérieurs, ce sont eux. Ce n'est que si mon *moi* est dans ma faculté de juger et de vouloir, que je puis être, comme il faut, ami, fils, ou père. Car mon intérêt alors sera de rester loyal, honnête, patient, tempérant, bienfaisant, et de m'acquitter de tous mes devoirs. Mais, si je place mon *moi* d'un côté et l'honnêteté de l'autre, c'est alors que se confirme le mot d'Epicure, qui prétend que l'honnête n'est rien, ou n'est s'il existe, que ce qu'estime le vulgaire.

C'est de cette ignorance qu'est venu le désaccord des Athéniens avec les Lacédémoniens, des Thébains avec ces deux peuples, du Grand roi avec la Grèce, des Macédoniens avec tous deux; c'est d'elle que vient aujourd'hui celui des Romains avec les Gètes; c'est d'elle qu'est venu bien auparavant tout ce qui s'est passé dans Ilion. Pâris était l'hôte de Ménélas, et, en voyant leur bon accord, on n'aurait pas cru celui qui aurait dit qu'ils n'étaient pas amis. Mais une part de gâteau fut jetée entre eux, sous la forme d'une jolie femme, et la guerre naquit pour elle. Aujourd'hui donc, quand tu vois des amis, des frères, qui semblent n'avoir qu'un même cœur, ne te hâte pas de parler de leur amitié, alors même qu'ils affirmeraient avec serment que rien ne saurait les détacher les uns des autres. On ne peut se fier à la *partie maîtresse* d'un homme corrompu; elle n'a ni constance, ni discernement, emportée qu'elle est par ses idées tantôt dans un sens, tantôt dans un autre.

N'examine donc pas, comme les autres hommes, si les gens sont nés du même père et de la même mère, s'ils ont été élevés ensemble, et par le même précepteur; cherche seulement où ils placent leur bien: dans les choses extérieures, ou dans les façons de juger et de vouloir. S'ils le placent dans les choses extérieures, dis qu'ils ne sont pas plus amis qu'ils ne sont sûrs, constants, courageux et libres; dis même qu'ils ne sont pas des hommes, si tu es dans ton bon sens. Car ce ne sont pas des opinions d'homme que celles qui nous font nous attaquer et nous insulter les uns les autres, nous embusquer dans les endroits écartés, ou dans les places publiques, comme si c'étaient des montagnes, et mettre à nu devant les tribunaux des actions qui sont celles de brigands. Ce ne sont pas des opinions d'homme que celles qui font de nous des débauchés, des adultères, des agents de corruption, et qui nous rendent coupables les uns envers les autres de tous ces torts qui naissent de cette seule et unique pensée, que notre *moi* et notre *bien* se trouvent dans les choses qui ne relèvent dans les choses qui ne relèvent pas de notre libre arbitre. Mais, si tu entends dire que ces hommes croient réellement que leur bien n'est que dans la faculté de juger et de vouloir, et dans le bon usage des *idées*, ne t'inquiète plus de savoir si c'est un fils et un père, si ce sont des frères, ni si ce sont des camarades qui vivent ensemble depuis longtemps ; tu en sais assez pour déclarer hardiment que ce sont des amis, comme tu peux déclarer qu'ils sont loyaux et justes. Où l'amitié se trouvera-t-elle, en effet, si elle ne se trouve où sont la loyauté, l'honnêteté, et le don de tout ce qui est beau, sans mélange d'aucune autre chose?

— « Mais voilà si longtemps qu'il me rend des soins, et il ne m'aimerait pas ! » — Esclave ! que sais-tu s'il ne te rend pas ces soins comme on nettoie sa chaussure ou sa bête de somme ? Que sais-tu s'il ne te jettera pas comme un plat fêlé, lorsque tu seras devenu un meuble inutile ? — « Mais elle est ma femme, et il y a si longtemps que nous vivons ensemble ! » — Combien de temps Eriphyle n'avait-elle pas vécu avec Amphiaraüs ? Et ne lui avait-elle pas donné de nombreux enfants? Mais un collier vint se mettre entre eux deux. Est-ce bien le collier qui vint s'y mettre ? Non ; mais l'opinion qu'elle avait des choses de cette espèce. Cette opinion fut la bête sauvage qui mit en pièces leur affection. Ce fut elle qui ne permit pas à l'épouse d'être épouse, à la mère d'être mère. Que celui de vous à son tour qui veut être l'ami de quelqu'un, ou se faire de quelqu'un un ami, déracine donc en lui les opinions de cette espèce ; qu'il les prenne en haine, qu'il les chasse de son âme. Il y gagnera d'abord de ne plus se dire d'injures à lui-même, de ne plus être en lutte avec lui-même, de ne plus se repentir, de ne plus se mettre à la torture. Puis, pour ce qui est des autres, il se donnera tout entier à ceux qui lui ressembleront ; il sera patient avec ceux qui ne lui ressembleront pas ; il sera doux pour eux, bon, indulgent, comme avec des ignorants, qui s'égarent dans les questions les plus importantes. Il ne sera sévère pour personne, parce qu'il sera pénétré de cette parole de Platon : « C'est toujours malgré elle qu'une âme est sevrée de la vérité. » Autrement, vous pourrez vivre sur tous les autres points comme vivent les amis, vous pourrez avoir la même table, coucher sous la même tente, monter le même navire, être nés des mêmes parents (les serpents aussi ont tout cela) : vous ne serez pas plus amis, qu'ils ne le sont, tant que vous aurez ces opinions sauvages et impures.

CHAPITRE XXIII

Sur le talent de la parole.

Le livre que tout le monde lit avec le plus de plaisir et de facilité, est celui qui a été écrit avec les caractères les plus nets. Les discours qu'on écoutera toujours le plus facilement, seront donc aussi ceux qui s'exprimeront dans les termes qui auront le meilleur air et qui seront les plus convenables. Il ne faut donc pas dire que le talent de l'expression n'est rien. Ce serait à la fois le mot d'un impie et d'un peureux.

Ce serait le mot d'un impie, car ce serait faire fi des grâces qui nous viennent de Dieu, tout aussi bien que si l'on enlevait à l'homme l'usage de la vue, de l'ouïe, et de la parole même. Est-ce donc sans intention que Dieu t'a donné des yeux ? Est-ce donc sans intention qu'il a mis en eux un principe de vie si puissant et si subtile, qu'ils vont chercher au loin des objets visibles pour s'en former les images ? Et quel messager est aussi prompt, aussi exact ? Est-ce sans intention encore qu'il a donné à l'air intermédiaire de telles qualités et une telle vertu, qu'en agissant sur lui d'une certaine façon les objets visibles arrivent jusqu'à nous ? Est-ce sans intention qu'il a fait cette lumière, qui, si elle manquait, rendrait inutile tout le reste?

Homme, sois reconnaissant de ces dons; mais en même temps songe à ce qui les surpasse encore. Remercie Dieu de la vue, de l'ouïe, de la vie même, par Jupiter! et de tout ce qui lui vient en aide, tel que les produits solides de la terre, le vin et l'huile; mais rappelle-toi qu'il t'a donné une chose encore qui vaut mieux que toutes celles-là, celle qui s'en sert, qui les juge, et qui apprécie la valeur de chacune d'elles. Qu'est-ce qui prononce, en effet, sur l'importance de chacune de tes facultés? Est-ce chaque faculté même? As-tu jamais entendu la vue parler sur elle-même? As-tu entendu l'ouïe? Les as-tu plus entendues que le blé, que l'orge, que le cheval, que le chien? Non; ce sont des servantes et des esclaves placées sous les ordres de celle qui doit faire emploi des *idées*. Si tu demandes quelle est la valeur de chaque chose, à qui le demandes-tu? et qu'est-ce qui te répond? Quelle faculté pourrait donc être supérieure à celle qui use des autres comme de ses servantes, apprécie tout et prononce sur tout? Est-il, en effet, une seule de ces autres qui sache elle-même ce qu'elle est et ce qu'elle vaut? En est-il une qui sache quand il est à propos qu'elle serve ou qu'elle ne serve pas? Quelle est celle qui ouvre et ferme nos yeux? Quelle est celle qui les détourne de ce qu'ils ne doivent point voir, et les dirigé sur d'autres objets? Est-ce la vue? Non; mais notre faculté de juger et de vouloir. Quelle est celle qui bouche nos oreilles . les ouvre toutes grandes? Quelle est celle qui nous fait empressés de savoir et questionneurs, ou indifférents à ce qu'on dit? Est-ce l'ouïe? Non; mais notre faculté de juger et de vouloir. Eh bien! cette faculté, quand elle a reconnu qu'elle intervient dans toutes les autres, et que celles-ci, sourdes et aveugles, ne peuvent s'entendre à autre chose qu'aux actes mêmes dans lesquels elles sont destinées à être ses subordonnées et ses servantes, tandis que seule elle voit clair, et que seule elle sait apprécier la valeur de chacune des autres, pourrait-elle nous dire que ce qu'il y a de meilleur en nous ce n'est pas elle? Qu'est-ce que sait faire l'œil tout grand ouvert, si ce n'est de regarder? Mais qu'est-ce qui nous dit s'il faut regarder la femme d'un autre, et comment on doit la regarder? notre faculté de juger et de vouloir. Qu'est-ce qui nous dit s'il faut croire ou rejeter ce qu'on nous débite, et, quand nous le croyons, nous en émouvoir ou non? N'est-ce pas notre faculté de juger et de vouloir? Et cet art de la parole, qui sait si bien arranger les mots (étant admis qu'il y a là un art spécial), que fait-il, quand nous avons à parler de quelque chose? Il arrange et dispose les mots, comme les coiffeurs les cheveux. Mais vaut-il mieux parler que de se taire; vaut-il mieux parler dans ce sens ou dans cet autre; ceci est-il séant ou ne l'est-il pas; quel est le moment de placer chaque mot; quel est son emploi légitime: qui nous dit tout cela, si ce n'est notre faculté de juger et de vouloir? Voudrais-tu donc qu'elle vînt ici prononcer contre elle-même?

Eh bien! disait Epictète, si les choses sont telles, ce qui sert peut-il être supérieur à celui qui s'en sert? le cheval, supérieur au cavalier? le chien, au chasseur? l'instrument, au joueur de lyre? les serviteurs, au roi? Or en nous qu'est-ce qui se sert du reste? notre faculté de juger et de vouloir. Qu'est-ce qui veille sur tout le reste? cette même faculté. Qu'est-ce qui fait périr l'homme tout entier, par inanition, lacet ou précipice? elle encore. Qu'y a-il alors de plus fort qu'elle dans l'homme? Et comment ce qui peut être entravé pourrait-il être plus fort que ce qui ne connaît point d'entraves? Or, y a-t-il des choses dans la nature qui puissent faire obstacle à notre faculté de voir? Oui: notre faculté de juger et de vouloir, et plus d'une chose en dehors d'elle. De même pour notre faculté d'entendre; de même pour l'art de parler. Mais est-il quelque chose dans la nature qui puisse faire obstacle à notre faculté de juger et de vouloir? rien en dehors d'elle. Elle seule se fait obstacle à elle-même, quand elle cesse d'être droite. Aussi c'est elle seule qui devient le vice, elle seule la vertu.

Eh bien ! quand cette faculté est telle, quand elle a cette prééminence sur toutes les autres, qu'elle vienne nous dire que le corps est supérieur à tout ! Alors que ce serait le corps lui-même qui s'attribuerait cette supériorité, personne ne l'écouterait. Et maintenant, Epicure, qu'est-ce qui enseigne cette supériorité du corps ? Qu'est-ce qui a écrit sur *La fin de l'homme*, sur *La nature*, sur *La règle?* Qu'est-ce qui a laissé croître ta barbe ? Qu'est-ce qui a écrit, au moment de ta mort, que c'était là à la fois son dernier et son plus heureux jour ? Est-ce ton corps, ou ta faculté de juger et de vouloir ? Et tu pourrais, sans être fou, admettre que tu as en toi quelque chose au-dessus d'elle ! Peux-tu réellement être assez sourd et assez aveugle ?

Mais quoi ! déprécie-t-on par là nos autres facultés ? A Dieu ne plaise ! Dit-on par là que le talent de la parole est sans utilité et sans profit ? A Dieu ne plaise ! Ce serait une folie, une impiété, une ingratitude envers Dieu ! Seulement, on n'accorde à chaque chose que sa valeur vraie. L'âne, en effet, a son utilité, mais moins grande que celle du bœuf ; le chien aussi a son utilité, mais moins grande que celle du serviteur ; le serviteur aussi a la sienne, mais moins grande que celle des citoyens ; ceux-ci, à leur tour, ont la leur, mais moins grande que celle des magistrats. Et cependant, parce que les uns l'emportent sur les autres, ce n'est pas une raison pour faire fi des services que rendent les autres. Le talent de la parole a, lui aussi, son importance, quoiqu'elle soit inférieure à celle de notre faculté de juger et de vouloir. Lors donc que je parle ainsi, il ne faut pas croire que je vous demande de ne pas soigner votre langage ; pas plus que je ne vous demande de ne pas soigner vos yeux, vos oreilles, vos mains, vos pieds, vos habits, vos chaussures. Seulement, si vous me demandez ce qu'il y a de meilleur dans le monde, que vous nommerai-je ? l'art de la parole ? Je ne le puis : mais notre faculté de juger et de vouloir, quand elle est dans la droite voie. C'est elle, en effet, qui a la direction de l'autre, ainsi que de toutes nos facultés, grandes ou petites. Quand elle est entrée dans la droite voie, celui qui n'était pas homme de bien le devient ; quand elle s'en écarte, l'homme devient pervers. C'est par elle que nous sommes heureux ou malheureux, par elle que nous accusons les autres ou que nous en sommes contents ; en un mot, c'est elle qui fait notre malheur, quand on la néglige ; notre bonheur, quand on lui donne des soins.

Mais supprimer l'art de la parole, et dire qu'il n'est rien, en réalité ce n'est pas seulement agir en ingrat envers ceux qui nous l'ont donné, c'est encore agir en peureux. C'est craindre, ce me semble, que, s'il y avait là un art, nous n'eussions pas la force de ne l'estimer que le peu qu'il vaut. C'est ressembler aux gens qui disent qu'il n'y a aucune différence entre la beauté et la laideur. A ce compte, il faudrait éprouver la même impression à l'aspect de Thersite et à celui d'Achille, à l'aspect d'Hélène et à celui de la première femme venue. Ce sont là des sottises et des idées d'imbécile, les idées d'un homme qui ne se rend pas compte de la nature de chaque chose, et qui craint que, s'il ne reconnaissait pas de différences entre elles, il ne fût aussitôt entraîné et vaincu, et que ce n'en fût fait de lui. La véritable grandeur, au contraire, c'est de laisser à chaque chose sa nature réelle ; puis, quand on la lui a laissée, d'apprécier sa valeur, de discerner ce qu'il y a de meilleur dans le monde, de s'y attacher en toute circonstance, d'y tendre de tous ses efforts, de regarder le reste comme superflu en comparaison, mais cependant sans négliger ce reste, autant que faire se peut. Il faut, en effet, avoir soin de ses yeux, non pas, il est vrai, comme de la chose la plus importante, mais dans l'intérêt même de cette chose ; car elle ne saurait demeurer en conformité avec la nature qu'en faisant des yeux le cas qu'elle en doit faire, et en préférant pour eux tels objets à d'autres.

Mais qu'est-ce qui arrive? Ce qui arriverait à un

homme qui, en retournant dans sa patrie, trouverait une belle hôtellerie sur sa route, se plairait dans cette hôtellerie, et y demeurerait. « Homme (lui dirions-nous), tu as oublié ce que tu voulais faire; ce n'est pas là que tu allais ; tu ne faisais qu'y passer. — Mais c'est une bien jolie hôtellerie ! — Combien il y en a d'autres qui sont jolies ! et combien de prairies ! Mais ce n'était là pour toi que des lieux de passage. Ce que tu voulais, c'était de retourner dans ta patrie, tirer de crainte tes proches, remplir tes devoirs de citoyen, te marier, avoir des enfants, occuper les emplois qui sont dans nos lois. Car tu n'es pas venu parmi nous pour choisir les endroits les plus jolis, mais pour vivre où tu es né, et où tu as été classé parmi les citoyens. » C'est à peu près là ce qui se passe ici. Comme ce n'est que par la Logique et son enseignement qu'on peut marcher vers la perfection, purifier son jugement et sa volonté, redresser en soi la faculté chargée de faire usage des *idées*, et que forcément l'enseignement de la Logique se fait dans un certain style, en même temps qu'il y a dans les matières de cet enseignement fécondité d'invention et finesse d'esprit, il est des gens qui s'y laissent prendre et qui ne vont pas plus loin : les uns s'arrêtent au style, les autres aux syllogismes, les autres aux sophismes, les autres dans quelque autre hôtellerie de ce genre, et tous y pourrissent, comme s'ils s'arrêtaient chez les sirènes.

Homme, ce que tu te proposais, c'était d'apprendre à te servir conformément à la nature de toutes les *idées* qui t'arrivent, à ne jamais manquer ce que tu désires, à ne jamais tomber dans ce que tu peux éviter, à n'avoir jamais ni malheur, ni mauvaise chance, à être toujours libre, indépendant, sans entrave, en accord parfait avec le gouvernement de Jupiter, te soumettant à lui, t'en trouvant heureux, sans reproche ni accusation contre personne, en état de dire du fond du cœur, ce vers :

« Conduisez-moi, ô Jupiter, ô destinée ! »

Puis, toi qui t'étais proposé un pareil but, une façon de dire te séduit, certaines questions de logique te séduisent, et tu ne vas pas plus loin ; tu prends le parti de demeurer là, sans plus songer à ce qu'il y a dans la maison et tu dis : « Cela est bien joli ! » Eh, qui te dit que cela n'est pas joli ? Mais ça l'est à la façon d'un lieu de passage, à la façon d'une hôtellerie ! Qu'est-ce qui empêche, en effet, d'être malheureux, en parlant aussi bien que Démosthène ? Sache analyser les syllogismes aussi bien que Chrysippe, et qu'est-ce qui t'empêchera d'être misérable, de te lamenter, d'être jaloux, d'être bouleversé, en un mot, et d'être malheureux ? Rien certainement. Tu vois donc bien que ce n'était là que des hôtelleries sans valeur, et que autre était ce que tu cherchais.

Quand je parle ainsi devant certaines gens, ils s'imaginent que je veux détruire l'étude de la parole ou celle des questions de logique. Non, je ne veux pas détruire ces études ; mais je veux qu'on cesse de s'y attacher comme au bien suprême, et de mettre en elles toutes ses espérances. Si c'est nuire à ses auditeurs que de leur enseigner cela, mettez-moi au nombre de ceux qui leur nuisent. Mais quand je vois que le bien souverain, le bien suprême, est telle chose, je ne puis pas, pour vous faire plaisir, dire qu'il est telle autre.

CHAPITRE XXIV

A quelqu'un qu'il n'estimait pas.

Quelqu'un lui dit un jour: Je suis venu souvent vers toi dans le désir de t'entendre ; et jamais tu ne m'as répondu. Aujourd'hui, au moins, si faire se peut, dis-moi quelque chose, je t'en conjure. — Ne crois-tu pas, lui dit Épictète, qu'il y a l'art de parler, comme il y a l'art de telle autre chose? Ceux qui posséderont cet art parleront en gens qui s'y connaissent, et en ignorants ceux qui ne le posséderont pas. — Je le crois. — Eh bien! ceux qui en parlant se font du bien à eux-mêmes et peuvent en faire aux autres, ne sont-ils pas ceux qui parlent en s'y connaissant? Et ceux, au contraire, qui se font du tort à eux-mêmes et aux autres, ne sont-ils pas ceux qui ne se connaissent pas à cet art de parler? Or, il est facile de trouver des gens qui se font du bien en parlant, et d'autres qui se font du tort. A leur tour, ceux qui écoutent tirent-ils tous quelque profit de ce qu'ils écoutent? Et ne peut-on pas, parmi eux aussi, trouver des gens qui profitent, et des gens qui pâtissent? — Oui, parmi eux aussi. — Eh bien! là aussi tous ceux qui écoutent en s'y connaissant ne sont-ils pas ceux qui profitent, tandis que tous ceux qui écoutent en ne s'y connaissant point pâtissent? — D'accord. — N'y a-t-il pas alors un art d'écouter, comme il y a un art de parler? — Il semble que oui. — Si tu le veux bien, pense encore à ceci. A qui appartient-il suivant toi, de faire de la musique? — au musicien. — Faire une statue comme elle doit être faite, à qui crois-tu encore que cela appartienne? — au statuaire. — Et, pour la regarder en connaisseur, crois-tu qu'il n'y ait besoin de rien savoir? — Là aussi il faut savoir. — Eh bien! s'il faut un homme exercé pour parler comme on le doit, ne vois-tu pas qu'il faut aussi un homme exercé pour écouter avec profit? Ne parlons pour le moment, si tu le veux, ni de perfection ni de profit complet, car tous les deux nous sommes à grande distance de quoi que ce soit de ce genre. Mais voici, ce me semble, une chose que tout le monde m'accordera: c'est que, pour écouter un philosophe, on a besoin de quelque préparation. N'est-ce pas vrai?

De quoi donc te parlerai-je? Sur quel sujet peux-tu m'écouter? sur le bien et le mal? Mais de qui? du cheval? — Non. — du bœuf? — Non. — de qui donc? de l'homme? — Oui. — Savons-nous donc ce que c'est que l'homme, quelle est sa nature, quelle est son intelligence? Avons-nous les oreilles familiarisées avec cette question, au moins dans une certaine mesure?

Comprends-tu ce que c'est que la nature? ou pourras-tu me suivre dans une certaine mesure au moins, si je te le dis? Puis me servirai-je avec toi de démonstrations? Et comment le faire? Car te rends-tu au moins compte de ce que c'est qu'une démonstration, de la manière dont elle se fait, des moyens qu'elle emploie, des cas où il y a semblant de démonstration sans démonstration réelle? Sais-tu, en effet, ce que c'est que la vérité, ce que c'est que l'erreur, ce que c'est que conséquence, opposition, désaccord, contradiction? Puis te pousserai-je vers la philosophie? Comment le faire? en te montrant les oppositions et les divergences, de la plupart des hommes sur le bien et le mal, l'utile et le nuisible? Mais tu ne sais même pas ce que c'est qu'opposition? Montre-moi donc ce à quoi je puis arriver en causant avec toi. Donne-moi le désir de le faire. Que la brebis aperçoive une herbe qui lui convient, cela lui donne l'envie d'en manger; mais place auprès d'elle une pierre ou du pain, elle y sera indifférente. Il y a de même en nous une certaine propension naturelle à parler, quand celui qui doit nous entendre nous fait l'effet de quelqu'un, quand il a en lui-même quelque chose qui nous y invite; mais, quand il n'est là près de nous que comme une pierre ou comme une botte de foin, quelle envie peut-il donner à un homme? Est-ce que la vigne dit à l'ouvrier des champs, « Cultive-moi? » Non; mais, rien qu'à la voir, il est clair que celui qui la cultivera s'en trouvera bien; et elle invite ainsi d'elle-même à la cultiver. Un mignon enfant, charmant et vif, ne vous donne-t-il pas l'envie de jouer avec lui, de marcher avec lui sur les mains, de balbutier avec lui? Mais qui a jamais l'idée de jouer avec un âne ou de braire avec lui? C'est que, si mignon qu'il soit, il n'est pourtant qu'un ânon.

Pourquoi donc ta vue ne me dit-elle rien? je ne puis à cela te dire qu'une chose, c'est que l'homme qui ignore ce qu'il est et pourquoi il est né, qui ne sait ni ce qu'est ce monde où il est, ni ce que sont ses compagnons, ni ce qui est bon, ni ce qui est mauvais, ni ce qui est beau, ni ce qui est laid, qui ne comprend ni un raisonnement, ni une démonstration, ni ce que c'est que la vérité, ni ce que c'est que l'erreur, et qui ne sait pas les distinguer, ne se conformera à la nature ni dans ses désirs, ni dans ses craintes, ni dans ses vouloirs, ni dans ses entreprises, ni dans ses affirmations, ni dans ses négations, ni dans ses doutes. En somme, il s'en ira à droite et à gauche sourd et aveugle; on le prendra pour quelqu'un, et il ne sera personne. Est-ce, en effet, la première fois qu'il en est ainsi? Est-ce que, depuis que la race humaine existe, toutes nos fautes et tous nos malheurs ne sont pas dès ce moment venus de notre ignorance? Pourquoi Agamemnon et Achille se sont-ils disputés? N'est-ce point faute de savoir ce qui est utile et ce qui est nuisible? L'un ne dit-il pas qu'il est utile de rendre Chryséis à son père, et l'autre que cela est funeste? L'un ne dit-il pas qu'il doit recevoir la récompense qui a été donnée à un autre, et l'autre qu'il ne le doit pas? N'est-ce pas pour cela qu'ils ont oublié qui ils étaient, et pourquoi ils étaient venus là?» Homme, pourquoi es-tu venu? pour gagner des maîtresses, ou pour combattre? — pour combattre. — qui? les Troyens, ou les Grecs? — les Troyens. — Eh bien! laisseras-tu là Hector pour tirer l'épée contre le roi? Et toi, mon cher, oublieras-tu ton rôle de roi.

« Toi à qui les peuples sont confiés, à qui tant d'intérêts sont remis; » et te disputeras-tu pour une femme avec le plus vaillant de tes alliés, que tu devrais entourer de toute sorte d'attentions et d'égards? seras-tu au-dessous de l'habile grand-prêtre, qui a toute espèce d'égards pour les grands guerriers? » Vois-tu ce que peut produire l'ignorance de ce qui est vraiment utile?

— Mais, moi, (dis-tu) je suis riche! — Es-tu donc plus riche qu'Agamemnon? — Mais, moi, je suis beau! — Es-tu donc plus beau qu'Achille? — J'ai de plus une chevelure magnifique! — Est-ce qu'Achille n'en avait pas une plus belle encore, et une blonde? Et il ne la peignait ni ne l'arrangeait avec élégance! —

Mais de plus je suis fort! — Peux-tu donc soulever une pierre telle que celle que soulevait Hector ou Ajax? — Mais de plus je suis de noble race! — As-tu donc une déesse pour mère? As-tu pour père un fils de Jupiter? Et de quoi tout cela servait-il à Achille, quand il était assis à pleurer pour une femme? — Mais je suis orateur. — Est-ce qu'il ne l'était pas lui aussi? Ne sais-tu pas comment il s'est tiré d'affaires avec les plus habiles parleurs de la Grèce, Ulysse et Phénix? comment il les a réduits au silence?

Voilà tout ce que je puis te dire, et encore sans plaisir. Pourquoi? parce que tu ne m'as pas inspiré. Que puis-je en effet regarder en toi qui m'excite, comme la vue d'un cheval de bonne race excite un écuyer? ton corps? Mais tu en as soin d'une façon honteuse, tes habits? Mais eux aussi sont ceux d'un débauché. ta tournure? ton regard? Rien. Quand tu voudras entendre parler un philosophe, ne lui dis pas: « *Quoi! tu ne me dis rien;* » borne-toi à lui montrer que tu es digne de l'entendre, que tu as ce qu'il faut pour cela; et tu verras quelles paroles tu lui inspireras.

CHAPITRE XXV

Nécessité de la logique.

Un des assistants lui dit: « Prouve-moi que la logique est utile. — Tu veux, lui dit-il, que je te le démontre? — Oui. — Il me faut donc te faire une démonstration? — D'accord. — Mais comment saurais-tu si je ne te fais pas un sophisme? » Notre homme se tut. « Tu vois, lui dit-il alors, que tu confirmes par toi-même la nécessité de la logique, puisque sans elle tu n'es même pas capable d'apprendre si elle est nécessaire ou si elle ne l'est pas. »

CHAPITRE XXVI

Quelle est la vraie nature de nos fautes?

Toute faute renferme une inconséquence. Car celui qui commet une faute ne veut pas en commettre une, mais arriver à bien ; d'où suit évidemment que ce qu'il fait n'est pas ce qu'il veut. En effet, que veut le voleur? ce qui est dans son intérêt. Si donc son vol lui est fatal, ce qu'il fait n'est pas ce qu'il veut.

Mais toute âme raisonnable est naturellement ennemie de l'inconséquence ; et si, tant qu'elle ne s'aperçoit pas qu'elle est tombée dans une inconséquence, rien ne l'empêche de faire des choses inconséquentes, en revanche, dès qu'elle s'en aperçoit, elle renonce inévitablement à son inconséquence et la fuit ; de même que l'on cesse inévitablement de croire à l'erreur, quand on l'a reconnue pour une erreur, mais que, tant qu'elle ne nous est pas apparue comme telle, on y croit comme à une vérité. Il saura donc parler, il saura encourager et réprimander, celui qui aura le talent de montrer à chacun l'inconséquence qui fait sa faute, de lui mettre clairement sous les yeux qu'il ne fait pas ce qu'il veut, et qu'il fait ce qu'il ne veut pas. Montrez-le à quelqu'un, et de lui-même il renoncera au mal ; mais, tant que vous ne le lui aurez pas montré, ne vous étonnez pas qu'il y persiste ; car, c'est parce qu'il s'est attaché à l'apparence du bien, qu'il fait ce qu'il fait. C'est pour cela que Socrate, qui se flait à ce talent, disait : « Je n'ai l'habitude d'appeler personne pour confirmer ce que je dis ; je me contente de celui avec qui je discute ; c'est son avis que je demande ; c'est lui que j'appelle à confirmer mes paroles. A lui seul il me suffit, et me tient lieu de tous les autres. » Il savait bien, en effet, ce qui agit sur une âme raisonnable. *Mettez**

* Ces mots sont ajoutés par le traducteur. Il y a là une lacune dans le texte.

un poids dans la balance, et, bon gré, mal gré, elle penchera. De même à une âme raisonnable montrez une inconséquence, et elle y renoncera. Mais si vous ne la lui montrez pas, c'est à vous que vous devez faire des reproches, bien plutôt qu'à elle qui ne vous obéit pas.

LIVRE TROISIÈME

CHAPITRE 1er

Sur la parure.

Un jeune homme qui étudiait la rhétorique s'était présenté à lui ; ses cheveux étaient arrangés avec un grand art, et toute sa toilette était recherchée. « Réponds-moi, lui dit-il. N'y a-t-il pas des chiens et des chevaux qui te semblent beaux? d'autres qui te semblent laids? Et n'en est-il pas de même dans toutes les autres espèces d'animaux? — Oui, dit l'étudiant. — N'y a-t-il pas aussi des hommes qui te semblent beaux, et d'autres qui te semblent laids? — Et comment ne serait-ce pas? — Est-ce donc pour la même cause que nous appelons chacun de ces êtres beau dans son genre, ou chacun d'eux l'est-il pour une cause particulière? Voici qui te fera voir ce qu'il en est. Nous voyons que le chien est né pour une certaine fin, le cheval pour une autre, et le rossignol (je le prends au hasard) pour une autre encore. On a donc le droit de dire d'une manière générale que chaque être est beau, quand il a les perfections qui sont dans sa nature ; et, comme la nature de chaque espèce d'êtres est différente, il me semble aussi que chacune d'elles a sa beauté différente. Cela n'est-il pas vrai? — Oui. — Ce qui fait donc la beauté du chien fait la laideur du cheval ; et ce qui fait la beauté du cheval fait la laideur du chien, puisque leurs natures sont différentes. — Cela me semble. — Ce qui fait la beauté de l'athlète au Pancrace, ne fait pas le bon lutteur, et ferait un coureur ridicule ; et le même homme qui est beau dans le Pentathle est fort laid dans la lutte. — Cela est vrai. — Qu'est-ce donc qui fait la beauté de l'homme, si ce n'est ce qui fait la beauté du chien et du cheval, chacun dans son genre? — C'est cela même. — Qu'est-ce donc qui fait la beauté d'un chien? la présence de ce qui est la perfection du chien. Et la beauté d'un cheval? la présence de ce qui est la perfection du cheval. Qui fera donc celle d'un homme, si ce n'est la présence de la perfection humaine? Si donc, jeune homme, tu veux être beau, cherche à acquérir la perfection humaine. Mais quelle est-elle? Vois quels sont ceux que tu loues, lorsque tu loues impartialement. Sont-ce les hommes justes ou les hommes injustes? — les justes. — Les hommes chastes ou les libertins? — les hommes chastes. — Ceux qui sont maîtres d'eux mêmes ou ceux qui ne le sont pas? — ceux qui en sont maîtres — Te rendre tel, sache-le donc, c'est te faire beau; si tu y manques, tu seras laid inévitablement, alors même que tu emploierais tous les moyens pour être beau en apparence.

Je ne sais plus que te dire après cela car, si je te dis ce que je pense, je te fâcherai, et tu me quitteras, peut-être pour ne plus revenir; et, si je ne te le dis pas, vois un peu ce que j'aurai fait: tu seras venu vers moi, pour que je te serve à quelque chose, et je ne t'aurai servi à rien; tu seras venu à moi comme à un philosophe, et je ne t'aurai pas parlé comme un philosophe. N'est-ce pas de la cruauté à ton égard que de te laisser sans te corriger? Si plus tard tu devenais raisonnable, tu aurais le droit de me faire des reproches. « Qu'est-ce qu'Epictète avait donc aperçu en moi (pourrais-tu dire), pour que, me voyant venir à lui tel que j'étais, il m'ait ainsi laissé avec mes défauts, sans jamais me dire même un seul mot? A-t-il donc tant désespéré de moi? N'étais-je pas jeune? N'écoutais-je pas ce qu'on me disait? Combien n'y a-t-il pas d'autres jeunes gens à qui l'âge fait faire souvent les mêmes fautes qu'à moi? J'ai entendu dire qu'un certain Polémon, de jeune libertin qu'il était, s'était converti ainsi. Admettons qu'Epictète n'ait pas cru que je pouvais être un Polémon: il pouvait du moins corriger ma façon de me coiffer ; il pouvait m'enlever mes colliers, me faire renoncer à m'épiler ; et il s'est tû, quand il me voyait, dirai-je avec quel accoutrement ? »

Je ne te dis pas, moi, à qui convient cet accoutrement ; mais tu le diras, toi, quand tu seras revenu à toi-même ; tu sauras alors ce qu'il est, et ce que sont les gens qui se le donnent.

Si tu me faisais plus tard ces reproches, que pourrais-je dire pour ma défense ? « que, si j'avais parlé, tu n'aurais pas suivi mes avis ? » Mais est-ce que Laïus suivit ceux d'Apollon ? Est-ce que, en le quittant, il ne s'enivra pas, et n'envoya pas promener l'oracle ? Eh bien ! cela empêcha-t-il Apollon de lui dire la vérité ? Et certes, moi, je ne sais pas si tu suivras ou non mes avis, tandis qu'Apollon savait très bien que Laïus ne suivrait pas les siens ; et il lui dit la vérité pourtant ! Et pourquoi la lui dit-il ? Mais pourquoi aussi est-il Apollon ? Pourquoi rend-il des oracles ? Pourquoi a-t-il pris pour lui le rôle de prophète ? Pourquoi est-il une source de vérité, vers laquelle on se rend de toutes les parties de la terre habitée ? Pourquoi porte-t-il écrit sur le fronton de son temple, « *Connais-toi toi-même* », ce que personne ne songe à faire ?

Est-ce que Socrate persuadait à tous ceux qui venaient le trouver, de s'occuper d'eux-mêmes ? pas à un sur mille. Et cependant, comme c'était là le rôle qui lui avait été assigné par Dieu, ainsi qu'il le dit lui-même, y manqua-t-il jamais ? Au contraire, que dit-il à ses juges ? « Si vous me renvoyez, à la condition de ne plus faire ce que je fais, je ne vous obéirai pas, et je ne changerai pas de conduite. J'accosterai les jeunes gens, les vieillards, tous ceux en un mot qui se trouveront sur ma route, et je leur demanderai ce que je leur demande maintenant ; et ce sera à vous surtout, mes concitoyens, que je le demanderai, parce que vous m'appartenez de plus près par le sang. » — « As-tu donc tant le loisir, ô Socrate (lui répond-on) de t'occuper des affaires des autres et de ce qui ne te regarde pas? Que t'importe ce que nous faisons? Et qu'as-tu à venir nous dire : *Toi qui es mon camarade et mon parent, tu ne t'occupes pas de toi, et tu deviens pour la ville un mauvais citoyen, pour tes parents un mauvais parent, pour tes voisins un mauvais voisin?* Toi, de ton côté, qui donc es-tu? » C'est alors qu'il est beau de dire « Je suis celui qui doit s'occuper des hommes » ! Ce n'est pas le premier bouvillon venu qui ose tenir tête au lion ; mais, quand il se présente un taureau pour lui tenir tête, avise-toi donc de dire à ce taureau : « Qui es-tu? Et de quoi t'occupes-tu? » O homme, dans toutes les espèces il y a des individus d'élite : il y en a parmi les bœufs, parmi les chiens, parmi les abeilles, parmi les chevaux. Ne va pas dire à l'individu d'élite : « Qui donc es-tu? » Sinon, il trouvera quelque part une voix pour te dire : « Moi, je suis ce qu'est la pourpre dans le manteau. Ne me demande donc pas de ressembler aux autres ; ou bien prends-t-en à ma nature, qui m'a fait différent des autres. »

Est-ce donc là ce que je suis, moi Épictète? Mais comment puis-je l'être? Et toi, es-tu donc capable d'écouter la vérité? Plût au ciel que tu le fusses ! Mais cependant, puisque j'ai été pour ainsi dire condamné à porter la barbe blanche et le vieux manteau, et que tu es venu vers moi comme vers un philosophe, je ne te traiterai pas avec rigueur, ni comme un incurable, et je te dirai : « Jeune homme, qui veux-tu rendre beau? Sache d'abord qui tu es, et ne songe à te parer qu'après cela. Tu es un homme, c'est-à-dire un être animé, destiné à mourir, et qui doit faire un usage raisonnable de tout ce que ses sens lui présentent. Qu'est-ce qui est donc raisonnable? ce qui est conforme à la nature et parfait (en son genre). Or, qu'y a-t-il de plus excellent en toi? l'animal? Non, l'être mortel? Non, l'être pourvu des sens? Non. Ce que tu as de plus excellent en toi, c'est ta raison. Voilà ce qu'il te faut embellir et parer. Quant à ta chevelure, laisse-la au gré de celui qui l'a disposée comme il l'a voulu. Voyons : quels différents noms portes-tu encore? Es-tu un homme ou une femme? — un homme. — Pare donc un homme en toi et non pas une femme. Celle-ci est née avec une peau lisse et douce : si elle a beaucoup de poils, elle est un phénomène, et on la montre à Rome parmi les phénomènes. Mais chez l'homme ceci arrive précisément quand il n'a pas de poils. Si c'est naturellement qu'il n'en a pas, il est un simple phénomène ; mais, s'il se les est ôtés et enlevés lui-même, que ferons-nous de lui? Où le montrerons-nous? Quelle affiche lui composerons-nous? *Je vous ferai voir un homme qui aime mieux être une femme qu'un homme?* O le merveilleux spectacle! Tout le monde s'extasiera devant une pareille affiche. Par Jupiter! je crois que ceux qui s'épilent ne le font que parce qu'ils ne comprennent pas que c'est là ce qu'ils font. O homme que peux-tu reprocher à la nature pour ton compte? de t'avoir fait homme? Quoi donc! ne devait-elle faire que des femmes? A quoi te servirait alors de te parer? Et pour qui te parerais-tu, si tout le monde était femme? Mais les poils te déplaisent! Eh bien! enlève-toi les tous et complètement. Enlève ce... (quel nom lui donner?) qui est la cause des poils. Fais-toi femme de tout point, pour que nous ne nous y trompions pas. Ne sois pas moitié homme et moitié femme. A qui veux-tu plaire? à ces dames. Plais-leur comme un homme. — Oui, mais elles aiment les peaux lisses. — Puisses-tu te faire pendre! Si elles aimaient les hommes qui se prostituent, irais-tu te prostituer? Est-ce donc là ton rôle? N'es-tu né que pour être aimé des femmes sans mœurs? Est-ce de toi alors que nous ferons un citoyen de Corinthe, et, au besoin, un préfet de la ville, un directeur de la jeunesse, un préteur, un président des jeux? Voyons; quand tu seras marié, voudras-tu encore te faire épiler? Pour qui le ferais-tu et dans quel but? Puis, quand tu auras des enfants, nous les présenteras-tu épilés, pour les faire admettre au nombre des citoyens? O le bon citoyen! O le bon sénateur! O le bon orateur! Sont-ce là les jeunes gens qu'il nous faut souhaiter d'avoir et d'élever? »

Non pas, jeune homme, par tous les Dieux! Mais, après m'avoir entendu te parler ainsi, dis-toi en me quittant : « Ce n'est pas Epictète qui m'a dit cela ; car d'où l'aurait-il tiré ? ; c'est un Dieu bienveillant qui me l'a dit par sa bouche. Autrement il ne serait pas venu à la pensée d'Epictète de me tenir ce langage, lui qui n'a l'habitude de parler ainsi à personne. Allons donc, et obéissons au Dieu, pour ne pas nous exposer à sa colère ? » N'est-ce pas là ce que tu dois te dire ? Si un corbeau t'avertit par ses croassements, tu crois que ce n'est pas lui qui t'avertit, mais Dieu par lui : diras-tu donc, lorsque Dieu t'avertit par la voix d'un homme, que ce n'est pas lui qui a fait parler ainsi cet homme, pour que tu connusses la puissance de la divinité, qui avertit les uns d'une façon, les autres d'une autre, mais qui toujours fait passer ses avis les plus graves et les plus importants par la bouche de son meilleur messager ? N'est-ce pas, en effet, ce que dit le poète ?

« Car nous lui avions dit d'avance, en lui envoyant Mercure, le vigilant meurtrier d'Argus, de ne pas le tuer et de ne pas épouser sa femme. »

N'était-ce pas là ce que Mercure avait dû descendre lui dire ? Aujourd'hui de même, les dieux te disent, en t'envoyant Mercure, leur messager et le meurtrier d'Argus : « Ne perds pas ton temps à changer ce qui est bien ; laisse l'homme être un homme, la femme être une femme, la beauté de l'homme être la beauté de l'homme, et sa laideur aussi être la laideur de l'homme. » C'est qu'en effet ta chair et tes poils ne sont pas toi : ce qui est toi, c'est ta faculté de juger et de vouloir. Fais la belle, et tu seras beau. Pour le moment, je n'ose pas te dire que tu es laid, car c'est, je crois, le mot que tu voudrais le moins entendre. Mais vois ce que dit Socrate au plus beau et au plus élégant de tous les hommes, à Alcibiade : « Tâche donc d'être beau. » Et que lui dit-il pour cela ? Lui dit-il : « Arrange ta chevelure, et fais épiler tes jambes ? » A Dieu ne plaise ! Il lui dit ; « Donne tes soins à ta faculté de juger et de vouloir. Débarrasse-toi de tes fausses opinions. » Comment faut-il donc traiter le corps? suivant sa nature. Mais c'est un autre que ce soin regarde; laisse-le lui. — Faut-il donc être sale? — A Dieu ne plaise! Mais ce que tu dois tenir propre, c'est l'être que tu es par nature : si tu es homme, maintiens-toi propre comme un homme; si tu es femme, comme une femme; si tu es enfant, comme un enfant. — Non, dis-tu; mais enlevons aussi au lion sa crinière, pour qu'il ne soit pas sale; et au coq sa crête, car lui aussi doit-être propre. — Oui, mais comme un coq; et cet autre comme un lion; et le chien de chasse, comme un chien de chasse. »

CHAPITRE II

Des choses auxquelles il faut exercer l'élève; et de notre négligence de ce qu'il y a de plus important.

Il est trois choses qu'il faut apprendre par l'exercice à celui qui doit devenir un sage : d'abord à désirer et à redouter, pour qu'il ne manque jamais ce qu'il désire, et ne tombe jamais dans ce qu'il redoute; en second lieu, à vouloir les choses et à les repousser, ou, plus simplement, à faire ce qu'il doit, afin qu'il agisse toujours suivant l'ordre et la raison, et sans négligence; en troisième lieu, à ne jamais se tromper, à ne jamais juger au hasard, en un mot à bien donner son assentiment. Le point principal, celui qui presse le plus, est celui qui touche aux troubles de l'âme, car ces troubles ne se produisent jamais que parce qu'on a été frustré dans ses désirs, ou parce qu'on est tombé dans ce qu'on redoutait. Voilà ce qui engendre en nous les perturbations, les désordres, l'idée que nous sommes malheureux et misérables, les plaintes, les gémissements, la haine; voilà ce qui fait les haineux et les jaloux; voilà ce qui nous empêche d'écouter les bonnes raisons. En seconde ligne est le point relatif au devoir; car nous n'avons pas à être insensibles comme les statues, mais à remplir nos obligations naturelles et adventices, soit au nom de la piété, soit comme fils, comme frère, comme père, comme citoyen.

Le troisième point ne regarde que ceux qui sont déjà bien avancés : il a pour objet de les rendre infaillibles, en empêchant qu'aucune *idée* ne se glisse en eux à leur insu et sans être examinée, même dans le sommeil, même dans l'ivresse, même dans les moments d'humeur noire. Ce point-là est au-dessus de nous *. Mais les philosophes de nos jours laissent de côté le premier et le second point, pour s'occuper uniquement de ce troisième; et ils sont tout entiers aux arguments captieux, interrogatifs, hypothétiques, mensongers. Il est vrai, en effet, qu'on doit en pareille matière aussi, quand elle se rencontre, savoir se préserver de l'erreur; mais qui doit cela? le sage. Toi donc, n'y a-t-il que cela qui te manque? Es-tu parfait dans tout le reste? Ne faiblis-tu jamais en face d'un écu? Si tu aperçois une belle fille, sais-tu résister à sa vue? Si ton voisin fait un héritage, n'en éprouves-tu aucune peine? Rien ne te manque-t-il aujourd'hui, que d'être inébranlable dans tes opinions? Malheureux que tu es! C'est en tremblant que tu apprends toutes ces belles choses, en mourant de peur d'être méprisé, et en t'informant si on ne parle pas de toi. Si quelqu'un vient te dire : « Comme on demandait quel était le plus grand philosophe, une personne présente a dit; *Le seul philosophe, c'est un tel* », ta petite âme, qui était de la taille d'un doigt, grandit de deux coudées. Mais, si quelqu'un de ceux qui étaient là a répondu : « Tu parles en l'air : un tel ne vaut pas la peine qu'on l'entende! Que sait-il, en effet? Il en est aux premiers éléments, et rien de plus! » te voici hors de toi, sans couleur, et tu t'écries aussitôt : « Je lui

* J'ai passé dans cet endroit deux φησί qui ne peuvent se rapporter qu'à Epictète, d'après l'ensemble du chapitre, et qui partant ne sont que des pléonasmes de rédaction ne servant qu'à embrouiller les idées.

montrerai qui je suis et que je suis un grand philosophe ! » Cela se voit rien que par là. Quelle autre démonstration veux-tu en donner ? Diogène (ne le sais-tu pas ?) montrait un jour un sophiste, en étendant le doigt du milieu. Celui-ci s'en fâcha. « Voilà ce qu'est un tel ! dit le philosophe ; je vous l'ai montré. » C'est qu'en effet ce n'est pas avec le doigt que se montre un homme, comme une pierre ou un morceau de bois ; mais montrez ses façons de voir, et alors en lui vous aurez montré l'homme.

Voyons tes façons de voir à toi aussi. N'est-il pas évident que tu comptes pour rien ta faculté de juger et de vouloir, que tes yeux se tournent hors de toi sur ce qui ne dépend pas de toi, sur ce que dira un tel, sur ce qu'il pensera de toi ? Te trouve-t-il savant ? Croit-il que tu as lu Chrysippe et Antipater ? Car, s'il va jusqu'à Archédémus, te voilà au comble du bonheur ! Pourquoi meurs-tu encore de peur de ne pas nous montrer ce que tu es ? Veux-tu que je te dise ce que tu nous montres ? Tu nous montres devant nous un homme sans cœur et qui se plaint toujours, un homme toujours en colère, un lâche, qui blâme tout, qui accuse tout le monde, qui n'est jamais tranquille, un homme qui n'a rien de solide en lui. Voilà ce que tu nous as montré. Va-t'en donc lire Archédémus ; puis, si un rat tombe chez toi et fait du bruit, te voilà mort ! Ce qui t'attend, c'est une mort semblable à celle de... quel est-il ?..... à celle de Crinis. Lui aussi était fier, parce qu'il savait tout Archédémus. Malheureux ! ne veux-tu pas renoncer à toutes ces connaissances, qui ne sont pas faites pour toi ? Elles conviennent à ceux qui peuvent les acquérir, étant déjà au-dessus de tous les troubles de l'âme ; à ceux qui peuvent dire : « Je n'ai ni colère, ni chagrin, ni haine ; il n'y a pour moi, ni entraves, ni contrainte. Que me reste-t-il à faire ? J'ai du loisir, et je suis en repos. Voyons comment on doit se tirer de la conversation des syllogismes ; comment, après avoir posé une hypothèse, on évitera de tomber dans l'absurde. » Voilà ceux auxquels ces études conviennent.

Quand on a une navigation heureuse, on a le droit d'allumer du feu, de dîner, et même à l'occasion, de chanter et de danser; mais toi, c'est quand le navire est en danger de sombrer que tu viens déployer tes plus hautes voiles.

CHAPITRE III

De ce qui sert de matière à l'homme de bien, et du principal but de ses efforts.

La matière sur laquelle le sage travaille, c'est sa partie maîtresse, tandis que son corps est la matière du médecin et du maître de gymnastique, et son champ, celle du cultivateur. Sa tâche est d'user des *idées* conformément à la nature. Or, toute âme est née, d'une part, pour adhérer à la vérité, repousser l'erreur, et retenir son jugement en face de ce qui est douteux; de l'autre, pour se porter avec amour vers ce qui est bien, écarter de soi ce qui est mal, et ne faire ni l'un ni l'autre pour ce qui n'est ni bien ni mal. Si, en effet, ni les banquiers, ni les vendeurs de légumes, ne peuvent refuser la monnaie de César; si, dès qu'on la leur montre il faut, bon gré, mal gré, qu'ils livrent ce qu'on leur achète en échange, semblable chose est vraie de l'âme: le bien qui se montre l'attire immédiatement à lui, le mal l'en éloigne. Jamais l'âme ne refusera le bien qui se montrera clairement à elle, pas plus que le banquier la monnaie de César. C'est de là que découlent tous les actes de l'homme et de Dieu.

C'est pour cela que le bien passe avant tous les liens du sang. Ce n'est pas mon père qui m'intéresse, c'est mon bien. — Es-tu donc réellement si dur? — Oui, car c'est là ma nature même: le bien est la monnaie que Dieu m'a donnée à moi. C'est pourquoi, dès que le bien est différent de l'honnête et du juste, c'en est fait de mon père, de mon frère, de ma patrie et de toute chose. « Ferai-je fi de mon bien, pour que tu l'aies, et te le céderai-je? Pour quel motif? — Je suis ton père — Oui, mais tu n'es pas mon bien. — Je suis ton frère. — Oui, mais tu n'es pas mon bien. » Si, au contraire, nous plaçons le bien dans une volonté et un jugement droit, respecter les liens du sang devient lui-même un bien ; et dès lors celui qui cède quelqu'une des choses extérieures arrive par cela même au bien. — « Ton père te prend ton argent. — Il ne me fait pas de tort. — Ton frère aura plus de terres que toi. — Qu'il en ait autant qu'il le veut. Aura-t-il donc par là plus de conscience? plus de probité ?plus de dévouement fraternel? » C'est qu'en effet c'est là une richesse dont personne ne peut me déposséder; pas même Jupiter. Il ne l'a pas voulu, en effet. Bien loin de là : il l'a remise entre mes mains, et il me l'a donnée telle qu'il la possède lui-même, affranchie de toute entrave, de toute contrainte, de tout empêchement.

Chacun a sa monnaie particulière ; montrons-la lui, et nous aurons ce qu'il vend en échange. Un proconsul voleur est arrivé dans la province; quelle est la monnaie à son usage? l'argent. Montre-lui de l'argent, et emporte ce que tu veux. C'est un coureur de femmes qui est arrivé ; quelle est la monnaie à son usage? les jolies filles. « Prends ta monnaie, lui dit-on, et vends-moi cette minime affaire. Donne, et reçois en retour. » Un autre aime les jeunes garçons. Donne-lui sa monnaie et prends ce que tu veux. Un autre aime la chasse. Donne-lui cheval ou chien ; et, avec force larmes et soupirs, il te vendra en échange ce que tu voudras. Il y a quelqu'un, en effet, qui l'y contraint au dedans de lui : celui qui a réglé que ce serait là sa monnaie.

C'est là le terrain sur lequel il faut s'exercer avant tout. Lorsque tu es sorti dès le matin, quelque chose que tu voies ou que tu entendes, examine, et réponds comme à une interrogation. « Qu'as-tu vu? un beau garçon ou une belle fille. Applique ta règle. L'objet relève-t-il de ton libre arbitre, ou n'en relève-t-il pas?—

Il n'en relève pas. — Eh bien ! rejette. — Qu'as-tu vu? un homme qui pleurait la mort de son fils. Applique ta règle. La mort ne relève pas de notre libre arbitre, Enlève de devant nous. — J'ai rencontré un des consuls. — Applique ta règle. Qu'est-ce que le consulat? une chose qui relève de notre libre arbitre ou qui n'en relève pas? — une chose qui n'en relève pas. — Enlève encore ; ce n'est pas là une monnaie de bon aloi ; rejette-la ; tu n'en as que faire. » Si nous faisions cela, si nous nous exercions ainsi depuis le matin jusqu'à la nuit, il en résulterait quelque chose de par tout les Dieux ! Mais maintenant tout ce qui s'offre à nos sens nous saisit aussitôt, et nous tient bouche béante. Ce n'est qu'à l'école que nous nous réveillons un peu, et encore ! Puis, quand nous en sommes dehors, si nous apercevons un homme qui pleure, nous disons : « Il est perdu ! » Si nous apercevons un consul, nous disons : « L'heureux homme ! » un exilé, « le malheureux ! », un pauvre, « l'infortuné ! Il n'a pas de quoi manger ! » Ce sont là de faux jugements qu'il faut retrancher de notre esprit, et c'est une chose qui demande tous nos efforts. Qu'est ce qu'en effet crier et gémir? une manière de voir. Qu'est-ce que le malheur? une manière de voir. Qu'est-ce que les révoltes, les désaccords, les reproches, les récriminations, les blasphèmes, les paroles inutiles? Il n'y a dans tout cela que des manières de voir, et rien autre : des façons de juger les choses qui ne relèvent pas de notre libre arbitre, en les tenant pour bonnes ou pour mauvaises. Que quelqu'un ne tienne pour telles que les choses qui relèvent de son libre arbitre, et je lui garantis un bonheur constant, quoiqu'il se passe autour de lui.

L'âme est comme un bassin plein d'eau, et les *idées* sont comme les rayons qui tombent sur cette eau. Lorsque cette eau est en mouvement, il semble que les rayons aussi soient en mouvement, quoiqu'ils n'y soient réellement pas. De même, quand une âme est prise de vertige, ce n'est ni dans ses connaissances ni dans ses talents qu'est le trouble, mais dans l'esprit même qui les a en lui. Qu'il reprenne son assiette, ils reprendront la leur.

CHAPITRE IV

Contre ceux qui au théâtre donnent des marques inconvenantes de faveur.

Un procurateur de l'Épire avait favorisé un histrion d'une manière inconvenante, et le public lui avait dit des injures ; il était venu alors raconter ces injures à Épictète, et il s'indignait contre ceux qui les lui avaient adressées. « Qu'ont-ils fait de mal, lui dit celui-ci? Ils ont donné des marques de leur faveur tout comme toi. — Mais peut-on en donner de pareilles? dit notre homme. — Quand ils te voyaient, répliqua Épictète, toi leur magisfrat, toi l'ami et le procurateur de César, témoigner ainsi ta faveur, ne pouvaient-ils pas de même témoigner la leur? Car, si l'on ne doit pas témoigner ainsi sa faveur, commence par ne pas témoigner la tienne ; ou, si on le doit, pourquoi leur en veux-tu de t'avoir imité? Qui la multitude peut-elle imiter, si ce n'est vous qui êtes au-dessus d'elle? Et, quand elle va au théâtre, sur qui a-t-elle les yeux, si ce n'est sur vous? « Vois, dit-on, comme l'intendant de César regarde le spectacle ! Il a crié ! je crierai donc, moi aussi. Il trépigne d'enthousiasme ! Je trépignerai donc aussi. Ses esclaves, assis à ses côtés, poussent des clameurs! Moi, je n'ai pas d'esclaves ; je vais à moi seul, si je le puis, en pousser autant que tous. » Il te fallait savoir, quand tu es entré au théâtre, que tu y entrais pour servir de règle et d'exemple aux autres, sur la manière dont on doit regarder. Pourquoi donc t'ont-ils injurié? parce que tout homme hait ce qui le contrarie. Ces gens voulaient qu'un tel fût couronné ; toi, tu voulais que ce fût un autre : ils te contrariaient, tu les contrariais. Tu t'es trouvé le plus fort; ils ont fait ce qu'ils pouvaient faire: ils ont injurié qui les contrariait. Que voudrais-tu donc? que tu fisses ce que tu veux, et que ces gens ne pussent même pas dire ce qu'ils veulent? Qu'y a-t-il d'étonnant qu'ils aient agi ainsi? Les laboureurs n'injurient-ils pas Jupiter, quand il les contrarie? Les matelots ne l'injurient-ils pas aussi! Cesse-t-on jamais d'injurier César? Eh bien! est-ce que Jupiter ne le sait pas? Est-ce que les paroles qu'on a dites ne sont pas rapportées à César? Que fait-il donc? Il sait que, s'il punissait tous ceux qui l'injurient, il n'aurait plus sur qui régner.

Que conclure de là? que tu devais te dire, en arrivant au théâtre, non pas. « Il faut que Sophron soit couronné; » mais, « J'aurai soin dans cette occasion que ma volonté soit conforme à la nature. Personne ne m'est plus cher que moi-même. Il serait donc ridicule de me nuire à moi-même, pour faire triompher l'un des comédiens. Quel est donc celui que je veux voir vainqueur? celui qui le sera. De cette façon celui qui vaincra sera toujours celui que j'aurai voulu. » — « Mais je veux, dis-tu que la couronne soit à Sophron! » Fais célébrer alors dans ta maison tous les jeux que tu voudras, et proclame Sophron vainqueur aux jeux Néméens, aux Pythiens, aux Isthmiques et aux Olympiques. Mais en public pas d'empiétements: ne t'arroges pas ce qui appartient à tous. Sinon, supporte les injures; car, lorsque tu agis comme la multitude, tu te mets toi-même à son niveau.

CHAPITRE V

Contre ceux qui partent parce qu'ils sont malades.

« Je suis malade ici, dit quelqu'un; je veux m'en retourner chez moi. » — Est-ce que chez toi tu ne seras plus malade? Ne veux-tu pas te demander si tu ne fais pas ici quelque chose qui serve à l'amélioration de ton jugement et de ta volonté? Car, si tu ne fais pas de progrès, c'est inutilement, en effet, que tu es venu. Va-t'en et occupe-toi de ta maison. Si ta partie maîtresse ne peut-être conforme à la nature, ton champ du moins le pourra ; tu augmenteras tes écus ; tu soigneras ton vieux père ; tu vivras sur la place publique ; tu seras magistrat ; et corrompu, tu feras en homme corrompu quelqu'une des choses qui sont la conséquence de ce titre. Mais si tu avais la conscience de t'être délivré de quelques opinions mauvaises, et de les avoir remplacées par d'autres ; si tu avais fait passer ton âme de l'amour des choses qui ne relèvent pas de ton libre arbitre à l'amour de celles qui en relèvent ; si, quand tu dis : « Hélas ! » tu ne le disais ni à cause de ton père, ni à cause de ton frère, mais à cause de ton *moi*, est-ce que alors tu te préoccuperais encore de la maladie? Ne sais-tu pas, en effet, qu'il faut que la maladie et la mort viennent nous saisir au milieu de quelque occupation ? Elles saisissent le laboureur à son labour et le marin sur son navire. Que veux-tu être en train de faire quand elles te prendront? Car il faut qu'elles te prennent en train de faire quelque chose. Si tu sais quelque chose de meilleur que ceci à faire au moment où elles te prendront, fais-le.

Pour moi, puisse-t-il m'arriver d'être pris par elles ne m'occupant d'autre chose que de ma faculté de juger et de vouloir, afin que, soustraite aux troubles, aux entraves, à la contrainte, elle soit pleinement libre ! Voilà les occupations où je veux qu'elles me trouvent, pour pouvoir dire à Dieu : « Est-ce que j'ai transgressé tes ordres? Est-ce que j'ai mal usé des facultés que tu m'avais données? mal usé de mes sens ? de mes notions *a priori ?* T'ai-je jamais rien reproché? Ai-je jamais blâmé ton gouvernement ? J'ai été malade, parce que tu l'as voulu. Les autres aussi le sont, mais moi je l'ai été sans mécontentement. J'ai été pauvre, parce que tu l'as voulu ; mais je l'ai été, content de l'être. Je n'ai pas été magistrat, parce que tu ne l'as pas voulu; mais aussi je n'ai jamais désiré de magistrature. M'en as-tu jamais vu plus triste? Ne me suis-je pas toujours présenté à toi le visage radieux, n'attendant qu'un ordre, qu'un signe de toi? Tu veux que je parte aujourd'hui de ce grand spectacle du monde; je vais en partir. Je te rends grâce sans réserve, de m'y avoir admis avec toi, de m'avoir donné d'y contempler tes œuvres et d'y comprendre ton gouvernement. « Que ce soit là ce que je pense, écrive ou lise, au moment où me prendra la mort!

— Mais dans ma maladie ma mère ne me tiendra pas la tête! — Va-t'en donc près de ta mère, car tu mérites bien qu'on te tienne la tête, quand tu es malade. — Mais chez moi j'étais couché dans un lit élégant? — Va donc trouver ton lit; tu mérites de t'y coucher en bonne santé. Ne te prive pas de ce que tu peux te procurer là-bas.

Et que dit Socrate? « Comme un autre, dit-il, est heureux des progrès qu'il fait faire à son champ, et tel autre à son cheval, ainsi moi je suis heureux chaque jour quand je sens les progrès que je fais. » En quoi donc étaient ces progrès? dans l'art des jolies phrases? — Tais-toi, mon cher! — dans l'étude de la Logique? — Que dis-tu là? — Je ne vois pourtant pas autre chose dont s'occupent les philosophes. — N'est-ce donc rien à tes yeux que de n'adresser jamais de reproches à personne, ni à la divinité, ni à l'homme? que de ne blâmer personne? que d'avoir toujours le même visage en sortant comme en rentrant? C'était là ce que savait faire Socrate; et jamais cependant il ne se vanta de savoir ou d'enseigner quelque chose. Si quelqu'un lui demandait l'art des jolies phrases ou la science de la Logique, il le conduisait à Protagoras ou à Hippias, comme il aurait conduit à un jardinier celui qui serait venu lui demander des légumes.

Or, quel est celui de vous qui a de pareils principes? Si vous les aviez, vous seriez heureux d'être malades, d'être pauvres, et même de mourir. S'il est quelqu'un de vous qui soit amoureux d'une jolie fille, il sait que je dis vrai.

CHAPITRE VI

Miscellanées.

Quelqu'un lui demandait pourquoi les progrès étaient plus grands qu'autrefois, quoiqu'aujourd'hui l'on exerce davantage sa raison. — « Mais à quoi l'exerce-t-on ? dit-il. Et en quoi les progrès étaient-ils plus grands alors? Car ce à quoi on l'exerce aujourd'hui, il est aisé de voir qu'aujourd'hui encore on y fait des progrès. Aujourd'hui c'est à analyser des syllogismes qu'on l'exerce ; et c'est à cela qu'on fait des progrès. Autrefois on l'exerçait à maintenir la partie maîtresse en conformité avec la nature ; et c'était aussi à cela qu'on faisait des progrès. N'intervertis donc pas les choses ; et, quand tu travailles à une, ne demande pas à faire des progrès dans une autre. Cherche plutôt s'il y a quelqu'un parmi vous qui s'applique à vivre et à se conduire comformément à la nature, et qui n'y fasse pas de progrès. Or tu ne trouveras personne. »

Le Sage est invincible : il ne combat, en effet, que là où il est le plus fort. « Tu veux ce qui est dans mon champ : prends-le ; prends mes serviteurs ; prends mon pouvoir ; prends mon corps ; mais tu ne feras pas que mes désirs soient trompés, ou que je tombe dans ce que je cherche à éviter. » Le Sage ne descend au combat que pour les choses qui dépendent de son libre arbitre. Comment alors ne serait-il pas invincible ?

Quelqu'un lui demandait ce que c'était que le sens commun ; il répondit : « On peut appeler oreille commune celle qui se borne à distinguer les mots, tandis que celle qui distingue les notes n'est plus l'oreille commune, mais celle d'un artiste. De même, il est des choses que comprennent d'après les prédispositions communes tous ceux qui n'ont pas l'esprit complètement à l'envers. C'est ce côté de notre intelligence que j'appelle le sens commun.

Il n'est pas facile d'amener à la philosophie les jeunes gens d'une trempe molle, pas plus qu'il ne l'est de prendre du fromage mou avec un hameçon. Quant à ceux d'une heureuse nature, vous avez beau les détourner de la philosophie, ils ne s'y attachent qu'avec plus de force. Aussi Rufus en détournait-il le plus souvent, parce que c'était là sa pierre de touche des bonnes et des mauvaises natures. « Jetez une pierre en l'air, disait-il, et elle redescendra vers la terre, en vertu même de ce qu'elle est ; de même, plus vous écarterez un heureux naturel de ce pour quoi il est fait, plus il y tendra avec force. »

CHAPITRE VII

A un disciple d'Épicure, qui était chargé de réformer des villes libres.

Le réformateur (c'était un disciple d'Epicure) était venu trouver Epictète; celui-ci lui dit : « C'est notre rôle, à nous ignorants, de vous interroger, vous autres philosophes, comme les étrangers qui arrivent dans une ville interrogent les habitants qui la connaissent. Dites-nous ce qu'il y a de meilleur dans le monde, pour que, lorsque nous le saurons, nous allions le chercher et le contempler, comme font les étrangers dans les villes. Que trois sortes de choses aient été données à l'homme, une âme, un corps, et les objets extérieurs, c'est ce que ne conteste presque personne ; mais il vous reste à nous apprendre par votre réponse quelle est la meilleure des trois. Quelle est celle que nous indiquerons comme telle aux hommes ? la chair ? Mais est-ce donc par amour de sa chair, et pour lui faire plaisir, qu'au cœur de l'hiver Maximus alla par mer jusqu'à Cassiope, en accompagnant son fils ? —

Non, dit notre homme; et à Dieu ne plaise! — Ne convient-il donc pas, dit Épictète de donner tous ses soins à ce qu'il y a de meilleur? — C'est ce qui convient le plus au monde. — Qu'avons-nous donc de meilleur que le corps? — l'âme dit l'autre. — Mais qu'est-ce qui vaut le mieux, le bien de la partie la meilleure, ou celui de la partie la moins bonne? — celui de la partie la meilleure. — Tout ce qui est un bien pour l'âme dépend-il de notre libre arbitre, ou n'en dépend-il pas? — Il en dépend. — Eh bien! le plaisir de l'âme dépend-il donc de notre libre arbitre? — Oui. — Mais de quoi naît ce plaisir? est-ce qu'il naît de lui-même? La supposition est absurde; car il faut qu'il y ait antérieurement quelque bien réel et supérieur, dont la possession fasse naître le plaisir dans notre âme.

Notre homme l'avouait.

D'où naît donc ce plaisir, dont nous jouissons dans notre âme? Car, s'il naît des choses de l'âme, voilà le vrai bien trouvé. Il ne se peut pas, en effet, que le bien soit une chose, et que ce dont nous avons raison de jouir en soit une autre. Quand le principe n'est pas bon, la conséquence n'est pas bonne; car, pour que la conséquence soit bonne, il faut que le principe soit bon. Mais vous vous garderez de parler ainsi, si vous êtes dans votre bon sens, car ces paroles sont en contradiction avec Epicure et avec vos autres dogmes. Il reste donc que ce soit du corps que naissent les plaisirs ressentis par l'âme; que le corps par suite occupe le premier rang et que le bien véritable soit en lui.

Aussi Maximus a-t-il agi sottement, s'il a fait ce voyage par mer pour autre chose que pour son corps, c'est-à-dire pour ce qu'il y a de meilleur. Il fait sottement aussi de s'abstenir du bien d'autrui, le juge qui peut s'en emparer. Veillons seulement, si tu le veux bien, à ce qu'il le fasse en secret, en sûreté, sans que personne le sache. Car ce qu'Epicure en personne appelle un mal, ce n'est pas de voler, mais d'être découvert; et c'est parce qu'on ne peut jamais avoir une entière assurance de rester inconnu, qu'il vous dit : « Ne volez pas. » Mais je vous dis, moi, que, si nous le faisons adroitement et en nous cachant bien, nous ne serons pas découverts. Nous avons d'ailleurs à Rome des amis et des amies qui sont puissants ; puis les Grecs sont faibles, et pas un d'eux n'osera venir à Rome pour cela. Pourquoi donc t'abstenir de ce qui est ton bien? C'est une sottise et une absurdité. Et quand même tu me dirais que tu t'en abstiens, je ne te croirais pas. Car, de même qu'il est impossible d'adhérer à l'erreur ou de ne pas adhérer à la vérité, quand elles sont évidentes, de même il est impossible de s'abstenir d'un bien évident. Or, l'argent est un bien, et la plus abondante source de plaisirs. Pourquoi ne t'en procurerais-tu pas ? Pourquoi donc aussi ne corromprions-nous pas la femme de notre voisin, si nous pouvions le faire en secret? Et si son mari s'amusait à réclamer, pourquoi ne lui romprions-nous pas le cou par-dessus le marché? C'est ce que tu feras, si tu veux être philosophe comme il faut l'être, si tu veux l'être complètement, si tu veux te conformer à tes principes. Si tu ne le fais pas, tu ne différeras en rien de nous autres qu'on nomme Stoïciens ; car nous aussi nous agissons autrement que nous ne parlons. Seulement, chez nous, ce sont les paroles qui sont honorables, et les actions qui sont honteuses ; chez toi, par une dépravation et une perversité toutes contraires, ce seront les principes qui seront honteux, et les actions qui seront honorables.

Au nom du ciel, te représentes-tu une ville d'Epicuriens ? « Moi je ne me marie pas (dit l'un) ! Ni moi non plus (dit l'autre) ! car il ne faut pas se marier. » Mais il ne faut pas non plus avoir d'enfants, ni s'occuper du gouvernement. Qu'arrivera-t-il donc ? D'où viendront les citoyens ? Qu'est-ce qui les instruira ? Qui sera le surveillant de la jeunesse? Qui sera son maître de gymnastique? Qui se chargera de son éducation? Lui donnera-t-on l'éducation des Lacédémoniens, ou celle des Athéniens ?

Prends-moi un jeune homme, et élève-le suivant tes

principes ! Mauvais sont tes principes : ils sont le bouleversement des Etats, le poison des familles, le déshonneur des femmes. Homme, renonces-y ! Tu vis dans une ville capitale ; il te faut être magistrat, rendre équitablement la justice, t'abstenir du bien d'autrui, ne trouver belle aucune autre femme que la tienne, ne trouver beau aucun jeune garçon, aucun objet en or ou en argent ! Cherche des principes d'accord avec ceux-là ; et, en partant d'eux, tu te passeras gaiement de tant d'objets si propres à nous attirer et à triompher de nous. Que n'arriverait-il pas, au contraire, si aux séductions des objets nous ajoutions avec toi l'invention d'une philosophie, qui nous pousse vers eux et accroît leur puissance ?

Dans un vase d'argent ciselé, qu'est-ce qui a le plus de prix, la matière ou l'art ? (*évidemment, c'est l'art*). Eh bien ! La chair est la matière de la main, et ce qu'il y a de principal, c'est ce que fait la main. Par suite donc, il y a pour nous vis-à-vis des objets trois sortes de convenances, les unes relatives à leur substance, les autres aux qualités de cette substance, puis celles enfin qui sont les principales. De même, dans l'homme aussi, ce n'est pas à la matière, c'est-à-dire à la chair, qu'il faut attacher du prix, mais à ce qu'il y a de principal. Et qu'est-ce qu'il y a de principal ? Gouverner, se marier, avoir des enfants, honorer Dieu, prendre soin de ses parents ; bref, désirer ou éviter, se porter vers les choses ou les repousser, comme il convient de le faire dans chaque cas, conformément à notre nature. Et quelle est notre nature ? d'être libres, nobles et honnêtes. Est-il en effet un autre être animé qui rougisse ? En est-il un autre qui ait l'idée de la honte ? Quant au plaisir, il faut le subordonner à tout cela, comme un serviteur, et comme un aide, qui doit appeler en nous la bonne volonté, et faire que nous nous renfermions dans les actes conformes à la nature.

— Mais je suis riche, dis-tu, et je n'ai besoin de rien ! — Pourquoi donc te donnes-tu encore des airs de philosophe ? Tu as assez de tes vases d'or et d'argent !

Qu'as-tu besoin de principes? — Mais je suis aussi le juge des Grecs! — Sais-tu juger? Qui t'a fait le savoir? — César a signé mon brevet! — Eh! qu'il t'en signe un pour juger la musique, qu'y gagneras-tu? Après tout, comment es-tu devenu juge? De qui as-tu baisé la main? de Symphorus ou de Numénius? Aux pieds du lit de qui t'es-tu couché? A qui as-tu envoyé des cadeaux? Et ne comprends-tu pas qu'être juge ne vaut que ce que vaut Numénius? — Mais je puis jeter en prison qui je veux! — Comme tu peux faire bâtonner un âne. Ce n'est pas comme cela qu'on commande à des hommes. Commande-nous comme à des êtres raisonnables. Montre-nous ce qui doit nous nuire, et nous nous en détournerons. Fais que nous t'imitions, comme Socrate faisait qu'on l'imitât. C'était vraiment lui qui commandait comme à des hommes, lui qui amenait les gens à lui soumettre leurs désirs, leurs aversions, leurs intentions pour ou contre les choses. « Fais ceci; ne fais pas cela (dis-tu); sinon, je te jetterai en prison. » — Ce n'est pas encore là commander à des êtres raisonnables. Mais voici qui l'est : « Fais ceci comme Jupiter l'a ordonné; si tu ne le fais pas, tu auras une punition, un châtiment. » Quel châtiment? nul autre que de ne pas avoir fait ce que tu devais : tu y auras perdu ta droiture, ton honnêteté, ta modération. Ne cherche pas de châtiments plus grands que ceux-là.

CHAPITRE VIII

Comment il faut s'exercer contre ce que les sens nous montrent.

Comme on s'exerce contre les questions captieuses, de même on devrait s'exercer chaque jour contre ce que les sens nous montrent, car eux aussi nous présentent des questions. « Le fils d'un tel est mort. » Réponds : « La chose ne relève pas du libre arbitre ; ce ce n'est pas un mal. — Le père d'un tel l'a déshérité ! Que t'en semble ? — La chose ne relève pas du libre arbitre ; ce n'est donc pas un mal. — Il s'en est affligé. — C'est là une chose qui relève du libre arbitre : elle est un mal. — Il l'a supporté courageusement. — La chose relève du libre arbitre : elle est un bien. » Si nous prenions cette habitude, nous ferions des progrès, car notre affirmation ne dépasserait jamais les données évidentes de nos sens. « Ton fils est mort ! — Qu'est-il arrivé ? que mon fils est mort. — Rien de plus ? — rien. — Ton vaisseau a péri ! — Qu'est-il arrivé ? que mon vaisseau a péri — Un tel a été conduit en prison. Pour qu'il y ait là un mal, il faut que chacun l'y ajoute du sien. — Mais Jupiter a tort de faire tout cela. Pourquoi ? parce qu'il t'a donné la résignation ? parce qu'il ta donné l'élévation de l'âme ? parce qu'il n'a pas mis le mal dans les choses elles-mêmes ? parce qu'il t'a donné la possibilité de souffrir tout cela, et d'être heureux encore ? parce qu'il te tient la porte ouverte, quand il n'agit pas dans ton sens ? « Homme (te dit-il), sors, et ne m'accuse plus. »

Veux-tu connaître les dispositions des Romains pour les philosophes ? Écoute-moi. Italicus, qui passe pour leur plus grand philosophe, s'emportait en ma présence contre ses esclaves. Il avait souffert d'eux des choses intolérables : « Je ne puis le supporter plus longtemps, dit-il ; vous me perdez ; vous me rendrez semblable à cet homme ! » Et il me montrait.

CHAPITRE IX

A un rhéteur qui s'en allait à Rome pour un procès.

Au moment de partir pour Rome, où il avait un procès au sujet de sa charge, quelqu'un était venu trouver

Epictète; celui-ci s'informa de la cause de son voyage; et comme l'autre lui demandait ce qu'il pensait de l'affaire : « Me demandes-tu, lui dit-il, ce que tu pourras faire à Rome, et si tu dois y réussir ou échouer? Je ne puis rien t'apprendre à cet égard. Mais, si tu me demandes comment tu t'y conduiras, je puis te dire que, si tu penses mal, tu te conduiras mal; car la cause de nos actes est toujours notre façon de juger des choses. Qui t'a fait désirer d'être nommé préfet de Gnosse? ta manière de juger des choses. Qui te fait t'embarquer maintenant pour Rome? ta manière de juger des choses. Tu pars malgré la saison, malgré les périls, malgré la dépense! C'est qu'il le faut sans doute. Mais qu'est-ce qui te le dit? ta manière de juger des choses. Si donc nos façons de juger sont cause de tout, et que quelqu'un juge mal, il faut bien que l'effet chez lui soit de la même qualité que la cause. Aurions-nous donc tous des opinions saines? En auriez-vous de telles, toi et ton adversaire également? Mais d'où viendrait alors votre désaccord? Les aurais-tu plus justes que les siennes? Pourquoi cela? Tu crois voir; mais lui aussi, et les fous pareillement. C'est là un mauvais critérium. Montre-moi plutôt que tu as examiné tes opinions et que tu en as pris soin. Tu fais aujourd'hui la traversée de Rome afin d'être préfet de Gnosse; jouir, en restant chez-toi, des honneurs que tu as déjà, ne te suffit pas; tu aspires à une dignité plus haute et plus éclatante. Eh bien! quand as-tu fait pareille traversée pour examiner tes opinions, et t'en débarrasser, si elles étaient mauvaises? Qui as-tu été trouver pour cela? Quel temps y as-tu consacré? Quelle époque de ta vie? Récapitule ces jours-là en toi-même, si tu as peur de moi. Est-ce quand tu étais enfant, que tu te rendais compte de tes opinions? Ne faisais-tu pas alors tout ce que tu faisais de la même manière qu'aujourd'hui? Quand tu étais jeune homme, que tu allais entendre les rhéteurs, et que tu déclamais pour ton propre compte, que croyais-tu qui te manquât? Quand tu fus devenu homme, que tu t'es occupé de politique, que tu as plaidé des causes, que tu t'es fait une réputation, qui donc te semblait à ta hauteur? Quand aurais-tu souffert qu'on examinât si tu n'avais pas des opinions fausses! Que veux-tu donc que je te dise? Aide-moi toi-même dans cette affaire. Je n'ai rien à t'apprendre là-dessus; et toi, si c'est pour cela que tu es venu vers moi, tu n'y es pas venu comme vers un philosophe, mais comme tu aurais été vers un marchand de légumes ou vers un savetier. Sur quoi donc les philosophes peuvent-ils nous apprendre quelque chose? Sur les moyens de mettre et de maintenir, quoi qu'il arrive, notre faculté maîtresse en conformité avec la nature. Cela te semble-t-il une si petite affaire? — Non; c'en est une très-grosse au contraire. — Eh bien! crois-tu qu'il n'y faille que peu de temps, et que ce soit une chose qu'on puisse apprendre en passant? Si tu le peux, toi, apprends-la.

Tu diras après cela: « J'ai causé avec Epictète; autant aurait valu causer avec une pierre! avec une statue! » C'est qu'en effet tu m'auras vu, mais rien de plus; tandis que causer avec quelqu'un comme avec un homme, c'est apprendre de lui ses opinions, et lui révéler à son tour les siennes. Apprends de moi mes opinions, montre-moi les tiennes, et tu pourras dire après cela que tu as causé avec moi. Examinons-nous l'un l'autre. Si j'ai quelque opinion fausse, enlève-la moi; si tu as des opinions à toi, expose-les devant moi. C'est ainsi qu'on cause avec un philosophe. Ce n'est pas là ce que tu fais; mais en passant par ici tu dis: « Tandis que nous louons le vaisseau, nous pourrons bien aussi voir Epictète. Voyons ce qu'il dit. » Puis, quand tu es débarqué: « Ce n'est rien qu'Epictète! dis-tu; il a fait des solécismes et des barbarismes! » Et, en effet, de quelle autre chose êtes-vous capables de juger quand vous venez à moi? « Mais, si je m'applique à ce que tu veux, dis-tu, je n'aurais point de terres, non plus que toi; je n'aurai point de coupes d'argent, non plus que toi; je n'aurai point de beaux bestiaux, non plus que toi. » A cela il me suffit peut-être de répondre : « Mais je n'en ai pas besoin ; tandis que toi, après avoir beaucoup acquis, tu auras encore besoin d'autre chose. Que tu le veuilles ou non, tu es plus pauvre que moi. » — De quoi donc ai-je besoin ? — de ce que tu n'as pas : de l'empire sur toi-même, de la conformité de ta pensée avec la nature, de la tranquillité de l'esprit. Que j'aie un patron, ou non, que m'importe à moi ? Beaucoup t'importe à toi. Je suis plus riche que toi ; car je ne m'inquiète pas de ce que César pense de moi ; et je ne vais par suite faire ma cour à personne. Voilà ce que j'ai, moi, au lieu de vases d'argent et de vases d'or. Toi, ta vaisselle est d'or, mais ta raison, mais tes opinions, tes jugements, tes vouloirs, tes désirs, tout cela est de terre cuite au contraire. Quand tout cela chez moi est conforme à la nature, pourquoi ne m'appliquerais-je pas en plus à l'art de raisonner ? N'ai-je pas du loisir ? Et rien vient-il déranger, ma pensée ? Que puis-je faire tandis que rien ne me dérange ? Et puis-je trouver quelque chose de plus digne d'un homme ? Vous, lorsque vous n'avez aucune occupation, vous êtes tout hors de vous, vous allez au théâtre, ou vous errez à l'aventure ; pourquoi le philosophe, dans ces moments-là, ne s'occuperait-il pas de sa propre raison ? Tu donnes tes soins à des cristaux, moi au syllogisme *Le menteur*. Tu donnes tes soins à des porcelaines, moi au syllogisme négatif. Tout ce que tu as te paraît peu de chose ; ce que j'ai me paraît toujours beaucoup. Tes désirs sont insatiables ; les miens sont remplis. Qu'un enfant plonge le bras dans un vase d'une embouchure étroite, pour en tirer des figues et des noix, et qu'il en remplisse sa main, que lui arrivera-t-il ? Il ne pourra la retirer, et pleurera. « Lâches-en quelques-unes (lui dit-on), et tu retireras ta main. » Toi, fais de même pour tes désirs. Ne souhaite qu'un petit nombre de choses, tu les obtiendras.

CHAPITRE X

Comment doit-on supporter les maladies?

Quand vient le moment d'appliquer chacun de nos principes, il faut les avoir là présents : à table, ceux qui sont pour la table ; aux bains, ceux qui sont pour le bain ; au lit, ceux qui sont pour le lit.

« Que tes yeux trop faibles ne donnent jamais entrée au sommeil, avant que tu aies passé en revue toutes tes actions de la journée. Quelle loi ai-je violée ? Quel acte ai-je fait ? A quel devoir ai-je failli ? Pars de là et continue. Puis, si tu as fait du mal, reproche-toi le ; si tu as fait du bien, sois en content. »

Voilà des vers qu'il faut retenir pour les mettre en pratique, et non pas pour les débiter à haute voix, comme on débite le Péan d'Apollon !

Dans la fièvre, à son tour, ayons présents les principes qui sont faits pour elle, bien loin de les laisser de côté tous en masse et de les oublier, parce que nous avons la fièvre. « Qu'il m'arrive ce qui voudra, t'écries-tu, si je m'occupe encore de philosophie ! Je m'en irai quelque part, où je ne songerai qu'aux soins de mon corps, et où la fièvre ne me viendra plus ! » Mais qu'est-ce que s'occuper de philosophie ? N'est-ce pas se préparer contre les événements ? Ne comprends-tu pas alors que tes paroles reviennent à dire : « Qu'il m'arrive ce qui voudra, si je me prépare encore à supporter avec calme les événements ! » C'est comme si quelqu'un renonçait au jeu du Pancrace, parce qu'il y aurait reçu des coups. Encore est-il tout loisible dans ce cas de cesser la lutte et de ne plus être battu ; tandis que nous, si nous cessons de nous occuper de philosophie, qu'est-ce que nous y gagnerons ? Que doit donc dire le philosophe, à chaque chose pénible qui lui arrive? « C'est là ce à quoi je m'étais préparé, ce en vue de quoi je m'étais exercé. » Dieu te dit : « Donne-moi une preuve que tu t'es préparé à la lutte suivant toutes les règles, que tu t'es nourri comme on doit le faire, que tu as fréquenté le gymnase, que tu as écouté les leçons du maître. » Vas-tu maintenant mollir à l'instant décisif? Voici le moment d'avoir la fièvre : qu'elle vienne, et sois convenable. Voici le moment d'avoir soif; aie soif, et sois convenable. Voici le moment d'avoir faim : aie faim, et sois convenable. Cela ne dépend-il pas de toi? Quelqu'un peut-il t'en empêcher? Le médecin t'empêchera de boire; mais il ne peut t'empêcher d'être convenable en ayant soif. Il t'empêchera de manger; mais il ne peut t'empêcher d'être convenable en ayant faim.

— Mais (en cet état) je ne puis pas étudier! — A quelle fin études-tu donc, esclave? N'est-ce pas pour arriver au calme? à la tranquillité? N'est-ce pas pour te mettre et te maintenir en conformité avec la nature? Or, quand tu as la fièvre, qui t'empêche de mettre cet accord entre la nature et ta partie maîtresse? C'est ici le moment de faire tes preuves; c'est ici l'épreuve du philosophe; car la fièvre fait partie de la vie, comme la promenade, les traversées, les voyages par terre. Est-ce que tu lis en te promenant? — Non. — Eh bien, c'est la même chose quand tu as la fièvre. Si tu restes convenable, en te promenant, tu es ce que doit être un promeneur : si tu es convenable, en ayant la fièvre, tu es ce que doit être un fiévreux. Qu'est-ce donc qu'être convenable en ayant la fièvre? C'est de ne t'en prendre ni à Dieu ni aux hommes; c'est de ne pas te désoler de ce qui t'arrive; c'est d'attendre dignement et convenablement la mort; c'est de faire tout ce que l'on t'ordonne; c'est de ne pas t'effrayer de ce que va dire le médecin, quand il arrive, et de ne pas te réjouir outre mesure quand il te dit : « Tu te portes bien. » Qu'est-ce là, en effet, te dire de bon? Car, lorsque tu te portais bien, qu'y avait-il là de bon pour toi? C'est encore de ne pas te désespérer, quand il te dit : « Tu te portes mal. » Qu'est-ce, en effet, que se mal porter? Approcher du moment où l'âme se sépare du corps. Qu'y a-t-il donc là de terrible? Est-ce que, si tu n'en approches pas maintenant, tu n'en approcheras pas plus tard? Est-ce encore que le monde doit-être bouleversé par ta mort? Pourquoi donc flattes-tu le médecin? Pourquoi lui dis-tu : « Si tu le veux, maître, je serai en bonne santé? » Pourquoi lui donner un motif de porter haut la tête? Pourquoi ne pas l'estimer juste ce qu'il vaut? Le cordonnier est pour mon pied, le charpentier pour ma maison, et le médecin, à son tour, pour mon misérable corps, c'est-à-dire pour quelque chose qui n'est pas à moi, pour un être mort né. Voilà ce qu'a à faire le fiévreux : et, s'il le fait, il est ce qu'il doit être. La tâche du philosophe, en effet, n'est pas de sauvegarder les choses du dehors, son vin, son huile, son corps, mais de sauvegarder sa partie maîtresse. Comment se conduira-t-il envers les choses du dehors? Il s'en occupera dans la mesure que la raison comporte. Et alors quand aura-t-il encore à s'effrayer? Quand aura-t-il encore à se mettre en colère? Quand aura-t-il encore à trembler pour des choses qui ne sont pas à lui, et qui ne méritent pas qu'il en fasse cas? Voici, en effet, les deux pensées qu'il faut avoir toujours présentes : c'est qu'en dehors de notre libre arbitre, il n'y a rien de bon ni de mauvais; et qu'il ne faut pas vouloir conduire les événements, mais les suivre. « Mon frère ne devait pas se conduire ainsi avec moi. Oui, mais c'est à lui d'y voir; et quand à moi, de quelque façon qu'il se soit conduit, j'agirai envers lui comme je le dois. Car voilà ce qui me regarde, tandis que l'autre chose ne me regarde pas; voilà ce que nul ne peut empêcher, tandis qu'on peut empêcher l'autre chose. »

CHAPITRE XI

Miscellanées.

Il y a des châtiments déterminés comme par une loi, pour ceux qui obéissent au gouvernement de Dieu. Celui qui, en dehors du libre arbitre, croira à quelque bien, sera jaloux, envieux, flatteur, et toujours dans l'agitation; celui qui y croira à quelque mal, sera triste, désolé, dans les larmes, dans le désespoir. Et cependant, malgré la sévérité du châtiment, nous n'avons pas la force de cesser de faire mal.

Rappelle toi ce que dit le poète au sujet de son hôte :

« Mon hôte, il ne m'est pas permis (de manquer à un étranger), alors même qu'il se présenterait dans un état pire que le tien. »

Aie ce vers à l'esprit, quand il s'agit de ton père, et dis-lui :

« Manquer à mon père ne m'est pas permis, quand même il se présenterait dans un état pire que le tien, car *tous les pères viennent de Jupiter*, le Dieu de la paternité. » De même pour ton frère, car *tous les frères viennent de Jupiter*, le Dieu de la fraternité. » De même pour les autres rapports de parenté, car nous trouverons que Jupiter préside à tous.

CHAPITRE II

De l'exercice.

Il ne faut pas s'exercer à rien d'extraordinaire et contre nature ; autrement, nous qui nous disons philosophes, nous ne différerons pas des faiseurs de tours.

Il est difficile, en effet, de danser sur la corde; et non seulement cela est difficile, mais cela est encore dangereux; est-ce une raison cependant pour que nous aussi nous apprenions à danser sur la corde, à y élever en l'air une branche de palmier, à y tenir embrassées des statues? pas le moins du monde. Tout ce qui est difficile et périlleux n'est pas forcément un bon objet d'exercice; il n'y a de bon en ce genre que ce qui nous conduit au but proposé à nos efforts. Quel est donc le but proposé à nos efforts? de n'être jamais entravé dans ce que l'on désire ou cherche à éviter. Et qu'est-ce que n'y pas être entravé? C'est ne jamais manquer ce qu'on désire, ne jamais tomber dans ce qu'on veut éviter. C'est là le seul but en vue duquel nous devions nous exercer. Car, sache-le, comme ce n'est que par un exercice sérieux et soutenu qu'on peut arriver à ne jamais manquer ce qu'on désire, à ne jamais tomber dans ce qu'on veut éviter, tu ne saurais, si tu te laisses aller à t'exercer à des choses extérieures qui ne relèvent pas de ton libre arbitre, arriver à ne jamais manquer ce que tu désires, à ne jamais tomber dans ce que tu veux éviter. Et, comme la force de l'habitude est souveraine, et que ce n'est qu'aux choses du dehors que nous sommes habitués à appliquer notre puissance de désirer ou de fuir, il nous faut donc opposer à cette habitude une habitude contraire, opposer l'exercice le plus soutenu là plus où la séduction des apparences sensibles est la plus grande.

Je penche vers la volupté : je vais me jeter du côté contraire, et cela avec excès, afin de m'exercer. J'ai le travail en aversion : je vais habituer et plier ma pensée à n'avoir plus jamais d'aversion pour lui et pour ce qui lui ressemble. Qu'est-ce, en effet, que s'exercer? C'est s'appliquer à ne jamais rien désirer, et à n'avoir d'aversion que pour des choses qui relèvent de notre libre arbitre, et s'y appliquer de préférence là où il nous est le plus difficile de réussir. D'où il résulte que les choses contre lesquelles on doit s'exercer le plus, varient avec chacun. Or, à quoi bon pour cela élever en l'air une branche de palmier, et promener partout une tente de cuir, un mortier et un pilon ? Homme, si tu es prompt à la colère, exerce-toi à supporter les injures, et à ne pas t'irriter des outrages. Et tes progrès iront si loin ainsi, que tu te diras, si quelqu'un te frappe : « Suppose que tu as voulu embrasser une statue. » Puis exerce-toi à bien te comporter en face du vin, ce qui n'est pas t'exercer à en boire beaucoup (comme plus d'un le fait malheureusement), mais, avant tout, à t'en abstenir ; exerce-toi après cela à te passer de femme et de friandises. Ensuite, pour t'éprouver, si une heureuse occasion se présente, va de toi-même au péril, afin de savoir si les sens triompheront de toi comme auparavant. Mais, au début, fuis loin des tentations trop fortes. Le combat n'est pas égal entre une jolie fille et un jeune apprenti philosophe : « Cruche et pierre, dit-on, ne peuvent aller ensemble. »

Après le désir et l'aversion, le second point sur lequel nous devons nous exercer est notre façon de vouloir les choses ou de les repousser. Il faut qu'elle soit conforme à la raison, qu'elle ne soit à contre-sens ni du moment ni du lieu, qu'elle ne viole enfin aucune convenance de ce genre.

Le troisième point est la façon dont nous donnons notre assentiment à ce qui persuade et entraîne. Socrate disait, que vivre sans examiner n'était pas vivre ; à son exemple il ne faut accepter aucune apparence sans l'examiner. On doit dire à chacune : « Attends ; laisse-moi voir qui tu es, d'où tu viens, comme les gardes de nuit disent, *montre-moi le signe convenu*. As-tu reçu de la nature le signe que doit avoir toute *idée* pour se faire accepter ? »

En dernier lieu, il faut nous exercer à tout ce que les maîtres de gymnastique prescrivent au corps, pourvu que cela tende à nous exercer au désir et à l'aversion. Mais, si ce qu'ils prescrivent ne tend qu'à la montre, c'est l'affaire de l'homme qui se penche au-dehors pour chercher autre chose, et appeler des spectateurs auxquels il entendra dire : « Quel grand homme! » Aussi Apollonius disait-il avec raison : « Veux-tu t'exercer? Quand il fait chaud et que tu as soif, mets dans ta bouche une gorgée d'eau fraîche, puis rejette-la, et ne le conte à personne. »

CHAPITRE XIII

Qu'est-ce que c'est que l'abandon? Et qu'est-ce qui est abandonné?

Être abandonné, c'est se trouver sans appui. Un homme qui est seul, n'est pas dans l'abandon pour cela; par contre, on peut être au milieu de beaucoup d'autres, et n'en être pas moins abandonné. C'est pour cela que, quand nous perdons un frère, un fils, un ami qui était notre appui, nous disons que nous restons abandonnés, bien que souvent nous soyons à Rome, en face d'une si grande foule, au milieu de tant d'autres habitants, et parfois même que nous ayons à nous un si grand nombre d'esclaves. Car celui-là se dit abandonné, qui, dans sa pensée, se trouve privé d'appui, à la merci de qui veut lui nuire. C'est pour cela qu'en voyage nous ne nous disons jamais plus abandonnés qu'au moment où nous tombons dans une troupe de voleurs; car ce n'est pas la présence d'un homme qui nous sauve de l'abandon, mais la présence d'un homme sûr, honnête, prêt à nous venir en aide. Si la solitude suffit à faire l'abandon, dis que Jupiter est dans l'abandon lors de l'embrasement du monde, et fais l'y gémir ainsi sur lui-même : « Malheureux que je suis! je n'ai plus avec moi Junon, ni Minerve, ni Apollon! je n'ai plus, enfin, ni frères, ni fils, ni petits-fils, ni parents d'aucune sorte! » C'est pourtant là ce que quelques-uns disent qu'il fait, quand il est seul lors de cet embrasement. C'est qu'ils ne comprennent pas comment on peut vivre seul; et il faut avouer qu'ils partent d'un principe naturel, car la nature nous a faits pour vivre en société, pour nous aimer les uns les autres, pour être heureux de nous trouver avec des hommes. Mais il n'en faut pas moins que chacun ait en lui les moyens de pouvoir se suffire, de pouvoir vivre seul; de même que Jupiter vit seul, jouissant tranquillement de lui-même, songeant à la façon dont il gouverne, et tout entier aux pensées qui conviennent à sa divinité. Il faut que nous aussi, à son exemple, nous puissions converser avec nous-mêmes; nous passer des autres; n'avoir besoin d'aucune distraction; réfléchir au gouvernement divin et à nos rapports avec le reste du monde; songer à la conduite que nous avons tenue en face des événements, et à celle que nous tenons aujourd'hui; chercher quelles sont les choses qui nous gênent encore, comment on peut y porter remède, comment on peut les faire disparaître; et, si quelque côté en nous a besoin d'un perfectionnement, le lui donner conformément à la raison.

Voyez quelle large paix César semble nous avoir faite: plus de guerres, plus de combats, plus de grandes troupes de voleurs, plus de pirates. On peut se mettre en route à toute heure; on peut naviguer de l'orient à l'occident. Mais César a-t-il pu nous garantir également de la fièvre? des naufrages? des incendies? des tremblements de terre? de la foudre? Allons plus loin: de l'amour? Il ne le peut. De la douleur? Il ne le peut. De la jalousie? Il ne le peut. Il ne peut rien contre aucune de ces choses. Or, la philosophie s'engage à nous garantir de celles-là aussi. Et que nous dit-elle à cet effet? « O hommes, si vous vous attachez à moi, en quelque lieu que vous soyez, et quel que soit votre sort, il n'y aura pour vous ni douleur, ni colère, ni contrainte, ni entraves; vous serez affranchis de tout, vous serez libres partout. » Celui qui jouit de cette paix, que César n'a pas promulguée, (car comment le pourrait-il faire?) mais qu'a promulguée Dieu lui-même avec l'aide de la raison, a-t-il donc besoin d'autre chose, quand il est seul? Il n'a qu'à ouvrir les yeux et qu'à se dire : « Maintenant rien de mauvais ne peut m'arriver; il n'y a pour moi ni voleurs, ni tremblement de terre; partout la paix et la tranquillité. Il n'est pas une route, pas une ville, pas un compagnon de voyage, pas un voisin, pas un associé qui puisse m'être fatal. Il est quelqu'un qui prend soin de me fournir ma nourriture et mes vêtements; il est quelqu'un qui m'a donné mes sens et mes notions *a priori*. Lorsqu'il ne me fournit pas ce qui m'est nécessaire, c'est qu'il me sonne la retraite, qu'il ouvre la porte, et qu'il me dit :

Viens. — Où cela ? — Vers des amis, vers des parents, vers les éléments. Tout ce qu'il y avait de feu en toi s'en ira vers le feu; tout ce qu'il y avait de terre, vers la terre; tout ce qu'il y avait d'air, vers l'air; tout ce qu'il y avait d'eau, vers l'eau. Il n'y a pas de Pluton, pas d'Achéron, pas de Cocyte, pas de Phlégéton en feu; non : tout est peuplé de Dieux et de Génies. » Quand on peut se dire tout cela, quand on a devant ses yeux le soleil, la lune et les astres, quand on a la jouissance de la terre et de la mer, on n'est pas plus abandonné que l'on n'est sans appui. Mais quoi! si quelqu'un me surprenait seul et me tuait! — Imbécile! ce ne serait pas toi qu'il tuerait, ce serait ton corps!

Qu'est-ce donc que l'abandon? Qu'est-ce donc que le dénuement? Pourquoi nous faire inférieurs aux enfants? Quand on les laisse seuls, que font-ils? Ils prennent des coquilles et de la terre, et font des maisons, qu'ils renversent ensuite pour en faire d'autres. De cette façon les moyens de passer le temps ne leur manquent jamais. Vais-je donc, moi, si vous faites voile au loin, m'asseoir en pleurant, parce que vous m'aurez laissé seul et dans l'abandon? Est-ce que je n'ai pas comme eux des coquillages? Est-ce que je n'ai pas de la terre? Et, quand ils agissent ainsi faute d'avoir la raison, nous qui avons la raison serons-nous malheureux par elle?

CHAPITRE XIV

Çà et là.

Les mauvais acteurs ne peuvent chanter seuls ; ils ne chantent qu'avec d'autres. Il est de même certaines gens qui ne peuvent se promener seuls. Homme, si tu veux quelque chose, sache te promener seul, converser avec toi-même, et ne pas te cacher dans un chœur.

Sois quelquefois l'objet des railleries, et promène alors autour de toi un regard tranquille. Il faut qu'on te secoue, pour que tu apprennes à te connaître.

Quand quelqu'un boit de l'eau ou fait quelque chose pour s'exercer, il va à tout propos dire à tout le monde : « Je bois de l'eau. » Bois-tu donc de l'eau à la seule fin d'en boire ? O homme ! si c'est ton bien d'en boire, bois-en ; mais si ce n'est pas ton bien, tu es ridicule. Si c'est ton bien, et que tu en boives, n'en parle pas devant ceux qui n'aiment point qu'on fasse autrement qu'eux. Voudrais-tu leur plaire par là ?

Parmi les choses que l'on fait, il en est que l'on fait par principes, d'autres que l'on fait par circonstances, d'autres par calcul, d'autres par déférence, d'autres par parti pris.

Il est deux choses qu'il faut enlever à l'homme, la présomption et la défiance de soi-même. La présomption consiste à croire qu'on n'a besoin de quoi que ce soit ; la défiance de soi-même, à se dire qu'on ne peut arriver à être heureux dans un pareil milieu. On détruit la présomption en la confondant ; et c'est ce que Socrate commence par faire. Quant à la possibilité d'être heureux, regarde et cherche. C'est une recherche qui ne te fera pas de mal ; et même presque toute la philosophie consiste à chercher les moyens de n'être pas entravé dans ce qu'on désire et dans ce qu'on veut éviter.

L'un dit : « Je suis au-dessus de toi, car mon père est un consulaire. » Un autre : « J'ai été tribun, et tu ne l'as pas été. » Si nous étions des chevaux, dirais-tu donc : « Mon père est plus léger » ? Dirais-tu : « J'ai beaucoup d'orge et de foin » ? ou bien : « J'ai de beaux harnais » ? Et si je te disais, quand tu parlerais ainsi : « Soit ! mais courons » ! Eh bien ! n'y a-t-il rien qui soit pour l'homme ce qu'est la course pour le cheval, et qui fasse connaître celui qui vaut le moins ? Est-ce qu'il n'y a point l'honnêteté, la loyauté, la justice ? Montre que tu m'es supérieur par elles, si tu veux m'être supérieur comme homme : Si tu me disais que tu rues fort, je te dirais, moi, que tu es fier de ce qui appartient aux ânes.

* Toute grande puissance est un péril au début. Il faut en porter le poids suivant ses forces, mais d'une manière conforme à la nature ** . . . . mais non pas pour le poitrinaire. Etudie-toi parfois à te conduire comme si tu étais malade pour savoir un jour te conduire comme un homme bien portant. Jeûne, bois de l'eau, interdis-toi tout espèce de désir, pour savoir un jour désirer conformément à la raison. Et, quand tu désireras conformément à la raison, le bien sera ainsi en toi, tes désirs seront bons. Mais ce n'est pas là ce que nous faisons : dès le premier jour nous prétendons vivre comme des sages et servir l'humanité. Eh ! comment la sers-tu ? Que fais-tu ? Quels services, en effet, as-tu commencé par te rendre à toi-même ? Tu veux exhorter les hommes au bien ! Mais t'y es-tu exhorté toi-même ? Tu veux leur être utile ! Montre-leur par ton propre exemple quels hommes la philosophie sait faire, et ne bavarde pas inutilement. Par ta façon de manger, sois utile à ceux qui mangent avec toi ; par ta façon de boire, à ceux qui y boivent : cède-leur ; fais abnégation de toi-même ; supporte tout d'eux ; sois-leur utile ainsi, et ne crache pas sur eux.

* Des éditions portent dans le chapitre précédent ce paragraphe tronqué qui n'a guère l'air de lui appartenir.

** Il y a ici des mots passés.

CHAPITRE XV

C'est après mûre réflexion qu'il faut aborder chaque chose.

Examine d'abord les antécédents et les conséquents de chaque action ; puis, après celà, mets-toi à l'œuvre. Autrement, tu partiras d'abord avec ardeur, parce que tu n'auras pas songé à ce qui doit venir ensuite ; mais plus tard, à la moindre apparition, tu reculeras honteusement. « Je veux vaincre à Olympie ! » dis-tu. Et moi aussi, par tous les Dieux ! car c'est une belle chose. Mais examines-en les antécédents et les conséquents ; et, après cela seulement, mets-toi à l'œuvre, si c'est ton intérêt. Or, il faudra te soumettre à une discipline et à un régime ; t'abstenir de friandises ; t'exercer forcément à une heure réglée, qu'il fasse chaud ou froid; ne boire à l'aventure ni vin ni eau fraiche ; en un mot, te remettre aux mains du maître comme en celles d'un médecin. Puis, dans la lutte, il te faudra ramasser la poussière, te démettre parfois le poignet, te fouler le pied, avaler beaucoup de sable, recevoir de rudes coups et avec tout cela souvent être vaincu. Quand tu auras tout calculé ainsi, prends le métier d'athlète, si tu le veux encore. Autrement, sache que tu te conduiras comme les enfants qui jouent tantôt à l'athlète, tantôt au gladiateur ; qui sonnent maintenant de la trompette et tout à l'heure déclameront la tragédie, suivant ce qu'ils auront vu et admiré. C'est là ce que tu es, athlète aujourd'hui, gladiateur demain, puis philosophe, puis orateur, et rien complètement. Tu imites, comme un singe, tout ce que tu vois : tu passes sans cesse d'un goût à un autre, et tout ce qui est habitude te déplaît : C'est que ce n'est pas après un mûr examen que tu t'es mis à l'œuvre ; c'est que tu n'avais pas tourné tout autour de la chose, pour la bien étudier : c'est que tu t'y es jeté à l'étourdie et pour le plus frivole motif. Ainsi certaines gens, parce qu'ils ont vu un philosophe, ou parcequ'ils en ont entendu un qui parlait comme parle Euphrate (et en est-il qui parlent comme lui ?), veulent être philosophes eux aussi.

Homme, examine d'abord l'affaire en elle-même, puis ta propre nature, et ce que tu peux porter. Si tu veux être athlète, examine tes épaules, tes cuisses, tes reins ; car tel homme est fait pour une chose, et tel autre pour une autre.

Te crois-tu de force, pour être philosophe, à faire ce que nous faisons ? Te crois-tu de force à manger comme nous, à boire comme nous, à ne pas plus t'emporter, à ne plus te mettre en colère ? Il te faudra veiller, te donner de la peine, vaincre tes passions, t'éloigner de ta famille, supporter les mépris d'un esclave, les railleries de ceux que tu rencontres, être le dernier partout, dans les charges, dans les honneurs, dans les tribunaux. Quand tu auras bien pesé tout cela, viens vers nous, si tu le veux encore, et si tu consens à acheter à ce prix le calme, l'indépendance, la tranquillité. Autrement ne viens pas, ou, comme un enfant, tu seras aujourd'hui philosophe, demain publicain, puis après rhéteur, puis après procurateur de César. Or, ces choses-là sont contradictoires. Il faut que tu sois un seul et même homme, tout bon, ou tout mauvais. Il faut que tu donnes tes soins à ta partie maîtresse ou aux choses du dehors. Il te faut travailler en toi, ou hors de toi ; c'est-à-dire qu'il te faut être ou un philosophe, ou un homme ordinaire.

Quelqu'un disait à Rufus, après le meurtre de Galba : « Et le monde serait maintenant gouverné par une Providence !... » Il répondit : « Me suis-je jamais servi de Galba, pour démontrer que le monde est gouverné par une Providence ? »

CHAPITRE XVI

Qu'il faut y regarder à deux fois avant de se laisser entraîner à une liaison.

De deux choses l'une : ou celui qui se laisse entraîner souvent à causer, à dîner, et généralement à vivre avec d'autres, leur deviendra semblable ; ou il les convertira à ses mœurs. Placez, en effet, un charbon éteint auprès d'un charbon allumé, le premier éteindra le second, ou le second allumera le premier. En face d'un semblable péril, il faut y regarder à deux fois avant de se laisser entraîner à de pareilles liaisons avec les hommes ordinaires ; il faut se rappeler qu'on ne saurait se frotter à un individu barbouillé de suie, sans attraper soi-même de la suie. Que feras-tu, en effet, s'il te parle de gladiateurs, de chevaux, d'athlètes ; ou, ce qui est encore pis, s'il te parle des hommes, s'il te dit : « Un tel est un méchant homme ; un tel est honnête ; ceci a été bien fait ; cela l'a été mal » ; et si c'est un moqueur, un persifleur, une mauvaise langue ? Avez-vous donc les ressources du musicien, qui, dès qu'il a pris sa lyre, et qu'il en a touché les cordes, reconnaît celles qui ne sont pas justes, et accorde son instrument ? Avez-vous donc le talent de Socrate, qui, dans toute liaison, savait amener à ses sentiments celui avec qui il vivait ? Et d'où vous viendrait ce talent ? Forcément ce serait vous qui seriez entraînés par les hommes ordinaires.

Et pourquoi sont-ils plus forts que vous ? parce que toutes ces sottises, c'est avec conviction qu'ils les disent ; tandis que vous, toutes ces belles choses, c'est des lèvres seulement que vous les dites. Aussi sont-elles dans votre bouche sans force et sans vie ; aussi prend-on en dégoût les exhortations qu'on vous entend faire, et la misérable vertu que vous vantez à tort et à travers. C'est là ce qui fait que les hommes ordinaires l'emportent sur vous. Car partout la conviction est forte, partout la conviction est invincible. Jusqu'au moment donc où tous ces beaux principes seront profondément gravés en vous, et où vous serez devenus assez forts pour n'avoir rien à craindre, je vous conseille d'y regarder à deux fois avant de descendre au milieu des hommes ordinaires; autrement, tout ce que dans l'école vous aurez écrit en vous s'y fondra jour à jour comme la cire au soleil. Tenez-vous donc bien loin du soleil, tant que vos principes seront de cire. C'est pour cela encore que les philosophes nous conseillent de quitter notre patrie, parce que les vieilles habitudes nous entraînent, et ne nous permettent pas de prendre d'autres plis; parce que aussi nous ne savons pas résister à ceux qui disent, en nous rencontrant: « Regarde donc: un tel est philosophe, lui qui était ceci et cela! » C'est ainsi encore que les médecins envoient dans un autre pays et sous un autre ciel ceux qui sont malades depuis longtemps; et ils ont raison! Vous aussi, inoculez-vous d'autres mœurs, gravez profondément en vous les principes, exercez-vous à les appliquer. Ce n'est pas là ce que vous faites: vous allez d'ici au spectacle, aux combats de gladiateurs, aux galeries des athlètes, au cirque; puis de là ici, et d'ici là, toujours de même. Point de noble habitude en vous, point d'application, point de sévérité pour vous-mêmes, point d'attention à vous dire « Quel usage fais-je des objets qui se présentent à mes sens? Est-il conforme à la nature, ou lui est-il contraire? Comment suis-je vis-à-vis d'eux? comme je dois être, ou comme je ne dois pas être? Dis-je bien aux choses qui ne relèvent pas de mon libre arbitre, que je n'ai rien à faire d'elles? » Tant que vous n'en êtes pas encore là, fuyez vos anciennes habitudes, fuyez les hommes ordinaires, si vous voulez jamais commencer à être quelque chose.

CHAPITRE XVII

Sur la Providence.

Quand tu reproches quelque chose à la Providence, examine bien, et tu verras que ce qui est arrivé était logique. — Oui ; mais ce malhonnête homme a plus que moi ! — De quoi? — D'argent. — C'est qu'au point de vue de l'argent il vaut mieux que toi; car il flatte, il est impudent, il travaille jusque dans la nuit. Pourquoi t'étonner dès lors ? Mais regarde s'il a plus que toi de conscience et d'honneur. Tu trouveras que non. Au contraire, tu trouveras que tu as plus que lui de ce pour quoi tu vaux mieux que lui.

Moi aussi j'ai dit un jour à quelqu'un qui s'indignait de la prospérité de Philostorgus. « Voudrais-tu donc coucher avec Sura ? — Que jamais un pareil jour n'arrive ! me répondit-il. — Pourquoi donc t'indignes-tu, lui dis-je, s'il reçoit quelque chose en échange de ce qu'il vend? Ou pourquoi le trouves-tu si heureux d'avoir gagné sa fortune par des moyens dont tu ne veux pas ? Ou bien encore, quel mal fait la Providence en accordant ce qui vaut le mieux à qui vaut le mieux? Est-ce que l'honneur ne vaut pas mieux que la richesse? » Il en tombait d'accord. « O homme, pourquoi donc t'indigner, puisque tu as ce qui vaut le mieux ! »

Rappelez-vous donc toujours, ayez toujours présent à l'esprit, que la loi de la nature est que celui qui vaut mieux ait plus que celui qui vaut moins de ce pourquoi il vaut le mieux ; et jamais vous ne vous indignerez. — Mais ma femme se conduit mal avec moi ! — C'est bien. Si quelqu'un te demande ce qu'il y a là, réponds : « Ma femme se conduit mal avec moi. » Y a-t-il là autre chose? Non. — Mon père ne me donne rien. — Qu'y a-t-il là? Il y a, *mon père ne me donne rien* ; mais y a-t-il autre chose? Non. Pourquoi ajouter du dehors que c'est là un mal? Pourquoi ce mensonge? Aussi n'est-ce pas la pauvreté qu'il faut repousser, mais l'idée que l'on s'en fait; et de cette façon nous serons heureux.

CHAPITRE XVIII

Il ne faut pas se troubler des nouvelles.

Lorsqu'on t'annonce une nouvelle de nature à te troubler, aie présent à l'esprit que jamais nouvelle ne porte sur ce qui dépend de notre libre arbitre. Peut-on t'annoncer, en effet, que ton jugement a été bon, ou ton désir mauvais? Non; mais on t'annonce qu'un tel est mort. Or, qu'est-ce que cela te fait? qu'un tel a mal parlé de toi. Qu'est-ce que cela te fait? que ton père prépare telle et telle chose. Contre quoi? contre ton libre arbitre? Eh! comment le pourrait-il? contre ton corps? contre ta bourse? Tu es sauvé; ce n'est pas contre toi qu'un juge t'a déclaré impie? Les juges n'ont-ils pas déclaré la même chose de Socrate? Peux-tu quelque chose sur cette déclaration? Non. Pourquoi t'en inquiéter alors?

Il est un devoir que ton père doit remplir sous peine de perdre, avec son caractère de père, son affection et sa bonté pour ses enfants. Ne demande pas qu'il perde autre chose, s'il ne remplit pas ce devoir. Car jamais on n'est puni que par où l'on a péché. A ton tour, ton devoir est de te défendre contre lui tranquillement, respectueusement, avec calme; autrement, tu perdras ton caractère de fils, ton respect des convenances, ta noblesse de cœur.

Celui qui juge est-il donc hors de tout péril? Non; le danger est égal pour lui. Pourquoi donc redouter ce qu'il prononcera? Qu'y a-t-il entre toi et le mal d'un autre? Ton mal à toi, c'est de mal te défendre. C'est de cela que tu dois te garder. Quant à ta condamnation ou à ton acquittement, comme ils sont l'œuvre d'un autre, c'est pour un autre aussi qu'y est le mal.

— Un tel te menace. — Moi! non. — Il te blâme. — C'est à lui de voir comment il accomplit cet acte qui est de lui. — Il va te condamner injustement. — L'infortuné qu'il est!

CHAPITRE XIX

De l'homme ordinaire et du philosophe.

La première différence entre l'homme ordinaire et le philosophe, c'est que celui-là dit : *Hélas!* à cause de son enfant, à cause de son frère, à cause de son père ; tandis que l'autre, s'il est jamais forcé de dire : *Hélas!* ne le dit, après réflexion, qu'à cause de lui seul. Rien, en effet, de ce qui ne relève pas de notre libre arbitre ne peut entraver le libre arbitre, ou lui nuire ; lui seul le peut. Si donc nous en arrivons presque, nous aussi, à n'accuser que nous, quand la route devient difficile, et à nous dire que rien ne peut nous troubler et nous bouleverser que notre manière de voir, j'en jure par tous les Dieux, nous sommes en progrès. Mais tout autre est la route que nous avons prise en commençant. Dans notre enfance, lorsque, en regardant au ciel, nous nous heurtions contre une pierre, notre nourrice, au lieu de nous gronder, battait la pierre. Et qu'avait fait la pierre? Devait-elle se déplacer à cause de l'étourderie d'un enfant? De même, si nous ne trouvons pas à manger au retour du bain, jamais notre gouverneur ne réprime notre impatience! au lieu de le faire, il bat le cuisinier. « O homme (devrait-on lui dire), est-ce que c'est de lui, et non de notre enfant, que nous t'avons institué gouverneur? C'est notre enfant qu'il faut redresser ; c'est à lui qu'il faut être utile. » Et voilà comme, plus grands, nous nous montrons encore enfants ! Car c'est être un enfant, en fait de musique, que de n'être pas musicien ; en fait de belles-lettres, que d'être illettré ; et dans la vie, que de ne pas avoir appris à vivre.

CHAPITRE XX

On peut tirer profit de toutes les choses extérieures

Quand il s'agit d'idées spéculatives, presque tout le monde laisse le bien et le mal en nous, au lieu de le mettre dans les choses extérieures. Personne ne dit que cette proposition, *il fait jour*, soit un bien ; et celle-ci, *il fait nuit*, un mal ; et cette autre, *trois font quatre*, le plus grand des maux. Que dit-on donc ? que savoir est un bien, que se tromper est un mal ; de telle façon qu'il y a un bien relatif à l'erreur même, le fait de savoir qu'elle est une erreur. Il faudrait qu'il en fût de même pour les choses pratiques. — La santé est-elle un bien ? La maladie est-elle un mal ? — Non, mortel ! — Qu'est-ce qui est donc un bien ou un mal ? — User bien de la santé est un bien ; en mal user, est un mal : de sorte qu'il y a un profit à tirer même de la maladie. Et par le ciel, n'y en a-t-il pas un à tirer de la mort ? un à tirer de la privation d'un membre ? Crois-tu que la mort ait été un petit profit pour Ménœcée ? Et celui qui est de notre avis ne peut-il pas lui aussi tirer de la mort un profit semblable à celui qu'en a tiré Ménœcée ? O homme, n'a-t-il pas sauvé ainsi son patriotisme ? sa grandeur d'âme ? sa loyauté ? sa générosité ? En vivant, ne les eût-il pas perdus ? N'aurait-il pas eu leurs contraires en partage ? la lâcheté ? le manque de cœur ? la haine de la patrie ? l'amour de la vie ? Eh bien ! te semble-t-il qu'il ait peu gagné à mourir ? Non, n'est-ce pas ? Et le père d'Admète, a-t-il beaucoup gagné à vivre si lâche et si misérable? N'a-t-il pas fini par mourir? Cessez donc, par tous les Dieux, d'admirer ce qui n'est que la matière de nos actes; cessez de vous faire vous-mêmes esclaves des choses d'abord, puis, pour l'amour d'elles, des hommes qui peuvent vous les donner ou vous les enlever.

— Ne peut-on donc en tirer profit? — On peut tirer profit de tout, — même de l'homme qui nous injurie? — Est-ce que celui qui exerce l'athlète ne lui est pas utile? — Très utile. — Eh bien! cet homme qui m'injurie m'exerce lui aussi: il m'exerce à la patience, au calme, à la douceur. Cela ne serait-il pas vrai? Et, tandis que celui qui me saisit par le cou, qui place comme il convient mes hanches et mes épaules, m'est utile; tandis que mon maître de gymnastique fait bien de me dire: « Enlève ce pilon des deux mains »; tandis que, plus ce pilon est lourd, mieux il vaut pour moi, faudrait-il dire que celui qui m'exerce à être calme ne m'est pas utile? Ce serait ne pas savoir tirer parti des hommes. Mon voisin est-il méchant? C'est pour lui qu'il l'est; pour moi il est bon. Il m'exerce à la modération, à la douceur. Mon père est-il méchant? Il l'est pour lui; pour moi il est bon.

C'est là la baguette de Mercure. « Touche ce que tu voudras, me dit-il, et ce sera de l'or. » Non pas; mais apporte ce que tu veux, et j'en ferai un bien. Apporte la maladie, apporte la mort, apporte l'indigence, apporte les insultes et la condamnation au dernier supplice; grâce à la baguette de Mercure, tout cela tournera à notre profit. — Que feras-tu de la mort? — Eh! qu'en ferai-je, sinon un moyen de te faire honneur, un moyen pour toi de montrer par des actes ce que c'est que l'homme qui sait se conformer à la volonté de la nature? — Que feras-tu de la maladie? — Je montrerai ce qu'elle est réellement; je me parerai d'elle; je serai résigné, tranquille; je ne flagornerai pas le médecin; je ne ferai point de vœux pour ne pas mourir. Que cherches-tu encore? Quoi que tu me présentes, j'en ferai une chose utile, avantageuse, honorable, digne d'être désirée.

Toi, au contraire, tu dis : « Prends garde à la maladie, car elle est un mal. » C'est comme si tu me disais : « Prends garde qu'il te vienne jamais l'idée que trois font quatre, car c'est un mal. » O homme, comment serait-ce un mal ? Si je pense de cette idée ce que j'en dois penser, quel mal y aura-t-il encore là pour moi ? N'y aura-t-il pas là plutôt un bien ? Si donc je pense de la pauvreté, de la maladie, de l'obscurité de la vie, ce que j'en dois penser, cela ne me suffira-t-il pas ? N'y trouverai-je pas mon compte ? Comment donc me faut-il encore chercher mon bien et mon mal dans les choses extérieures ?

Mais qu'arrive-t-il ? Ces pensées ne sont que pour l'école ; et personne ne les porte chez lui. Tout au contraire, chacun s'y prend bien vite de querelle avec son esclave, avec ses voisins, avec ceux qui le plaisantent et se moquent de lui.

Bien du bonheur à Lesbius qui me prouve chaque jour que je ne sais rien !

CHAPITRE XXI

Contre ceux qui se mettent trop aisément à donner des leçons de philosophie.

Il y a des gens qui, dès qu'ils ont reçu ce qui s'enseigne, et rien de plus, se hâtent de le rendre, comme ceux qui ont mal à l'estomac rendent leur nourriture. Commence par le digérer, puis ne le rends pas. Autrement, ce sera un vrai vomissement, une chose dégoûtante, et qui ne pourra servir à nourrir personne. Digère-le, et fais-nous voir ensuite une transformation dans ta partie maîtresse, comme les athlètes nous montrent leurs épaules transformées par l'exercice et le genre de nourriture ; comme ceux qui ont étudié un métier se montrent transformés par ce qu'ils ont appris. L'architecte ne vient pas dire : « Ecoutez-moi disserter sur l'architecture » ; mais il se charge de construire une maison, et il montre, en la bâtissant, qu'il possède son métier. Fais de même dans ton genre : mange, comme doit le faire un homme ; bois, habille-toi, marie-toi, procrée des enfants, remplis tes devoirs de citoyen, comme doit le faire un homme. Accepte les injures, supporte les torts de ton frère, de ton père, de ton fils, de ton voisin, de ton compagnon de route. Fais-nous voir tout cela, pour que nous nous apercevions que les philosophes t'ont réellement appris quelque chose. Tu ne fais rien de tout cela ; mais tu dis : « Venez m'entendre faire des commentaires. » — Va-t'en, et cherche sur qui vomir.

Tu ajoutes : « Je vous expliquerai les livres de Chrysippe comme personne ; j'aurai le style le plus doux et le plus pur ; j'y joindrai même, par moment, l'impétuosité d'Antipater et d'Archédémus. » Ainsi les jeunes gens auront quitté leur patrie et leurs parents à cette seule fin de venir t'entendre débiter de jolies petites leçons ! Ne faut-il donc pas qu'ils retournent chez eux patients, secourables, calmes, tranquilles, emportant des provisions de route pour la vie entière, équipés de façon à pouvoir supporter bravement tout ce qui arrivera, et à en tirer de la gloire ? Et comment pourras-tu leur communiquer ce que tu n'as point ? Car, qu'as-tu fait autre chose depuis le commencement, que de t'occuper à analyser les syllogismes, les sophismes, et les raisonnements par interrogation ?

— Mais un tel a une école ; pourquoi n'en aurais-je pas une moi aussi ? — Esclave ! ce n'est pas là une chose qui puisse se faire au gré du caprice, ou par le premier venu. Il y faut l'âge, la dignité de la vie, et Dieu pour nous guider. Cela ne serait-il pas vrai ? Et, tandis que personne ne part du port sans avoir sacrifié aux Dieux et les avoir appelés à son aide ; tandis que nul ne commence les semailles sans avoir invoqué Cérès, serait-il quelqu'un qui pût entreprendre sûrement une œuvre de cette importance sans le secours des Dieux ? Et ceux qui iraient à son école pourraient-ils se trouver bien d'y aller ? Homme, quelle autre chose fais-tu là que de parodier les mystères ? Tu dis : « Il y a un temple à Éleusis : il va y en avoir un ici aussi. Il y a là-bas un hiérophante : moi je ferai l'hiérophante. Il y a là-bas un héraut : moi j'établirai un héraut. Il y a là-bas un porte-torche : moi j'en établirai un. Il y a là-bas des flambeaux : il y en aura ici. Les mots seront les mêmes ; en quoi les choses d'ici différeront-elles de celles de là-bas ? » En quoi elles en différeront, impie ! C'est le lieu, c'est le moment, qui font l'utilité des choses de là-bas : on a sacrifié, on a prié, on s'est purifié, on s'est préparé à croire que l'on vient à des cérémonies saintes, et saintes de longue date. C'est par là que les mystères sont utiles ; c'est par là qu'on arrive à l'idée qu'ils ont été institués par les anciens pour notre instruction et pour l'amendement de notre vie. Toi tu n'as que le boniment et la parodie de tout cela ! Le lieu, le moment, les prières, la purification, tout te manque. Tu n'as pas le vêtement qu'il faut à un hiérophante ; tu n'as ni la chevelure, ni la bandelette qu'il doit avoir ; tu n'as ni sa voix, ni son âge, et tu n'as pas vécu pur comme lui. Tu n'as fait que lui prendre ses paroles et tu cries : « Voici les paroles saintes elles-mêmes ! »

C'est d'une autre manière qu'il faut se mettre à enseigner : c'est là une grosse affaire, qui a ses mystères, et qui ne peut être entreprise à la légère, ni par le premier venu. Peut-être même ne suffit-il pas d'être vraiment sage pour se charger du soin des jeunes gens ; il y faut encore, par Jupiter ! certaines dispositions et certaines aptitudes ; il y faut même un certain extérieur, et, avant tout, que ce soit Dieu qui pousse à prendre ce rôle, comme il poussait Socrate à réfuter les erreurs, Diogène à réprimander avec un ton de roi, Zénon à enseigner et à dogmatiser. Toi, tu ouvres une boutique de médecin, sans posséder autre chose que les médicaments, car tu ne sais pas comment les appliquer, ne l'ayant pas étudié. « Un tel tient des onguents, dit-tu ; et moi aussi j'en tiens. » Mais possèdes-tu donc aussi l'art de t'en servir ? Sais-tu quand et comment ils peuvent être utiles, et à qui ? Pourquoi donc te jouer ainsi des choses les plus importantes ? Pourquoi agir à la légère ? Pourquoi entreprendre un métier qui ne te convient en aucune façon ? Laisse-le à ceux qui le connaissent, et qui savent le faire. Ne veuille ni déshonorer la philosophie par toi-même, ni faire partie de ceux qui la calomnient. Si tu prends plaisir à ses enseignements, assieds-toi et médite-les en toi-même, mais ne te prétends jamais philosophe, et ne souffre pas qu'un autre t'en donne le nom. « Il se trompe, dois-tu dire ; car je ne désire pas d'une autre manière qu'auparavant ; je ne veux pas d'autres choses ; je ne juge pas différemment ; et dans l'usage que je fais des *idées*, je n'ai rien changé à ma façon antérieure. » Voilà ce que tu dois penser et te dire sur ton propre compte, si tu veux penser juste. Sinon, continue de jouer et de faire ce que tu fais ; cela est digne de toi !

CHAPITRE XXII

Sur l'École cynique

Un de ses amis, qui paraissait pencher vers l'Ecole cynique, lui demandait ce que doit être le Cynique, et quelle idée il faut s'en faire. Examinons à loisir, lui répondit-il. Tout ce que je puis te dire maintenant, c'est que, quiconque essaie une aussi grosse affaire sans l'aide de Dieu, est le jouet de la colère divine, et qu'il ne se prépare à rien qu'à se couvrir de honte aux yeux de tous. Dans une maison bien administrée personne n'entre en se disant : « Je veux en être l'administrateur » ; autrement, lorsque le maître l'entend et le voit commander ainsi insolemment, il le fait empoigner et rouer de coups. La même chose arrive dans cette grande cité ; car là aussi il y a un maître qui règle tout « Toi (dit-il), tu es le soleil : tu peux dans ta révolution faire l'année avec ses saisons ; tu peux faire croître et grossir les fruits ; tu peux soulever les vents ou les apaiser, et échauffer dans une juste mesure le corps des hommes ; va, accomplis ta révolution, et fais ainsi ton service dans les plus petites choses comme dans les plus grandes. Toi, tu n'es qu'un jeune veau : lorsque paraît le lion, fais ce qui est dans ton rôle, sinon, tu t'en repentiras. Toi, tu es un taureau : avance et combats ; c'est à toi que cela incombe, à toi que cela revient, puisque tu peux le faire. Toi, tu peux conduire une armée contre Ilion : sois Agamemnon. Toi tu peux combattre Hector en combat singulier : sois Achille. » Si Thersite se présentait, et revendiquait le commandement, il ne l'obtiendrait pas ; ou, s'il l'obtenait, il n'y gagnerait que de se couvrir de honte devant un grand nombre.

Toi aussi, considère l'affaire avec soin : elle n'est pas ce qu'elle te semble. « Je porte dès maintenant, dis-tu, un manteau grossier ; j'en porterai un encore alors. Je dors dès maintenant sur la dure ; j'y dormirai encore alors. J'y joindrai une besace et un bâton, et je me mettrai à me promener, en interrogeant et en insultant tous ceux qui se trouveront devant moi. Je ferai des reproches à tous ceux que je verrai s'épiler la tête, s'arranger les cheveux, ou se promener avec des vêtements écarlates. » Si c'est ainsi que tu te représentes la chose, va-t'en bien loin d'elle ; n'en approche pas ; elle n'a que faire de toi. Mais si tu es homme à te représenter la chose comme elle est, et ne pas reculer devant, eh bien ! regarde ce que tu entreprends.

D'abord, pour ce qui t'est personnel, il faut qu'on ne te voie plus rien faire qui ressemble à ce que tu fais maintenant. N'accuse plus ni Dieu ni homme ; retranche de toi tout désir ; ne cherche à éviter que ce qui dépend de ton libre arbitre; point de colère, point d'indignation, point de haine, point de sensiblerie; ne te laisse prendre ni aux jeunes filles, ni à la gloriole, ni aux jeunes garçons, ni aux friandises. Tu dois savoir que les autres hommes, quand ils cèdent à une de ces tentations, mettent entre les regards et eux les murs de leur maison et les ténèbres, et qu'ils ont mille manière de se cacher. Ils s'enferment; ils placent quelqu'un à la porte de leur chambre à coucher: « Si on vient, dis que je suis sorti, que je n'ai pas le temps. » Mais le Cynique, en place de tout cela, doit mettre sa retenue entre les yeux et lui, s'il ne veut se livrer nu et en plein jour à des actes honteux. Voilà sa maison; voilà sa porte; voilà le gardien de sa chambre à coucher; voilà ses ténèbres. Il ne doit vouloir cacher rien de ce qu'il fait. Autrement c'en est fait, il a détruit en lui le Cynique, l'homme qui peut vivre au grand jour, et qui est vraiment libre. Il s'est mis à redouter les objets extérieurs, à avoir besoin de quelque chose qui le cache; il ne peut pas l'avoir quand il veut. Car où se cachera-t-il, et comment? Et si, par malheur, il est surpris en faute, lui le maître et le précepteur de tous, que ne devra-t-il pas lui arriver? Avec cette crainte, comment pourra-t-il conserver toute sa force d'âme, pour rester à la tête de l'humanité? Il ne le saurait; il ne le peut. Il te faut donc commencer par purifier ta partie maîtresse; et voici quels doivent être tes principes: « Mon âme est la matière que je dois travailler, comme le charpentier le bois, comme le cordonnier le cuir; et ce que j'en dois faire, c'est une âme qui use convenablement des *idées*. Mon corps n'est rien pour moi; ses membres ne sont rien pour moi. Et la mort? Qu'elle vienne, quand elle voudra, pour le tout, ou pour une partie. *Va-t'en en exil*, me dit-on. Mais où? Est-il quelqu'un qui puisse me chasser du monde? Non; et quelque part que j'aille, j'y trouverai le soleil, j'y trouverai la lune, et les astres; j'y trouverai des songes, des présages, des moyens de converser avec les dieux. »

Puis, ainsi préparé, le véritable Cynique ne doit pas

se contenter de si peu : il doit savoir que Jupiter l'a détaché vers les hommes comme un envoyé, pour leur montrer quels sont les biens et les maux, et combien ils se trompent quand ils cherchent le vrai bien et le vrai mal là où ils ne sont pas, sans songer à les chercher là où ils sont. Il doit savoir qu'à l'exemple de Diogène, quand on l'amena à Philippe après la bataille de Chéronée, il est un espion. Le Cynique est réellement, en effet, l'espion de ce qui est favorable à l'humanité, et de ce qui lui est contraire. Il faut qu'il commence par regarder avec grand soin, pour venir ensuite rapporter la vérité; il faut qu'il ne s'en laisse pas imposer par la crainte, pour ne point annoncer des ennemis qui n'existent pas; il faut enfin qu'il ne se laisse égarer ni troubler d'aucune manière par ce qu'il croit voir.

Il lui faut donc pouvoir, à l'occasion, élever la voix, monter sur la scène tragique, et dire, à la façon de Socrate : « O hommes, où vous laissez-vous emporter? Que faites-vous, malheureux? Vous roulez par haut et par bas, comme les aveugles. Vous avez quitté la vraie route; vous en suivez une autre; vous cherchez la félicité et le bonheur là où ils ne sont pas; et vous ne croyez pas celui qui vous les montre. Pourquoi les chercher hors de vous? dans votre corps? ils n'y sont pas. Si vous en doutez, regardez Myrhon; regardez Ophélius. Dans la fortune? Ils n'y sont pas. Si vous en doutez regardez Crésus; regardez les riches de maintenant. Comme leur vie est pleine de soupirs! dans la puissance? Ils n'y sont pas. S'ils y étaient, ceux qui ont été deux et trois fois consuls devraient être heureux; or, ils ne le sont pas. Qui en croirons-nous sur ce point? vous, qui ne voyez que le dehors de ces hommes, et qui vous laissez éblouir par l'apparence, ou bien eux-mêmes? Or, que disent-ils? Ecoutez-les, quand ils soupirent, quand ils gémissent, quand ils croient que leurs consulats mêmes, leur réputation et leur éclat, ne leur rapportent que plus de misères et plus de périls, dans le pouvoir souverain? Ils n'y sont pas. S'ils y étaient, Néron et Sardanapale auraient été heureux. Agamemnon, lui non plus, ne l'était pas, quoiqu'il fût bien plus estimable que Sardanapale et Néron. Tandis que les autres ronflent, que fait-il?

Il arrachait de sa tête plus d'une touffe de cheveux.

Et que dit-il?

Voilà comme je me trompe!

Et encore :

Je me tourmente; et mon cœur veut s'élancer hors de ma poitrine.

Infortuné! qu'est-ce qui est en souffrance dans ce qui est à toi? ta fortune? Elle ne souffre pas. Ton corps? Il ne souffre pas. Tu as de l'or et de l'airain en abondance. Qu'est-ce donc qui est en souffrance chez toi? La partie qui chez toi est négligée et corrompue est celle, quelle qu'elle soit, qui nous fait désirer ou craindre, vouloir les choses ou les repousser. Et de quelle façon se trouve-t-elle négligée? en ce qu'elle ignore la vraie nature du bien pour lequel elle est née, et la vraie nature du mal; ce qu'elle a qui lui appartienne en propre, et ce qu'elle a qui ne lui appartienne pas. Lors donc que quelqu'une des choses qui ne lui appartiennent pas se trouve en souffrance, *hélas*, dit-elle, *les Grecs sont en péril!* Bien malheureuse est cette partie maîtresse! c'est elle seule que tu négliges, et que tu laisses sans soins! — Ils vont mourir, dis-tu, égorgés par les Troyens! — Est-ce qu'ils ne mourront jamais, si les Troyens ne les tuent pas? — si, mais pas tous du même coup! — Où est la différence? Car, si c'est un mal de mourir, c'est toujours le même mal, que l'on meure tous ensemble, ou un à un. Est-ce qu'à ta mort il doit arriver autre chose que la séparation de ton corps et de ton âme? — Non. — Et d'autre part, est-ce que, si tous les Grecs meurent, la porte te sera fermée? Est-ce qu'il ne te sera plus possible de mourir? — Ce me sera toujours possible. — Pourquoi donc gémis-tu, toi qui es roi, et qui as le sceptre de Jupiter? Il n'y a pas plus de roi malheureux que de Dieu malheureux. Qu'est-ce que tu es donc? Rien qu'un berger; car tu te lamentes comme les bergers, quand un loup leur a enlevé quelques moutons. Ces hommes auxquels tu commandes sont tes moutons à toi. Mais pourquoi es-tu venu ici ? Y avait-il péril en toi pour la faculté de désirer ? pour la faculté de craindre ? pour celle de vouloir les choses, ou pour celle de les repousser ? — Non, dis-tu ; mais on a enlevé la femme de mon frère. — Eh bien ! c'est tout profit que d'être débarrassé d'une débauchée. — Nous laisserons-nous donc mépriser par les Troyens ? — Que sont-ils ? des hommes sensés ou non ? S'ils sont sensés, pourquoi leur faites-vous la guerre ? S'ils ne le sont pas, que vous importe leur mépris ? »

— Où donc est le bien, puisqu'il n'est pas là ? Dis-nous-le, toi, maître envoyé et maître espion. — « Il est où vous ne croyez pas qu'il soit, et où vous ne voulez pas le chercher. Car, si vous vouliez, vous le trouveriez en vous, sans errer au dehors à chercher comme vous appartenant des choses qui ne sont pas à vous. Rentrez en vous-mêmes ; étudiez-y vos notions *a priori*. Que vous représentez-vous comme le bien ? la tranquillité, la félicité, la liberté. Eh bien ! ne vous le représentez-vous pas aussi comme une grande chose par sa nature, comme une chose d'un prix très-élevé, et qui est au-dessus de toute atteinte ? Cela dit, où vous faut-il chercher la tranquillité et la liberté ? dans ce qui est assujetti, ou dans ce qui est indépendant ? — dans ce qui est indépendant. — Eh bien ! votre corps est-il indépendant ou assujetti ? — Nous n'en savons rien. — Ne savez-vous pas qu'il est assujetti à la fièvre, à la goutte, à la cécité, à la dysenterie, aux tyrans, au feu, au fer, et à tout ce qui est plus fort que lui ? — Oui, il leur est assujetti. — Comment alors une partie quelconque du corps pourrait-elle être libre ? Et comment pourrait être d'importance et de prix ce qui n'est de sa nature qu'un cadavre, de la terre, de la boue ? Mais quoi ! n'avez-vous rien en vous qui soit indépendant ? — Rien. — Mais qui peut vous forcer à adhérer à une erreur manifeste ? — Personne. — Qui peut vous contraindre à ne pas adhérer à la vérité qui se montre à vous? — Personne. — Vous voyez donc bien par là qu'il y a en vous quelque chose qui est naturellement indépendant. Et qui de vous peut désirer ou craindre, vouloir une chose ou la repousser, préparer ou entreprendre quoi que ce soit, s'il ne se l'est pas représenté d'abord comme un profit ou comme un devoir? — Personne. — Vous avez donc là encore quelque chose d'indépendant, et de libre. Malheureux! c'est là ce qu'il vous faut travailler et soigner, c'est là qu'il vous faut chercher le bien.

Mais comment peut-on vivre heureux, quand on ne possède rien, quand on est nu, sans maison, sans foyer, couvert de saleté, sans esclave, sans patrie? — Eh bien! Dieu vous a envoyé quelqu'un pour vous montrer par des faits que cela est possible. Regardez-moi: je suis sans patrie, sans maison, sans fortune, sans esclave; je couche sur la terre; je n'ai ni femme, ni enfants, ni tente de général; je n'ai que la terre, le ciel et un manteau; et que me manque-t-il? Ne suis-je pas sans chagrin et sans crainte? Ne suis-je pas indépendant? Qui de vous m'a jamais vu frustré dans mes désirs, ou tombant dans ce que je voulais éviter? Quand ai-je accusé les dieux ou les hommes? A qui ai-je fait des reproches? Quelqu'un de vous m'a-t-il jamais vu triste? De quel air vais-je au devant de ces gens qui vous effraient et vous en imposent? n'est-ce pas comme au-devant d'esclaves? Et quel homme, en me voyant, ne croit pas voir son seigneur et son maître? »

Voilà le langage du Cynique, voilà son caractère, voilà ce qu'il veut. — « Non (dis-tu); ce qui fait le Cynique, c'est la besace, c'est le bâton, ce sont les fortes mâchoires. C'est de dévorer ou de mettre en réserve tout ce qu'on lui donne; c'est d'insulter mal à propos tous ceux qu'il rencontre, et de montrer à nu ses larges épaules! » Vois-tu maintenant comment il te faudra entreprendre une aussi grosse affaire? Commence par prendre un miroir; regarde tes épaules; examine tes hanches et tes cuisses. Homme, tu veux te faire inscrire pour les jeux olympiques; ce ne sont pas là des luttes insignifiantes et sans difficulté. A Olympie, on n'en est pas quitte pour être vaincu et s'en aller ainsi ; il faut d'abord étaler ses imperfections physiques devant toute la terre habitée, et non pas seulement devant les Athéniens, les Spartiates ou les habitants de Nicopolis ; puis être abîmé de coups, quand on est descendu dans la lice à l'étourdie ; et, avant d'être battu, on aura souffert de la soif et de la chaleur, et avalé beaucoup de poussière.

Réfléchis-y plus sérieusement; connais-toi toi-même; sonde la divinité ; n'entreprends pas l'affaire sans elle. Si elle t'y encourage, sache qu'elle veut te voir grand ou roué de coups. Car voici une bien belle chose inséparable du Cynique : il ne saurait éviter d'être battu, comme on bat un âne, et il faut que battu il aime ceux mêmes qui le battent, parce qu'il est le père et le frère de tous les hommes.* — « Non pas, dis-tu ; mais, si quelqu'un te bat, crie devant tout le monde : « O César, voilà comment on me traite, pendant la paix que tu as établie ! Allons au proconsul. » — Mais quel est le César, quel est le proconsul du Cynique, si ce n'est celui qui l'a envoyé, celui dont il est le serviteur, Jupiter lui-même ? En appelle-t-il à un autre que ce Dieu ? N'est-il pas convaincu, quoi qu'il lui arrive de tout cela, que c'est Jupiter qui l'exerce? Hercule, quand Eurystée l'exerçait ainsi, ne se tenait pas pour malheureux, et s'empressait d'exécuter tout ce qui lui était ordonné. Et cet homme, que Jupiter éprouve et exerce, pourrait crier et s'indigner ! Comme il serait bien digne de porter le sceptre de Diogène ! Ecoute ce que ce dernier tout enfiévré dit aux passants : « Méchants individus, leur criait-il, ne resterez-vous pas là ? Pour voir mourir ou lutter des athlètes, vous vous en allez bien loin, jusqu'à Olympie; et vous ne voulez pas voir la lutte d'un homme contre la fièvre ! » Et c'est un tel homme, n'est-ce pas, qui

* Ceci n'est-il pas l'équivalent de la doctrine chrétienne : *Aimez vos ennemis.*

aurait reproché au Dieu qui l'avait envoyé, de le traiter injustement, lui qui tirait gloire des épreuves, et qui se jugeait digne d'être un spectacle pour les passants! De quoi se serait-il plaint, en effet? serait-ce de la dignité qu'il conservait? Quel grief aurait-il fait valoir? serait-ce l'éclat plus grand que recevait sa vertu? Aussi, que dit-il de la pauvreté? de la mort? du travail? Comme il met en parallèle son bonheur et celui du grand roi! Ou plutôt, comme il ne croit pas que le parallèle soit possible! Car là où sont des troubles, des peines, des frayeurs, des désirs non satisfaits, d'inutiles efforts pour échapper au mal, des haines, des jalousies, comment le bonheur pourrait-il entrer? Or, là où sont des principes faux, toutes ces choses se trouvent nécessairement.

Le même jeune homme demandait à Epictète si malade il accepterait l'offre d'un ami qui le prierait de venir chez lui se faire soigner. — Où me trouveras-tu un ami du Cynique? lui répondit-il. Il faudrait que cet homme fût un autre lui-même, pour mériter d'être compté comme son ami; il faudrait qu'il partageât son sceptre et sa royauté, qu'il fût son digne second, pour être jugé digne de son amitié; c'est ainsi que Diogène fut l'ami d'Antisthène, et Cratès celui de Diogène. Crois-tu qu'il suffise de l'aborder, en lui souhaitant le bonjour, pour être son ami, et pour qu'il vous juge digne de le recevoir chez lui? Imagine-toi donc, si tu le veux bien, qu'il se dira ceci : Cherche plutôt, pour te coucher avec la fièvre, un beau tas de fumier qui puisse te défendre du vent du nord, et t'empêcher de mourir de froid. — Mais toi, tu me fais l'effet de vouloir allez chez un autre pour t'y engraisser à loisir. Pourquoi donc essaies-tu un rôle si difficile?
— Le Cynique, lui demanda-t-on, doit-il essentiellement se marier et avoir des enfants? — Si vous me donnez une cité de sages, répondit-il, il est possible que personne n'y prenne de lui-même la profession de Cynique. Car en faveur de qui y embrasserait-on un

tel genre de vie ? Supposons cependant que quelqu'un le fasse, rien ne l'y empêchera de se marier et d'avoir des enfants, car sa femme, son beau-père, seront d'autres lui-même, et ses enfants seront élevés dans les mêmes principes. Mais dans l'état actuel des choses, et sur ce champ de bataille, ne faut-il pas que rien ne vienne tirer le Cynique en d'autres sens, pour qu'il puisse être tout entier à son divin ministère ? Ne faut-il pas qu'il puisse aller trouver les gens, sans être lié par les obligations des hommes ordinaires, sans être engagé dans des relations sociales, dont il lui faut tenir compte, s'il veut rester dans son rôle d'honnête homme, et qu'il ne saurait respecter sans détruire en lui l'apôtre, le surveillant, le héraut envoyé par la divinité ? Regarde : il lui faudra faire certaines choses pour son beau-père, s'acquitter de certains devoirs envers les autres parents de sa femme, et envers sa femme elle-même. Le voici désormais absorbé par le soin de ses malades, et par l'argent à gagner. A laisser tout le reste de côté, il lui faudra au moins un vase, pour faire chauffer de l'eau à son enfant, et un bassin pour l'y laver ; il lui faut pour sa femme en couches de la laine, de l'huile, un lit, un gobelet ; voici déjà son bagage qui s'augmente ! Et je ne parle pas des autres occupations qui le distraient de son rôle. Que devient ainsi ce monarque, dont le temps est consacré à veiller sur l'humanité ;

celui à qui les peuples ont été confiés, et qui s'occupe de si grandes choses ;

celui qui doit surveiller tous les autres, époux et parents ; celui qui doit voir quels sont ceux qui en usent bien ou mal avec leur femme, quels sont les gens qui sont en désaccord, quelles sont les familles heureuses ou en souffrance ; celui qui doit aller partout, comme un médecin, tâtant le pouls de tout le monde et disant : « Toi, tu as la fièvre ; toi, tu as mal à la tête ; toi, tu as la goutte ; toi, ranime-toi ; toi, mange ; toi, ne et baigne point ; toi, il faut t'amputer ; toi, il faut te cautériser » ? Comment peut-il avoir ce loisir, une fois enlacé dans les obligations des hommes ordinaires ? Ne faut-il pas qu'il donne des vêtements à ses enfants ? Ne faut-il pas qu'il les envoie à l'école, munis de tablettes, d'un poinçon et de laine ? Ne faut-il pas qu'il leur prépare un lit. Car ce n'est pas en sortant du ventre de leur mère, qu'ils peuvent être des Cyniques. S'il ne faisait pas tout cela, mieux aurait valu les rejeter à leur naissance, que de les laisser ainsi périr. Vois à quoi nous abaissons le Cynique, et comment nous lui ôtons sa royauté. — Oui, mais Cratès s'est marié. — Tu me cites un cas extraordinaire, où l'amour a tout fait, et une femme qui était un autre Cratès. Nous discutons, nous, sur les mariages ordinaires et sans circonstances particulières; et en discutant ainsi, nous ne trouvons pas que, dans l'état actuel, le mariage soit une chose essentielle pour le Cynique.

— Comment donc lui disait-on, contribuera-t-il à la conservation de la société ? Au nom du ciel, répondait-il, qui sont les plus utiles à l'humanité, de ceux qui y introduisent à leur place deux ou trois marmots au vilain grouin, ou de ceux qui, dans la mesure de leurs forces, surveillent tous les hommes, examinant ce qu'ils font, la façon dont ils vivent, ce dont ils s'occupent, et ce qu'ils négligent contrairement à leurs devoirs ? Tous ceux qui à Thèbes ont laissé des enfants derrière eux ont-ils plus fait pour elle qu'Épaminondas, qui est mort sans enfants ? Danaüs, Œolus, ou Priam, qui a donné le jour à cinquante garnements, ont-ils mieux servi la société qu'Homère ? Si le commandement des armées, ou un grand ouvrage à composer, empêchent quelqu'un de se marier, ou d'avoir des enfants, on trouve qu'il a échangé le titre de père contre quelque chose qui en vaut la peine : et la royauté du Cynique ne serait pas une compensation ! C'est que nous n'avons jamais compris sa grandeur, et que nous ne nous représentons pas comme nous le devrions le caractère de Diogène c'est que nous ne voyons que les Cyniques d'aujourd'hui, ces parasites qui vivent sur le seuil de la porte, et qui n'ont d'autre ressemblance avec les anciens Cyniques que de péter comme eux. Autrement nous ne serions pas surpris de si peu ; et nous ne nous étonnerions pas que le Cynique ne se mariât point et n'eût point d'enfants. O homme, il a l'humanité pour famille ; les hommes sont ses fils ; les femmes sont ses filles ; c'est comme tels qu'il va les trouver tous, comme tels qu'il veille sur tous. Crois-tu que ce soit par intempérance de zèle qu'il invective ceux qu'il rencontre? S'il le fait, c'est comme leur père, comme leur frère, comme le ministre de leur père à tous, Jupiter.

Veux-tu me demander encore s'il s'occupera du gouvernement? Mais Sannion, quel gouvernement plus important cherches-tu que celui dont il est chargé? Viendra-t-il devant les Athéniens discourir des revenus et des impôts, lui qui doit parler à tous les hommes, aux Athéniens, aux Corinthiens, aux Romains indifféremment, non pas des revenus et des impôts, non pas de la paix et de la guerre, mais du bonheur et du malheur, de la félicité et de l'infortune, de l'esclavage et de la liberté? Quand un homme s'occupe d'un tel gouvernement, me demanderas-tu s'il s'occupe de gouvernement? Demande-moi encore s'il sera magistrat, je te répondrai de nouveau : « Imbécile ! y a-t-il une plus haute magistrature que celle qu'il exerce? »

Un tel homme a cependant besoin que son corps soit en bon état, car, s'il se présente phtisique, maigre et pâle, son témoignage n'aura plus le même poids. Ce n'est pas assez qu'il prouve aux hommes ordinaires, en leur découvrant son âme, que l'on peut être en belle et bonne situation sans tout ce qu'ils admirent ; il faut encore qu'il leur montre par son corps qu'une vie simple, frugale et au grand air ne nuit pas à la santé. (Il faut qu'il puisse leur dire) : « Vois comme nous en rendons témoignage, moi et mon corps. » C'est ce que faisait Diogène : il se promenait brillant de santé, et son corps attirait les regards de la foule. Si le Cynique fait pitié, il a l'air d'un mendiant ; tout le monde se détourne de lui ; sa vue choque tout le monde. Il ne faut pas qu'on le voie sale, et qu'il éloigne de lui les gens, mêm· ·par ce petit côté; il faut de la propreté jusque dans sa négligence, qui doit avoir quelque chose de séduisant.

Il faut encore au Cynique une certaine grâce naturelle, et beaucoup de finesse; sinon, ce ne sera qu'un pédant et pas autre chose. Il faut qu'il soit toujours en état, toujours en position de faire face aux attaques. Voyez Diogène. Quelqu'un lui disait : « Es-tu ce Diogène qui ne croit pas aux dieux ? — Comment ne croirais-je pas aux Dieux, répondit-il, puisque je crois que tu es leur ennemi ? » Une autre fois Alexandre, qui le trouvait endormi, lui dit ce vers :

« Il ne faut pas que l'homme qui doit donner des conseils, dorme toute la nuit. »

A moitié endormi, il répondit par cet autre :

« Lui, à qui les peuples ont été confiés, et qui s'occupe de si grandes choses *. »

Avant tout, il faut que sa partie maîtresse soit plus pure que le soleil; autrement, il ne serait qu'un brelandier et qu'une pratique, lui qui se ferait le censeur des autres, quand le mal serait maître chez lui. Vois, en effet, l'état des choses. Les rois et les tyrans ont des gardes et des armes, qui leur donnent les moyens de réprimander les autres et de les punir quand ils font mal, quelque pervers qu'ils soient eux-mêmes; mais le Cynique n'a ni armes ni gardes : il n'y a que sa conscience qui puisse lui donner le même pouvoir. Quand il se voit veillant et travaillant par amour pour l'humanité; quand il se voit s'endormant le cœur pur et se réveillant plus pur encore; quand il voit que toutes ses pensées sont les pensées d'un ami des Dieux, d'un de leurs ministres, d'un associé à la souveraineté de Jupiter; quand il voit que partout il a présent à l'esprit ce mot :

« O Jupiter, ô destinée, conduisez-moi »; et cet autre encore :

« Si les Dieux le veulent ainsi, qu'il en soit fait

* Ce vers, dans Homère, fait suite au précédent.
Iliade, ch. 2, vers 24 et 25.

ainsi », pourquoi n'aurait-il pas le courage de parler librement à ses frères, à ses enfants, à sa famille, en un mot? Aussi n'est-il ni un curieux, ni un indiscret, quand il agit ainsi; car ce n'est pas de sa part s'occuper indiscrètement des affaires d'autrui, que d'inspecter l'humanité : c'est s'occuper de ses affaires. Autrement, il faudrait dire que le général, lui aussi, est un indiscret, quand il inspecte ses soldats, les examine, les surveille, et punit ceux qui ne font pas bien. Mais si tu te mettais à gourmander les autres, en ayant une friandise cachée sous ton manteau, je te dirais : « Va-t'en plutôt dans un coin dévorer ce que tu as volé! Que t'occupes-tu des affaires d'autrui? Qui es-tu, en effet? est-tu le taureau? es-tu la reine des abeilles? Montre-moi les insignes de ta supériorité, comme ceux que la reine tient de la nature. Si tu n'es qu'un frelon, et que tu oses réclamer la royauté parmi les abeilles, crois-tu que tes concitoyens ne te chasseront pas, comme les abeilles chassent les frelons? »

Il faut, en effet, que le Cynique ait assez de patience pour que le vulgaire le croie insensible et de pierre. Personne ne peut l'insulter, le frapper, l'outrager. Il livre lui-même son corps à qui le veut, pour en faire ce qui lui plaît. Il sait, en effet, que le plus faible doit être infailliblement vaincu par le plus fort, dans le genre de lutte où il est le plus faible. Or, son corps est plus faible que la multitude, et ce qui est moins robuste, plus faible que ce qui est vigoureux. Il ne s'abaisse donc jamais à une lutte, où il peut être vaincu; il renonce bien vite à ce qui n'est pas à lui, et ne revendique pas comme sien ce qui n'est pas libre. Mais qu'il y ait à juger ou à vouloir, qu'il y ait à user comme il faut *des idées*, c'est alors que tu verras quels yeux il a! « Argus, diras-tu, n'était qu'un aveugle auprès de lui! » — « N'y a-t-il pas quelque part en moi, se dit-il, un jugement précipité? une détermination hasardée? un désir qui doive être frustré? une tentative inutile de me dérober à quelque chose? un effort infructueux? une accusation? une bassesse? une jalousie? » Quelle attention là-dessus ! et quelle tension d'esprit ! Mais pour tout le reste, il se couche sur le dos et ronfle. Son calme est complet. Pour notre libre arbitre, en effet, il n'y a ni voleur, ni tyran ; mais pour notre corps, il y en a ; pour notre fortune, il y en a ; et de même encore pour nos magistratures et nos honneurs. Quel prix donc le Cynique attachera-t-il à toutes ces choses ? Si vous voulez l'effrayer à leur sujet, il vous dira : « Va-t'en chercher des enfants ! C'est pour eux que les masques sont effrayants. Mais moi, je sais bien que ces masques sont de la terre cuite, et qu'ils sont vides en dedans. »

Voilà ce sur quoi tu délibères. Aussi, par le ciel ! diffère, si tu le veux bien, et commence par voir si tu es préparé. Vois, en effet, ce qu'Hector dit à Andromaque : « Va-t'en plutôt tisser à la maison ; car la guerre est l'affaire des hommes seulement, et de moi surtout. »

C'est qu'il avait le sentiment de sa force à lui, et de sa faiblesse à elle.

CHAPITRE XXIII

Contre ceux qui lisent ou discutent par désir de se montrer.

Commence par te demander ce que tu veux être ; puis, après cela, fais ce que veut le métier que tu auras choisi. Car, dans les autres parties, c'est presque toujours ainsi que nous voyons les choses se passer. Ceux qui se destinent à l'arène commencent par décider ce qu'ils veulent être, puis après cela ils agissent en conséquence. Si tu veux fournir la grande course, voici ta nourriture, voici tes promenades, voici tes frictions, voici tes exercices ; si tu ne veux courir que le stade, tout cela changera ; si tu veux être pentathle, tout cela changera encore. Tu trouveras la même chose dans les arts. Si tu veux être charpentier, voici ce que tu auras à faire; si tu veux être fondeur, voici encore. Car, si nous ne rapportons pas chacune de nos actions à un but, nous agissons au hasard; et, si nous la rapportons à un autre but que celui qu'il faudrait, nous nous égarons.

Restent à déterminer le but général et les buts particuliers. Le premier, c'est d'agir comme un homme. Qu'est-ce que cela implique? de ne pas agir comme un mouton, tout en étant bon; ni comme un méchant, à la façon des bêtes fauves. Quant aux buts particuliers, ils varient avec la profession de chacun, et avec la vie qu'il a choisie. Que le musicien agisse comme un musicien; le charpentier, comme un charpentier; le philosophe comme un philosophe; l'orateur, comme un orateur. Lors donc que tu nous dis : « Venez ici et entendez-moi vous faire une lecture », prends garde d'abord d'agir ainsi sans but; puis, si tu trouves un but à ton acte, prends garde qu'il ne soit pas celui qu'il faut. Cherches-tu à être utile? ou ne cherches-tu que des éloges?

Dès que l'on parle ainsi on entend le personnage vous dire : « Que m'importent les éloges de la multitude! » Et il a raison. Car ces éloges ne sont rien non plus pour le musicien, en tant que musicien; pour le géomètre, en tant que géomètre. Tu veux donc être utile! mais à quoi? Dis-nous-le, pour que nous aussi nous courions t'entendre. Et maintenant quelqu'un peut-il faire profiter les autres, s'il n'a pas commencé par profiter lui-même? Non. Celui qui n'est pas charpentier ne peut nous aider à devenir charpentier; ni celui qui n'est pas cordonnier, à devenir cordonnier.

Veux-tu donc savoir si tu as profité? Philosophe, apporte-nous ici tes principes. Que se propose-t-on, quand on désire une chose? — de ne pas la manquer. — Et quand on cherche à l'éviter? de ne pas y tomber. — Eh bien, nous, réalisons-nous ce que nous proposons dans ces deux cas? Dis-moi la vérité. Si tu me trompes, je te dirai : « Tel jour, parce qu'on avait été moins empressé à venir t'entendre, moins empressé à t'acclamer, tu t'es retiré tout honteux. Tel autre, parce que tu avais été applaudi, tu te promenais par l'assemblée, en disant à chacun : « Comment m'as-tu trouvé? — Admirable, maître, par mon salut! — Et comme j'ai dit ce passage! — Lequel? — Celui où j'ai fait le portrait de Pan et des Nymphes. — Merveilleusement. » Et tu viendras me dire que tu ne désires et ne redoutes rien que conformément à la nature! Va-t'en le faire accroire à un autre. L'autre jour n'as-tu pas loué tel individu contrairement à ce que tu en pensais? N'as-pas adulé le fils de tel sénateur? Voudrais-tu donc que tes enfants lui ressemblassent? — A Dieu ne plaise? — Pourquoi donc tant de flatteries et tant d'attentions pour lui? — C'est un jeune homme merveilleusement doué, et un auditeur très intelligent. — Comment le sais-tu? — Il m'admire. — Tu nous as dit ta vraie raison. Mais que te figures-tu donc? Crois-tu que ces gens-là ne te méprisent pas en secret? Quand un homme, qui a la conscience de n'avoir jamais rien dit ni pensé de bon, trouve un philosophe qui lui dit : « Quelle nature d'élite que la tienne! Quelle honnêteté! Quelle pureté! » que crois-tu qu'il se dise, si ce n'est : « Voici un homme qui a besoin de moi »? Si je me trompe, dis-moi ce qu'il a fait qui soit l'œuvre d'une nature d'élite. Voici ce qu'il a fait : il a été assidu près de toi pendant un certain temps; il t'a écouté parler; il t'a écouté lire. Mais en est-il plus modeste? a-t-il fait un retour sur lui-même? a-t-il le sentiment de sa misère? s'est-il dépouillé de sa présomption? cherche-t-il un maître? — Il en cherche un, dis-tu. — pour lui enseigner comment il faut vivre? Non pas, sot que tu es; mais pour lui enseigner comment il faut parler, car c'est pour ta façon de parler qu'il t'admire. Écoute ce qu'il dit : « Voici un homme qui écrit avec la dernière habileté, beaucoup mieux que Dion. » C'est là tout. Dit-il : « Voici un homme plein de retenue et de probité, un homme que rien ne trouble? » S'il parlait ainsi, je lui dirais : « Puisque cet homme est si probe, qu'est-ce donc en lui que la probité? » Et, s'il ne pouvait me le dire, j'ajouterais : « Commence par apprendre ce que tu dis; et ne parle qu'après. »

Et c'est dans cette triste situation d'esprit, c'est quand tu t'extasies devant ceux qui t'applaudissent, c'est quand tu comptes tes auditeurs, que tu prétends être utile aux autres! — « Aujourd'hui, dis-tu, j'ai eu beaucoup plus d'auditeurs. — Oui, beaucoup. Cinq cents, ce me semble. — Vous ne savez ce que vous dites! Mettez en mille. Jamais Dion n'en a eu autant. Et comment les aurait-il? Puis, comme ils écoutent ma parole! C'est que le beau, Monsieur, agit jusque sur les pierres elles-mêmes! » Et c'est là le langage d'un philosophe! Ce sont là les sentiments du futur bienfaiteur de l'humanité! C'est là l'homme qui a écouté la raison, qui a lu les livres socratiques comme on lit des livres socratiques, et non pas comme on lit des livres de Lysias ou d'Isocrate! Au lieu de lire : « Je me suis souvent demandé avec surprise par quels raisonnements....... », c'est ceci qu'il faut lire : « Par quelle raison....... », car cet ouvrage-ci vaut mieux que l'autre. Et ces livres socratiques, les avez-vous lus d'une autre façon qu'on ne lit des chansonnettes? Si vous les lisiez comme il faut, vous ne vous attacheriez pas à toutes ces frivolités, mais vous fixeriez plutôt votre attention sur ceci : « Anytus et Mélitus peuvent me tuer; ils ne peuvent me nuire; » et sur ceci encore : « Je suis de nature à ne m'attacher qu'à une seule chose en moi, à la raison, qui, bien considérée me paraît la meilleure. » Aussi quelqu'un a-t-il jamais entendu dire à Socrate : « Je sais et j'enseigne »? Loin de là : il avait pour chacun un maître à qui l'adresser. Les gens venaient donc le prier de les présenter à des philosophes; et il les y menait, et les recommandait. Est-ce que cela n'est pas vrai? Est-ce qu'il leur disait, en les reconduisant : « Viens m'entendre parler aujourd'hui dans la maison de Codratus? » Eh? pourquoi irais-je t'entendre? Veux-tu me montrer que tu sais disposer les mots élégamment?

Tu sais les disposer, ô homme, mais quel bien cela te fait-il? — Applaudis-moi. — Qu'entends-tu par t'applaudir? — Dis-moi : « Ah! » et « C'est merveilleux! » — Eh bien! je le dis. Mais, si les applaudissements doivent porter sur quelque chose que les philosophes placent dans la catégorie du bien, qu'est-ce que j'ai à applaudir en toi? Si c'est une bonne chose que de bien parler, prouve-le moi et je t'applaudirai.

Quoi donc! serait-ce qu'il doit m'être désagréable d'entendre bien parler? A Dieu ne plaise! Il ne m'est pas désagréable non plus d'entendre jouer de la lyre; mais est-ce une raison pour que je doive me tenir là debout à jouer de la lyre? Ecoute ce que dit Socrate: « Hommes, il ne convient pas à mon âge de me présenter devant vous en arrangeant mes discours, comme le fait un jeune homme. » Il dit, *comme le fait un jeune homme*, parce qu'en réalité, c'est une jolie chose que de savoir choisir et disposer ses mots, que de savoir après cela les lire ou les débiter avec grâce, que de s'interrompre enfin au milieu de sa lecture pour s'écrier: « Par votre salut! ce sont là des choses que peu de gens peuvent comprendre! »

Est-ce que le philosophe prie les gens de venir l'entendre? est-ce que par le seul fait de son existence il n'attire pas à lui, comme le soleil, comme la nourriture, ceux à qui il doit être utile? Quel est le médecin qui prie les gens de se faire soigner par lui? J'entends dire, il est vrai, qu'aujourd'hui à Rome les médecins prient les malades de venir à eux; mais, de mon temps, c'était eux qu'on priait. « Je t'en prie, viens apprendre que tu n'es pas en bon état, que tu t'occupes de tout autre chose que de ce dont tu dois t'occuper, que tu te trompes sur les biens et sur les maux, que tu es malheureux, que tu es infortuné. » La charmante prière! Et cependant, si la parole du philosophe n'a pas réellement ces effets, elle n'est qu'une parole morte, et c'est un mort qui parle. Rufus avait l'habitude de dire: « S'il vous reste assez de liberté d'esprit pour m'applaudir, c'est que je ne dis rien qui vaille. » Il parlait de telle façon que nous, qui étions assis là, nous croyions chacun lui avoir été dénoncés, tant il mettait le doigt sur ce qui était, tant il nous plaçait à chacun nos misères sous les yeux.

Hommes, c'est la maison d'un médecin que l'école d'un philosophe. Avant d'en sortir, il vous faut, non pas jouir, mais souffrir ; car vous n'y entrez pas bien portants, mais l'un avec une épaule démise, l'autre avec un abcès, celui-ci avec une fistule, celui-là avec des maux de tête. Et moi, vais-je m'asseoir là à vous débiter de belles sentences et de belles paroles, pour que vous partiez m'ayant applaudi, mais en remportant, l'un son épaule telle qu'il l'avait apportée, l'autre sa tête dans le même état, celui-ci sa fistule, celui-là son abcès ? Et ce serait pour cela que les jeunes gens se dérangeraient ! Ils quitteraient leurs parents, leurs amis leur famille, leur héritage, pour venir te dire : « Bravo ! » pendant que tu leur débites de belles paroles ! Est-ce là ce que faisait Socrate, ce que faisait Zénon, ce que faisait Cléanthe ?

— Mais quoi ! *l'exhortation* n'est-elle pas un genre oratoire spécial ? — Qui dit le contraire ? C'est ainsi qu'il y a le genre de *la réfutation* et celui de *l'enseignement*. Mais qui donc a jamais parlé d'un quatrième genre après ceux-là, le genre de *l'ostentation ?* En quoi consiste en effet le genre de *l'exhortation ?* à pouvoir montrer à un individu ou à plusieurs dans quelle mêlée ils se trouvent emportés, et comment ils sont sans cesse en quête de tout autre chose que de ce qu'ils veulent, puisque ce qu'ils veulent, c'est ce qui conduit au bonheur, et qu'ils le cherchent où il n'est pas. Et pour faire cette démonstration, il te faudrait commencer par disposer un millier de sièges, et inviter les gens à venir t'entendre, puis élégamment drapé dans ta robe ou dans ton manteau, te jucher sur des coussins, et raconter de là, la mort d'Achille ! Cessez, par tous les dieux ! de déshonorer, autant qu'il est en vous, de grands noms et de grandes choses ! On dirait que les exhortations ne sont jamais plus efficaces que lorsque l'orateur laisse voir à ses auditeurs qu'il a besoin d'eux !

Et qui, dis-moi, en t'entendant lire ou parler, a conçu des inquiétudes sur lui-même, ou est descendu au fond de son cœur ? Qui a dit, en sortant : « Le philosophe a bien mis le doigt sur mes plaies ; je ne dois plus me conduire ainsi » ? Personne ; mais, quand tu as eu du succès, l'un dit : « Il a bien parlé de Xercès ! » l'autre : « Non, mais du combat des Thermopyles ! » Est-ce donc là l'auditoire d'un philosophe ?

CHAPITRE XXIV

Il ne faut pas s'attacher à ce qui ne dépend pas de nous.

Que ce qu'il y a chez les autres de contraire à la nature ne soit pas un mal pour toi, car tu n'es pas né pour déchoir avec eux, mais pour être heureux, avec eux. Or, si quelqu'un est malheureux, souviens-toi qu'il l'est par sa faute ; car Dieu a fait tous les hommes pour le bonheur et pour la quiétude. Il nous a donné pour cela bien des moyens dont il a voulu qu'une partie fût la propriété de chacun de nous, mais l'autre, non. Tout ce que l'on peut entraver, violenter, ou nous enlever, ne nous appartient pas en propre ; mais ce que rien ne peut entraver nous appartient en propre ; et Dieu, comme il convenait à quelqu'un qui nous aime et qui nous gouverne en père, a mis les vrais biens et les vrais maux dans les choses qui nous appartiennent en propre. — Mais j'ai quitté un tel, et cela lui fait de la peine ! — Pourquoi a-t-il cru sien ce qui n'était pas à lui ? Pourquoi, lorsqu'il était si heureux de te voir, ne se disait-il pas que tu étais sujet à mourir et à changer de pays ? Il porte la peine de sa sottise. Mais toi, pourquoi, et à cause de quoi, te laisses-tu abattre ? Est-ce que tu n'avais pas songé à tout cela ? Est-ce que, à l'instar de ces femmelettes qui ne comptent pour rien, tu t'imaginais devoir vivre toujours dans le milieu où tu étais heureux de vivre, dans le même pays, avec les mêmes gens, avec les mêmes occupations ? Aujourd'hui te voilà assis à pleurer, parce que tu ne vois plus les mêmes personnes, et que tu ne vis plus dans le même pays ! Ah ! tu as bien mérité d'être plus misérable que les corbeaux et les corneilles, qui peuvent voler où ils le veulent, transporter leurs nids, et traverser les mers, sans gémir, et sans regretter leur précédent séjour ! — Oui, dis-tu, mais c'est parce qu'ils n'ont pas la raison qu'ils se conduisent ainsi. — Ainsi donc les Dieux nous ont donné la raison pour notre désavantage, pour notre malheur, pour que nous vivions misérables et dans les pleurs ! Ou faudra-t-il que tous les hommes soient immortels, que personne ne change jamais de pays, que nous personnellement nous n'en changions jamais, et prenions racine dans un même endroit, comme les plantes ? Si quelqu'un de ceux avec qui nous vivons change de pays, nous faudra-t-il nous asseoir tout en pleurs ; puis, s'il revient, danser et battre des mains, comme le font les enfants ?

Ne nous serrerons-nous donc jamais, et ne nous rappellerons-nous pas ce que les philosophes nous ont dit ? Si ce ne sont pas des charlatans que nous écoutions en eux, ce monde est une république, dont tous les citoyens sont formés d'une même substance. Il faut que les choses y tournent dans un cercle ; que les unes y cèdent la place aux autres ; que celles-ci se décomposent, et que celles-là naissent ; que celles-ci restent dans le même état, et que celles-là changent. Mais cet univers est peuplé d'amis ; et ces amis sont les Dieux d'abord, puis les hommes que la nature a faits les uns pour les autres. Il faut tantôt qu'ils vivent ensemble, tantôt qu'ils se séparent ; mais, ensemble, il faut qu'ils soient heureux les uns par les autres ; et, quand ils se séparent, il faut qu'ils n'en soient pas tristes. Outre que la nature a donné à l'homme l'élévation de l'âme et la force de dédaigner tout ce qui ne dépend pas de son libre arbitre, il a l'avantage de ne pas prendre racine, de n'être pas attaché au sol, et de passer d'un lieu à un autre, tantôt parce que ses besoins l'y poussent, tantôt pour le simple plaisir de voir.

C'est là ce qui arriva à Ulysse,

« Qui vit les villes et connut l'esprit de tant d'hommes. »

C'est ce qui était aussi arrivé avant lui à Hercule, qui parcourut la terre entière,

« En quête des crimes et des vertus des hommes », pour frapper et punir ceux-là et pour rétablir celles-ci dans leurs droits. Et cependant combien d'attachements on peut croire qu'il a eu dans Thèbes ! combien dans Argos ! combien dans Athènes ! Combien ne s'en est-il pas fait dans ses courses à travers le monde, lui qui prenait femme partout où l'occasion semblait s'en présenter à lui, et qui s'y donnait des enfants, qu'il quittait ensuite, sans pleurer, sans gémir, parce qu'il ne les laissait pas orphelins ! Ne savait-il pas, en effet, que nul homme n'est orphelin, mais qu'il y a un père qui partout et toujours s'occupe d'eux tous ? Car ce n'était pas comme un vain mot, qu'il avait entendu dire que Jupiter était le père de tous les hommes : il le croyait et l'appelait son père, et c'était les yeux fixés sur lui qu'il faisait tout ce qu'il faisait. Aussi pouvait-il vivre heureux partout. Mais jamais ne peuvent se trouver ensemble le bonheur et le désir de ce que l'on n'a pas. Celui qui est heureux doit avoir tout ce qu'il désire ; il doit ressembler à un homme repu ; ni la soif, ni la faim ne doivent se trouver en lui. — Mais Ulysse regrettait son épouse, et pleurait assis sur une pierre ! — Suis-tu donc Homère en toute chose, et jusque dans ses fables ? D'ailleurs, si Ulysse a réellement pleuré, que peut-on dire, sinon qu'il était malheureux ? Or, quel est le Sage qui est malheureux ? Ce monde est réellement mal gouverné, si Jupiter n'y veille pas sur ses concitoyens, pour qu'ils soient heureux semblablement à lui ; et une telle supposition ne peut s'admettre sans injustice et sans impiété. Si Ulysse pleurait et gémissait, ce n'était pas un sage. Qui est sage, en effet, sans savoir ce qu'il est? Et qui peut savoir ce qu'il est, sans se rappeler que tout ce qui est né doit périr, et que les hommes ne peuvent être toujours ensemble? Or, désirer l'impossible est le propre d'un esclave et d'un sot, le propre d'un homme qui combat Dieu, son hôte, par la seule arme qui soit en son pouvoir, par sa façon de penser.

Mais ma mère pleure, quand elle ne me voit plus. — Eh bien, pourquoi n'a-t-elle pas étudié notre doctrine? Je ne veux pas dire par là que tu ne doives pas faire d'efforts pour qu'elle ne pleure plus, mais que tu ne dois pas vouloir *à toute force* une chose qui est en dehors de toi. Le chagrin des autres est en dehors de moi; le mien seul est à moi. Je ferai cesser *à toute force* le mien, car cela dépend de moi; quant à celui des autres, j'y ferai mon possible, mais je n'entreprendrai pas de l'apaiser *à toute force*. Autrement, je ferai la guerre à Dieu, je lutterai contre Jupiter, j'entrerai en ligne avec lui pour le gouvernement du monde; et le châtiment de cette lutte, de cette révolte contre Dieu, ne retombera pas seulement sur les enfants de mes enfants, mais encore sur moi-même, la nuit aussi bien que le jour: des songes me feront m'élancer de mon lit; je serai toujours troublé; je tremblerai dans l'attente de chaque nouvelle; ma tranquillité dépendra des lettres d'autrui. « Quelqu'un arrive de Rome, dirai-je; Ah! pourvu que ce ne soit pas un mal! » Mais quel mal peut-on te faire là où tu n'es pas? « Quelqu'un arrive de Grèce; Ah! pourvu que ce ne soit pas un mal! » diras-tu encore. Et c'est ainsi que tous les pays peuvent contribuer à ton malheur. Ce n'était pas assez que tu fusses malheureux par le lieu où tu es, il faut encore que tu le sois de par delà les mers, et par l'effet d'une lettre! Est-ce ainsi que tu es à l'abri de tout? — Mais si mes amis de là-bas viennent à mourir? — Eh bien! des mortels seront morts; qu'y aura-t-il autre chose? Voudrais-tu tout à la fois vieillir et ne voir la mort d'aucun de ceux que tu aimes? Ne sais-tu pas que dans un long espace de temps doivent forcément arriver bien des événements de toute espèce? qu'un tel doit succomber à la fièvre, un tel sous les coups des voleurs, cet autre sous les coups des tyrans? L'air ambiant, les amis, le froid, le chaud, l'excès de nourriture, les voyages par terre et par mer, les vents, les accidents de toute sorte, sont cause que l'un périt, que l'autre est exilé, que celui-ci nous quitte pour une ambassade, et celui-là pour une expédition militaire. Assieds-toi donc en t'ébahissant de tout, pleure, souffre, sois malheureux, sois à la merci d'autrui, et non pas d'un ou de deux, mais de mille et de mille encore!

Est-ce là ce que tu as appris des philosophes? est-ce là ce qu'ils t'ont enseigné? Ne sais-tu pas que vivre c'est faire campagne? Il faut qu'un tel soit de garde, que tel autre s'éloigne en éclaireur, et tel autre pour combattre. Il n'est possible ni bon que tous restent dans le même lieu. Mais toi, peu soucieux d'accomplir les ordres de ton général, tu te mets à l'accuser, quand il t'a commandé quelque chose de difficile, sans songer à ce que tu fais de l'armée dans la mesure de tes forces. Si tous t'imitaient, personne ne creuserait le fossé, personne ne ferait de palissades autour du camp, personne ne veillerait, personne n'affronterait le péril; on ne verrait personne s'acquitter de son service. De même sur un navire. Embarqué comme matelot, empare-toi d'une place, et restes-y obstinément; s'il te faut monter au mât, refuse; s'il te faut courir à la proue, refuse: quel est le pilote qui te supportera alors, et qui ne te chassera comme un meuble inutile, comme un embarras, comme un mauvais exemple pour les autres matelots? C'est la même chose ici: la vie de chacun de nous est une campagne, et une campagne longue et variée. Il te faut faire ton devoir de soldat, tout exécuter sur un seul signe du général, deviner même ce qu'il veut. Car le général dont nous parlions tout à l'heure n'est l'égal du nôtre, ni par sa puissance, ni par l'excellence de sa nature ; et tu te trouves, toi, muni d'un grand commandement, placé à un poste qui n'est pas peu honorable : tu es sénateur. Ne sais-tu pas qu'un tel homme doit peu s'occuper de sa maison, être presque toujours loin de chez lui, pour commander, pour obéir, pour remplir une magistrature, pour conduire une expédition, ou pour rendre la justice? Et tu voudrais rester à la façon des plantes, attaché et enraciné au même lieu ! — Cela serait si doux ! — Qu'est-ce qui le nie? Mais c'est une douce chose aussi qu'un gâteau, une douce chose aussi qu'une belle femme. Ceux qui font de la volupté le but de la vie, parlent-ils autrement que toi?

Ne vois-tu pas de quels hommes tu parles le langage? C'est le langage des Épicuriens et des débauchés. Et toi qui agis comme eux, et qui penses comme eux, tu viendras nous tenir les raisonnements de Zénon et de Socrate? Ne rejetteras-tu pas bien loin de toi ce dont tu te pares sans qu'il t'appartienne? Que veulent les Épicuriens et les débauchés, si ce n'est de dormir à leur gré et sans gêne, de bâiller tout à loisir quand ils sont levés, de se laver le visage, de lire ou d'écrire ensuite à leur fantaisie, de débiter des sornettes avec approbation de leurs amis, quoi qu'ils aient pu dire, de sortir pour se promener, de prendre un bain après une courte promenade, puis de manger, puis de se mettre au lit, pour passer la nuit comme il est naturel à de pareils individus de la passer? A quoi bon dire comment? Ne peut-on pas le deviner? Eh bien ! dis-moi quel est le genre de vie que tu désires à ton tour, toi le sectateur de la vérité de Socrate et de Diogène. Qu'est-ce que tu veux faire à Athènes? ces mêmes choses, et pas d'autres? Pourquoi donc alors te dis-tu Stoïcien? Quoi ! ceux qui se targuent à faux du titre de citoyen romain sont punis sévèrement; et ceux qui se targuent à faux d'un caractère et d'un nom si respectables, si augustes, devraient être renvoyés impunis ! N'est-il pas vrai que cela ne se peut? N'est-il pas vrai qu'il y a une loi divine, une loi toute-puissante, à laquelle nul ne peut se soustraire, qui inflige les plus grands châtiments à ceux qui ont fait les plus grandes fautes? Et que dit cette loi? que celui qui se sera attribué les qualités qu'il n'a pas, soit un vantard et un vaniteux; que celui qui s'oppose à l'ordre de choses établi par Dieu, soit avili et esclave: à lui le chagrin, à lui l'envie, à lui la sensiblerie; pour tout dire en un mot, à lui le malheur et les larmes.

— Quoi donc! veux-tu que je fasse la cour à un tel, et que je me présente à sa porte? — Si la raison le demande pour ta patrie, pour ta famille, pour l'humanité, pourquoi ne le ferais-tu pas? Tu ne rougis pas de te présenter à la porte d'un cordonnier, lorsque tu as besoin de chaussures, ni à celle d'un jardinier, lorsque tu as besoin de laitues: pourquoi rougirais-tu de te présenter à celle des riches, lorsque tu as quelque besoin analogue? — Oui, mais je ne m'extasie pas devant le cordonnier. — Eh bien! ne t'extasie pas devant le riche non plus. — Je ne vais pas pour flatter le jardinier. — Ne flatte pas le riche non plus. Mais comment alors obtiendrai-je de lui ce que je désire? — T'ai-je dit d'y aller pour l'obtenir à tout prix? Ne t'ai-je pas dit simplement d'y aller pour faire ce que tu dois faire? Pourquoi donc m'y présenterai-je alors? — pour y aller; pour faire ton devoir de citoyen, ton devoir d'ami. Souviens-toi seulement que c'est chez un cordonnier que tu vas, chez un vendeur de légumes, qui n'a à sa disposition rien de grand ni de respectable, si cher qu'il vende sa marchandise. Tu vas là comme on va vers des laitues. Elles valent une obole, et non pas un talent. Qu'il en soit de même vis-à-vis du riche. Dis-toi: « La chose vaut la peine de se présenter à sa porte. Soit! J'irai. Elle vaut la peine de lui parler. Soit! Je lui parlerai. Mais il faudrait aussi lui baiser la main et le flatter par quelque compliment. Écartons cela: ça vaudrait un talent. Il n'est utile ni à moi, ni à la ville, ni à mes amis, que le citoyen et l'ami honnêtes périssent en moi. »

— Mais, si je ne réussis pas, je semblerai n'y avoir

pas mis tous mes soins. — As-tu donc oublié de nouveau pourquoi tu y allais? Ne sais-tu pas que le Sage n'agit jamais en vue de paraître, mais en vue de bien faire? — Eh! que lui sert d'avoir bien fait? — Quand on écrit le nom de Dion, à quoi sert-il de l'écrire comme il doit l'être? — A l'écrire. — N'est-ce pas là une récompense? Et veux-tu pour l'homme de bien une récompense plus grande que d'agir suivant l'honnêteté et la justice? A Olympie, tu ne veux qu'une seule chose, être couronné aux jeux olympiques; et cela te semble suffisant. Eh bien, te semblera-t-il donc de si petite et de si mince valeur d'être un Sage et un homme heureux? Quand c'est pour cela que Dieu t'a introduit dans la cité, quand tu dois dès maintenant y faire œuvre d'homme, vas-tu encore demander le sein de ta nourrice? Vas-tu te laisser détourner et amollir par les lamentations de femmelettes imbéciles? Ne cesseras-tu donc jamais d'être un petit enfant? Ne sais-tu pas qu'en agissant comme un enfant, on est d'autant plus ridicule qu'on est plus âgé?

A Athènes ne voyais-tu personne? N'allais-tu chez personne? — Je voyais qui je voulais. — Ici aussi veuille voir les gens, et tu verras qui tu voudras; fais-le seulement sans t'abaisser, sans désir comme sans peur, et de ton côté tout sera bien. Mais ce bien ne tient pas à tes sorties, ni à tes stations devant la porte des gens: il tient à ton âme, à tes principes. Si tu n'attaches pas de prix à ce qui est en dehors de toi et de ton libre arbitre, si tu ne regardes comme tien rien de tout cela, mais ceci seulement, les opinions et les conceptions vraies, les efforts, les désirs, les craintes légitimes, quelle place peut-il y avoir encore chez toi pour la flatterie, pour la servilité? Comment peux-tu regretter encore ici ta tranquillité de là-bas, et les lieux dont tu avais l'habitude? Attends un peu, et tu auras bientôt l'habitude de ceux-ci. Puis à leur tour, quand tu les auras quittés, pleure-les et regrette-les, si ton cœur de lâche est ainsi fait.

— Mais comment alors aimer ses amis? — Comme

aime une âme élevée, comme aime un homme heureux. Jamais la raison ne nous commande de nous abaisser, de pleurer, de nous mettre dans la dépendance des autres, d'accuser les Dieux ou les hommes. Aime tes amis, en te gardant de tout cela; mais, si ton amitié pour tes amis, à la façon dont tu entends cette amitié, doit te rendre esclave et misérable, il ne t'est pas bon d'aimer tes amis. Or, qui t'empêche de les aimer comme des gens qui doivent mourir, qui doivent s'éloigner? Est-ce que Socrate n'aimait pas ses enfants? Si; mais il les aimait en homme libre, en homme qui se souvient que ce sont les Dieux qu'il doit aimer avant tout. Aussi ne s'écarta-t-il jamais de ce qui convenait à un homme de bien, ni dans sa défense, ni dans la fixation de sa peine, ni avant quand il était sénateur ou soldat. Nous, tous les prétextes nous sont bons pour être lâches: à l'un c'est son enfant, à l'autre, c'est sa mère, à l'autre ce sont ses frères. Or, notre devoir est au contraire de n'être malheureux par personne, mais heureux par tout le monde, et surtout par Dieu qui nous a faits pour cela.

Dis-moi: Est-ce que Diogène n'aimait personne, lui qui avait tant de bonté, tant d'amour pour l'humanité, qu'il a supporté avec bonheur toutes ces fatigues et toutes ces misères corporelles pour l'intérêt général des hommes? Mais comment aimait-il? Comme devait aimer un ministre de Jupiter: avec affection pour les gens, mais aussi avec soumission à Dieu. C'est ainsi que (seul) il eut pour patrie toute la terre, et non pas tel pays en particulier. Fait prisonnier, il ne pleura pas Athènes, les gens avec qui il y vivait, les amis qu'il y avait; mais il se mit à vivre avec les pirates eux-mêmes, en essayant de les corriger. Puis, quand il fut vendu, il vécut à Corinthe comme il avait vécu auparavant à Athènes: et, s'il était allé jusque chez les Perrhèbes, il y aurait vécu de même. C'est ainsi qu'on se fait libre. C'est pour cela qu'il disait: « Depuis qu'Antisthène m'a fait libre, je n'ai jamais été esclave. »

Et comment Antisthène l'avait-il fait libre? Ecoute-le parler : « Il m'a fait connaître ce qui est à moi et ce qui n'est pas à moi : que parents, proches, amis, réputation, lieux auxquels je suis fait, occupations dont j'ai l'habitude, tout cela n'est pas à moi. Qu'est-ce qui est donc à moi? l'usage des *idées*. Voilà, comme il me l'a montré, ce qui est libre en moi, ce qui est indépendant, ce qui est au-dessus de toute contrainte possible, ce que nul ne peut forcer à être autrement que je le veux. Qui donc après cela a prise sur moi? Philippe? Alexandre? Perdiccas? Le grand roi? Comment l'auraient-ils? Pour pouvoir être dominé par les hommes, il faut commencer bien auparavant par se laisser dominer par les choses. » Celui dont ne triomphent ni le plaisir, ni la peine, ni la vanité, ni la richesse, celui qui peut, quand bon lui semble, cracher pour ainsi dire son corps tout entier à la face de quelqu'un, et s'en aller ainsi, de qui celui-là est-il esclave? de qui est-il sujet? Si parce que Diogène vivait heureux à Athènes, il s'était laissé dominer par l'habitude d'y vivre, il se serait mis à la merci du premier venu. Quiconque était plus fort que lui aurait été le maître de lui faire de la peine. Mais te l'imagines-tu flattant les pirates, pour qu'ils le vendissent à quelque Athénien? pour qu'il pût revoir et le beau Pirée, et la longue muraille, et l'Acropolis? Toi, que serais-tu quand tu les reverrais? un esclave, un valet, un homme avili. Qu'y gagnerais-tu alors? Les revoir ne pourrait te servir que si tu les revoyais libre. Or, montre-nous comment tu les reverrais libre.

Celui, en effet, qui t'enlève à ton séjour habituel devient ton maître, et il te dit : « Tu es mon esclave, car il dépend de moi de t'empêcher de vivre comme tu veux; il dépend de moi de t'affranchir; il dépend de moi de t'abaisser. Si je le veux, tu retrouveras la joie, et, plein d'impatience, tu partiras pour Athènes. » Que répondras-tu à qui te réduit ainsi en servitude? Qui lui opposeras-tu qui ait le pouvoir de t'affranchir? Ou n'est-il pas vrai que tu n'oseras même pas le regarder en face, et que, laissant là des discussions trop longues, tu le supplieras de te laisser partir?

Homme, ton devoir serait de t'en aller en prison le cœur joyeux, hâtant le pas, et devançant ceux qui t'y conduisent. Et tu craindras de vivre à Rome, par regret de la Grèce! Et, quand il te faudra mourir, tu viendras à ce moment encore pleurer devant nous, parce que tu ne pourras plus voir Athènes, ni te promener dans le Lycée! Est-ce donc pour cela que tu as quitté ton pays? Est-ce pour cela que tu as cherché à te mettre en rapports avec quelqu'un qui pût te servir? et te servir à quoi? à mieux analyser un syllogisme! à mieux t'orienter dans un raisonnement hypothétique! Et c'est pour ce motif que tu as laissé ton frère, ta patrie, tes amis, ta famille! Tu voulais leur revenir avec cette belle science! Ainsi, quand tu quittais ton pays, ce n'était pas pour arriver au calme et à la tranquillité de l'âme; pour devenir invulnérable; pour apprendre à ne plus accuser personne, à ne plus faire de reproches à personne; pour que nul ne pût plus te nuire, et que tu pusses ainsi être avec tous ce que tu dois être en dépit de tous les obstacles! C'est une belle marchandise que tu es venu chercher là, des syllogismes, des raisonnements hypothétiques! Si c'est là ton idée, va t'établir sur la place publique avec une enseigne, comme les vendeurs de drogues. Ah! ne déclareras-tu pas plutôt que tu ne sais pas même les choses que tu as apprises? au moins, tu ne servirais pas à décrier l'enseignement comme inutile. Quel mal t'a fait la philosophie? Quel tort t'a causé Chrysippe, pour venir ainsi prouver par des faits l'inutilité de tous ses travaux? N'avais-tu pas assez de toutes les misères de là-bas, de toutes tes causes de lamentations et de larmes, sans t'éloigner encore de ton pays? Voulais-tu leur en ajouter d'autres? Si tu fais de nouvelles connaissances, de nouveaux amis, tu auras de nouvelles causes de larmes; de même si tu t'attaches à un nouveau pays. Pourquoi donc vis-tu, si c'est pour entasser chagrins sur chagrins, afin d'être malheureux ? Et c'est là ce que tu appelles aimer tous tes amis ! Mais les aimer de quelle façon, ô homme ? Si cette façon était bonne, elle ne serait la cause d'aucun mal. Si elle est mauvaise, je n'ai rien à faire d'elle. Je suis né pour être heureux ; je ne suis pas né pour être malheureux.

Comment donc se préparer à ce que je demande ? Le premier moyen, le moyen le meilleur, le moyen souverain, celui qui est la clé de tout, pour ainsi dire, c'est de ne s'attacher à personne que comme à une chose qui peut nous être enlevée, comme à une chose qui est de la même nature que les vases d'argile et les coupes de verre. Que le vase se brise, et, nous rappelant ce qu'il était, nous ne nous troublons pas. De même ici, quand tu embrasses ton enfant, ton frère, ton ami, ne te livre jamais tout entier à ton impression, ne laisse jamais ton bonheur aller aussi loin qu'il le voudrait ; mais tire en arrière, et modère-le ; fais comme ceux qui marchent derrière le triomphateur, et qui l'avertissent qu'il est homme.

Donne-toi à toi-même cet avertissement : « Tu embrasses quelque chose de périssable ; tu embrasses quelque chose qui n'est pas à toi, quelque chose qui t'a été donné pour un moment, et non pour ne t'être jamais enlevé, et pour t'appartenir sans réserve. Il en est de cet être comme des figues et des raisins, qui te sont donnés à un moment précis de l'année, et que tu serais fou de désirer pendant l'hiver. » Si tu désirais ton fils ou ton ami, quand il ne t'est pas donné de les avoir, ce serait, sache-le bien, désirer des figues en hiver. Ce qu'est l'hiver par rapport aux figues, les événements qui résultent de l'ensemble des choses le sont par rapport à ce qu'il nous enlèvent. Désormais donc, au moment où tu jouiras de quelqu'un, mets-toi devant les yeux la scène contraire. Quel mal y aurait-il, quand tu embrasses ton enfant, à te dire tout bas, en parlant de lui : *Tu mourras demain ;* et de même, en embrassant ton ami : *Tu partiras demain, ou, si ce n'est toi, ce sera moi ; et ainsi nous ne nous verrons plus?* — Mais ce sont là des paroles fâcheuses! — Eh bien! dans les enchantements aussi il y a des mots fâcheux; mais on ne s'en inquiète pas, parce qu'ils servent. Qu'ils servent, cela suffit. Qualifies-tu donc de fâcheux d'autres mots que ceux qui désignent de mauvaises choses? C'est un mot fâcheux que *lâcheté;* ce sont des mots fâcheux que *bassesse, chagrin, affliction, impudeur.* Voilà des mots qui sont réellement fâcheux. Et cependant personne ne doit hésiter à les prononcer pour se préserver des choses. Appelleras-tu donc fâcheux un mot qui désigne un fait tout naturel? Dis alors que c'est aussi une expression fâcheuse que celle-ci. *On coupe les épis,* car elle signifie la fin des épis. Heureusement qu'elle ne signifie pas celle du monde. Appelle fâcheux aussi le mot qui désigne la chute des feuilles, et celui qui désigne les figues sèches, parce qu'elles remplacent les figues fraîches, et celui qui désigne les raisins secs, parce qu'ils remplacent les raisins frais.

Il n'y a dans tout cela que des transformations des choses les unes dans les autres : il n'y a point là d'anéantissement. Ordre, règle, disposition de l'ensemble, voilà tout ce qu'il y a là. Or il n'y a pas autre chose dans un départ : ce n'est qu'un petit changement; pas autre chose dans la mort : ce n'est qu'un grand changement. L'être actuel s'y change, non point en non être, mais en quelque chose, qui n'est pas actuellement. — Est-ce donc que je ne serai plus? — Si, tu seras; mais tu seras quelque autre chose, dont le monde aura besoin en ce moment. Tu n'es pas né, en effet, quand tu l'as voulu, mais quand le monde a eu besoin de toi.

Aussi le sage se rappelant qui il est, d'où il vient, et de qui il est né, ne s'occupe que d'une seule chose, de jouer son rôle conformément à l'ordre et à la volonté de Dieu. « Veux-tu que je continue de vivre? Oui, mais libre, et le cœur haut, comme tu l'as voulu, car tu m'as créé indépendant en tout ce qui m'appartient. N'as-tu plus besoin de moi? Qu'il soit fait à ton gré! Je ne suis resté jusqu'à présent que pour toi, et non pour un autre ; à présent je pars pour t'obéir. — Et comment partiras-tu ? — Encore comme tu l'as voulu : comme un être libre, qui est ton ministre, et qui a l'intelligence de tes commandements et de tes défenses. Mais, tant que je reste dans ton empire, que veux-tu que je sois ? gouvernant, ou simple citoyen ? sénateur, ou plébéien ? soldat, ou général ? précepteur, ou maître de maison ? Quel que soit le poste, quelles que soient les fonctions que tu m'assignes, comme le dit Socrate, je mourrai mille fois avant de les abandonner. Où veux-tu que je vive ? à Rome ? à Athènes ? à Thèbes ? Veuille seulement ne pas m'y oublier. Si tu m'envoies où je ne pourrai vivre conformément à la nature humaine, je m'en irai ; mais ce sera sans te désobéir, car tu m'auras sonné la retraite. Ce ne sera pas là te faire défaut (puisse une telle chose ne m'arriver jamais !) : ce sera comprendre que tu n'as plus besoin de moi. Mais, tant qu'il me sera possible de vivre conformément à la nature, je ne chercherai pas d'autre lieu que celui où je serai, pas d'autres hommes que ceux avec qui je serai. »

Voilà ce qu'il te faut avoir présent à la pensée, et le jour et la nuit. Voilà ce qu'il te faut écrire, ce qu'il te faut lire, ce dont il te faut parler, et à toi-même et aux autres. Dis-leur : « Pouvez-vous m'aider à cela ? » Puis (au besoin), va en trouver un autre, et un autre encore. Après cela, s'il t'arrive quelqu'une de ces choses dont nous disons qu'elles sont en dehors de notre volonté, ce sera tout d'abord pour toi un grand soulagement que de t'y être attendu. Car c'est beaucoup que de pouvoir se dire à propos de tous ceux que l'on perd : « Je savais que je l'avais engendré mortel. » Tu te diras de même encore : « Je savais que j'étais né pour mourir, que j'étais né pour voyager, pour être exilé, pour être jeté en prison : « Puis, si tu rentres en toi-même, si tu cherches à quelle classe appartient ce qui t'arrive, tu te rappelleras bien vite que c'est à la classe des choses qui ne dépendent pas de ton libre arbitre, qui ne sont pas tiennes. « En quoi cela m'intéresse t-il ! » (dirastu-alors). « Puis viendra la réflexion capitale : « Qu'est-ce qui te l'a envoyé ? c'est ton chef, c'est ton général, c'est ta ville, c'est la loi de ta ville ; consens-y donc, car il faut toujours, et en toute chose, obéir à la loi ». Puis, quand ton imagination te tourmentera (car cela ne dépend pas de toi), combats-la et dompte-la à l'aide de ta raison. Ne lui permets pas de prendre des forces et de se lancer au dehors, pour t'y montrer ce qu'elle veut, et comme elle le veut. Si tu es à Gyaros, ne te représente pas la vie de Rome, ni tous les plaisirs que tu avais quand tu y habitais, et que tu aurais, si tu y retournais ; applique-toi uniquement à ce que doit faire celui qui vit à Gyaros, pour vivre à Gyaros en homme de courage. Si tu es à Rome, ne te représente pas la vie d'Athènes ; ne t'occupe que de la vie de Rome.

Puis à la place de tous les plaisirs mets celui de comprendre que tu obéis à Dieu, et que tu joues ici le rôle du Sage, non par ce que tu dis, mais par ce que tu fais. Quelle chose en effet que de pouvoir se dire : « Ce dont les autres dissertent pompeusement dans les écoles, et ce qu'ils regardent comme des paradoxes, moi je l'accomplis aujourd'hui. Ce sont mes vertus qu'ils analysent sur leurs bancs ; c'est sur moi qu'ils discutent ; c'est moi dont ils font l'éloge. Jupiter a voulu que je tirasse de moi-même la preuve que toutes ces vertus sont possibles. Il a voulu, pour ce qui le regarde, voir par moi s'il pouvait avoir un soldat tel qu'il le faut ; et, pour les autres hommes, il a voulu me présenter à eux comme un témoin, qui leur dit au sujet des choses qui ne dépendent pas de notre libre arbitre : *Voyez ! c'est en vain que vous vous effrayez, et c'est sans raison que vous désirez ce que vous désirez. Ne cherchez pas le bien au dehors, cherchez-le en vous-mêmes ; autrement, vous ne le trouverez pas.* C'est pour cela qu'aujourd'hui il me conduit ici, que demain il m'envoie là, qu'il me montre aux autres hommes, pauvre, sans pouvoir et malade ; qu'il m'envoie à Gyaros ; qu'il me conduit en prison. Il ne me hait pas (loin de nous cette pensée !) ; car qui peut haïr le meilleur de ses serviteurs ? Il ne me néglige pas, lui qui ne néglige pas le plus humble des êtres. Il m'exerce; il se sert de moi comme d'une preuve vivante pour les autres hommes. Et, quand il m'a assigné un pareil service, je m'occuperais encore de l'endroit où je suis, des gens avec qui je suis, et de ce qu'ils disent de moi! Je ne me donnerais pas tout entier à Dieu, à ses commandements, à ses ordres! »

Si tu as constamment ces maximes en main, si tu les médites constamment, et fais qu'elles se présentent d'elles-mêmes à ta pensée, tu n'auras jamais besoin de personne pour te donner du cœur et te fortifier. Ce qui est honteux, ce n'est point de ne pas avoir de quoi manger, mais de ne pas avoir assez de raison pour écarter de soi la crainte et les chagrins. Or, une fois que tu te seras mis au-dessus du chagrin et de la crainte, y aura-t-il encore pour toi des tyrans, des gardes, des césariens? Souffriras-tu encore de la nomination des autres, et de ce qu'ils offrent des sacrifices au Capitole en remercîment de leurs charges, toi qui as reçu de Jupiter une telle magistrature? Seulement ne te donne pas de grands airs à cause d'elle, et ne fais pas le glorieux. Contente-toi de la révéler par tes actes; et, quand personne ne s'en apercevrait, qu'il te suffise d'être sage et heureux pour toi-même.

CHAPITRE XXV

Aux gens qui restent en chemin.

De toutes les promesses que tu te faisais au début, vois quelles sont celles que tu as tenues, et celles que tu n'a pas tenues; vois aussi comment tu te rappelles les premières avec bonheur, et les secondes avec regret; puis, si tu le peux, recommence où tu n'as pas réussi. Quand on se livre à la plus noble des luttes, on doit ne reculer devant rien, mais recevoir bravement tous les coups : car ce dont il s'agit ici, ce n'est ni la lutte ordinaire, ni le Pancrace lui-même, où l'on peut, vainqueur ou vaincu, valoir plus, valoir moins, et, par Jupiter! être très-heureux ou très-malheureux. Ce dont il s'agit ici, c'est le bonheur lui-même, c'est la félicité elle-même. Il y a mieux : ici, si nous nous retirons de l'arène, rien ne nous empêche de recommencer la lutte ; et il ne nous faut pas pour cela attendre quatre ans le retour de nouveaux jeux olympiques; mais aussitôt qu'on s'est ranimé, que l'on se retrouve soi-même, que l'on porte en soi la même ardeur, on peut reprendre la lutte ; si on y succombe de nouveau on peut la recommencer encore; et, si l'on est vainqueur une fois, on est comme si l'on n'avait jamais été vaincu. Seulement, il ne faut pas que l'habitude de la défaite vous amène à vous y résigner, et que désormais, comme un mauvais athlète, vous figuriez en vaincu à toutes les luttes, petit comme une caille qui se sauve. « Je succombe à la vue d'une belle fille, dites-vous; mais quoi! n'y ai-je pas déjà succombé hier? L'envie me vient de censurer quelqu'un ; mais est-ce qu'hier déjà je n'en ai pas censuré un autre? » Voilà ce que tu nous débites, comme si tu étais sorti de là sans qu'il t'en coûtât. Tu ressembles à un homme à qui le médecin interdirait les bains, et qui lui répondrait : « N'en ai-je pas pris un hier? » Le médecin lui pourrait répondre : « Eh bien! qu'as-tu éprouvé après ce bain? N'as-tu pas eu la fièvre? N'as-tu pas eu mal à la tête? » Toi aussi, quand hier tu as critiqué quelqu'un, n'as-tu pas fait l'œuvre d'un malveillant et d'un bavard? N'as-tu pas nourri en toi cette disposition par des actions de même nature qu'elle? Et quand tu as succombé à une femme, t'es-tu tiré de là sans punition? Que nous parles-tu donc de ce que tu as fait hier? Comme les esclaves qui se souviennent des coups, tu aurais dû, toi aussi, puisque tu te souvenais, t'abstenir des mêmes fautes. — « Ce n'est pas la même chose, dis-tu. C'est la douleur qui donne de la mémoire à

l'esclave ; mais, à la suite de nos fautes, quelle douleur y a-t-il ? quelle punition ? Et qui peut alors nous faire prendre l'habitude de fuir les mauvaises actions ? »
Il est donc bien vrai que les souffrances qui naissent de ce que nous essayons de faire nous sont utiles, que nous le voulions ou non.

CHAPITRE XXVI

A ceux qui craignent la pauvreté.

N'as-tu pas honte d'avoir moins de courage et moins de cœur que les esclaves fugitifs ? En quel état fuient-ils, quand ils abandonnent leur maître ? Quels domaines, quels serviteurs ont-ils pour se rassurer ? Ils dérobent le peu qu'il leur faut pour les premiers jours, puis ils se lancent à travers les terres, et même à travers les mers, se procurant habilement les moyens de subsister : aujourd'hui celui-ci, demain celui-là. Et qui d'entre eux est jamais mort de faim ? Mais toi, tu trembles de manquer du nécessaire ; et te voilà passant tes nuits à veiller ! Malheureux, es-tu donc si aveugle ? Ne vois-tu pas le chemin ? Et ne sais-tu pas où nous conduit le manque du nécessaire ? Où nous conduit-il donc ? où nous conduit la fièvre, où nous conduit une pierre qui nous tombe sur la tête : à la mort. N'est-ce pas ce que tu as dit cent fois toi-même à tes amis ? Ne l'as-tu pas lu cent fois ? Ne l'as-tu pas écrit cent fois aussi ? A combien de reprises ne t'es-tu pas vanté d'attendre la mort avec calme ?

— Mais les miens mourront de faim ! — Eh bien ! Est-ce que la faim les conduit autre part ? Est-ce que la descente n'est pas la même pour eux ? Est-ce qu'en bas ils ne trouveront pas les mêmes choses ? Ne peux-tu donc pas, sans t'effrayer du dénuement et de la disette, fixer un œil calme sur le lieu où doivent descendre les plus riches, les magistrats les plus élevés, les rois et les tyrans eux-mêmes? Peut-être y descendras-tu d'inanition ; ils y descendront, eux, crevant d'indigestion et d'ivresse. (*Mais ne sera-ce pas toute la différence?*) Que de mendiants n'as-tu pas vus arriver à la vieillesse! Combien même à l'extrême vieillesse! Ces gens transis de froid et le jour et la nuit, ces gens qui gisent sur le sol, et qui ne mangent que bien juste leur nécessaire, ces gens-là arrivent presque à ne pouvoir mourir. Ne peux-tu donc pas faire un métier? ne peux-tu pas être copiste? être précepteur? garder la porte d'autrui? — Mais c'est une honte, d'en venir à cette extrémité! — Eh bien! commence par apprendre où est la honte, et alors seulement dis-toi philosophe. Pour le moment, ne permets même pas à un autre de t'appeler de ce nom.

Est-ce que c'est une honte pour toi que ce qui n'est pas ton œuvre, que ce dont tu n'es pas l'auteur, que ce qui t'arrive par hasard, comme le mal de tête, comme la fièvre? Si tes parents étaient pauvres, ou si, riches, ils ont laissé leur héritage à d'autres, ou si encore, de leur vivant, ils ne te donnent rien, est-ce une honte pour toi? Est-ce là ce que tu as appris chez les philosophes? Ne leur as-tu pas entendu dire que ce qui est blâmable est seul honteux, et que ce qui est blâmable c'est ce qui n'est pas son œuvre, de ce qu'il n'a pas fait lui-même? Est-ce donc toi qui as fait ton père tel qu'il est? Ou bien t'est-il possible de le corriger? Est-ce là une chose qui soit en ta puissance? Eh bien! dois-tu vouloir ce qui n'est pas en ta puissance? ou rougir quand tu n'y réussis pas? Est-ce la philosophie qui t'a fait prendre cette habitude d'avoir les yeux sur les autres, et de ne rien attendre de toi-même? Gémis donc, lamente-toi, et ne mange qu'en tremblant de n'avoir pas de quoi vivre demain. Tremble que tes esclaves ne te volent, ne s'enfuient ou ne meurent. Que ce soit là ta vie, et qu'elle ne cesse jamais, puisque c'est de nom seulement que tu t'es approché de la philosophie, puisque tu déshonores son enseignement autant qu'il t'est possible de le faire, toi qui montres qu'il est sans utilité et sans profit pour ceux qui l'ont reçu. Jamais tu n'a souhaité le calme, la tranquillité, l'impassibilité; jamais tu ne t'es attaché à personne pour y arriver; mais que de gens auxquels tu t'es attaché par amour pour les syllogismes! Jamais pour aucune des choses qui apparaissent à tes sens tu ne t'es demandé à toi-même: « Pourrai-je, ou ne pourrai-je pas supporter cela? Que me reste-t-il à faire? » Mais, comme si tout ce qui est à toi était en bon état et à l'abri de tout péril, tu t'occupais de ce qui ne doit venir qu'après tout le reste, de l'immutabilité! Et qu'avais-tu donc à rendre immuable? ta lâcheté, ta couardise, ton admiration pour les riches, tes désirs avortés, tes efforts inutiles pour éviter les choses? Voilà ce que tu voulais mettre à l'abri de tout péril!

Ne devais-tu pas commencer par acquérir ce que la raison te conseillait, puis songer alors seulement à mettre tes acquisitions en sûreté? Qui as-tu vu construire un couronnement autour de sa maison, sans placer ce couronnement sur un mur? Quel est le portier que l'on établit où il n'y a pas de porte? Ta préoccupation à toi, c'est d'être capable de démontrer; mais de démontrer quoi? Ta préoccupation, c'est de ne pas te laisser entraîner par les sophismes; mais entraîner loin de quoi? Montre-moi d'abord ce qui est l'objet de tes soins, ce que tu mesures, ou ce que tu pèses; puis ensuite montre-moi ta balance ou ta mesure. Jusques à quand ne mesureras-tu que de la cendre? Ce que tu dois montrer, n'est-ce pas ce qui rend l'homme heureux, ce qui fait que les choses lui arrivent comme il les désire, ce qui est cause qu'il doit ne blâmer personne, n'accuser personne, mais se conformer à la manière dont le monde est gouverné? Voilà ce qu'il te faut me montrer. — » Vois, dis-tu; je montre: je vais t'analyser des syllogismes. — Esclave, c'est là la mesure; mais non ce qui est à mesurer! Voilà pourquoi tu es puni aujourd'hui d'avoir négligé la philosophie : tu trembles, tu ne dors pas, tu consultes tout le monde ; et, si les résolutions que tu prends ne conviennent pas à tout le monde, tu crois avoir eu tort de les prendre. Tu crois aujourd'hui redouter la faim ; mais non : ce n'est pas la faim que tu redoutes. Ce que tu crains, c'est de n'avoir plus de cuisinier, de n'avoir plus personne pour tes sauces, personne pour t'attacher tes chaussures, personne pour te passer tes habits, personne pour te frictionner, personne pour te faire cortège. Tu veux pouvoir aux bains te dépouiller, t'étendre à la façon de ceux qu'on met en croix, puis te faire frotter et de-ci et de-là ; tu veux que le maître baigneur, qui préside à l'opération, dise ensuite : « Passe ici ; montre-nous le flanc ; prends-lui la tête ; présente ton épaule ; » puis, rentré chez toi après le bain tu veux crier : « Ne m'apporte-t-on pas à manger ? » et après cela : « Enlève la table ; passe l'éponge. » Ce que tu crains, c'est de ne pouvoir plus mener la vie d'un malade. Apprends donc à connaître la vie de ceux qui se portent bien : c'est celle que mènent les esclaves, les ouvriers, les vrais philosophes ; c'est celle qu'a menée Socrate, quoique avec femme et enfants ; c'est celle de Diogène, celle de Cléanthe, qui tenait une école et était en même temps porteur d'eau. Si tu veux mener cette vie, tu la pourras mener partout, et tu vivras dans une pleine assurance. Fondée sur quoi ? sur la seule chose à laquelle on puisse se fier, sur la seule qui soit sûre, qui soit sans entraves, que nul ne puisse t'enlever : sur ta propre volonté. Pourquoi par ta faute es-tu si inutile et si impropre à tout, que personne ne veut te prendre chez lui, ne veut se charger de toi ? Un vase intact et propre au service aura beau être jeté dehors, quiconque le trouvera l'emportera, et croira que c'est tout profit ; toi, au contraire, chacun croira que c'est toute perte. Ainsi tu ne peux même pas rendre les services d'un chien et d'un coq, et tu veux encore vivre, tel que tu es !

Le Sage craindra-t-il que les aliments viennent à lui manquer ? Ils ne manquent pas à l'aveugle ! ils ne manquent pas au boiteux : et ils manqueraient au Sage! Un bon soldat trouve toujours qui le paye ; un bon ouvrier, un bon cordonnier aussi : et celui qui est l'homme parfait ne le trouverait pas! Dieu serait-il si insoucieux de ses propres affaires, de ses ministres, de ses témoins, de ceux qui lui servent à prouver par des faits aux hommes ordinaires qu'il existe, qu'il gouverne sagement ce monde, qu'il ne néglige pas l'humanité, et qu'il n'y a jamais de mal pour le Sage, ni de son vivant, ni après sa mort? — Mais lorsqu'il ne me fournit pas de quoi manger? — Que fait-il autre chose en ce cas que de me donner le signal de la retraite, comme un bon général? Je lui obéis alors ; je le suis, en chantant les louanges de mon général, en approuvant bien haut tout ce qu'il fait. Je suis venu, en effet, quand il l'a voulu ; je m'en irai de même, quand il le voudra; et en vivant qu'avais-je précisément à faire que de chanter les louanges de Dieu, soit seul avec moi-même, soit en face d'un autre ou de plusieurs? Il me donne peu, il ne me donne pas en abondance, il ne veut pas que je vive dans la mollesse ; mais il n'a pas donné davantage à Hercule, son propre fils. C'était un autre qui régnait sur Argos et sur Mycènes ; la part d'Hercule était l'obéissance, les travaux, les épreuves. Mais Eurysthée était ce qu'il était, et ne régnait pas plus réellement sur Argos et sur Mycènes qu'il ne régnait sur lui-même ; tandis qu'Hercule, par toute la terre et par toute la mer, etait véritablement roi, véritablement chef, réparant les iniquités et les injustices, amenant avec lui la justice et la piété ; et tout cela il le faisait nu et seul. Quand Ulysse fut jeté à la côte par un naufrage, se laissa-t-il abattre par son dénuement? Perdit-il courage? Non : voyez comme il va demander à des vierges ces vêtements indispensables, que nous trouvons si honteux de demander à un autre.

« Il allait comme un lion nourri dans les montagnes et qui se confie en sa force. »

Qu'est-ce qui faisait donc sa confiance? Ce n'était ni la réputation, ni la richesse, ni le pouvoir ; c'était sa force intérieure, c'est-à-dire ses convictions sur ce qui dépend de nous et sur ce qui n'en dépend pas. Ce sont elles seules, en effet, qui nous font libres et indépendants, qui font relever la tête à celui qu'on humilie, qui nous font regarder en face et d'un œil fixe les riches et les puissants. Voilà la part du philosophe. Mais toi, tu sortiras comme un lâche, tremblant de peur pour tes manteaux et pour ta vaisselle d'argent! Malheureux, est-ce ainsi que tu as perdu ton temps jusqu'à présent? — Mais si je suis malade? — Tu seras ce que tu dois être dans la maladie. — Mais qui me soignera? — Dieu et tes amis. — Je serai durement couché. — Comme doit l'être un homme. — Je n'aurai pas de maison commode. — Eh bien! tu seras malade dans une maison incommode. — Qui me donnera les moyens de vivre? — Ceux qui les donnent aux autres. Tu seras comme Manès dans ta maladie? — La mort, et quoi de plus? Ne sais-tu donc pas que la source de toutes les misères pour l'homme, la source de toutes ses faiblesses et de toutes ses lâchetés, ce n'est pas la mort, mais bien plutôt la crainte de la mort? Exerce-toi donc contre cette crainte, crois-moi; que ce soit là que tendent tous tes raisonnements, tout ce que tu écoutes, tout ce que tu lis, et tu reconnaîtras que c'est par là seulement que les hommes s'affranchissent.

LIVRE QUATRIÈME

CHAPITRE Ier

De la liberté.

L'homme libre est celui qui vit comme il le veut; qu'on ne peut ni contraindre à faire une chose, ni empêcher de la faire; à qui l'on ne peut rien imposer de force; qui n'est jamais arrêté dans ce qu'il entreprend; qui ne manque jamais ce qu'il désire; qui ne tombe jamais dans ce qu'il redoute. Or, est-il quelqu'un qui veuille vivre en faute? Personne. Est-il quelqu'un qui veuille vivre dans l'erreur, à l'étourdie, injuste, dissolu, se plaignant toujours de son sort, n'ayant que des sentiments bas? Personne. Il n'est donc pas un pervers qui vive comme il le veut; et pas un, par conséquent, qui soit libre. D'autre part, est-il quelqu'un qui veuille vivre à s'affliger, à trembler, à être jaloux, à se lamenter pour autrui, à désirer pour ne pas avoir ce qu'il désire, à craindre pour tomber dans ce qu'il craint? Personne. Or, avons-nous un seul pervers qui vive sans affliction et sans terreur, qui ne tombe jamais dans ce qu'il redoute, qui ne manque jamais ce qu'il désire? Pas un. De cette manière donc encore nous n'en avons pas un qui soit libre.

Tiens ce langage devant un homme qui aura été deux fois consul, il te le pardonnera, si tu ajoutes: « Pour toi, tu es un sage, et rien de tout ceci ne te concerne. » Mais, si tu lui dis la vérité, qu'au point de vue de la servitude il n'y a aucune différence entre lui et ceux qui ont été vendus trois fois, devras-tu en attendre autre chose que des coups? « Comment! dira-t-il, je suis un esclave, moi, dont le père était libre, dont la mère était libre, et que personne n'a acheté! Mais je suis sénateur et ami de César! j'ai été consul et j'ai une foule d'esclaves! » D'abord, mon cher sénateur, peut-être ton père était-il esclave tout comme toi, ainsi que ta mère, ainsi que ton grand-père et tous tes aïeux à la suite les uns des autres. Et alors même qu'ils auraient été aussi libres que possible, qu'importerait par rapport à toi! Qu'importe, en effet, qu'ils aient du cœur, si tu n'en as pas! qu'ils aient été courageux, si tu es lâche! qu'ils aient été maîtres d'eux-mêmes, si tu ne l'es pas de toi!

— Et quels rapports ceci a-t-il avec la servitude? — Crois-tu que ce ne soit pas de l'esclavage que de faire quelque chose malgré soi, par contrainte, en pleurant? — Soit, mais qui peut me contraindre, hormis César, le maître de tous? — Tu conviens donc, toi-même, que tu as un maître. — Oui, mais ce maître est commun à tous. — Cela ne doit pas être pour toi une consolation, car cela signifie seulement que tu es esclave dans une maison qui a un grand nombre d'autres esclaves. Tu ressembles aux Nicopolitains, qui ont l'habitude de crier: « Par la fortune de César, nous sommes libres! »

Laissons cependant César pour le moment, si tu le veux bien. Réponds-moi à ceci: N'as-tu jamais été amoureux? N'as-tu jamais eu de maîtresse, qu'elle fût libre ou esclave? — Et quels rapports cela a-t-il avec ma servitude ou avec ma liberté? — Celle que tu aimais ne t'a-t-elle donc jamais rien commandé contre ton gré? N'as-tu jamais flatté ton esclave? Ne lui as-tu jamais baisé les pieds? Certes, si quelqu'un t'avait forcé de baiser ceux de César, tu aurais vu là un outrage, et le comble de la tyrannie. Qu'est-ce donc que la servitude, si ce que tu faisais là n'en était pas? Pour elle n'as-tu jamais été de nuit où tu ne voulais pas? N'as-tu jamais dépensé plus que tu ne voulais? N'as-tu jamais rien dit avec des gémissements et des pleurs ? N'as-tu jamais dû te laisser injurier et mettre à la porte ? Si tu rougis d'avouer ta propre histoire, vois ce que dit et fait Thrasonidès, après avoir fait plus de campagnes que toi probablement. D'abord il sort de nuit, à une heure telle que Géta n'ose pas y sortir, ou ne sort, quand son maître l'y contraint, qu'avec force cris, force lamentations sur son dur esclavage. Puis que dit-il ?

« Une misérable fillette m'a fait son esclave, quand aucun ennemi ne l'avait pu ! »

Malheureux, qui es l'esclave d'une fillette, et d'une misérable fillette ! Pourquoi te dis-tu libre encore ? Pourquoi vantes-tu tes campagnes ? Puis il demande une épée, et se fâche contre ceux qui la lui refusent par intérêt pour lui-même. Il envoie des cadeaux à celle qui le déteste ; il la supplie ; il pleure. Par contre, qu'il obtienne d'elle la moindre faveur, et le voilà hors de lui ! Mais à ce moment même encore comment est-il ? N'a-t-il plus rien à désirer ? * plus rien à craindre ? Et voilà comment il est libre !

Vois comment nous appliquons l'idée de la liberté, quand il s'agit des animaux. Certaines gens entretiennent des lions apprivoisés ; il les enferment, les nourrissent, et les emmènent partout avec eux. Qui dira qu'un tel lion est libre ? N'est-il pas d'autant plus esclave qu'il a une vie plus douce ? Quel est l'être doué de sens et de raison, qui voudrait être un de ces lions ? Vois, par contre, ces oiseaux que l'on prend, que l'on enferme, et que l'on nourrit. Que ne souffrent-ils pas pour essayer de s'échapper ? Il en est même qui se laissent mourir de faim plutôt que de supporter ce genre de vie. Quant à ceux que l'on conserve, c'est à grand'peine, avec bien de la difficulté, et encore ils dépérissent ! Et dès qu'ils trouvent la moindre ouverture, les voilà partis ! Tant ils aiment la liberté, pour laquelle ils sont faits ? Tant ils ont besoin d'être indépendants, et affranchis de toute entrave ? « Êtes-vous

* Le texte ici est interpolé.

donc mal ici ? » leur dites vous. Ils répondent : « Que dis-tu là ? Nous sommes nés pour voler où bon nous semble, pour vivre au grand air, et chanter quand nous le voulons ; tu nous enlèves tout cela, et tu dis : Êtes-vous mal ici ? » Aussi nous n'appellerons races libres que celles qui ne supportent pas d'être prises, et qui, sitôt prises, échappent à la captivité par la mort. C'est ainsi que Diogène dit quelque part : « Il n'y a qu'un moyen d'être libre, c'est d'être toujours disposé à mourir. » C'est ainsi encore qu'il écrit au roi de Perse : « Tu ne pourras pas plus réduire en servitude les Athéniens, que tu n'y peux réduire les poissons. — Comment cela ? Ne puis-je pas les prendre ? — Si tu les prends, ils auront bientôt fait de te quitter et de s'en aller, comme les poissons. Si tu prends un poisson, il meurt ; et si eux meurent aussi, quand tu les auras pris, quel profit tireras-tu de ton expédition ? » Voilà le langage d'un homme libre, qui a soigneusement examiné la question, et qui a trouvé la solution, comme cela devait être. Mais, si tu la cherches ailleurs qu'où elle est, comment s'étonner que tu ne la trouves jamais ?

L'esclave souhaite bien vite d'être affranchi. Pourquoi ? pour le plaisir de donner de l'argent aux fermiers du vingtième ? Non, mais parce qu'il s'imagine que c'est faute d'avoir obtenu cet affranchissement, qu'il n'est ni libre ni heureux. « Que l'on m'affranchisse, dit-il, et à l'instant mon bonheur est complet je n'ai plus à faire ma cour à personne, je parle à qui que ce soit comme son égal et son semblable, je vais ou je veux, je pars d'où je veux et pour où je veux. » On l'affranchit : aussitôt, n'ayant plus où manger, il cherche quelqu'un à flatter, quelqu'un chez qui dîner. Il fait argent de son corps et se prête aux dernières infamies. Qu'il trouve un ratelier, et le voilà retombé dans une servitude bien plus dure que la première. Ou, s'il fait fortune, le goujat qu'il est, le voici qui s'éprend d'une femme de rien, et alors il souffre, il pleure, il regrette son temps d'esclavage. « Quel mal y avais-je ? dit-il. C'était un autre qui m'habillait, qui me chaussait, qui me nourrissait, qui me soignait quand j'étais malade ; et mon service chez lui était bien peu de chose. Mais aujourd'hui, hélas, que de misères ! Que de maîtres j'ai au lieu d'un seul ! » Et il ajoute : « Si pourtant j'obtenais les anneaux, quelle vie facile et heureuse j'aurais alors ! » Et pour les obtenir il commence par endurer mille choses dont il est digne ; puis, quand il les a obtenus, il en endure encore de pareilles. Puis il se dit : « Si je faisais campagne, je couperais court à toutes mes misères. » Il fait campagne ; il souffre comme un vaurien ; et il n'en demande pas moins une seconde et une troisième fois à faire campagne. Puis, quand il a mis le comble à son élévation, quand il est devenu sénateur, qu'est-il alors ? un esclave qui se rend aux séances. Ses chaînes sont plus belles ; elles sont les plus brillantes de toutes, mais ce sont des chaînes.

Qu'il cesse de n'être qu'un sot. Qu'il apprenne, comme le disait Socrate, la nature vraie de chaque chose ; et qu'il n'applique pas sans réflexion ses notions premières aux objets particuliers. Là, en effet, est la cause de tous les malheurs des hommes : ils ne savent pas appliquer leurs notions premières et générales aux faits particuliers. Nous croyons les uns à une cause de nos maux, les autres à une autre. L'un se dit : « C'est que je suis malade ! » Pas du tout ; c'est qu'il applique mal ses notions premières. Un autre : « C'est que je suis pauvre ! » Celui-ci : C'est que j'ai un méchant père ou une méchante mère ! » Celui-là : « C'est que César ne m'est pas favorable ! » Mais la seule et unique cause, la voici : ils ne savent pas appliquer leurs notions premières. Est-il quelqu'un, en effet, qui n'ait pas sur le mal cette notion première, qu'il est funeste, qu'il est à fuir, qu'il est à écarter de toutes les façons ? Personne, car il n'y a jamais d'opposition entre les notions premières des uns ou des autres. Les oppositions ne commencent que quand on en vient aux applications. Par exemple, qu'est-ce qui est ce mal si funeste, que l'on doit si bien éviter ? On dit : « C'est de ne pas être l'ami de César. » C'en est fait ; on est à côté de l'application vraie ; on est aux abois ; on va chercher des choses sans rapport avec la question ; car on aura beau obtenir l'amitié de César, on n'aura pas obtenu pour cela ce qu'on demandait. Qu'est-ce que l'homme demande en effet ? à vivre calme et heureux, à tout faire comme il le veut, à ne jamais être empêché ni contraint. Or, une fois l'ami de César, n'est-il plus jamais empêché ? plus jamais contraint ? vit-il toujours calme et heureux ? Qui interrogerons-nous là-dessus ? Et quelle autorité p... digne de foi que celle de l'ami même de César ? « Avance donc au milieu de nous, toi, et dis-nous quand est-ce que ton sommeil était le plus tranquille. Est-ce aujourd'hui, ou avant que tu ne fusses l'ami de César ? » Aussitôt tu lui entends dire : « Cesse, par tous les dieux ! de te railler de mon sort. Tu ne sais pas ce que je souffre, hélas ! Le sommeil ne vient même pas pour moi. On accourt me dire : *Il est déjà éveillé* : *Il sort déjà !* Puis tous mes soucis, et toutes mes craintes ! — Eh bien ! quand est-ce que tu as le mieux goûté les douceurs de la table ? aujourd'hui, ou auparavant ? » Ecoute encore ce qu'il nous dit là-dessus. S'il n'est pas invité, il est au souper comme un esclave à la table de son maître, tremblant sans cesse de dire ou de faire quelque sottise. Et que crois-tu qu'il craigne ? d'être fouetté comme un esclave ? Et d'où lui viendrait tant de chance ? Comme il convient à un homme de son importance, à un ami de César, il craint d'avoir la tête coupée. Posons-lui ces questions : « Quand te baignais-tu avec le moins d'appréhensions ? Quand t'exerçais-tu le plus à loisir ? En somme, quelle est celle des deux vies que tu aimerais le mieux mener ? celle de maintenant, ou celle d'autrefois ? » Je puis bien jurer qu'il n'y a personne d'assez dénué de sens, d'assez ennemi de la vérité, pour ne pas se plaindre de souffrir d'autant plus qu'il est plus ami de César.

Puis donc que ni ceux qu'on appelle rois, ni ceux qui sont les amis des rois, ne vivent comme ils le veulent, qui est-ce qui est libre ? Cherche, et tu le trouveras ; car la nature t'a donné plus d'une voie pour découvrir la vérité. Mais, si par toi-même tu n'es pas capable, en te bornant à suivre ces voies, de trouver ce qui est au bout, écoute ceux qui ont fait cette recherche. Que te disent-ils ? « Crois-tu que la liberté soit un bien ? — le plus grand de tous. — Quelqu'un qui est en possession du plus grand bien, peut-il être malheureux ? peut-il être misérable ? — Non. — Tous ceux donc que tu verras malheureux, souffrant, gémissant, dis hardiment qu'ils ne sont pas libres. — Je le dis. — Nous voici donc bien loin de l'achat, de la vente, et de tous les modes pareils d'acquisition ; car, si ce que tu nous accordes est vrai, un roi, grand ou petit, un consulaire, ou même un homme qui a été deux fois consul, ne sont pas libres, dès qu'ils sont malheureux. — Oui. »

— Réponds-moi donc encore à ceci : Crois-tu que la liberté soit une chose d'importance, une noble chose, une chose de prix ? — Comment non ? — Se peut-il donc qu'un homme, qui possède une chose de cette importance, de cette valeur, de cette évélation, ait le cœur bas ? — Cela ne se peut. — Lors donc que tu verras quelqu'un s'abaisser devant un autre, et le flatter contre sa conviction, dis hardiment que celui-là non plus n'est pas libre, non pas seulement quand c'est pour un dîner qu'il s'agit ainsi, mais encore lorsque c'est pour un gouvernement ou pour le consulat. Appelle petits esclaves ceux qui se conduisent ainsi pour un petit salaire ; mais ces autres, appelle-les de grands esclaves ; ils le méritent bien. — Soit, pour ceci encore. — Crois-tu d'autre part que la liberté soit l'indépendance et la pleine disposition de soi-même ? — Comment non ? Tous ceux donc aussi qu'il est au pouvoir d'un autre d'entraver ou de contraindre, dis hardiment qu'ils ne sont pas libres. Ne regarde pas aux pères et aux grands-pères, ne cherche pas si l'on a été acheté ou vendu ; mais, dès que tu entendras quelqu'un dire, « maître, » sérieusement et de cœur, appelle-le esclave, alors même que douze faisceaux marcheraient devant lui. Si tu lui entends dire : « Hélas, que de maux je souffre ! » appelle-le esclave. Plus simplement, qui que ce soit que tu voies pleurer, se plaindre, se trouver malheureux, appelle-le esclave, quand même il porterait la robe bordée de pourpre. Alors même encore que l'on ne ferait rien de tout cela, ne dis pas qu'on est libre : examine auparavant les déterminations des gens ; vois s'il n'y a pour elles ni contrainte, ni empêchement, ni mauvais succès. Si tu trouves qu'il y en a, dis que ces gens sont des esclaves, qui ont un jour de congé aux Saturnales ; dis que leur maître est en voyage ; mais il arrivera et tu verras alors quelle est leur condition. Quel est donc ce maître qui doit arriver ? tous ceux qui ont le pouvoir de leur procurer ou de leur enlever quelqu'un des objets qu'ils désirent. Avons-nous donc, en effet, tant de maîtres ? Oui, car avant ceux-là nous avons les objets mêmes pour maîtres ; et ces objets sont nombreux, et c'est grâce à eux que tous ceux qui les ont à leur disposition sont forcément nos maîtres, eux aussi. Ce que l'on craint, en effet, ce n'est pas la personne de l'Empereur : c'est la mort, l'exil, la confiscation, la prison, la dégradation. Ce n'est pas non plus l'Empereur que l'on aime, à moins qu'il ne soit du premier mérite : c'est la richesse que nous aimons ; c'est le tribunat, le pontificat, le consulat. Mais, dès que nous aimons, haïssons, ou redoutons ainsi quelque chose, tous ceux qui l'ont en leur pouvoir sont forcément nos maîtres. De là vient encore que nous les honorons comme des Dieux. Nous croyons, en effet, que les choses les plus utiles sont aux mains des Dieux ; et nous y ajoutons à tort : « Cet homme a dans ses mains les choses les plus utiles ; donc il est un Dieu. » Or, une fois que nous avons ajouté à tort : « Cet homme a dans ses mains les choses les plus utiles », il faut forcément en arriver à une conclusion fausse.

Qu'est-ce donc qui fait de l'homme un être sans entraves et maître de lui ? Ce n'est pas le gouvernement d'une province ; ce n'est pas même la royauté. Il nous faut trouver autre chose. Or qu'est-ce qui fait que, lorsque nous écrivons, il n'y a pour nous ni empêchements ni obstacles? — la science de l'écriture. — Et quand nous jouons de la harpe? la science de la harpe. — Donc quand il s'agira de vivre, ce sera la science de la vie.

Mais ceci n'est qu'une exposition générale; vois les choses dans le détail. Quand on désire quelque chose qui dépend d'un autre, peut-on être à l'abri de tout empêchement? — Non. — de tout obstacle? — Non. — On ne peut donc pas non plus alors être libre. Vois plutôt. N'avons-nous rien qui dépende de nous seuls? Ou tout ce que nous avons en dépend-il? Ou bien encore est-il des choses qui dépendent de nous, tandis que les autres dépendent du dehors? — Que veux-tu dire? — Quand tu veux que ton corps soit au complet, dépend-il de toi qu'il le soit ou non? — Cela ne dépend pas de moi. — Et quand tu veux qu'il soit en bonne santé? — Non plus. — Quand tu veux qu'il soit beau? — Non plus. — Quand tu veux qu'il vive ou qu'il meure? — Non plus. — Ton corps relève donc d'autrui; il est dans la dépendance de quiconque est plus fort. — Oui. — Dépend-il de toi d'avoir un champ à ta volonté, aussi étendu que tu voudras, et de la qualité que tu voudras? — Non. — et des esclaves? — Non? — et des vêtements? — Non. — et une maison? — Non. — et des chevaux? — Rien de tout cela. — Et si tu veux voir vivre toujours tes enfants, ou ta femme, ou ton frère, ou tes amis, cela dépend-il de toi? — Pas davantage.

N'as-tu donc rien dont tu sois le maître, qui ne dépende que de toi, et que nul ne puisse t'enlever? Ou bien as-tu quelque chose qui soit dans ces conditions? — Je n'en sais rien. — Regarde donc de la façon que voici, et examine la chose. Peut-on te forcer à croire ce qui est faux? Non. Sur le terrain de la croyance, il n'y a donc pour toi ni entraves, ni contrainte. — Accepté. — Marchons donc. Quelqu'un peut-il te forcer à vouloir ce que tu as résolu de ne pas faire? — On le peut, car, en me menaçant de la mort ou de la prison, on me force à vouloir. — Mais si tu méprisais la mort ou la prison, t'inquiéterais-tu encore de ces menaces ? — Non. — Est-il ou non en ton pouvoir de mépriser la mort ? — Cela est en mon pouvoir. — Vouloir est donc aussi en ton pouvoir ? Ou ne serait-ce pas vrai ? — Oui, c'est en mon pouvoir. — Et ne pas vouloir, au pouvoir de qui est-ce ? — Au mien encore. Mais pourtant, si quand je veux me promener, cet homme m'arrête ? — Que peut-il ? Arrêter ta faculté de vouloir ? — Non, mais mon corps. — Oui, comme une pierre. — Soit ; mais il n'en est pas moins vrai que je ne me promènerai pas. — Et que t'a dit que te promener était en ton pouvoir sans empêchement possible ? Il n'y a qu'une chose que j'aie dit être affranchie de toute contrainte, la volonté ; mais dès que tu as besoin de ton corps et de son ministère, il y a longtemps que je t'ai dit que rien là n'était en ton pouvoir. — soit, encore pour ceci. Maintenant peut-on te forcer à désirer ce dont tu ne veux pas ? — Non. — à projeter ou à entreprendre quelque chose, en un mot à user de telle ou telle façon des objets que tes sens te présentent ? — Pas davantage ; mais, si je désire, on m'empêchera d'arriver à ce que je désire. — Si tu désires quelqu'une des choses qui sont bien tiennes, sans empêchement possible, comment t'en empêchera-t-on ? — On ne pourra pas. — Qui t'a donc dit que, si tu désirais quelqu'une des choses qui ne sont pas tiennes, tu ne rencontrerais jamais d'obstacles ?

— Ne dois-je donc point désirer la santé ? — Non, pas plus que tout ce qui n'est pas tien. Car tout ce qu'il n'est pas en ton pouvoir de te procurer ou de conserver lorsque tu le veux, tout cela n'est pas vraiment tien. Eloigne de tout cela non seulement tes mains, mais tes désirs bien plutôt encore ! Sinon, tu te mets toi-même dans les fers, tu présentes ta tête au joug, quand tu accordes du prix à ce qui n'est pas complètement à toi, quand tu t'attaches à quoi que ce soit qui dépend de la fortune et doit périr. Ma main n'est-elle donc pas mienne ? Elle est une de tes parties ; mais boue, de sa nature, elle peut être arrêtée et contrainte, et elle est en la puissance de quiconque est plus fort. Mais qu'ai-je à te parler de ta main? Ton corps tout entier doit n'être à tes yeux qu'un ânon qui porte tes fardeaux, pendant le temps où il lui est possible de le faire, pendant le temps où cela lui est donné. Survient-il une réquisition, un soldat met-il la main sur lui, laisse-le aller, ne résiste pas, ne murmure pas. Sinon, tu recevras des coups, et tu n'en perdras pas moins ton ânon. Or si c'est là ce que tu dois être vis-à-vis de ton corps, vois ce qui te reste à être vis-à-vis de toutes les choses qu'on n'acquiert qu'à cause de son corps. Si ton corps est un ânon, tout le reste n'est que brides, bâts, fers pour les pieds, orge et foin à l'usage de l'ânon. Laisse donc tout cela, et défais-t'en plus vite et plus gaîment que de ton ânon même.

Ainsi préparé et exercé à distinguer les choses qui ne sont pas tiennes de celles qui le sont, et celles qui peuvent être entravées de celles qui ne le peuvent être, à te croire intéressé dans les secondes, et nullement dans les premières, à veiller ici sur tes désirs, et là sur tes craintes, qui peux-tu redouter encore? Personne. Car pourquoi redouterais-tu quelqu'un? pour les choses qui sont bien à toi, et qui sont les seules où se trouvent réellement le bien et le mal? Mais qui a pouvoir sur elles? Qui peut te les enlever? Qui peut les empêcher en toi? On ne le peut pour toi non plus que pour Dieu. Craindrais-tu pour ta personne et pour ta bourse? pour des choses qui ne sont pas à toi? pour des choses qui ne t'intéressent en rien? Eh! à quoi t'es-tu exercé dès le premier jour, si ce n'est à distinguer ce qui est tien et ce qui n'est pas tien, ce qui dépend de toi et ce qui n'en dépend pas, ce qu'on peut entraver et ce qu'on ne peut pas entraver? Dans quel but as-tu été trouver les philosophes? Serait-ce donc pour n'être ni moins infortuné, ni moins malheureux?

Voilà comment tu seras sans terreurs et sans trouble. Le chagrin, en effet, existera-t-il alors pour toi? Non, car on ne s'afflige de voir arriver que les choses qu'on a attendues en les redoutant. Convoiteras-tu encore quoi que ce soit ? Tu désireras d'une manière calme et régulière tout ce qui relève de ton libre arbitre, tout ce qui est honnête et sous ta main ; quant aux choses qui ne relèvent pas de ton libre arbitre, tu n'en désireras aucune assez pour qu'il y ait place en toi à des ardeurs de bête brute et a des impatiences sans mesure.

Lorsque l'on est dans cette disposition d'esprit à l'égard des objets, quel homme peut-on redouter encore ? Qu'est-ce qu'un homme, en effet, a de redoutable pour un autre homme, soit qu'il apparaisse à ses yeux, soit qu'il lui parle, soit même qu'il vive avec lui? rien, pas plus qu'un cheval pour un cheval, un chien pour un chien, une abeille pour une abeille. Ce que chacun redoute, ce sont les choses ; et c'est quand quelqu'un peut nous les donner ou nous les enlever, qu'il devient redoutable à son tour.

Cela étant, qu'est-ce qui met à néant les citadelles ? Ce n'est ni le fer, ni le feu, mais nos façons de juger et de vouloir. Car, lorsque nous aurons mis à néant la citadelle qui est dans la ville, aurons-nous mis à néant du même coup celle d'où nous commande la fièvre, et celle d'où nous commandent les jolies filles ? En un mot, aurons-nous renversé, avec la citadelle qu'ils s'y sont faite, tous les tyrans qui sont en nous, ces tyrans que nous y trouvons chaque jour à propos de tout, tantôt les mêmes, tantôt divers ? C'est par là qu'il faut commencer ; c'est de là qu'il faut chasser les tyrans, après avoir mis à néant leur citadelle. Il faut pour cela renoncer à son corps, avec toutes ses parties et toutes ses facultés ; renoncer à la fortune, à la gloire, aux dignités, aux honneurs, à ses enfants, à ses frères ; se dire qu'il n'y a dans tout cela rien qui soit à nous. Puis, une fois que j'ai ainsi chassé de mon âme ses tyrans, que me servirait encore, à moi du moins, de renverser les citadelles de pierre ? Car, debout, quel mal me font-elles ? A quoi bon chasser les gardes du tyran?

En quoi m'aperçois-je de leur existence ? C'est contre d'autres qu'ils ont ces faisceaux, ces lances et ces épées. Jamais je n'ai été empêché de faire ce que je voulais, ni contraint à faire ce que je ne voulais pas. Et comment ai-je pu en arriver là ? J'ai subordonné ma volonté à celle de Dieu. Veut-il que j'aie la fièvre ? Moi aussi je le veux. Veut-il que j'entreprenne quelque chose ? Moi aussi je le veux. Veut-il que je tende à un but ? Moi aussi je le veux. Veut-il que quelque chose m'arrive ? Moi aussi je le veux. Ne le veut-il pas ? Je ne le veux pas. Veut-il que je meure ? Veut-il que je sois torturé. Qu'est-ce qui peut alors m'entraver ou me contraindre contrairement à ce qui me semble bon ? On ne le peut pas plus pour moi que pour Jupiter.

Ainsi font ceux qui veulent voyager en sûreté. Apprend-on qu'il y a des voleurs sur la route, on n'ose pas partir seul. Mais on attend qu'un lieutenant, qu'un questeur ou un proconsul fassent le même voyage ; on se met à leur suite, et on fait la route en sûreté.

Ainsi fait le Sage dans le monde. « Il y a, se dit-il, force voleurs, force tyrans, force tempêtes, force disettes, force pertes d'amis bien chers. Où trouver un refuge ? Comment voyager à l'abri des voleurs ? Quel compagnon de route peut-on attendre, pour faire le trajet en sûreté ? A la suite de qui faut-il se mettre ? à la suite d'un tel ? d'un riche ? d'un consulaire ?. A quoi cela me servirait-il ? Car voilà qu'on le dépouille, qu'il gémit et qu'il pleure. Puis, si mon compagnon de route se tourne lui-même contre moi et se fait mon voleur, que ferai-je ? Je vais donc être l'ami de César ; et, quand je serai son ami intime, personne ne m'attaquera. Mais d'abord, pour arriver à ce rang brillant, que ne me faudra-t-il pas supporter et souffrir ? Combien de fois, et par combien de gens ne me faudra-t-il pas être volé ? Puis, supposez que je devienne son ami, n'est-il pas mortel, lui aussi ? Et si, par suite de quelque circonstance, il devient mon ennemi, où vaudra-t-il mieux me retirer ? dans un désert ? Soit ; mais est-ce que la fièvre n'y pénètre pas ? Quel est donc l'état des choses ? Et me serait-il impossible de trouver un compagnon de route sûr, fidèle, puissant, et qui ne se tournât jamais contre moi? » Voilà ce que se dit le Sage; et il en conclut que c'est en se mettant à la suite de Dieu, qu'il fera son voyage sans danger.

Qu'appelles-tu donc se mettre à la suite de Dieu? C'est vouloir soi-même ce qu'il veut, et ne pas vouloir ce qu'il ne veut pas. Et comment le peut-on faire? Le peut-on autrement qu'en étudiant les desseins de Dieu et sa façon de disposer les choses? Que m'a-t-il donné qui soit à moi et dont je sois le maître? Que s'est-il réservé à lui-même? Il m'a donné ma faculté de juger et de vouloir; il l'a faite dépendante de moi seul, au-dessus de tout empêchement et de toute contrainte. Mais ce corps de boue, comment pouvait-il le faire exempt d'entraves? Il a donc subordonné aux évolutions du grand Tout le sort de notre fortune, de nos meubles, de notre maison, de nos enfants, de notre femme. Pourquoi dès lors à propos d'eux lutter contre Dieu? Pourquoi vouloir ce que je ne dois pas vouloir? Pourquoi prétendre avoir à tout jamais des choses qui ne m'ont pas été données pour cela? Comment dois-je donc désirer les avoir? comme elles m'ont été données, et dans la mesure où elles l'ont été. — Mais celui qui me les a données me les retire! — Eh bien! pourquoi lui résister? Je ne me borne pas à dire que je serais absurde de lutter contre un plus fort : de plus, et avant tout, je manquerais à mes devoirs. Car de qui avais-je toutes ces choses en arrivant au monde? C'est mon père qui me les avait données. Mais lui, qu'est-ce qui les lui avait données? Qu'est-ce qui a fait le soleil, les fruits, les saisons; qu'est-ce qui a fait cette vie en commun et cette association des hommes entre eux?

Et, quand tu tiens tout d'un autre, jusqu'à ton être propre, tu t'emportes, et tu accuses celui qui t'a tout donné, pour peu qu'il te reprenne quelque chose! Qui es-tu donc? Et pourquoi es-tu venu ici? N'est-ce pas lui qui t'y a amené? N'est-ce pas lui qui t'a fait voir la lumière, qui t'a donné des compagnons de travail, qui t'a donné les sens, qui t'a donné la raison? Mais qui a-t-il amené ici? un être mortel, n'est-ce pas vrai? un être qui doit vivre sur la terre en compagnie d'un corps chétif, et pendant quelque temps y contempler la façon dont Dieu gouverne, y célébrer les jeux avec lui, et avec lui assister aux fêtes? Ne consentiras-tu donc pas, après avoir contemplé la fête et l'assemblée tant qu'il te l'aura permis, à t'en aller quand il t'emmènera, en lui témoignant ton respect, et en le remerciant pour tout ce que tu as vu et entendu? — Non, car j'aurais voulu rester encore à la fête. — Ceux, en effet, qu'on initie voudraient que l'initiation durât plus longtemps; et sans doute ceux qui sont à Olympie voudraient voir d'autres athlètes encore; mais la solennité est terminée! Va-t'en, et pars en homme reconnaissant, en homme réservé; fais place à d'autres; car il faut que d'autres naissent à leur tour, comme tu es né toi-même, et que, après être nés, ils aient un pays et une demeure à eux, avec les choses nécessaires à la vie. Que leur resterait-il, si l'on ne mettait pas les premiers dehors? Pourquoi n'es-tu pas satisfait? Pourquoi n'en trouves-tu pas assez? Pourquoi veux-tu faire que le monde soit trop étroit? — Oui; mais je voudrais avoir avec moi ma femme et mes enfants. — Est-ce qu'ils sont à toi, et non à celui qui te les a donnés, à celui qui t'a fait? Ne peux-tu pas renoncer à ce qui n'est pas à toi? céder quelque chose à ton supérieur? — Mais pourquoi m'a-t-il amené ici à ces conditions? — Si elles ne te plaisent pas, va-t'en; il n'a que faire d'un spectateur qui se plaint. Il désire avoir des gens qui prennent part à la fête et aux chœurs, mais pour qu'ils applaudissent, pour qu'il fassent éclater leurs transports et vantent bien haut la réunion. Quant aux indifférents et aux sans cœur, il les verra sans peine quitter l'asssemblée: car, lorsqu'ils y étaient, ils ne s'y conduisaient pas comme à une fête, et n'y jouaient pas le rôle qu'ils devaient y jouer. Loin de là, ils se plaignaient, ils accusaient Dieu, le sort, leurs compagnons, ne se rappelant pas tout ce qu'ils avaient reçu, et toutes les ressources qui leur avaient été données contre l'adversité, telles que la grandeur d'âme, la noblesse de cœur, le courage, et cette liberté même qui est l'objet de nos recherches présentes. — Mais pourquoi donc ai-je reçu ces objets qui m'entourent? — pour t'en servir. — Combien de temps? — tant que voudra celui qui te les a prêtés. — Mais s'ils me sont indispensables? — Ne t'y attache pas, et ils ne le seront point. Ne dis pas toi-même qu'ils te sont indispensables, et ils ne le seront pas.

Voilà les réflexions qu'il te faudrait faire depuis le matin jusqu'au soir, en commençant par les objets du moindre prix et les plus fragiles, ta marmite et ta coupe. Viens-en après cela à ton vêtement, à ton chien, à ton cheval, à ton champ, puis à toi-même, à ton corps et à ses parties, à tes enfants, à ta femme, à tes frères. Regarde de tous les côtés, puis rejette hors de toi tout ce qui doit y être rejeté; épure tes jugements; que rien de ce qui n'est pas à toi ne s'attache à toi et ne s'y incarne, pour te faire souffrir quand il s'en détachera. Puis dis, en t'exerçant ainsi tous les jours, comme tu t'exerces là-bas, non pas que tu es philosophe, car le mot serait outrecuidant, mais que tu t'affranchis, car c'est là qu'est la vraie liberté. Ce fut celle-là que Diogène reçut d'Antisthène; et, quand il l'eut reçue, il déclara qu'il ne pouvait plus être asservi par personne. Aussi, quand il fut pris, comment en agit-il avec les pirates? En fût-il un seul qu'il appelât son *maître?* (Je ne parle pas ici du mot, car je ne crains pas le nom par lui-même, mais de la disposition d'esprit d'où part le mot.) Comme il les critique de nourrir mal leurs prisonniers! Et quelle tenue il a eue pendant qu'on l'achetait! Cherchait-il un maître? Non: un esclave. Et, quand il eut été acheté, comment se conduisit-il avec son maître? Dès le premier instant il discute avec lui: « Ce n'est pas ainsi qu'il devrait se vêtir; pas ainsi qu'il devrait se raser; et ses enfants, voici comment il devrait les élever. » Et qu'y a-t-il là d'étonnant? Si cet homme eût acheté un maître de gymnastique, en aurait-il fait, au gymnase, son subordonné ou son maître? Même question, s'il avait acheté un médecin, ou un architecte. C'est ainsi qu'en chaque chose celui qui sait doit nécessairement commander à celui qui ne sait pas. Celui donc qui a la science générale de la vie, peut-il être autre chose que le maître? Qu'est-ce qui commande sur un vaisseau? le pilote. Pourquoi? parce que quiconque lui désobéit s'en trouve mal. — Eh bien! cet homme peut me faire écorcher ou mettre aux fers. — Le peut-il donc impunément? — Il me semblait que oui. — Ce qu'on ne peut faire impunément, on n'a pas la permission de le faire: or, personne ne saurait impunément faire une injustice. — Et quelle est la punition de celui qui met son esclave aux fers? - que crois-tu qu'elle soit? le fait même de le mettre aux fers. Et toi-même en conviendras, si tu veux te rappeler que l'homme n'est pas une bête sauvage, mais un animal fait pour la société. Quand la vigne, en effet, se trouve-t-elle dans un mauvais état? — Quand elle est dans un état contraire à sa nature. — Et le coq? — De même. — De même donc aussi l'homme. Or, quelle est sa nature? Est-ce de mordre, de ruer, de jeter en prison et de couper des têtes? Non, mais de faire le bien, de venir en aide aux autres, et de faire des vœux pour eux. On est donc dans un mauvais état, que tu le veuilles ou non, dès lors qu'on est injuste.

— Le mal n'a donc pas été pour Socrate? — Non, mais pour ses juges et ses accusateurs. — A Rome, il n'a donc pas été pour Helvidius? — Non, mais pour celui qui l'a fait périr. — Que dis-tu là? — C'est pour la même raison que tu n'appelles pas malheureux le coq victorieux qui a été blessé, mais le coq sans blessures, qui a été vaincu. C'est encore pour la même raison que tu trouves heureux, non pas le chien qui n'a rien poursuivi et qui n'a pas eu de peine, mais celui que tu vois couvert de sueur, fatigué, n'en pouvant plus à force de courir. Quel paradoxe disons-nous donc, quand nous disons que le mal pour tout être est ce qui est contraire à sa nature ? Est-ce vraiment là un paradoxe ? N'est-ce pas précisément ce que tu dis toi-même pour tous les autres êtres ? Pourquoi alors soutiens-tu autre chose au sujet de l'homme seul ? Eh bien ! quand nous disons que la nature de l'homme est d'être sociable, affectueux, loyal, est-ce là encore un paradoxe ? — Pas davantage. — Comment en serait-ce donc un, quand nous disons que ce n'est pas un mal d'être écorché, d'être mis en prison, d'être décapité ? Qui souffre tout cela en homme de cœur, ne s'en tire-t-il pas avec avantage et profit ? Le mal réel, le sort le plus déplorable et le plus honteux, c'est, quand on était un homme, de devenir un loup, une vipère, un frelon.

Marchons donc, et passons en revue tout ce sur quoi nous sommes d'accord. L'homme libre est celui pour qui il n'y a pas d'obstacles, et qui trouve sous sa main les choses comme il les veut. L'esclave est celui qu'on peut entraver, contraindre, empêcher, jeter contre son gré dans quelque chose. Pour qui donc n'y a-t-il pas d'obstacles ? pour qui ne désire pas ce qui n'est point à lui. Et qu'est-ce donc qui n'est pas à nous ? ce qu'il ne dépend pas de nous d'avoir ou de ne pas avoir, d'avoir de telle qualité, ou en tel état. Notre corps n'est donc pas à nous, ses parties ne sont pas à nous, notre fortune n'est pas à nous. Par suite, si tu t'attaches à quelqu'une de ces choses comme si elle t'appartenait en propre, tu en seras puni, ainsi que doit l'être celui qui désire ce qui n'est pas à lui. La seule route qui conduise à la liberté, le seul moyen de s'affranchir de la servitude, c'est de pouvoir dire du fond de son cœur :

« O Jupiter ! O Destinée ! conduisez-moi où vous avez arrêté de me placer. »

Mais toi, que dis-tu, ô philosophe ? Le tyran t'appelle pour que tu lui dises des choses qui sont indignes de toi : les lui diras-tu, ou ne les lui diras-tu pas ? Réponds-moi. — Laisse-moi réfléchir. — Tu vas réfléchir maintenant ? A quoi réfléchissais-tu donc, quand tu étais à l'école ? Ne cherchais-tu pas ce qui était un bien, ce qui était un mal, ce qui n'était ni l'un ni l'autre ? —

C'était sur cela que je réfléchissais. — Et qu'arrêtions-nous donc alors? — que tout ce qui était juste et honorable était un bien; que tout ce qui était injuste et honteux était un mal — La vie te paraissait-elle un mal? — Non. — Et la prison? — Non plus. — Et que pensions-nous de paroles sans dignité et sans honneur, qui trahissent un ami ou qui flattent un tyran? — qu'elles étaient un mal. — Eh bien! tu n'as pas à réfléchir ni à délibérer. Quel besoin, en effet, de nous demander s'ils nous convient de nous procurer les plus grands des biens et d'éloigner de nous les plus grands des maux, quand nous le pouvons? O le bel examen! Comme il est nécessaire! Et quelle longue délibération il exige! Pourquoi te moquer de nous? Homme, jamais pareil examen ne se présente. Si tu pensais, comme cela est vrai, que les seuls maux sont les choses honteuses, les seuls biens les choses honorables, et que tout le reste est indifférent, tu n'en serais jamais venu à cette hésitation; tant s'en faut! Sur-le-champ, tu aurais tout démêlé, comme d'un coup d'œil, par ta seule raison. Réfléchis-tu jamais pour savoir si le noir est blanc? si ce qui est lourd est léger? Ne te rends-tu pas sur-le-champ à l'évidence? Comment donc nous dis-tu aujourd'hui que tu réfléchiras pour savoir s'il faut fuir ce qui est indifférent plus que ce qui est un mal? C'est que tu n'as pas vraiment les convictions dont nous parlons; c'est que les choses indifférentes ne te paraissent pas indifférentes, mais les plus grands des maux, et que les maux, à leur tour, ne te paraissent pas des maux, mais des choses sans importance pour nous. Voici, en effet, les habitudes que tu as prises dès le principe: « Où suis-je? à l'école. Et quels sont ceux qui m'écoutent? c'est à des philosophes que je parle. » (Puis un instant après): « Ah! me voici hors de l'école! Supprimons toutes ces distinctions de scolastiques et d'imbéciles. C'est de cette façon qu'un philosophe dépose à faux contre un ami, de cette façon qu'il se fait parasite, de cette façon qu'il se vend pour de l'argent, de cette façon que dans le sénat on ne dit pas ce que l'on pense, tandis que l'on crie ses opinions dans l'intérieur de l'école. Tu n'es rien que velléités d'idées frivoles et misérables ; et tu tiens à un cheveu avec tes propos en l'air. Il faudrait, au contraire, que tu fusses un homme fort, un homme pratique ; que l'exercice et les œuvres eussent fait de toi un véritable initié. Observe-toi toi-même. Comment reçois-tu la nouvelle, je ne dis pas que ton fils est mort (car d'où cela te viendrait-il ?), mais que ton huile a été répandue, et qu'on a bu ton vin ? Puisse celui qui surviendrait alors, au milieu des beaux cris que tu pousserais, ne te dire que ceci : « Philosophe, tu parles autrement dans l'école ! Pourquoi donc nous tromper ? Pourquoi, lorsque tu n'es qu'un ver, dire que tu es un homme ? » Je voudrais arriver quand un de ces individus est dans un tête-à-tête amoureux ; je voudrais voir ce qu'y devient sa force, quels propos il y tient, et s'il s'y souvient de son titre, et de toutes les belles choses qu'il entend, qu'il dit, ou qu'il lit.

— Et quels rapports cela a-t-il avec la liberté ? — Il n'y a que cela qui y conduise, que vous le vouliez ou non, vous autres riches. — Et quels témoins en as-tu ? — Vous-mêmes, et pas d'autres, vous qui avez un maître tout-puissant, et qui vivez les yeux sur sur ses gestes et sur ses mouvements. Qu'il regarde seulement l'un de vous en fronçant le sourcil, vous voilà morts de peur, vous qui faites votre cour aux vieilles et aux vieux, et vous dites : « Je ne puis pas faire cela. Cela ne m'est pas permis. » Et comment cela ne t'est-il pas permis? Ne soutenais-tu pas tout à l'heure contre moi que tu étais libre ? — Mais Aprilla me l'a défendu ! — Dis donc la vérité, esclave ; ne te sauve pas de chez tes maîtres ; ne les renie pas ; n'aie pas le front de te prétendre affranchi, quand tu portes de telles marques de ton esclavage. On pourrait plutôt concevoir comme digne de pardon celui que l'amour force à agir contre sa conviction, et qui tout en voyant où est le mieux, n'a pas cependant la force de s'y conformer. Celui-là au moins cède à la violence, et en quelque sorte à un

Dieu; mais toi, comment te supporter, mignon des vieilles et des vieux, qui mouche et qui lave ces dames, qui leur apportes des cadeaux, et qui, tout en les soignant comme un esclave, quand elles sont malades, fait des vœux pour qu'elles meurent, et demandes aux médecins si leur état est enfin mortel? Comment te supporter encore, quand, pour arriver à tes hautes charges et à tes grandes dignités, tu baises la main des esclaves d'un autre, si bien que tes maîtres ne sont même pas de condition libre. Puis après cela, préteur ou consul, tu te promènes fièrement devant moi! Est-ce que je ne sais pas comment tu es devenu préteur, par quels moyens tu as obtenu le consulat, et qu'est-ce qui te l'a donné? Pour moi je ne voudrais même pas de la vie, s'il me fallait vivre de par Félicion, en supportant son orgueil et son insolence d'esclave. Car je sais trop ce que c'est qu'un esclave, dans un semblant de bonheur qui l'enivre.

« Toi donc, me dit-on, es-tu libre? » Je le voudrais, de part tous les Dieux, et je fais des vœux pour l'être; mais je n'ai pas encore la force de regarder mes maîtres en face; je fais encore cas de mon corps, et j'attache un grand prix à l'avoir intact, bien que je ne l'aie pas tel. Mais je puis du moins te faire voir un homme libre pour que tu cesses d'en chercher un exemple: Diogène était libre. Et d'où lui venait sa liberté? Non pas de ce qu'il était né de parents libres (il ne l'était pas), mais de ce qu'il était libre par lui-même: il s'était débarrassé de tout ce qui donne prise à la servitude; on n'aurait su par où le prendre ni par où le saisir, pour en faire un esclave. Il n'avait rien dont il ne pût se détacher sans peine; il ne tenait à rien que par un fil. Si vous lui aviez enlevé sa bourse, il vous l'aurait laissée plutôt que de vous suivre à cause d'elle; si sa jambe, sa jambe; si son corps tout entier, son corps tout entier; et si ses parents, ses amis ou sa patrie, même chose encore. Il savait, en effet, d'où il tenait tout cela, de qui il l'avait reçu, et à quelles conditions. Quant à ses vrais parents, les Dieux, et quant à sa véritable patrie, jamais il n'y aurait renoncé; jamais il n'aurait permis qu'un autre fût plus obéissant et plus soumis à ces Dieux; et personne ne serait mort plus volontiers que lui pour cette patrie. Ce n'est pas qu'il cherchât jamais à paraître faire quelque chose en vue d'autres que lui ; mais il se rappelait que tout ce qui arrive vient de ces Dieux, que tout se fait pour cette patrie,et par l'ordre de celui qui la gouverne. Aussi vois ce qu'il dit et ce qu'il écrit: « C'est pour cela, dit-il, ô Diogène, qu'il t'est possible de parler du ton que tu voudras au roi des Perses, ou à Archidamus le roi de Lacédémone. » Est-ce parce qu'il était né de parents libres? Mais alors ce serait comme fils d'esclaves que tous les Athéniens, tous les Lacédémoniens, tous les Corinthiens, ne pouvaient pas parler à ces rois du ton qu'ils voulaient, tremblaient devant eux, et les servaient. « Pourquoi donc cela m'est-il possible? » dit-il. « Parce que je ne regarde pas mon corps comme à moi; parce que je n'ai besoin de rien; parce que la loi est tout pour moi, et que rien autre ne m'est quelque chose. » Voilà ce qui lui donnait le moyen d'être libre.

Afin que tu ne dises pas que je te montre comme un exemple un homme dégagé de tout lien social, un homme n'ayant ni femme, ni enfant, ni patrie, ni amis ni parents, pour le faire plier ou dévier, prends-moi Socrate, et vois-le ayant une femme et des enfants, mais comme des choses qui n'étaient pas à lui; ayant une patrie, mais dans la mesure où il le fallait, et avec les sentiments qu'il fallait; ayant des amis, des parents, mais plaçant au-dessus d'eux tous la loi et l'obéissance à la loi. Aussi, quand il fallait aller à la guerre il y partait le premier, et s'y épargnait au danger moins que personne; mais, lorsque les Tyrans lui ordonnèrent d'aller chez Léon, convaincu qu'il se déshonorerait en y allant, il ne se demanda même pas s'il irait. Ne savait-il pas bien, en effet, qu'il lui faudrait toujours mourir, quand le moment en serait venu? Que lui importait la vie? C'était autre chose qu'il voulait sauver : non pas sa carcasse, mais sa loyauté et son honnêteté. Et sur ces choses-là personne n'avait prise ni autorité. Puis, quand il lui faut plaider pour sa vie, se conduit-il comme un homme qui a des enfants? comme un homme qui a une femme? Non, mais comme un homme qui est seul. Et quand il lui faut boire le poison, comment se conduit-il? Il pouvait sauver sa vie, et Criton lui disait : « Pars d'ici, pour l'amour de tes enfants. » Que lui répond-il? Voit-il là un bonheur inespéré? Comment l'y eût-il vu? Il examine ce qui est convenable, et il n'a ni un regard, ni une pensée pour le reste. C'est qu'il ne voulait pas, comme il le dit, sauver son misérable corps, mais ce quelque chose qui grandit et se conserve par la justice, qui décroît et périt par l'injustice. Socrate ne se sauve pas par des moyens honteux, lui qui avait refusé de donner son vote, quand les Athéniens le lui commandaient, lui qui avait bravé les tyrans, lui qui disait de si belles choses sur la vertu et sur l'honnêteté. Un tel homme ne peut se sauver par des moyens honteux. C'est la mort qui le sauve, et non pas la fuite. Ne reste-t-on pas plus sûrement bon acteur, en cessant de jouer quand il le faut, qu'en jouant encore quand il ne le faut plus? — « Mais que feront tes enfants? (lui dit-on). — Si je m'en allais en Thessalie, répond-il, vous prendriez soin d'eux. Eh bien! n'y aura-t-il personne de vous pour en prendre soin, quand je serai parti pour les Enfers? » Vois comme il adoucit l'idée de la mort, et comme il en plaisante. Si nous avions été à sa place, toi et moi, nous aurions prétendu doctoralement tout de suite qu'il faut se venger de ceux qui vous ont fait du mal, en leur rendant la pareille : puis nous aurions ajouté : « Si je me sauve, je serai utile à bien des gens; je ne le serai à personne si je meurs. » Nous serions sortis par un trou, s'il l'avait fallu pour nous échapper. Mais comment aurions-nous été utiles à personne? Où seraient restés en effet ceux à qui nous aurions pu servir? Et, quand même nous aurions pu leur être utiles en vivant, n'aurions-nous pas été plus utile encore à l'humanité en mourant quand il le fallait, et comme il le fallait? Aujourd'hui que Socrate n'est plus, le souvenir de ce qu'il a dit ou fait avant de mourir n'est pas moins utile à l'humanité, il l'est même davantage.

Voilà les principes, voilà les paroles qu'il te faut méditer. Voilà les exemples qu'il te faut contempler, si tu veux être libre, si tu le désires comme la chose en vaut la peine. Et qu'y a-t-il d'étonnant à ce qu'une chose de cette importance s'achète si cher et à si haut prix? Pour la prétendue liberté, il y a des gens qui se pendent, et d'autres qui se précipitent de haut sur le sol; il y a même des villes entières qui ont péri pour elle; et, pour avoir la vraie liberté, celle qui est à l'abri de toute embûche et de tout péril, tu refuseras de rendre à Dieu ce qu'il t'a donné, lorsqu'il te le réclame! Refuseras-tu de te préparer, comme le dit Platon, non seulement à mourir, mais encore à être mis en croix, à être écorché; en un mot, à rendre tout ce qui n'est pas à toi? Tu ne seras donc qu'un esclave parmi des esclaves, fusses-tu dix mille fois consul. Parviens même au trône, tu ne seras toujours qu'esclave, et tu t'apercevras que les philosophes, suivant le mot de Cléanthe, disent des choses qui sont peut-être contraires à l'opinion, mais non pas contraires à la raison. Les faits t'apprendront qu'ils disent vrai, et que toutes ces choses que l'on admire, et pour lesquelles on se donne tant de peine, ne servent de rien à ceux qui les ont. Quand on ne les a pas encore, l'idée vous vient que, si on les obtenait, on aurait avec elles tous les biens; puis quand on les a obtenues, on se consume de même, on s'agite de même, on se dégoûte de ce que l'on a, on convoite ce que l'on n'a pas. Car ce n'est pas en satisfaisant ses désirs qu'on se fait libre, mais en se délivrant du désir. Veux-tu savoir que je dis vrai? Donne-toi, pour te délivrer de tes désirs, la même peine que tu te donnais pour les satisfaire. Veille pour acquérir les manières de voir qui doivent te faire libre. Au lieu de t'empresser près d'un vieillard riche, empresse-toi près d'un philosophe. Qu'on te voie à sa porte;

tu n'auras pas à rougir d'y être vu ; et tu ne le quitteras pas les mains vides et sans profit, si tu vas à lui avec les sentiments qu'il faut. Si tu ne les as pas, essaie du moins ; il n'y a pas de honte à essayer.

CHAPITRE II

Sur nos liaisons.

Voici un point auquel il te faut faire attention avant tout : ne te lie avec aucun de tes habitués ou de tes amis d'autrefois, jusqu'à descendre où il en est descendu ; sinon, tu te perdras. Si l'idée te vient qu'il te trouvera déplaisant, et qu'il ne sera plus pour toi ce qu'il était auparavant, rappelle-toi que l'on n'a rien pour rien, et qu'on ne peut pas, en n'agissant plus de même, rester l'homme qu'on était jadis. Décide donc lequel tu préfères, ou de garder intacte l'affection de ceux qui t'aimaient auparavant, en demeurant ce qu'auparavant tu étais, ou de ne plus obtenir d'eux la même affection, en devenant meilleur. Si c'est ce dernier parti qui vaut le mieux, il faut le prendre, et sur-le-champ, sans t'en laisser détourner par d'autres considérations. Il n'est pas possible d'avancer, quand on va tantôt d'un côté, tantôt d'un autre. Si tu as jugé que ce parti valait mieux que tous les autres, si tu veux t'attacher à lui seul, et ne travailler que pour lui , laisse-moi là tout le reste. Sinon, ces tergiversations auront pour toi ce double résultat, que tu ne feras pas les progrès que tu devrais faire, et qu'on ne t'accordera plus ce qu'on t'accordait auparavant. Auparavant, quand tu désirais franchement des objets sans valeur réelle, tu étais agréable à tes amis ; mais tu ne peux pas réussir aux deux choses à la fois ; il faut nécessairement que ce que tu gagneras d'un côté, tu le perdes de l'autre. Tu ne peux pas, si tu cesses de boire avec qui tu buvais, paraître à ces gens aussi agréable qu'alors. Décide donc ce que tu préfères : ou de t'enivrer et de leur être agréable, ou de leur déplaire en étant sobre. Tu ne peux pas, si tu cesses de chanter avec qui tu chantais, rester aussi cher à ces gens. Choisis donc encore ici le lot que tu voudras. S'il vaut mieux être tempérant et réglé que de faire dire de soi : « Quel homme agréable ! » laisse-moi là tout le reste ; renonces-y ; détourne-t'en ; n'y touche plus. Si ce parti-là ne te plaît pas, donne-toi tout entier au parti contraire ; sois un de nos hommes-femmes ; sois un de nos coureurs d'aventures ; fais tout ce qui s'en suit, et tu arriveras à ce que tu veux. N'oublie pas aussi de trépigner des pieds en acclamant le baladin. Mais on ne peut pas réunir en soi ces deux personnages si différents : on ne peut pas jouer à la fois le rôle de Thersite et celui d'Agamemnon. Si tu veux être Thersite, il te faut être bossu et chauve, si tu veux être Agamemnon, il te faut être beau, et de haute taille, et aimer ceux qui te sont subordonnés.

CHAPITRE III

Quelles choses faut-il échanger, et contre quelles autres ?

Lorsque tu te sépares de quelqu'un des objets extérieurs, aie toujours présent à la pensée ce que tu acquiers en échange ; et, si ce que tu acquiers vaut mieux, ne dis pas que tu y perds. Tu ne perds pas, en effet, à échanger un âne contre un cheval, une brebis contre un bœuf, un peu d'argent contre une bonne action, de vaines discussions contre la tranquillité qu'on doit avoir, une honteuse liberté de langage contre la retenue. Avec cette pensée, tu conserveras partout ton caractère tel qu'il doit être ; sinon, vois bien que tu dépenseras tes jours au hasard, et que toutes les peines que tu te donneras seront autant de gaspillé et de perdu. Il est besoin de bien peu de chose pour tout détruire et pour tout perdre : la moindre distraction y suffit. Le pilote, pour perdre son vaisseau, n'a pas besoin d'autant de préparatifs que pour le sauver : pour peu qu'il le tourne contre le vent, tout est fini ; tout est fini, alors même qu'il ne l'a pas voulu, et qu'il n'a fait que penser à autre chose. Il en est de même ici : pour peu que tu t'oublies, c'en est fait de tout ce que tu as acquis jusque-là. Attention donc à tout ce qui se présente à toi : tiens-y l'œil ouvert. Ce que tu as à garder n'est pas de peu d'importance : c'est ta retenue, ta loyauté, ta fermeté, ton calme, ton contentement, ton assurance, ta tranquillité, ta liberté en un mot. Combien voudrais-tu vendre toutes ces choses ? Vois ce qu'elles valent. « Jamais, dis-tu, en échange d'elles je n'obtiendrai rien qui les vaille. » Vois donc encore de nouveau, maintenant que tu les as, ce que tu recevrais en échange. « A moi la sagesse (devrais-tu dire) ; à un tel le tribunat ! A lui le consulat ; à moi la retenue ! Je n'applaudis pas, quand il est déshonorant de le faire. Je ne me lève pas, quand je ne dois point me lever. Je suis libre, en effet, et l'ami de Dieu, pour lui obéir volontairement en tout. Je ne dois m'éprendre de rien autre, ni de mon corps, ni de la fortune, ni du pouvoir, ni de la réputation, ni de quoi que ce soit en un mot, car Dieu ne veut pas que je m'en éprenne.

« S'il avait voulu que je m'en éprisse, il aurait fait de toutes ces choses des biens pour moi ; il ne l'a pas fait ; donc il ne m'est pas permis de transgresser ses ordres en m'en éprenant. » Sauvegarde absolument ce qui est ton bien propre ; mais quant au reste, sauvegarde ce qui t'en est donné dans la mesure que demande la raison, et contente-toi de cela. Sinon, tu souffriras, tu seras malheureux, tu rencontreras mille empêchements et mille obstacles.

Voilà les lois et les injonctions qui nous sont envoyées d'en haut. Ce sont elles qu'il nous faut expliquer, elles qu'il nous faut respecter, et non pas celles de Masurius et de Cassius.

CHAPITRE IV

Sur ceux qui voudraient vivre dans l'inaction.

Rappelle-toi que l'amour du pouvoir et de la richesse n'est pas le seul qui nous abaisse et qui nous assujettisse à d'autres hommes, mais que l'amour de l'inaction, des loisirs, des voyages, ou même de la lecture, en fait autant. En un mot, quels que soient les objets extérieurs, le prix que nous y attachons nous assujettit à autrui. Quelle différence y a-t-il, en effet, à désirer le sénat, ou à désirer de ne pas être sénateur? Quelle différence y a-t-il à désirer le pouvoir, ou à désirer d'être simple particulier? Quelle différence y a-t-il à dire : « Je suis malheureux de n'avoir rien à faire, et d'être enchaîné à mes livres comme un cadavre », ou à dire : « Je suis malheureux de ne pas avoir le loisir de lire »? Un livre est une chose extérieure, et il ne relève pas plus de notre libre arbitre que les saluts et le pouvoir. Ou bien encore, pourquoi veux-tu lire? Dis-le moi. Si tu n'as d'autre but que de t'amuser ou d'apprendre quelque chose, tu es bien frivole et bien facile à satisfaire. Si tu as en vue le but que tu dois, quel peut-il être si ce n'est le bonheur? Et alors, si la lecture ne te donne pas le bonheur, à quoi te sert-elle? — Mais elle me le donne, dis-tu : et c'est pour cela que je suis mécontent d'en être privé.» Eh! qu'est-ce que ce bonheur, que peut empêcher, je ne dis pas César, ou un ami de César, mais le premier venu, mais un corbeau, mais un joueur de flûte, mais la fièvre, mais mille autres choses? Ce qu'il faut au bonheur avant tout, c'est de n'avoir ni interruptions ni empêchements. On m'appelle en ce moment pour faire quelque chose : j'irai sur-le-champ, attentif à la mesure qu'il me faut garder, avec réserve et avec assurance, sans désir comme sans crainte de tout ce qui m'est extérieur. En même temps je serai attentif à ce que disent et font les autres hommes ; et cela sans malice, sans intention de critiquer ni de railler, mais pour redescendre en moi-même, si je fais les mêmes fautes, et m'en corriger à tout prix. « Autrefois, dirai-je, moi aussi je faisais mal ; je ne le fais plus aujourd'hui ; gloire à Dieu ! »

Eh bien ! quand tu auras fait cela, quand tu te seras occupé ainsi, auras-tu fait de plus mauvaise besogne que si tu avais lu mille lignes ou si tu en avais écrit autant ? Lorsque tu prends tes repas, es-tu contrarié de ne pas lire ? Ne te suffit-il pas de prendre tes repas, en y appliquant ce que tu as lu ? N'en est-il pas de même lorsque tu te baignes ou fais de la gymnastique ? Pourquoi donc n'agis-tu pas ainsi en toute occasion, et quand tu vas trouver César, et quand tu vas trouver tout autre ? Si tu conserves ton calme, ta tranquillité, ta modération ; si tu songes aux choses plutôt qu'à te montrer ; si tu n'es pas jaloux de ceux qui te sont préférés ; si tu ne te laisses pas troubler par les circonstances, que te manque-t-il encore ? des livres ? Mais comment ? Et en vue de quoi ? Lire n'est-ce pas se préparer à vivre ? Et la vie ne se compose-t-elle pas de bien d'autres choses ? On dirait un athlète qui, en entrant au Cirque, regretterait de ne plus s'exercer dehors. « Eh ! (devrait-on lui dire) c'est en vue de ce moment que tu t'exerçais. C'est à cela que te préparaient les masses de plomb, les coups de poing, et tes jeunes adversaires. Et maintenant tu les demandes, quand est venu le moment d'agir ! » Ce serait comme si, quand il y a lieu à nous décider, quand les *idées* se présentent à nous, les unes méritant d'être acceptées, les autres non, nous ne voulions pas faire notre choix entre elles, mais demandions à lire ce qu'on a écrit sur le jugement.

Et quelle est la cause de tout cela ? C'est que jamais nous n'avons lu, jamais nous n'avons écrit, en vue de pouvoir, dans la pratique, faire de tout ce qui se présente à nous un usage conforme à la nature. C'est que tout se borne pour nous à savoir ce qu'il a été dit, à pouvoir l'expliquer à un autre, à pouvoir analyser un syllogisme et suivre les conséquences des principes posés. Aussi c'est du but même de tes efforts que te naissent les obstacles. Tu veux à tout prix avoir des choses qui ne dépendent pas de toi! Connais donc les les empêchements, les obstacles, les échecs. Si nous lisions ce qui concerne le vouloir en vue, non pas de savoir ce qui a été dit du vouloir, mais de vouloir à propos; si nous lisions ce qui concerne le désir et l'aversion pour ne jamais échouer dans nos désirs, et ne jamais tomber dans les objets de nos aversions; si nous lisions ce qui concerne les devoirs pour nous rappeler tous nos rôles comme homme, et ne jamais rien faire contre la raison ni contre eux, nous ne nous fâcherions pas lorsque l'on empêche nos lectures: nous nous contenterions de produire des actes en harmonie avec elles, et nous ferions de toutes autres récapitulations que celles que jusqu'à ce jour nous avons eu l'habitude de faire. « Aujourd'hui, disons-nous, j'ai lu tant de lignes; j'en ai écrit tant d'autres. » Nous dirions alors: « Aujourd'hui, je n'ai rien voulu que comme le prescrivent les philosophes; je n'ai rien désiré, et je n'ai cherché à éviter bien des choses qui relèvent de mon libre arbitre; je ne me suis point laissé intimider par un tel, ni déconcerter par un tel; je me suis exercé à la patience, à la tempérance, à la bienfaisance. » Et ainsi les choses dont nous rendrions grâce à Dieu seraient celles dont on doit vraiment lui rendre grâce.

Nous ne nous apercevons pas aujourd'hui que nous devenons semblables au commun des hommes, quoique avec une autre manière de faire. Si un autre craint de ne pas être magistrat, toi, tu crains de l'être. O mortel, pas de crainte pareille! Ris plutôt de toi, comme tu ris de ceux qui craignent de ne pas être magistrats. Car il n'y a guère de différence entre souffrir de la soif parce qu'on a la fièvre, et craindre l'eau parce que l'on est enragé. Dans ton état, comment pourrais-tu dire encore le mot de Socrate: « Si cela plaît à Dieu, que cela se fasse » ? Si Socrate avait soupiré après les loisirs du Lycée ou de l'Académie, pour y causer chaque jour avec les jeunes gens, crois-tu qu'il serait parti sans chagrin pour la guerre, aussi souvent qu'il y est parti ? Ne se serait-il pas écrié avec des gémissements et des larmes : « Malheureux que je suis ! me voici misérablement ici, quand je pourrais être dans le Lycée, à me chauffer au soleil ? » — « Était-ce donc ton rôle de te chauffer au soleil ? (lui eût-on pu dire). Ton rôle n'est-il pas d'être heureux ? N'est-il pas de t'élever au-dessus de toute entrave et de tout empêchement » ? Comment aurait-il été Socrate, s'il eût pleuré ainsi ? Comment aurait-il écrit des hymnes dans sa prison ?

En un mot, rappelle-toi ceci : quelle que soit la chose à laquelle tu attaches du prix, hors de la portée de ton libre arbitre, tu annihiles ton libre arbitre. Or, il n'y a pas que les magistratures qui soient hors de sa portée : la condition privée l'est aussi ; il n'y a pas que les affaires qui le soient : les loisirs aussi le sont. — Quoi ! me faut-il vivre au milieu de ce tumulte ? Qu'appelles-tu tumulte ? ce grand nombre d'hommes ? Et ! qu'y a-t-il de fâcheux ? Suppose que tu es à Olympie, et donne à cette foule le nom d'assemblée. Là aussi tel homme pousse tel cri, tel autre fait telle autre chose, et ce troisième est bousculé par un autre individu. Dans les bains il y a foule : or, quel est celui de nous qui n'y aime pas ce concours de monde, et qui en sort de mécontentement ? Ne sois pas si difficile ; n'aie pas des paroles de fiel pour tout ce qui arrive. « Le vinaigre, dis-tu, me déplaît, parce qu'il est piquant ; le miel me déplaît, parce qu'il dérange ma santé ; quant aux légumes, je n'en veux pas. De même, je ne veux pas des loisirs, parce que c'est la solitude ; et je ne veux pas de la foule, parce que ce n'est que tumulte. » Eh bien ! au contraire, si les circonstances veulent que tu vives seul ou en compagnie restreinte, appelle cela la tranquillité, et tire de ta situation le parti que tu dois en tirer : entretiens-toi avec toi-même, éprouve tes *idées*, et perfectionne tes notions *à priori*. Si tu tombes au milieu de la foule, dis-toi que ce sont des jeux, que c'est une assemblée, que c'est une fête ; et efforce-toi de célébrer cette fête avec les autres hommes. Est-il en effet, plus doux spectacle pour un ami de l'humanité qu'un grand nombre d'hommes ? Des troupeaux de chevaux ou de bœufs nous font plaisir à voir ; c'est un plaisir que d'avoir sous les yeux un grand nombre de vaisseaux : et la vue d'un grand nombre d'hommes serait une peine ! — Mais leurs cris m'étourdissent ! — C'est une gêne pour tes oreilles. Mais à toi qu'est-ce que cela fait ? Y a-t-il là gêne pour celles de tes facultés qui doit faire emploi des *idées* ? Est-il là quelqu'un qui t'empêche de désirer ou de craindre, de vouloir les choses ou de les repousser, conformément à la nature ? Quel est le tumulte qui ait ce pouvoir ?

Souviens-toi seulement de ces généralités-ci : « Qu'est-ce qui est à moi ? Qu'est-ce qui n'est pas à moi ? Qu'est-ce qui m'est permis ? Qu'est-ce que Dieu veut que je fasse à cette heure ? Qu'est-ce qu'il ne veut pas que je fasse ? » Ces jours derniers il voulait que tu eusses du loisir, que tu t'entretinsses avec toi-même, que tu écrivisses sur ce sujet, que tu lusses, que tu écoutasses, que tu te préparasses ; et tu as eu pour cela un temps suffisant. Aujourd'hui il te dit : « Parais dans l'arène ; montre-nous ce que tu as appris, et comment tu as travaillé. » Jusques à quand t'exerceras-tu tout seul ? Voici le moment de connaître si tu es du nombre des athlètes qui méritent de vaincre, ou du nombre de ceux que parcourent toute la terre en se faisant battre. De quoi t'irrites-tu ? Il n'y a pas d'arène sans foule tumultueuse. Il faut nombre de gens pour vous préparer, nombre de gens pour crier, nombre de surveillants, nombre de spectateurs. — Mais je voulais vivre au sein du calme. — Gémis donc et pleure ; tu l'as bien mérité. Peut-il, en effet, y avoir pour l'ignorant qui désobéit aux ordres des Dieux un châtiment plus grand que de se désoler, de se lamenter, de porter envie à d'autres ? en deux mots, d'être malheureux et misérable? N'est-ce pas là un lot auquel tu voudras te soustraire?

— Et comment m'y soustraire? — N'as-tu pas entendu dire bien des fois qu'il te faut supprimer en toi tout désir, n'avoir d'aversion que pour des choses qui relèvent de ton libre arbitre, être indifférent à tout le reste, à ton corps, à ta fortune, à ta réputation, à tes livres, au tumulte de la foule, aux magistratures, à la vie privée? Car, de quelque côté que tu inclines, te voilà esclave; tu as un maître; on te fait obstacle; on te contraint; tu dépends tout entier des autres.

Aie plutôt à l'esprit ce vers de Cléanthe:

« Conduisez-moi, ô Jupiter, ô Destinée? »

Dis-leur: « Voulez-vous me conduire à Rome? Eh bien à Rome! à Gyaros? Eh bien, à Gyaros! à Athènes? Eh bien, à Athènes! en prison? Eh bien, en prison! » Si tu dis une seule fois: « Quand partira-t-on pour Athènes? » c'en est fait de toi. Inévitablement ce désir, tant qu'il ne sera point satisfait, te rendra malheureux; s'il l'est, il fera de toi un homme futile, qui s'exalte pour ce qui n'en vaut pas la peine; et, s'il rencontre des obstacles, tu seras misérable, tu tomberas dans ce que tu voudras éviter. Renonce donc à tout cela. Athènes est belle, mais c'est une chose bien plus belle d'être heureux, d'être sans agitation et sans trouble, et de n'être en rien dans la dépendance de personne. A Rome, il y a le tumulte de la foule et les salutations; mais le bonheur d'une âme calme ne dédommage-t-il pas de tous les ennuis? Si donc l'heure des ennuis est venue, pourquoi ne pas supprimer en toi le désir d'y échapper? Quelle nécessité y a-t-il de porter ton fardeau à la façon d'un âne qui succombe sous le bâton? Sinon, vois bien qu'il te faudra être l'esclave de quiconque pourra te faire sortir de Rome, de quiconque pourra t'empêcher d'en partir. Il te faudra le servir comme on sert une divinité méchante.

Il n'y a qu'une voie qui mène à ce bonheur dans le

calme (songeons-y le matin, le jour et la nuit) : c'est de nous détacher des choses qui ne dépendent pas de notre libre arbitre ; de ne les point tenir pour nôtres ; de les abandonner toutes à Dieu et à la fortune ; d'en remettre la gestion à ceux à qui Jupiter l'a remise ; et quant à nous, de nous donner uniquement à ce qui nous appartient en propre, à ce qui échappe à toute contrainte ; de lire, enfin, en rapportant à ce but tout ce que nous lisons, comme tout ce que nous écrivons ou écoutons. Voilà pourquoi je ne puis pas dire qu'il aime le travail celui dont j'apprends seulement qu'il lit ou qu'il écrit ; et quand même ajouterait-il qu'il le fait toute la nuit, je ne le dirais pas encore, tant que je ne connaîtrais pas son but. Tu ne dis pas qu'il aime le travail celui qui veille pour une femme : et moi non plus je ne le dis pas. Si quelqu'un veille pour la gloire, je dis qu'il aime la gloire ; si quelqu'un veille pour l'argent, je dis qu'il aime l'argent, et non point le travail ; s'il veille par amour pour les lettres, je dis qu'il aime les lettres. Mais ayez pour but de tous vos travaux votre propre partie maîtresse, afin de la faire vivre et se conduire conformément à la nature, alors seulement je dirai que vous aimez le travail. Ne vantez et critiquez personne pour ce qui nous est commun avec tout le monde ; ne le faites que pour ses opinions et ses intentions ; car elles seules nous appartiennent en propre, et elles seules font que nos actions sont honorables ou honteuses. Songe à cela, et jouis du présent sans demander autre chose que ce dont l'heure est venue. Sois heureux, si tu vois se présenter à toi l'occasion d'appliquer ce que tu as appris et examiné. Et si tu extirpes ou diminues en toi la malignité, le penchant à la médisance, la précipitation, l'habitude des propos obscènes, la légèreté, la nonchalance ; si tu n'es plus troublé par ce qui te troublait auparavant, ou si tu l'es moins, alors tu pourras chaque jour célébrer une fête, aujourd'hui pour avoir bien agi dans tel cas, demain dans tel autre. Quelle belle occasion de sacrifice il y a là, bien plus belle que le consulat ou la préture ! Car ce sont là des choses qui te viennent de toi seul et des Dieux, tandis que ces dernières tu dois te rappeler qui les donne, à qui on les donne, et en vue de quoi.

Si tu es nourri de ces réflexions, que t'importera en quel lieu tu seras heureux, en quel lieu tu seras agréable à Dieu ! Ce qu'on reçoit des Dieux n'est-il pas le même partout ? N'ont-ils pas partout de même les yeux sur ce qui se fait ?

CHAPITRE V

Contre les gens querelleurs et méchants.

Le Sage ne se querelle jamais avec personne, et, autant qu'il le peut, empêche les autres de se quereller. Sur ce point, comme sur tous les autres, la vie de Socrate est là pour nous servir d'exemple. Non seulement il a partout évité de se quereller, mais il a empêché les autres de le faire. Vois chez Xénophon, dans le *Banquet*, que de querelles il a apaisées ; vois d'autre part sa patience avec Thrazimaque, avec Polus, avec Callicrate ; vois cette même patience avec sa femme, avec son fils, quand celui-ci essayait de le réfuter par ses sophismes. C'est qu'il savait de science trop certaine que nul n'est le maître de l'âme d'autrui, et qu'en conséquence il n'avait de volonté que pour lui-même. Or, qu'est-ce que cela ? C'est ne pas avoir la prétention de *forcer* les autres à agir conformément à la nature, car cela ne dépend pas de nous ; mais s'attacher, tandis que les autres agissent pour leur compte comme bon leur semble, à vivre et à agir soi-même conformément à la nature, seulement en faisant tout ce qui dépend de soi pour qu'eux aussi vivent conformément à la nature. Car tel est le but que se propose toujours le Sage. Veut-il être général ? Non ; mais, si son lot est de l'être, il veut dans cette position maintenir pure en lui sa partie maîtresse. Veut-il se marier ? Non ; mais, si son lot est de le faire, il veut dans cette position se maintenir en conformité avec la nature. Quant à vouloir que son fils ou sa femme ne fissent jamais rien de mal, ce serait vouloir que ce qui ne dépend pas de lui en dépendît. Or, s'instruire n'est autre chose qu'apprendre à distinguer ce qui dépend de vous et ce qui n'en dépend pas.

Quelle occasion de dispute y a-t-il donc encore pour celui qui est dans ces sentiments ? Rien de tout ce qui arrive l'étonne-t-il ? Rien lui paraît-il extraordinaire ? Est-ce qu'il ne s'attend pas toujours, de la part des méchants, à des choses plus fâcheuses et plus tristes que ce qui lui arrive ? Est-ce qu'il ne regarde pas comme autant de gagné tout ce qui manque au malheur complet ? Un tel t'a injurié (dit-il), sache-lui gré de ne pas t'avoir frappé. — Mais il m'a frappé ! — Sache-lui gré de ne pas t'avoir blessé. — Mais il m'a blessé ! — Sache-lui gré de ne pas t'avoir tué. En effet, quand ou de qui a-t-il appris qu'il est un animal sociable, fait pour aimer les autres, et que l'injustice est un grand mal pour qui la commet ? Et, puisqu'il ne l'a pas appris, et qu'il ne le croit pas, comment ne suivrait-il pas ce qui lui semble son intérêt ? — Mon voisin m'a jeté des pierres ! — Eh bien ! as-tu pour ta part commis quelque faute ? — Tout ce qui est dans ma maison a été brisé ! — Serais-tu donc toi-même un meuble ? Non : tu es un jugement et une volonté. Qu'est-ce qui t'a donc été donné contre ce dont tu te plains ? En tant que tu tiens du loup, il t'a été donné de mordre à ton tour, et de jeter un plus grand nombre de pierres. Si tu cherches ce qui t'a été donné en tant que tu es homme, regarde dans ta bourse, et vois quelles ressources tu avais en venant ici. Serait-ce la férocité ? Serait-ce l'esprit de vengeance ? Quand un cheval est-il malheureux ? Quand il a perdu ses facultés naturelles : non quand il ne peut point chanter comme le coq, mais quand il ne peut plus courir. Et le chien ? Non quand il ne peut point voler, mais quand il ne peut plus suivre la piste. Eh bien ! n'est-il pas pareillement vrai que l'homme malheureux n'est pas celui qui ne peut étrangler des lions, ou embrasser des statues (nul n'est venu au monde en tenant de la nature des moyens pour cela), mais celui qui perd sa bienveillance et sa loyauté ? Voilà celui sur qui devraient gémir ceux qui le rencontrent, à la vue des maux dans lesquels il est tombé. Par Jupiter ! Il faut le plaindre, non pas d'être né ou d'être mort, mais d'avoir perdu de son vivant ce qui lui appartenait en propre : non point son patrimoine, son champ, sa maison, son hôtellerie, ses esclaves (rien de tout cela n'appartient à l'individu ; ce sont toutes choses en dehors de lui, au pouvoir et à la merci d'autrui, que donnent tantôt à l'un, tantôt à l'autre, ceux qui en sont les maîtres), mais ce qui est vraiment de l'homme, la marque qu'il portait dans son âme, lorsqu'il est venu au monde, marque semblable à celle que nous cherchons sur les monnaies, pour les juger bonnes quand nous l'y trouvons, pour les rejeter quand nous ne l'y trouvons pas. « Quelle marque (disons-nous) a cette pièce de quatre as ? la marque de Trajan. — Apporte. — Elle a la marque de Néron. — Jette-la ; elle est de mauvais aloi ; elle est altérée. » Il en est de même ici. « Quelle marque portent ses façons de penser et de vouloir ? — celle d'un être doux, sociable, patient, affectueux. — Apporte. Je le reçois ; j'en fais mon concitoyen ; je le reçois pour voisin, et pour compagnon de traversée. Prends garde seulement qu'il ne porte la marque de Néron. Ne serait-il pas colère, rancunier, mécontent de tout ? Ne serait-il pas sujet, quand l'idée lui en vient, à casser la tête de ceux qu'il rencontre ? Si cela est, pourquoi l'appelais-tu un homme ? Ce n'est pas à la forme seule qu'on distingue chaque espèce d'être. A ce compte, en effet, il faudrait dire qu'une pomme en cire est une vraie pomme, tandis qu'il y faut encore et l'odeur et le goût, la configuration extérieure n'y suffisant pas. De même, pour faire un homme il ne suffit pas des narines et des yeux : il y faut encore des façons de penser et de vouloir qui soient d'un homme. Un tel n'écoute pas la raison ; il ne se rend pas, quand on l'a convaincu d'erreur : ce n'est qu'un âne. Toute retenue est morte chez cet autre : il n'est bon à rien, et il n'y a rien qu'il ne soit plutôt qu'un homme. Celui-ci cherche à rencontrer quelqu'un afin de ruer ou de mordre : ce n'est pas même un mouton ou un âne ; c'est une bête sauvage. »

— Quoi donc ! veux-tu que je me laisse mépriser ? — Par qui ? par ceux qui s'y connaissent ? Eh ! comment ceux qui s'y connaissent mépriseraient-ils un homme pour sa douceur et sa retenue ? par ceux qui ne s'y connaissent pas ? Que t'importe ! En dehors de toi, quel homme expert dans un art s'inquiète des ignorants ? — Mais ils s'en acharneront davantage après moi ! — Comment dis-tu *après moi ?* Peut-on donc altérer ton jugement et ta volonté, ou t'empêcher de faire de toutes les *idées* qui t'arrivent un emploi conforme à la nature ? — Non. — De quoi donc te troubles-tu ? Et pourquoi tiens-tu à te montrer redoutable ? Pourquoi plutôt ne pas t'avancer en public et proclamer que tu vis en paix avec tous les hommes, quoi qu'ils puissent faire ? Pourquoi ne pas rire surtout de ceux qui croient te nuire ? « Ces esclaves (dirais-tu) ne savent ni qui je suis, ni en quoi consistent pour moi les biens et les maux. Ils ignorent qu'ils ne sauraient atteindre ce qui m'appartient. »

C'est ainsi que les habitants d'une ville bien fortifiée se rient de ceux qui l'assiègent. « Qu'est-ce qu'ont ces gens (disent-ils) à se donner tant de peine pour rien ? Nos murailles sont solides ; nous avons des vivres pour longtemps ; nous sommes bien munis de tout. » Avec ces moyens, en effet, une ville est forte et imprenable ; mais l'âme humaine ne l'est que par ses principes. Car, pour la rendre telle, quel mur serait assez solide, quel corps assez de fer, quelle fortune assez sûre, quel rang assez au-dessus de toutes les attaques ? Toutes ces choses sont partout périssables et promptes à succomber. Celui qui s'y attache doit nécessairement se troubler, espérer à tort, s'effrayer, gémir, échouer dans ses désirs, tomber dans ce qu'il veut éviter. Et nous ne prenons pas le parti de fortifier la seule chose solide qui nous ait été donnée ! Et nous ne nous arrachons pas aux choses périssables et dépendantes, pour donner tous nos soins à celles qui, de leur nature, sont impérissables et indépendantes ! Nous ne songeons point que personne ne peut faire du mal ou du bien à un autre, et que les opinions de chacun à l'égard de tout cela sont la seule chose qui nuise et qui bouleverse, la seule cause des querelles, des dissensions, des guerres ! Qu'est-ce qui a fait Etéocle et Polynice ? Rien autre chose que leurs opinions sur la royauté et sur l'exil. Celui-ci leur paraissait le dernier des maux, et celle-là le plus grand des biens ; or, la nature de tous les êtres est de chercher le bien et de fuir le mal, et de regarder comme adversaire et comme un ennemi quiconque veut leur enlever l'un et les jeter dans l'autre, fût-il leur frère, leur fils, ou leur père. Rien, en effet, ne tient à nous de plus près que le bien ; et de là suit que, si les choses extérieures sont des biens ou des maux, le père n'est plus l'ami de ses enfants, le frère n'est plus l'ami de son frère ; partout il n'y a plus que des ennemis, des traîtres et des calomniateurs. Si, au contraire, le bon état de la faculté de juger et de vouloir est le seul bien, son mauvais état est le seul mal, que deviennent les querelles et les invectives ? A propos de quoi existeraient-elles ? Pour des choses qui nous sont indifférentes ? Et contre qui ? contre des ignorants et des malheureux qui se trompent sur les choses les plus importantes ?

C'est parce que Socrate savait tout cela, qu'il demeurait dans sa maison, en supportant la plus méchante des femmes et un fils ingrat. A quoi aboutissait, en effet, la méchanceté de sa femme ? à lui verser sur la tête toute l'eau qu'elle voulait, et à trépigner sur son gâteau. « Qu'est-ce que cela me fait, disait Socrate, dès que je le regarde comme indifférent ? Or, ceci dépend de moi : il n'y a ni tyran, ni maître qui puisse m'en empêcher, si je le veux ; la multitude ici est impuissante contre l'individu, le plus fort contre le plus faible. L'indépendance sur ce point est un don de Dieu à chacun de nous.

Voilà les principes qui mettent l'amitié dans une famille, la concorde dans une ville, la paix entre les nations. Par eux, on est reconnaissant pour Dieu, et toujours sans crainte, parce qu'il n'y a jamais en question que des choses qui ne nous appartiennent pas et qui sont sans valeur.

Quant à nous, nous sommes bons pour écrire ou lire tout cela, et pour l'approuver quand nous l'avons lu ; mais que nous sommes loin de nous pénétrer ! Aussi ce qu'on disait des Lacédémoniens,

« qu'ils sont des lions chez eux, des renards à Éphèse »,

peut s'appliquer à nous aussi : « lions dans l'école, renards dehors ».

CHAPITRE VI

Sur les gens qui se plaignent d'être un objet de pitié.

Je suis ennuyé, dit un tel, d'être un objet de pitié. — Cette pitié dont tu es l'objet est-elle ton fait ou celui des gens qui te plaignent ? — Qu'entends-tu par là ! — Est-il en ton pouvoir de la faire cesser ? — Oui, cela est en mon pouvoir : je n'ai qu'à leur montrer qu'il n'y a pas lieu de me prendre ainsi en pitié. — Eh bien ! dépend-il de toi qu'il n'y ait pas lieu de te prendre en pitié, ou cela n'en dépend-il pas ? Je crois, pour ma part, que cela n'en dépend pas. — Mais ces gens-là me prennent en pitié, non pour les choses où il y aurait peut-être lieu de le faire, pour mes fautes ; mais pour ma pauvreté, pour ma condition de simple citoyen, pour mes maladies, pour la mort des miens, et pour cent autres causes pareilles ! — Eh bien ! à quoi t'apprêtes-tu ? à persuader à la multitude qu'aucune de ces choses n'est un mal, et qu'il est possible de vivre heureux même sans richesses, sans charges, et sans dignités ? ou bien à poser devant elle comme riche et puissant ? Le second parti est d'un imposteur, d'un vaniteux, d'un rien qui vaille. Et vois ce qu'il te faudra pour jouer cette comédie. Il te faudra emprunter des esclaves, te procurer un certain nombre de vases d'argent, les poser en évidence, et, quoique les mêmes te servent plusieurs fois, tâcher, s'il est possible, qu'on ne les reconnaisse pas pour les mêmes ; il te faudra des habits somptueux avec tous le reste de l'étalage ; il te faudra paraître distingué par les grands personnages, essayer de dîner chez eux, ou du moins de faire croire que tu y dînes, et recourir pour ton corps à des moyens honteux, afin qu'il paraisse mieux fait et de plus belle venue qu'il n'est.

Voilà ce qu'il te faudra faire, si tu veux suivre la seconde route pour arriver à n'être plus un objet de pitié. Quant à la première, elle est bien longue et n'aboutit à rien. Entreprendre ce que Jupiter lui-même n'a pu faire, essayer de convaincre tous les hommes de ce que sont les vrais biens et les vrais maux ! Est-ce que ce pouvoir t'a été donné ? Le seul qui t'ait été donné c'est de t'en convaincre toi-même. Et, quand tu n'en es pas encore convaincu, tu essayerais aujourd'hui d'en convaincre les autres ! Est-il un homme qui soit avec toi aussi constamment que toi-même ? qui ait pour te persuader autant de moyens que toi-même ? qui ait pour toi plus de bienveillance, et qui te touche de plus près que toi-même ? Comment donc ne t'es-tu pas encore persuadé à toi-même d'acquérir cette science du bien et du mal ? N'est-ce pas tout prendre à rebours que de faire ce que tu fais ? A quoi as-tu travaillé ? Qu'as-tu essayé d'apprendre ? à t'élever au-dessus des chagrins, des troubles, des humiliations ; à te faire libre. Or, ne t'a-t-on pas enseigné qu'il n'y a qu'une voie qui y conduise, renoncer à toutes les choses qui ne dépendent pas de notre libre arbitre, nous en détacher, reconnaître qu'elles nous sont étrangères? Eh bien! l'opinion d'un autre sur toi, dans quelle classe de choses rentre-t-elle? — dans celles qui ne dépendent pas de mon libre arbitre. — Elle ne t'est de rien alors? — de rien. — Aussi longtemps donc que tu t'en inquiètes et que tu t'en troubles, peux-tu te croire suffisamment convaincu des vrais de biens et de vrais maux?

Ne voudras-tu pas laisser là les autres hommes, et être à toi-même ton disciple et ton maître? Tu devrais dire: « Les autres verront s'il leur est utile de vivre et d'agir contrairement à la nature; pour moi, je n'ai personne qui soit uni à moi de plus près que moi-même. Or, comment se fait-il que j'aie écouté les leçons des philosophes, que je partage leurs idées, et que dans la vie cependant je ne m'en sente pas allégé? Ma nature serait-elle si ingrate? Pourtant, dans toutes les autres choses que j'ai entreprises, on ne l'a pas trouvée trop ingrate. J'ai très-vite appris les lettres, la lutte, la géométrie, l'analyse des syllogismes. Serait-ce que leurs raisons ne m'ont pas convaincu? Mais il n'en est pas qui m'aient jamais paru aussi bonnes depuis le premier mot, et que j'aie autant adoptées. De plus, c'est à elles aujourd'hui que se rapporte tout ce que je lis, tout ce que j'attends, tout ce que j'écris; et nous n'avons pas jusqu'ici trouvé de raisons qui me parussent plus fortes. Que me reste-t-il donc à faire? N'ai-je pas détruit en moi les opinions contraires? Ou bien sont-ce là des principes qui restent en moi, sans que je les applique, sans que d'habitude je les mette en pratique, comme des armes que j'aurais déposées quelque part, que je laisserais s'y rouiller, et qui finiraient par ne plus m'aller? Certes, pas plus comme lecteur, ou comme écrivain, que comme lutteur, je ne m'en tiens à la théorie: au contraire, je tourne et retourne tout ce que l'on me présente, je combine d'autres raisonnements, jusqu'à des sophismes. Mais quant à ces connaissances indispensables, sur lesquelles il faut s'appuyer pour s'élever au-dessus de la peine, au-dessus de la crainte, au-dessus des troubles, au-dessus des entraves, pour être libre enfin, celles-là je ne les mets pas en œuvre, je ne m'y attache pas comme je devrais m'y attacher. Et je m'inquiète après cela de ce que les autres diront de moi, de l'estime dont je leur paraîtrai digne, et du bonheur que je leur paraîtrai avoir ! »

Malheureux ! ne veux-tu pas voir comment tu te juges toi-même, ce que tu es à tes propres yeux, en fait d'opinions, en fait de désirs, en fait de craintes, en fait de volontés, de projets, d'entreprises, ou de tout autre mode de l'activité humaine ? Ah ! tu t'occupes plutôt de savoir si les autres te prennent en pitié ! — Oui ; mais ils me prennent en pitié sans que je le mérite. — Cela te fait de la peine, n'est-ce pas ? Mais celui qui éprouve de la peine n'est-il pas à plaindre ? — Oui. — Comment donc dire encore qu'on te prend en pitié sans que tu le mérites ? La peine même que te fait éprouver la pitié te rend digne de pitié.

Que dit Antisthène ? Ne l'as-tu pas appris ? « Cyrus, c'est un lot de roi que d'être bien et d'entendre dire que l'on est mal. » Ma tête est en bon état, et tout le monde croit que la tête me fait mal. Qu'est-ce que cela me fait ? Je n'ai point de fièvre, et tout le monde me plaint d'avoir la fièvre. « Malheureux ! me dit-on, voici tant de temps que la fièvre ne te quitte pas ! » Et je dis à mon tour, en prenant un air chagrin : « Oui, en vérité, voici bien longtemps que je suis malade. — Et qu'arrivera-t-il ? — Ce que Dieu voudra. » Et en même temps je ris tout bas de ceux qui me prennent en pitié. Eh bien ! qu'est-ce qui empêche de faire de même pour ce qui nous occupe ? Je suis pauvre, mais j'ai de la pauvreté une opinion juste ; que m'importe alors qu'on me prenne en pitié pour ma pauvreté ! Je ne suis pas magistrat, et d'autres le sont, mais je pense des magistratures et de la vie privée ce qu'on en doit penser ; c'est à ceux qui me plaignent de faire attention à ce qu'ils pensent. Je n'ai pour ma part ni faim, ni soif, ni froid, mais eux, parce qu'ils ont faim et soif, s'imaginent qu'il en est de même de moi : que puis-je leur faire? Vais-je parcourir la ville, et proclamer à la façon d'un crieur public : « Hommes, ne vous y trompez pas ; je ne m'inquiète absolument que d'une seule chose, de penser juste. Voilà ce qui dépend de moi, et je ne m'occupe pas du reste. » Qu'est-ce que ce serait que ce bavardage? Et comment aurais-je des idées justes, moi qui ne me contenterais pas d'être ce que je suis, et me tourmenterais pour le paraître?

— Mais d'autres obtiendront plus que moi de richesses et d'honneurs ! — Eh bien ! quoi de plus rationnel que de voir ceux qui ont travaillé en vue d'une chose, avoir plus de cette chose en vue de laquelle ils ont travaillé? Ils ont travaillé pour être magistrats, toi pour faire un bon emploi des *idées*. Vois si la chose dont ils ont plus que toi, est celle en vue de laquelle tu as travaillé, tandis qu'ils la négligeaient. Vois s'ils jugent d'une manière plus conforme à la nature, s'ils échouent moins dans ce qu'ils désirent, s'ils tombent moins dans ce qu'ils veulent éviter, si dans leurs entreprises, dans leurs projets, dans leurs efforts, ils atteignent plus sûrement leur but, s'ils font toujours leur devoir comme maris, comme fils, comme pères, et à tous les titres qui naissent de nos différentes relations. Mais ils sont magistrats et tu ne l'es pas ! Consens à te dire à toi-même la vérité : tu n'as rien fait pour l'être, et eux ont tout fait. Or, il serait souverainement absurde que celui qui poursuit un but l'atteignit moins que celui qui ne s'en occupe pas.

« Non, dis-tu ; mais comme je m'occupe d'avoir des opinions justes, il est logique que je sois au premier rang. » Oui, pour les choses dont tu t'occupes, pour les opinions. Mais dans les choses dont d'autres se sont occupés plus que toi, cède-leur le pas ; c'est comme si, parce que tu as des opinions justes, tu demandais à mieux réussir que les archers en tirant de l'arc, et que les forgerons en forgeant. Laisse de côté ta préoccupation des opinions, et tourne-toi vers les choses que tu veux obtenir : et alors pleure, si elles ne t'arrivent pas, car tu es bien digne de pleurer. Mais aujourd'hui tu nous dis que tu t'attaches à autre chose, que tu travailles à autre chose ; or, le vulgaire dit très bien qu'on ne fait pas deux choses à la fois. Un tel, levé dès l'aurore, cherche qui saluer parmi les gens du palais, à qui adresser une parole flatteuse, à qui envoyer un cadeau, comment plaire au danseur favori, comment nuire à l'un pour avoir les bonnes grâces de l'autre. Quand il prie, c'est pour cela qu'il prie ; quand il o[illegible]re un sacrifice, c'est pour cela qu'il l'offre. Le précepte de Pythagore :

« Ne permets pas que le sommeil entre dans tes yeux délicats, »

c'est à cela qu'il l'applique. « Qu'ai-je omis, se dit-il, en fait de flatterie ? Comment me suis-je conduit ? Aurais-je, par hasard, agi en homme indépendant, en homme de cœur ? » Et, s'il trouve qu'il a agi de la sorte, il se le reproche et s'en accuse. « Qu'avais-tu besoin de parler ainsi ? (se dit-il.) Ne pouvais-tu pas mentir ? Les philosophes eux-mêmes disent qu'il est permis de faire un mensonge. » Toi, au contraire, si réellement tu ne t'es jamais occupé que de faire des *idées* l'usage que tu en dois faire, dis-toi dès le matin, sitôt que tu es levé : « Que me manque-t-il pour m'élever au-dessus de tous les troubles ? Qui suis-je ? Mon misérable corps est-il moi ? Ma fortune est-elle moi ? Ma réputation est-elle moi ? Point du tout. Que suis-je donc ? un être animé et doué de raison. Or, que demande-t-on à un tel être ? » Repasse alors dans ton esprit ce que tu as fait : « Qu'ai-je omis de ce qui conduit à la tranquille félicité ? Quel acte ai-je commis qui ne soit ni d'un ami, ni d'un citoyen ? A quel devoir ai-je manqué dans ce sens ? »

Eh bien ! quand il y a entre vous une telle divergence dans les désirs, dans les actions, dans les prières, tu voudrais avoir la même part que ces gens aux choses pour lesquelles tu n'as pas travaillé, tandis que c'était pour elles qu'ils travaillaient ! Et tu t'étonneras, tu te fâcheras, s'ils te plaignent ! Mais eux ne se fâchent pas, quand tu les plains. Pourquoi ? parce qu'ils sont convaincus que leur lot est le bon, tandis que tu n'as pas la même conviction pour toi. C'est pour cela que tu ne te contentes pas de ce que tu as, et que tu désires ce qu'ils ont, tandis qu'ils se contentent de ce qu'ils ont, sans désirer ce que tu as.

Si, en effet, tu étais réellement persuadé que c'est toi qui as en partage les vrais biens, et qu'eux se trompent, tu ne t'inquiéterais pas de ce qu'ils disent de toi.

CHAPITRE VII

Comment on s'élève au-dessus de la crainte.

Qu'est-ce qui nous fait redouter un tyran ? — Ses gardes, dit-on, et leurs épées ; les officiers de sa chambre, et tous ces gens qui repoussent quiconque se présente. — Pourquoi donc alors les enfants, qu'on amène près d'un tyran entouré de ses gardes, ne s'en effraient-ils pas ? N'est-ce point parce que les enfants ne comprennent pas ce que sont les gardes ? A son tour, l'homme qui comprendrait ce qu'ils sont, et que ce sont des épées qu'ils tiennent, mais qui viendrait devant le tyran précisément avec la volonté de mourir et en cherchant par qui se faire tuer aisément, craindrait-il les gardes lui aussi ? — Non, parce qu'il voudrait justement ce qui les fait redouter des autres. — Mais alors, si quelqu'un arrivait devant le tyran, sans tenir absolument à vivre ou à mourir, mais prêt à l'un ou à l'autre, suivant l'événement, qu'est-ce qui l'empêcherait de s'y présenter sans crainte ? — Rien. — Eh bien ; si nous avions à l'endroit de notre fortune, de nos enfants, de notre femme, les sentiments de cet homme à l'endroit de son corps ; ou si simplement, par égarement et par désespoir, nous nous trouvions dans une disposition d'esprit telle qu'il nous fût indifférent de les conserver ou de ne pas les conserver ; si, à l'exemple des enfants qui, en jouant avec des coquilles, ne se préoccupent que du jeu et ne s'inquiètent guère des coquilles, nous étions nous aussi indifférents aux objets eux-mêmes, sans autre pensée que de jouer avec et de nous en servir, qu'aurions-nous encore à craindre d'un tyran ? Qu'aurions-nous à redouter de ses gardes et de leurs épées ?

Et quand l'égarement chez un homme ordinaire, quand l'esprit de secte chez les Galiléens, suffisent à donner cette disposition d'esprit, le raisonnement et la démonstration ne pourraient apprendre à personne que c'est Dieu qui a tout fait dans le monde, et que dans son ensemble il l'a fait indépendant et sans autre fin que lui-même, tandis que les parties n'en existent que pour les besoins du tout ! Les autres êtres sont hors d'état de comprendre cette grande administration ; mais l'animal raisonnable a les moyens de démêler à la fois qu'il est une partie du tout et telle partie, et qu'il est convenable que les parties subissent les lois de l'ensemble. De plus, né avec un cœur noble, avec une âme grande et libre par nature, il voit que dans le milieu où il vit il y a des choses dont il est le maître et dont il dispose, tandis qu'il y en a d'autres qui sont dans la dépendance et sous la main d'autrui ; que celles dont il est le maître sont celles qui sont laissées à son libre arbitre, et celles dont il n'est pas le maître, celles qui n'y sont pas laissées ; il voit, par suite, que s'il ne place son bien et son intérêt que dans les premières seules, dans celles dont il est le maître et dont il dispose, il sera indépendant, calme, heureux, au-dessus de toute atteinte, élevé d'esprit, religieux, reconnaissant à Dieu de toute chose, ne se plaignant jamais de ce qui arrive en dehors de sa volonté, et ne blâmant quoi que ce soit : tandis que, s'il place son bien dans les choses extérieures, qui ne sont pas laissées à son libre arbitre, il trouvera forcément des empêchements, des entraves, et la servitude sous ceux qui ont en leur pouvoir les objets de ses admirations et de ses terreurs; que forcément alors il deviendra impie, en se croyant maltraité par Dieu; injuste aussi, parce qu'il cherchera toujours à acquérir plus qu'il n'a; forcément encore, bas et petit de cœur.

Avec ces idées, qu'est-ce qui nous empêche d'avoir une vie douce et légère à porter, attendant tranquillement tout ce qui peut arriver, et nous résignant à ce qui est arrivé déjà? Veux-tu que la pauvreté soit mon lot? Apporte; et tu sauras ce qu'est le rôle de pauvre avec un bon acteur. Veux-tu que j'aie pour lot les magistratures? Apporte, et les fatigues avec. Veux-tu que j'aie l'exil? En quelque lieu que je m'en aille, j'y serai bien. Car, si je suis bien ici, ce n'est pas à cause du lieu, mais à cause de mes manières de voir, et je les emporterai partout avec moi. Nul ne peut me les enlever. Seules elles sont bien à moi, sans qu'on puisse me les prendre; et il me suffit de les avoir, quelque part que je sois, quelque chose que je fasse. — Mais voici le moment de mourir! Que dis-tu? de mourir? Ne grossis pas les choses d'une façon théâtrale. Dis que voici le moment où ta substance va se décomposer dans les éléments dont elle est composée. Et qu'y a-t-il là de terrible? Est-il donc rien qui doive périr dans ce monde? Et que peut-il arriver qui doive surprendre, et qui n'ait sa raison d'être? Serait-ce donc pour cela que le tyran est à craindre? Serait-ce pour cela que les épées de ses gardes nous paraissent si longues et si pointues? A d'autres ces terreurs! Moi j'ai tout examiné, et je sais que personne n'a prise sur moi. Dieu m'a donné la liberté; je sais ce qu'il a voulu; personne ne peut aujourd'hui me faire esclave; j'ai pour garantir ma liberté un magistrat tel qu'il le faut, des juges tels qu'ils les faut. Toi, tu es le maître de ma vie; mais que m'importe! Tu es le maître de ma fortune; mais que m'importe! Tu es le maître de m'exiler, de me mettre aux fers! Eh bien! je te concède tout cela, avec mon corps même tout entier, lorsque tu le voudras. Mais fais l'essai de ton pouvoir, et tu verras où il s'arrête entre tes mains.

Qui donc puis-je craindre encore? les officiers de la chambre? Que vont-ils me faire? me renvoyer? Qu'ils me renvoient, s'ils me surprennent à vouloir entrer. — Que viens-tu faire à ma porte alors? — Je crois devoir prendre ma part du jeu, tant que le jeu dure. — Qui empêche alors qu'on ne te renvoie? — C'est ce que je ne tiens pas à entrer, si l'on ne me reçoit pas. Ce qui se fait est toujours ce que je préfère; car je crois ce que Dieu veut supérieur à ce que je veux moi-même. Je serai toujours à ses côtés comme un serviteur, comme un homme de sa suite; je m'unis à lui d'efforts, de désirs, de volonté en un mot. Ce n'est pas moi qu'on renvoie, mais ceux qui veulent forcer la porte. — Et pourquoi ne pas tenir à la forcer? — parce que je sais qu'au dedans on ne distribue rien de bon à ceux qui sont entrés. Quand j'entends vanter le bonheur de quelqu'un, parce qu'il a reçu de César quelque dignité, je me dis : « Que lui arrive-t-il? une préfecture. Mais lui arrive-t-il aussi l'opinion qu'il en doit avoir? une charge de procurateur. Mais lui arrive-t-il aussi la façon de s'y conduire? » A quoi bon alors me faire repousser de force? Jetez des raisins secs et des noix, les enfants les ramassent en hâte, et se battent entre eux; les hommes ne le font pas : c'est trop peu de chose pour eux. Mais jetez des coquilles, les enfants eux-mêmes ne les ramasseront pas. Eh bien! on distribue des prétures; c'est aux enfants d'y voir! On distribue de l'argent; c'est aux enfants d'y voir! On distribue des généralats, des consulats; que les enfants les pillent; qu'ils se fassent renvoyer ou frapper; qu'ils baisent la main de celui qui les donne, et jusqu'à celle de ses esclaves! Il n'y a dans tout cela pour moi que des raisins secs et des figues. Que doit-on faire? Si tu manques ces objets quand on les jette, ne t'en inquiète pas : si une figue arrive dans ta robe, prends-la et mange-la : il t'est permis de faire assez de cas des figues pour cela. Mais quand à me baisser, quant à faire tomber quelqu'un ou me faire renverser par lui, quant à flatter ceux qui ont là leurs entrées, la figue n'en vaut pas la peine, non plus qu'aucun de ces biens que les philosophes m'ont appris à ne pas regarder comme des biens.

Montre-moi les épées des gardes. — Vois comme elles sont longues et pointues ! — Elles tuent. — Et la fièvre, que fait-elle ? pas autre chose. Que fait une tuile ? pas autre chose. Veux-tu donc que je m'extasie et me prosterne devant tous ces objets, que je sois leur esclave partout où j'irai ? A Dieu ne plaise ! Bien loin de là, dès que je sais que ce qui est né doit périr, pour que le monde ne s'arrête pas entravé dans son mouvement, peu m'importe que ce soit la fièvre, une tuile ou un soldat qui me fasse périr. Et même, s'il me fallait choisir, je sais bien que c'est le soldat qui me ferait mourir le plus doucement et le plus vite. Alors donc que je ne crains rien de ce que le tyran peut me faire, et que je ne désire rien de ce qu'il peut me donner, pourquoi m'extasier et me déconcerter devant lui ? Pourquoi avoir peur de ses gardes ? Pourquoi me réjouir s'il me parle ou m'accueille avec bienveillance ? Et pourquoi aller raconter aux autres comment il m'aura parlé ? Est-il donc Socrate, est-il donc Diogène, pour que sa louange soit une preuve de ce que je vaux ? Est-ce que je prends ses mœurs pour modèle ? Non ; seulement, pour continuer à jouer, je vais chez lui, et je lui obéis, tant qu'il ne me commande ni sottise, ni mauvaise action. Mais s'il me dit : « Va chez Léon de Salamine. » Je lui réponds : « Cherches-en un autre, car moi, je ne suis plus du jeu. » « Qu'on l'emmène, » dit-il. Je suis, car c'est du jeu. — Mais il prendra ta tête ! — Eh bien ! Est-ce qu'il gardera toujours la sienne ? Et vous qui lui obéissez, garderez-vous toujours la vôtre ? On te jettera là sans sépulture. — J'y serai jeté, en effet, si mon cadavre est moi ; mais si je suis autre chose que mon cadavre, parle d'une façon plus juste ; dis ce qui est réellement et ne cherche pas à me faire peur. Ce sont là des épouvantails d'enfants et d'imbéciles ! Il est bien digne de prendre peur et de flatter les gens qu'il flatte ensuite, l'homme qui, entré une fois dans l'école d'un philosophe, ne sait pas ce qu'il est, et n'a pas appris qu'il n'est ni sa chair, ni ses os, mais qu'il est ce qui en a l'usage, ce qui apprécie les *idées* et en règle l'emploi.

— Oui ; mais de pareilles doctrines nous font mépriser les lois ! — Et quelle est la doctrine qui donne à ceux qui la suivent plus de soumission aux lois ? Mais le caprice d'un imbécile n'est pas une loi. Et cependant vois comme, à l'égard de ces gens eux-mêmes, cette doctrine nous dispose de la façon qu'il faut, elle qui nous apprend à ne leur disputer aucune des choses pour lesquelles ils peuvent être plus forts que nous. Elle nous apprend à céder au sujet de notre corps, à céder au sujet de notre fortune, au sujet de nos enfants, de nos parents, de nos frères ; à nous détacher de tout ; à renoncer à tout ; elle n'en excepte que nos façons de penser, dont Jupiter a voulu faire ce qui distingue chacun de nous. Quelle violation des lois y a-t-il là ? quelle sottise ? Dans les choses où tu m'es supérieur, où tu es plus fort que moi, je te cède ; mais dans celles où je te suis supérieur, cède-moi à ton tour, car je me suis occupé de celles-là, et toi, non. Tu te préoccupes d'habiter au milieu des mosaïques, de te faire servir par des esclaves et des mercenaires, de porter des habits qui attirent les regards, d'avoir un grand nombre de chiens de chasse, d'avoir des joueurs de lyre et des tragédiens. Est-ce que je te dispute rien de tout cela ? Mais toi, est-ce que tu t'es occupé de tes opinions ? de ta raison ? Sais-tu de combien de parties un raisonnement se compose ? comment ces parties sont réunies et s'agencent entre elles ? quelles sont les propriétés de la raison, et de quelle nature elles sont ? Pourquoi donc t'indigner qu'un autre réussisse mieux que toi, quand il s'en est occupé ? — Mais c'est que ce sont là les choses les plus importantes ! — Eh bien ! Qu'est-ce qui t'empêche de t'y adonner et d'y consacrer tous tes soins ? Qu'est-ce qui est mieux pourvu que toi de livres, de loisirs, et de gens pour t'aider ? Veuille seulement te tourner vers cette étude, accorder quelques-uns de tes instants à ta partie maîtresse, examiner ce qu'elle est, et d'où elle te vient, elle qui fait emploi de tout le reste, et qui juge tout, approuvant ceci et rejetant cela. Tant que tu ne t'occuperas que des choses extérieures, tu y réussiras comme personne ; mais ta partie maîtresse sera ce que tu veux qu'elle soit, inculte et négligée.

CHAPITRE VIII

Sur ceux qui se hâtent trop de jouer le rôle de philosophe.

Ne louez ou ne blâmez jamais personne pour les actes de la vie commune, et ne dites jamais à cause d'eux qu'on est sage ou qu'on ne l'est pas : vous éviterez tout à la fois de parler trop vite et d'être malveillant. Un tel se lave en un instant : fait-il donc mal ? Non, pas du tout. Que fait-il donc ? Il se lave en un instant. Serait-ce donc que tout est bien ? Non, mais ce qui est bien, c'est ce que l'on fait en pensant juste ; ce qui est mal, ce que l'on fait en pensant de travers. Tant que tu ne connais pas l'idée d'après laquelle quelqu'un fait une chose, ne loue ni ne blâme jamais son action. Or, il est difficile de juger des façons de penser d'après les faits extérieurs. Un tel, dit-on, est charpentier. Pourquoi ? parce qu'il se sert de la doloire. Qu'est-ce que cela prouve ? Tel autre, dit-on, est musicien, parce qu'il chante. Qu'est-ce que cela prouve ? Tel autre, dit-on encore, est philosophe. Pourquoi ? parce qu'il porte le vieux manteau et les longs cheveux. Mais qu'est-ce que portent les charlatans ? Cela suffit pourtant pour que l'on dise bien vite, si l'on voit quelqu'un d'ainsi costumé faire une action honteuse : « Vois ce que fait le philosophe » ; tandis que l'on devrait bien plutôt, puisqu'il se conduit honteusement, dire qu'il n'est pas philosophe. Le mot du vulgaire serait juste, si le philosophe avait pour définition est bien plutôt de ne jamais faillir, pourquoi, dès qu'il ne tient pas ce que promet son enseigne, ne pas lui retirer son titre? C'est ce qui arrive, en effet, dans tous les métiers. Que l'on voie quelqu'un manier mal la hache, on ne dit pas : « A quoi sert le métier de charpentier? Voyez comme les charpentiers font mal! » On dit, au contraire : « Un tel n'est pas charpentier, car il manie mal la hache. » De même, quand on entend mal chanter quelqu'un, on ne dit pas : « Voilà comme chantent les musiciens; » mais bien plutôt : « Un tel n'est pas musicien. »

Mais pour la philosophie, et pour elle seule, voici ce que l'on fait : quand on voit quelqu'un agir contrairement à ce que professent les philosophes, on ne lui en retire pas le titre; mais posant en principe qu'il est philosophe, et, le prenant sur le fait à se conduire honteusement, on en conclut que la philosophie ne sert à rien. D'où cela vient-il? C'est que nous avons d'avance une idée précise du charpentier, du musicien, et pareillement de tout autre artisan ou artiste, mais du philosophe, non. Celle que nous avons de lui est si confuse et si embrouillée, que c'est uniquement aux choses extérieures que nous prétendons le reconnaître. Mais est-il une autre profession dont on juge sur les vêtements et la chevelure? Quelle est celle qui n'a pas ses objets d'étude, sa matière du philosophe? son manteau? Non, mais sa raison. Et quel est son but? de porter un manteau? Non, mais d'avoir une raison saine. Et quels sont les objets de ses études?* les moyens d'avoir une longue barbe ou une chevelure épaisse? Non, mais bien plutôt, comme l'a dit Zénon, la connaissance des éléments du raisonnement, de la nature de chacun d'eux, de leurs rapports les uns avec les autres, et de ce qui en est la conséquence. Ne daigneras-tu donc pas commencer par voir si, quand il agit honteusement, il tient ce que promettait son en-

* Le grec est Τὰ θεωρήματα. Ce qui suit ne prouve-t-il pas que nous avons eu le droit de traduire ailleurs ce même mot par *la Logique* ou *les questions de Logique*?

seigne ? Ce n'est qu'après cela que tu pourrais accuser sa profession. Maintenant, au contraire, lorsque tu le vois mal agir dans les moments où tu es sage toi-même, tu t'écries. « Voyez le philosophe ! » Comme s'il était convenable d'appeler philosophe celui qui se conduit ainsi. Puis tu ajoutes : « Est-ce que c'est là la philosophie ? » Et cependant tu ne dis pas : « Voyez le charpentier ! » ni « Voyez le musicien ! » quand tu découvres un adultère, ou que tu surprends un gourmand sur le fait. C'est ainsi que tu comprends, jusqu'à un certain point, ce qu'il faut demander au philosophe ; mais tu ne saurais t'y tenir, et tu brouilles tout, faute de réflexion.

Malheureusement, ceux qui ont ce titre de philosophe, en cherchent eux-mêmes la justification dans les choses vulgaires. Dès qu'ils ont pris le vieux manteau et laissé pousser leur barbe, les voilà qui disent : « Je suis philosophe ! » Personne pourtant ne dira : « Je suis musicien, » parce qu'il aura acheté un archet et une harpe ; ni « Je suis forgeron, » parce qu'il en aura pris le bonnet et le tablier. On prend un costume en rapport avec sa profession, mais c'est de sa profession, et non de son costume, que l'on tire son nom. C'est pour cela qu'Euphratès disait avec raison : « J'ai cherché pendant bien longtemps à dissimuler que j'étais philosophe : et cela me servait. D'abord je savais que tout ce que je faisais de bien, je ne le faisais pas pour les spectateurs, mais pour moi-même : c'était pour moi-même que j'étais convenable à table, que j'étais réservé dans mes regards et dans ma démarche. C'était pour moi et pour Dieu que je faisais tout. Puis, comme j'étais le seul engagé dans la lutte, j'étais aussi le seul en péril : si j'avais fait quelque action honteuse ou inconvenante, la philosophie n'en aurait pas été compromise ; et mes fautes, n'étant pas celles d'un philosophe, n'auraient pas fait de tort à tous les autres. Aussi, ceux qui ne connaissaient pas ma pensée, s'étonnaient que, fréquentant tous les philosophes et vivant avec eux, je ne fusse pas moi-même philosophe. Et quel mal y avait-il à ce qu'on me reconnût philosophe à mes actes, mais non à mon extérieur? Vois-moi manger, boire, dormir, patienter, m'abstenir, venir en aide aux autres, désirer, éviter, accomplir mes devoirs naturels et sociaux: quel calme et quelle liberté! Juge-moi donc par là si tu le peux. Mais si tu es aveugle et sourd au point de ne point reconnaître Vulcain lui-même pour un bon forgeron, à moins que tu ne lui voies le bonnet posé sur la tête, quel mal a-t-il à ne pas être apprécié par un juge aussi niais? »

C'est ainsi que Socrate était méconnu de la foule, et que des gens venaient le prier de les présenter à des philosophes. S'indignait-il alors comme nous le faisons, et disait-il: « Est-ce que tu ne vois pas que je suis philosophe? » Non; il les conduisait et les présentait. Se contentant pour lui d'être réellement philosophe, il était heureux de ne pas le paraître, bien loin de s'en fâcher. Il savait trop bien quelle était sa tâche propre. Quelle est donc la tâche du Sage? Est-ce d'avoir de nombreux disciples? Non. C'est affaire à ceux qui en ont l'ambition. Serait-ce d'expliquer des points de science difficiles? C'est affaire à d'autres encore. De quoi se préoccupait-il donc? Qu'était-il? Et que voulait-il être? Il se préoccupait de ce qui lui était nuisible ou utile. « Si l'on peut me nuire, disait-il, je suis impuissant. Si j'attends qu'un autre vienne à mon aide, je ne suis rien. Si je veux une chose et qu'elle ne se fasse pas, je suis malheureux. » Sur ce terrain il défiait tout le monde, et je crois qu'il n'aurait eu à reculer devant personne. Pour quelle chose, suivant vous? pour le talent de faire l'annonce et de dire: « Voilà ce que je suis »? A Dieu ne plaise! Mais pour ce qu'il était réellement. Il serait, en effet, d'un sot et d'un vaniteux de venir dire: « Je suis au-dessus de toute agitation et de tout trouble. Sachez-le, ô mortels: tandis que vous vous tourmentez et vous bouleversez pour des choses sans valeur, moi je suis exempt de toute espèce de trouble! » Ne te suffit-il donc pas pareillement de ne pas être malade, sans crier bien haut : « Réunissez-vous tous, vous qui avez la goutte, vous qui souffrez de la tête, vous qui êtes aveugles, vous qui êtes boiteux, et voyez-moi en bonne santé, sans nulle espèce de mal » ? Il n'y aurait là en effet que vanité et sottise, à moins que, comme Esculape, tu ne pusses leur indiquer sur-le-champ le traitement qui les guérirait sur-le-champ eux aussi, et que ta santé ne fût un exemple que tu pusses leur citer dans ce but.

Voilà, en effet, ce qu'est le Cynique, que Jupiter a jugé digne de porter le sceptre et le diadème. « Hommes, dit-il, pour que vous voyiez bien que vous cherchez le bonheur et le calme, non pas où ils sont, mais où ils ne sont pas, me voici comme un exemple que Dieu vous envoie : je n'ai ni fortune, ni maison, ni femme, ni enfants ; bien loin de là, je n'ai même pas de lit, pas de tunique, pas de meubles ; voyez pourtant comme je me porte bien. Mettez-moi à l'épreuve ; et, si vous reconnaissez qu'en effet je suis exempt de trouble, instruisez-vous de mes remèdes et de mon traitement. » Voilà la conduite d'un ami de l'humanité et d'un homme de cœur ! Mais voyez à qui il appartient d'agir ainsi : à Jupiter, ou à celui qu'il a jugé digne d'être ainsi son ministre, en lui défendant de jamais laisser voir à la foule quoi que ce soit, qui puisse affaiblir le témoignage qu'il rend en faveur de la vertu contre les choses extérieures.

« On ne doit jamais voir son beau teint pâlir ; on ne doit jamais le voir essuyer des larmes sur ses joues. »

Et cela ne suffit pas : on ne doit pas le voir non plus regretter ou désirer quoi que ce soit, homme, lieu, ou manière d'employer son temps, à la façon des enfants qui regrettent ou désirent les vendanges et les jours de congé. Le respect de lui-même doit être pour lui ce que sont pour les autres les murs, les portes et les portiers.

Aujourd'hui, dès qu'on se sent attiré vers la philosophie, comme les estomacs malades vers des mets dont ils seront bientôt fatigués, on prétend aussitôt au sceptre et à la royauté. On laisse pousser sa chevelure, on prend la tunique, on découvre son épaule, on discute contre ceux que l'on rencontre ; trouve-t-on même quelqu'un en simple casaque, on discute encore contre lui. Homme, commence plutôt par t'exercer à l'écart. Prends garde que ton désir ne soit celui d'un estomac malade, ou une envie de femme grosse. Commence par faire en sorte qu'on ne sache pas ce que tu es ; pendant quelque temps sois philosophe pour toi seul. C'est ainsi que pousse le blé : il faut que le germe soit enfoui et caché dans la terre pendant quelque temps, et qu'il s'y développe lentement, pour arriver à bien. Si l'épi se montre avant que le nœud de la tige soit formé, il n'arrive pas à terme ; il est du jardin d'Adonis. Tu es une plante du même genre : si tu fleuris trop vite, le froid te brûlera. Vois ce que les cultivateurs disent des semences, lorsque la chaleur vient avant le temps ; ils tremblent qu'elles ne poussent trop vite, et que la gelée, en tombant sur elles, ne les en punisse. Homme, prends garde à ton tour ; tu as poussé trop vite, tu t'es jeté trop tôt sur la gloire ; tu sembles être quelque chose ; tu n'es qu'un sot au milieu des sots ; le froid te tuera, ou plutôt il t'a déjà tué par le bas, dans ta racine ; le haut pourtant chez toi fleurit encore un peu, et c'est ce qui fait croire que tu es encore vivant et fort. Mais, nous au moins, laisse-nous mûrir conformément à la nature. Pourquoi forcer notre croissance ? Nous ne pouvons pas encore supporter l'air. Laisse ma racine grandir, prendre un premier nœud, puis un second, puis un troisième ; et de cette façon le fruit forcera la nature, alors même que je ne le voudrais pas. Comment, en effet, un homme tout plein et tout rempli de ces sages principes, ne sentirait-il pas sa force, et ne se porterait-il pas de lui-même aux actes pour lesquels elle est faite ? Quoi ! le taureau n'ignore pas sa nature et sa force, et, quand une bête farouche se présente, il n'attend pas qu'on le stimule ; quoi ! le chien fait de même à la vue d'une bête fauve : et moi, si j'avais la force du Sage, j'attendrais, pour faire ce que je dois, que tu m'y eusses disposé !

Mais, à l'heure qu'il est, je n'ai pas cette force, crois-moi. Pourquoi donc veux-tu que je me fane avant le temps, comme tu t'es fané toi-même?

CHAPITRE IX

A un homme qui était tombé dans l'impudence.

Lorsque tu vois quelqu'un devenir magistrat, songe par contre que tu as pour toi de savoir te passer d'être magistrat. Lorsque tu vois quelqu'un devenir riche, regarde également ce que tu as en échange. Si tu n'as rien en échange, tu es bien malheureux; mais si tu as pour toi de savoir te passer des richesses, sache que tu as bien plus que lui, et que ton lot vaut bien mieux.

Tel autre a une belle femme; tu as, toi, de savoir ne pas désirer une belle femme. Cela te semble-t-il si peu de chose? Ah! quel prix ne mettraient pas ces riches, ces magistrats, ces gens qui ont de si belles femmes dans leur lit, à savoir faire fi de la richesse, des magistratures, et de ces femmes mêmes qu'ils aiment et qu'ils possèdent! Ne sais-tu donc pas ce qu'est la soif d'un fiévreux? Combien elle diffère de celle d'un homme bien portant! Quand ce dernier a bu, il cesse d'avoir soif; l'autre, après un instant de bien-être, souffre bientôt de l'estomac; l'eau chez lui se tourne en bile; il a des envies de vomir, des étourdissements, une soif bien plus ardente. Il en est de même quand c'est avec passion que l'on est riche, avec passion que l'on est magistrat, avec passion que l'on a une belle femme dans son lit: arrivent alors la jalousie, la crainte de perdre ce qu'on tient, les propos honteux, les honteux désirs, les actes déshonorants.

— « Et qu'est-ce que j'y perds? » dit-on. — Homme, tu avais le respect de toi même, et tu ne l'as plus maintenant. Est-ce là n'avoir rien perdu? Au lieu de Chrysippe et Zénon, c'est Aristide et Evenus que tu lis. Est-ce là n'avoir rien perdu? Au lieu de Socrate et de Diogène, ceux que tu admires sont ceux qui peuvent corrompre et séduire le plus grand nombre de femmes. Tu veux avoir de belles formes, et, comme tu n'en a pas, tu t'en fais. Tu veux étaler un vêtement éclatant pour attirer les regards des femmes; et, si tu peux mettre la main sur une boite de parfums, tu te trouves au comble du bonheur. Auparavant, tu ne songeais à rien de tout cela, mais ton langage était honnête. Tu étais un homme estimable; tes sentiments étaient nobles. Par suite, tu étais au lit ce qu'y doit être un homme, tu marchais comme doit le faire un homme, tu portais les habits que doit porter un homme, tu tenais le langage qui sied à un homme de bien. Me diras-tu maintenant que tu n'as rien perdu? Serait-il donc vrai que rien ne se perd chez nous que la fortune? que le respect de nous-mêmes ne se perd pas? que la décence du maintien ne se perd pas? ou que ceux qui perdent tout cela ne s'en trouvent pas plus mal? Tu ne crois peut-être plus aujourd'hui que l'on perde quelque chose en perdant tout cela; mais il fut un temps où tu pensais que c'était la seule perte qu'on pût faire, le seul dommage qu'on pût éprouver, et où tu tremblais qu'on ne t'enlevât cette façon de parler et cette façon d'agir.

Eh bien! vois: personne ne te les a enlevées que toi-même. Lutte contre toi-même, arrache-toi à toi-même, pour revenir au maintien décent, à la retenue, à la liberté. Si l'on te disait à mon sujet que quelqu'un me force à être adultère, à porter les habits d'un galant et à me parfumer d'odeurs, n'accourais-tu pas tuer de ta propre main l'homme qui me ferait une pareille violence? Eh bien! ne voudras-tu donc pas à cette heure te venir en aide à toi-même? Et combien cette aide-là est plus facile! Tu n'as à tuer, à enchaîner, ni à maltraiter personne ; tu n'as pas à te rendre sur la place publique ; tu n'as qu'à te parler à toi-même, et qu'est-ce qui t'écoutera plus volontiers ? qu'est-ce qui saura mieux te persuader que toi ? Commence par condamner ce que tu as fait ; puis, quand tu l'auras condamné, ne désespère pas de toi-même ; ne fais pas comme les lâches qui une fois qu'ils ont cédé, s'abandonnent complètement, et se laissent emporter par le torrent. Regarde plutôt ce que font les maîtres au gymnase. L'enfant a-t-il été renversé, « Relève-toi, disent-ils, et lutte de nouveau, jusqu'à ce que tu sois devenu fort. » Fais-en autant à ton tour ; car sache bien qu'il n'y a rien de plus facile à conduire que l'esprit humain. Il faut vouloir, et la chose est faite : il est corrigé. Que par contre on se néglige, et il est perdu. Car c'est en nous qu'est notre perte ou notre salut. — Eh ! quel bien m'en revient-il ? — En veux-tu donc un plus grand que celui-ci ? Au lieu de l'impudence tu auras le respect de toi-même, l'ordre au lieu du désordre, la loyauté au lieu de la déloyauté, la tempérance au lieu de la débauche. Si tu veux quelque chose de mieux que cela, continue à faire ce que tu fais ; un Dieu même ne pourrait pas te sauver.

CHAPITRE X

Quelles sont les choses que l'on doit mépriser ? Et quelles sont celles pour lesquelles on doit faire autrement ?

C'est au sujet des choses extérieures que tous les hommes sont dans l'embarras ; c'est au sujet des choses extérieures qu'ils sont dans l'inquiétude. « Que ferai-je ? (disent-ils). Qu'arrivera-t-il ? Qu'en résultera-t-il ? Ah ! que ceci ne se rencontre pas, et cela non plus ! » Toutes ces paroles sont celles de gens qui se préoccupent des choses en dehors de leur libre arbitre. Dit-on en effet : « Comment ne pas adhérer au mensonge ? Comment ne pas m'écarter de la vérité ? » Non ; et, si quelqu'un était assez heureusement doué pour s'en tourmenter, je lui dirais, en forme de représentation : » Pourquoi te tourmenter ? Ces choses-là dépendent de toi. Rassure-toi : tu n'as qu'à ne pas te hâter de juger avant d'avoir appliqué la règle naturelle. » De même, s'il se tourmentait au sujet de ses désirs, de peur de rester en route et de manquer à les satisfaire, ou bien, au sujet de ses aversions, de peur de tomber dans ce qu'il veut éviter, je commencerais par l'embrasser, parce qu'il aurait laissé de côté tout ce qui tourne la tête aux autres et tout ce qui les effraie, pour ne s'occuper que de ses actes personnels, dans lesquels il est vraiment lui, puis je lui dirais : « Si tu veux ne jamais échouer dans tes désirs, ne jamais tomber dans ce que tu cherches à éviter, ne désire plus rien de ce qui n'est pas à toi, ne cherche plus à éviter ce qui n'est pas en ton pouvoir. Sinon, force te sera d'échouer dans tes désirs et de tomber dans ce que tu veux éviter. » Cela fait, quel embarras y a-t-il pour nous ? Quelle place trouver encore pour les « Qu'arrivera-t-il ? Qu'en résultera-t-il ? Ah ! que ceci ou cela ne se rencontrent pas ? »

Maintenant, ce qui doit arriver n'est-il pas en dehors de ton libre arbitre ? — Oui. — Mais le bien et le mal réels ne sont-ils pas dans ce qui dépend de ton libre arbitre ? — Oui. — En plus, n'est-il pas en ton pouvoir de tirer de tout ce qui t'arrive un parti conforme à la nature ? Quelqu'un peut-il t'en empêcher ? — Non. — Ne me dis donc plus : *Qu'arrivera-t-il ?* Car, quelque chose qui arrive, tu en feras un bien, et l'événement sera une bonne fortune pour toi. Qu'aurait été Hercule, s'il avait dit : « Ah ! qu'il ne se présente pas à moi un grand lion, un grand sanglier, ou des hommes qui ressemblent à des bêtes sauvages ! » Que t'importe, en effet ? S'il se présente à toi un grand sanglier, tu en livreras un plus grand combat. S'il se présente à toi des méchants, tu purgeras la terre de méchants. — Mais si je meurs à la peine ! — Tu mourras en homme de cœur, dans l'accomplissement d'une noble tâche. Puisque de toute façon tu dois mourir, il faut bien que la mort te trouve en train de quelque chose, en train de labourer, de creuser, de vendre, d'être consul, d'avoir une indigestion ou un cours de ventre. Eh bien ! en train de quoi veux-tu que la mort te trouve ? Je veux, pour ma part, que ce soit dans une occupation digne d'un homme, dans un acte de bienfaisance, dans un acte utile à tous, dans un acte noble. Si je ne puis être trouvé par elle dans une telle occupation, je veux du moins (car c'est là une chose que nul ne peut empêcher, et qui m'a été donnée) qu'elle me trouve en train de me corriger moi-même, en train de perfectionner en moi la faculté qui fait emploi des *idées*, en train de travailler à me délivrer de tout trouble, en train de faire ce que demande chacune de mes relations sociales ; et, si j'ai assez de chance pour cela, en train de m'occuper d'une troisième chose, la solidité de mes jugements.

Si la mort me surprend au milieu de tout cela, il me suffit de pouvoir élever mes mains vers Dieu et lui dire : « Les moyens que tu m'avais donnés de comprendre ton gouvernement, et de m'y conformer, je ne les ai pas négligés. Tu n'as pas eu à rougir de moi. Voici l'usage que j'ai fait de mes sensations ; voici celui que j'ai fait de mes notions *à priori*. T'ai-je jamais adressé un reproche ? Me suis-je jamais emporté contre les événements ? Les ai-je jamais désirés autres ? Ai-je manqué à quelqu'un de mes devoirs ? Je te remercie de m'avoir fait naître ; je te remercie de tes présents ; le temps que j'ai eu pour jouir de tes dons me suffit. Reprends-les, et mets-les où tu voudras. Ils étaient tous à toi, car c'est toi qui me les avais faits. » N'est-ce pas assez de partir dans de pareils sentiments ? Peut-on vivre mieux et plus honorablement que celui qui les a ? Peut-on mourir plus heureusement ?

Pour en arriver là il y a de grandes choses à perdre,

si l'on y en gagne de grandes. Tu ne peux prétendre tout à la fois au consulat et à ces sentiments, chercher à avoir tout à la fois des terres et ces sentiments, t'occuper tout ensemble de tes esclaves et de toi-même. Si tu veux avoir ce qui n'est pas à toi, tu perds ce qui est à toi. Telle est la nature des choses; et rien ne s'obtient pour rien. Et qu'y a-t-il là d'étonnant? Si tu veux être consul, il te faut veiller, courir à droite et à gauche, baiser certaines mains, pourrir aux portes d'autrui, dire et faire bien des choses indignes d'un homme libre, envoyer des présents à un bon nombre d'individus, et même à quelques-uns des cadeaux tous les jours. Et à quoi arrives-tu par là? A avoir douze faisceaux de verges, à siéger trois ou quatre fois dans un tribunal, à donner des jeux dans le Cirque, à servir des repas dans des corbeilles. Montre-moi à quoi tu arrives en plus? Eh bien! pour être exempt de troubles et d'agitations, pour dormir réellement quand tu dors, pour être vraiment éveillé quand tu veilles, pour ne rien redouter et ne te tourmenter de rien, ne consentiras-tu pas à perdre quelque chose, à te donner quelque peine? Et, si quelque chose chez toi se perd ou se dépense mal, tandis que tu es ainsi occupé, ou si quelque autre obtient ce que tu devais obtenir, te chagrineras-tu bien vite de ce qui sera arrivé? Ne mettras-tu pas ce que tu gagnes en regard de ce que tu perds? le prix de l'un en regard du prix de l'autre? Voudrais-tu gagner de si grands biens, sans qu'il t'en coûtât rien? Ces deux choses ne vont pas l'une avec l'autre. Tu ne peux pas t'occuper tout à la fois des objets extérieurs et de ton âme. Si tu veux les premiers, renonce à la seconde; autrement tu n'auras ni eux, ni elle, partagé que tu seras entre les deux partis. Si tu veux ton âme, il te faut renoncer aux objets extérieurs. Mon huile se trouvera répandue, et mes meubles détruits; mais moi je serai sans trouble. Le feu prendra en mon absence, et mes livres seront détruits; mais moi je ferai des *idées* un usage conforme à la nature. — Mais je n'aurai pas de quoi manger (dit-on)! —

Si je suis aussi malheureux, j'ai un port : c'est la mort. La mort ! voilà le port, voilà le refuge de tous. C'est pour cela que rien de ce qui est dans la vie n'est pénible : lorsque tu le veux, tu pars, et la fumée ne te gêne plus. Pourquoi donc te tourmentes-tu ? Pourquoi restes-tu sans dormir ? Pourquoi ne dis-tu pas tout de suite, en considérant où sont tes biens et tes maux : « Les uns et les autres dépendent de moi. Personne ne peut m'enlever ceux-là ; personne ne peut me jeter malgré moi dans ceux-ci. Qui m'empêche donc de m'étendre à terre et de ronfler ? Ce qui est à moi est en sûreté. Quant aux choses qui ne sont pas à moi, leur soin regarde qui les a obtenues, selon que les distribue celui au pouvoir de qui elles sont. Qui suis-je donc, moi, pour vouloir qu'elles soient de cette façon-ci ou de cette façon-là ? Est-ce que le choix m'en a été donné ? Est-ce que quelqu'un m'en a fait l'administrateur ? Il me suffit de ce qui est en ma puissance. Voilà ce qu'il me faut arranger le mieux possible. Mais pour le reste, à la volonté de celui qui en est le maître ! »

Quand on a tout cela devant les yeux, reste-t-on sans dormir, à se retourner de çà, de là ? En vue de quoi le ferait-on ? Ou dans le désir de quoi ? Dans le désir de posséder Patrocle, Antiloque ou Ménélas ? Mais quand a-t-on cru ses amis immortels ? Quand n'a-t-on pas eu devant les yeux que, demain ou après-demain, il nous faudra mourir, nous ou notre ami ? « Oui, dit Achille ; mais je pensais qu'il me survivrait et qu'il élèverait mon fils. » C'est que tu étais un sot, et, que tu croyais ce qui n'était nullement évident. Pourquoi ne pas t'en prendre à toi-même, au lieu de rester assis à pleurer, comme une femmelette ? — Mais c'était lui qui m'apportait ma nourriture ! — C'est qu'il vivait alors, sot que tu es ! Maintenant il ne peut plus te l'apporter ; mais Automédon le fera ; et, si Automédon meurt, tu trouveras qui le remplace. Si la marmite où cuisait ta viande est venue à se briser, te faut-il mourir de faim, parce que tu n'as plus ta marmite habituelle ? Pourquoi n'envoies-tu pas en acheter une nouvelle ?

— « Mais, dit Achille, il ne pouvait rien m'arriver de plus fâcheux. » — Est-ce que c'est là un mal pour toi ? Vas-tu donc, loin d'écarter tes regrets, reprocher à ta mère de ne t'avoir averti, et passer désormais ta vie dans les larmes ?

Que vous en semble ? Homère n'a-t-il pas composé ce morceau tout exprès pour que nous vissions que les plus nobles, les plus forts, les plus riches, les plus beaux, quand ils n'ont pas les principes qu'ils doivent avoir, n'ont rien qui les préserve d'être très malheureux et très misérables ?

CHAPITRE XI

De la propreté.

Il est des gens qui doutent que la sociabilité soit dans la nature de l'homme ; mais je ne vois pas ces gens eux-mêmes douter que la propreté ne soit réellement dans notre nature, et qu'à défaut d'autre trait, il n'y ait là du moins quelque chose qui nous distingue des animaux. Lorsque nous voyons un animal se nettoyer, nous avons l'habitude de dire avec surprise : « C'est comme un homme » ; et, par contre, si l'on reproche à un animal sa malpropreté, nous avons l'habitude de dire aussitôt, comme pour le défendre : « Ce n'est pas un homme. » Nous croyons donc qu'il y a là quelque chose de spécial à l'homme, et ce quelque chose c'est des Dieux mêmes que nous le tirons tout d'abord. Les Dieux, par leur nature, sont purs et sans tache ; autant donc l'homme se rapproche d'eux par la raison, autant il devra s'efforcer d'être pur et sans souillure. Il est impossible à son être de se trouver jamais complètement pur, avec les matériaux dont il est composé ; mais la raison, qui lui a été donnée, essaye du moins de le rendre pur dans la mesure du possible. La première pureté, la plus noble, est celle de l'âme; et réciproquement pour l'impureté. On ne découvre pas les impuretés de l'âme aussi aisément que celles du corps; mais que peuvent être ces impuretés de l'âme, si ce n'est ce qui l'encrasse et la gêne dans ses fonctions? Or, les fonctions de l'âme sont de vouloir, de repousser, de désirer, de fuir, de se préparer, d'entreprendre, de donner son adhésion. Qu'est-ce donc qui nuit chez elle à ses fonctions, en la salissant et la rendant impure? Rien autre chose que ses méchants jugements. L'impureté de l'âme, ce sont donc ses opinions défectueuses; et le moyen de la purifier, c'est de lui faire des opinions telles qu'elle en doit avoir. L'âme pure est celle qui a les opinions qu'elle doit avoir; car c'est la seule dont les fonctions ne soient troublées par aucune saleté.

Il y a quelque chose de pareil à faire pour le corps, à son tour, autant qu'il s'y prête. Il était impossible que les narines ne coulassent pas, l'homme étant composé comme il l'est; et c'est pour cela que la nature lui a fait des mains et les narines elles-mêmes, espèces de canaux pour mettre dehors les humeurs. Si donc quelqu'un ravale ces humeurs, je dis qu'il n'agit pas comme doit le faire un homme. Il était impossible que les pieds ne fussent jamais boueux, jamais sales d'aucune façon, avec les choses sur lesquelles nous marchons. C'est pour cela que la nature nous a donné de l'eau; c'est pour cela qu'elle nous a donné des mains. Il était impossible que, après que nous avons mangé, quelque saleté ne nous restât pas aux dents. C'est pour cela qu'elle nous dit: « Lavez vos dents. » Et pourquoi? pour être des hommes, et non des bêtes sauvages ou des cochons. Il était impossible avec la sueur et les habits que nous portons, qu'il ne restât pas sur le corps quelque saleté qui eût besoin d'être nettoyée. C'est pour cela que nous avons l'eau, l'huile, les mains, le linge, les brosses, la soude, avec tout le reste de l'attirail pour nettoyer le corps. — Non, dis-tu. — Mais quoi! l'ouvrier qui travaille les métaux nettoiera le fer et aura des instruments faits pour cela ; toi-même, lorsque tu seras pour manger, tu laveras ton plat de bois, si tu n'es pas complètement sale et malpropre : et tu ne laverais ni ne nettoierais ton corps! — Pourquoi le ferais-je ? dis-tu. — Je te répondrai : d'abord pour te conduire en homme, puis pour ne pas incommoder ceux qui se trouvent avec toi. » Car c'est là ce que tu fais maintenant, sans t'en apercevoir. Tu trouves convenable de t'empester toi-même ; soit ! je veux bien que ce soit convenable. Mais l'est-il également d'empester ceux qui s'assoient près de toi, ceux qui couchent avec toi, ceux qui te baisent ? Ou va-t'en dans un désert, ce qui est ta place ; ou vis seul, à n'empester que toi ! Il est bien juste que tu aies seul la jouissance de ta malpropreté. Mais, quand tu es dans une ville, vivre avec cette négligence et cette stupidité, de qui crois-tu que ce soit le fait ? Si la nature t'avait confié un cheval, le laisserais-tu ainsi sans soins ? Regarde aujourd'hui ton corps comme un cheval qu'on a remis entre tes mains ; lave-le ; essuie-le ; fais que personne ne s'en détourne, que personne ne s'en recule. Qu'est-ce qui ne se recule pas d'un homme sale, d'un homme qui sent, d'un homme qui pue, encore plus d'un individu couvert d'ordures ? La puanteur dans ce dernier cas nous vient du dehors ; mais celle qui naît de notre incurie vient de nous ; elle ressemble à celle d'une charogne.

— Mais Socrate se lavait rarement ! — Oui, mais son corps reluisait ; mais ce corps était si agréable et si attrayant, que les plus jeunes et les plus nobles s'en éprenaient, et auraient mieux aimé coucher avec lui qu'avec les plus beaux garçons. Il aurait eu le droit de ne pas se baigner, de ne pas se laver, s'il avait voulu ; et, si peu qu'il le fît, le résultat y était. Si tu ne veux pas qu'il se baignât à l'eau chaude, il se baignait du moins dans l'eau froide. — Mais, il y a contre lui le mot d'Aristophane :

« Je parle de ces gens pâles et sans chaussures. »

— Mais Aristophane a dit aussi que Socrate marchait dans l'air, et volait les habits dans les gymnases !

Et tous ceux qui ont écrit sur Socrate en rapportent tout le contraire, qu'il n'était pas seulement séduisant à entendre, mais encore à voir. On a écrit la même chose sur Diogène aussi. C'est qu'en effet il ne faut pas éloigner le vulgaire de la philosophie par l'aspect de notre corps, mais nous montrer à ses yeux dispos et heureux dans notre corps comme dans le reste. « Voyez, ô mortels, que je n'ai rien et que je n'ai besoin de rien ! Voyez comment sans maison, sans patrie, exilé, s'il le faut, et sans feu ni lieu, je vis plus heureux et plus calme que tous vos eupatrides et tous vos riches. Voyez aussi mon corps, qui ne souffre en rien de ma vie sévère. » Si quelqu'un me parlait ainsi avec l'air et la mine d'un condamné, quel est le Dieu qui pourrait me persuader de m'attacher à une philosophie, qui rendrait les gens tels ? Que le ciel m'en préserve ! Je m'y refuserais, alors même que je devrais y devenir un sage.

Pour moi, par tous les Dieux ! j'aime mieux que le jeune homme qui vient à moi pour la première fois s'y présente bien frisé, que sale et les cheveux en désordre. On voit du moins en lui quelque idée du Beau, quelque amour de ce qui sied. Il le cherche où il croit qu'il est. On n'a plus qu'à lui montrer où il est, et à lui dire : « Jeune homme tu cherches le Beau, et tu fais bien. Sache donc qu'il est pour toi où est ta raison. Cherche-le où est ta faculté de vouloir et de repousser, de désirer et de fuir, car c'est là chez toi ce qui a de la valeur. Pour ton corps, il n'est que boue de sa nature. A quoi bon te donner des peines inutiles ? Le temps à défaut d'autre chose, t'apprendra qu'il n'est rien. » Mais si celui qui vient à moi est couvert d'ordures et de saletés, avec une barbe qui lui descend jusqu'aux genoux, que puis-je lui dire ? Par quelles analogies l'amener où je veux ? Après quoi a-t-il couru qui ressemblât au Beau, pour que je n'aie qu'à le changer de direction, et à lui dire : « Le Beau n'est pas là mais ici » ? Veux-tu que je lui dise : « Le Beau n'est pas dans la saleté, mais dans la raison » ? Est-ce qu'il se souci du Beau? Est-ce qu'il en a en lui quelque idée? Va-t'en donc disputer avec un pourceau, pour qu'il ne se roule pas dans la fange! C'est grâce à cela que les discours de Xénocrate ont touché Polémon : le jeune homme aimait le Beau. Quand il entra dans l'école, il avait en lui le principe de l'amour du Beau ; seulement, il cherchait le Beau où il n'était pas.

Il n'y a pas jusqu'aux animaux qui vivent avec l'homme, que la nature n'ait faits propres. Est-ce le cheval qui se roule dans la fange? Est-ce un chien de noble race? Non, mais le pourceau, mais les sales oies, mais les vers, mais les araignées, tout ce qui a été fait pour vivre le plus loin de l'homme. Et toi, qui es un homme, voudras-tu n'être même pas un des animaux qui vivent avec l'homme? Aimeras-tu mieux être un ver ou une araignée? Ne te laveras-tu donc jamais, quel que soit le mode que tu préfères? Ne te baigneras-tu jamais? Ne voudras-tu pas nous arriver propre, pour que l'on soit heureux d'être avec toi? Entreras-tu en pareil état avec nous dans ces temples, où il n'est permis de cracher ni de se moucher, toi qui n'es que morve et crachat?

— Quoi donc! doit-on vouloir se faire beau? — A Dieu ne plaise! si ce n'est dans ce qui est *nous* par nature, dans notre raison, dans nos jugements, dans nos actes : quant au corps, il ne faut s'en occuper que pour qu'il soit propre et ne choque personne. Parce qu'on t'aura dit qu'il ne faut pas porter de vêtements écarlates, vas-tu couvrir ton manteau d'ordures ou le mettre en loques? — Et d'où pourrais-je avoir un beau manteau? — Homme tu as de l'eau ; laves-y le tien. O l'aimable jeune homme! O le vieillard fait pour aimer et pour être aimé, à qui on amènera son fils pour qu'il l'instruise, que les jeunes filles et les jeunes garçons viendront trouver au besoin, et qui leur fera la leçon sur un tas de fumier! Toute aberration a sa source dans quelque côté de la nature humaine ; mais celle-ci est bien près de n'avoir rien d'humain.

CHAPITRE XII

De l'attention.

Si tu te relâches un instant de ton attention sur toi-même, ne t'imagine pas que tu la retrouveras, lorsque tu le voudras. Dis-toi, au contraire, que par suite de ta faute d'aujourd'hui, tes affaires désormais seront forcément en plus mauvais état. Car d'abord, et c'est ce qu'il y a de plus triste, l'habitude nous vient de ne pas veiller sur nous-mêmes, puis l'habitude de différer d'y veiller, en remettant et reportant sans cesse à un autre jour d'être heureux, d'être vertueux, de vivre et de nous conduire conformément à la nature. S'il est utile de le remettre, il sera bien plus utile encore d'y renoncer complètement ; et s'il n'est pas utile d'y renoncer, pourquoi ne pas continuer à veiller constamment sur soi ? — Aujourd'hui je veux jouer. — Eh bien ! ne dois-tu pas le faire en veillant sur toi ? — Je veux chanter. — Qu'est-ce qui t'empêche de le faire en veillant sur toi ? Est-il dans notre vie une chose exceptionnelle, à laquelle l'attention ne puisse s'étendre ? En est-il une que nous gâtions par l'attention, que nous améliorions en n'étant pas attentif ? Est-il quoi que ce soit, dans la vie, qui gagne au défaut d'attention ? Le charpentier construit-il plus parfaitement en ne faisant pas attention ? Le pilote en ne faisant pas attention conduit-il plus sûrement ? Est-il quelqu'un des travaux les moins importants qui s'exécute mieux sans l'attention ? Ne sens-tu pas qu'une fois que tu as lâché la bride à tes pensées, il n'est pas en ton pouvoir de les reprendre en mains pour être honnête, décent et réservé? Loin de là : tu fais dès lors tout ce qui se présente à ton esprit, tu cèdes à toutes les tentations.

— A quoi donc me faut-il faire attention ? — D'abord à ces principes généraux, qu'il te faut avoir toujours présents à la pensée, et sans lesquels tu ne dois ni dormir, ni te lever, ni boire, ni manger, ni te réunir aux autres hommes. Personne n'est le maître du jugement ni de la volonté d'autrui ; et c'est dans eux seuls qu'est le bien et le mal. Il n'y a donc pas de maître qui puisse me faire du bien, ou me causer du mal ; sur ce point je ne dépends que de moi seul. Puis donc qu'il y a sécurité pour moi sur ce point, qu'ai-je à me tourmenter pour les choses du dehors ? Pourquoi craindre un tyran, la maladie, la pauvreté, un écueil quelconque ? Je n'ai pas plu à un tel ! Est-ce lui qui est ma façon de juger ? Non. Que m'importe dès lors ! Mais il paraît être un personnage ! C'est son affaire, et celle des gens qui le prennent pour tel. Pour moi j'ai à qui plaire, à qui me soumettre, à qui obéir : C'est Dieu, et ceux qui viennent après lui. C'est moi-même que Dieu a préposé à ma garde ; c'est à moi seul qu'il a soumis ma faculté de juger et de vouloir ; et il m'a donné des règles pour en bien user. Lorsque je les applique aux syllogismes, je ne me préoccupe pas de ceux qui parlent autrement ; lorsque je les applique aux raisonnements équivoques, je ne m'inquiète de personne ; pourquoi donc dans les choses plus importantes les critiques me font-elles de la peine ? Qu'est-ce qui fait que je me trouble ainsi ? Une seule chose : c'est que je ne me suis par exercé sur ce point là. Quiconque sait, en effet, dédaigne l'ignorance et les ignorants ; et je ne parle pas seulement des savants, mais aussi des gens de métier. Amène-moi le savetier que tu voudras, et dans ce qui est de son art il se moquera de tout le monde. Amène-moi de même le charpentier que tu voudras.

Il faut avant tout avoir ces idées présentes à la pensée, et ne rien faire qui soit en contradiction avec elles. Il faut bander son âme vers ce but, de ne poursuivre aucune des choses qui sont hors de nous, aucune de celles qui ne sont pas à nous. Acceptons-les comme en dispose celui qui a le pouvoir sur elles. Les choses qui relèvent de notre libre arbitre, il faut les vouloir sans restriction, mais les autres, comme on nous les donne. Il faut de plus nous rappeler qui nous sommes, et quel est notre nom, et nous efforcer de faire ce qui convient dans chaque situation. Demandons-nous quand il est à propos de chanter, à propos de jouer, et devant quelles personnes ; qu'est-ce qui est hors de saison; qu'est-ce qui nous ferait mépriser des assistants, ou prouverait de notre part du mépris pour eux ; quand faut-il plaisanter ; qui faut-il railler ; en quoi et pour qui faut-il avoir de la condescendance; puis dans cette condescendance comment faut-il faire pour sauver notre dignité. Quand tu te seras écarté des convenances sur un de ces points, le châtiment te viendra tout de suite, non pas du dehors, mais de ton acte même.

Quoi donc ! peut-on être infaillible ? Non pas ; mais il est une chose que l'on peut, c'est de s'efforcer constamment de ne pas faire de faute. Et il faut nous trouver heureux, si, en nous relâchant jamais de cette attention sur nous-même, nous échappons à un certain nombre de fautes. Mais dire maintenant : « Je ferai attention demain, » sache que c'est dire : « Aujourd'hui je serai sans retenue, sans convenance, sans dignité ; il sera au pouvoir des autres de me faire de la peine ; je vais être aujourd'hui colère et envieux. » Vois que de maux tu attires-là sur toi ! Si l'attention doit t'être bonne demain, combien plus le sera-t-elle aujourd'hui ! Si demain elle doit t'être utile, elle le sera bien plus aujourd'hui. Veille sur toi aujourd'hui pour en être capable demain, et de ne pas le remettre encore au surlendemain.

CHAPITRE XIII

Pour ceux qui parlent trop aisément d'eux-mêmes.

Lorsque quelqu'un semble nous parler de ses affaires à cœur ouvert, nous sommes entraînés, nous aussi, à lui révéler nos secrets ; et nous croyons que cela est tout simple : d'abord parce qu'il nous paraît contraire à l'équité d'écouter les affaires de notre prochain, sans lui faire part à son tour des nôtres ; puis parce que nous croyons que nous ne ferions pas aux autres l'effet d'un homme franc, si nous nous taisions sur nous-mêmes. Que de fois certes on nous dit : « Moi, je t'ai dit toutes mes affaires ; et toi, tu ne veux me rien dire des tiennes ! D'où cela vient-il ? » Ajoutez-y qu'on croit pouvoir se confier en toute sûreté à qui vous a déjà confié ses affaires ; car la pensée nous vient que cet homme ne contera jamais les nôtres, de peur que nous aussi nous ne contions les siennes. C'est ainsi qu'à Rome les gens trop prompts à parler se font attraper par des soldats. Un soldat vient s'asseoir auprès de toi sous l'habit d'un bourgeois ; il se met à parler mal de César, et toi, comme s'il t'avait donné un gage de sa bonne foi, en étant le premier au dénigrement, tu dis à ton tour tout ce que tu penses ; on te garotte alors, et on t'emmène. C'est là l'image de ce qui nous arrive à tous. Parce qu'un homme s'est confié à moi en toute sûreté, puis-je de même, moi, me confier au premier venu ? Si je suis ce que je suis, je me tais, moi, sur ce qu'il m'a dit. Mais lui, il va conter à tout le monde ce que je lui ai dit. Cela fait, si je lui ressemble, je veux me venger, quand j'apprends la chose, et je conte ses affaires ; je l'abîme, et il m'abîme. Si je me dis, au contraire, que personne ne peut nuire à un autre, et qu'il n'y a que nos actes propres qui nous nuisent ou qui nous soient utiles, je parviens bien à ne pas faire comme lui, mais ce qui m'est arrivé par suite de mon bavardage, ne m'en est pas moins arrivé.

— Soit ! Mais il est contraire à l'équité d'écouter les secrets de mon prochain, sans lui faire part à son tour de quoi que ce soit ! — O homme, est-ce que je t'ai provoqué à parler ? Lorsque tu m'a livré tes secrets, y a-t-il eu convention que tu entendrais les miens à ton tour ? Si tu es bavard, et si tu prends pour des amis tous ceux que tu rencontres, veux-tu que je te ressemble ? Quoi donc ! Si tu as pu sans danger te confier à moi, mais que l'on ne puisse sans danger se confier à toi, veux-tu que je tombe dans le piège ? C'est comme si j'avais un tonneau bien solide, toi, un tonneau percé, tu vinsses m'apporter ton vin pour le mettre dans mon tonneau, et que tu t'indignasses ensuite de ce que je ne voudrais pas te confier mon vin. Ma raison serait que tu as un tonneau percé. Comment y aurait-il égalité ? Tu te livres à un homme sûr, à un homme honnête, qui croit que ses actes seuls peuvent lui être utiles ou nuisibles, et que toutes les choses du dehors ne sont rien ; et tu veux que je me livre à toi, qui tiens pour rien ton libre arbitre, qui veut arriver à la fortune ou à la magistrature, ou bien faire ton chemin à la cour, quand tu devrais pour cela égorger tes enfants, à la façon de Médée ? Quelle égalité y a-t-il là ? Montre-moi que tu es un homme sûr, honnête, inébranlable ; montre-moi que tes idées sont bienveillantes ; montre-moi que ton vase n'est pas percé ; et tu verras que je n'attendrai pas que tu me confies tes secrets, mais que j'irai moi-même vers toi pour te prier d'écouter les miens. Qui, en effet, ne voudrait pas se servir d'un vase en bon état ? Qu'est-ce qui fait fi d'un conseiller bienveillant et sûr ? Qu'est-ce qui n'accueillerait pas volontiers celui qui vient, pour ainsi dire, prendre sa part du fardeau de vos affaires, et vous le rendre plus léger par cela seul qu'il en prend sa part ?

— Oui ; mais, quand j'ai confiance en toi, n'auras-tu pas confiance en moi ? — D'abord, tu n'es pas un homme qui ait confiance en moi, mais un bavard, qui ne peut rien garder. Car s'il en était ce que tu dis, tu ne confierais tes secrets qu'à moi seul. Or aujourd'hui, dès que tu vois quelqu'un inoccupé, tu vas t'asseoir à ses côtés et tu lui dis : « Frère, je n'ai personne qui m'aime plus que toi, qui me soit plus cher ; je te prie donc d'écouter mes secrets. » Et cela, tu le fais à des gens que tu ne connais pas le moins du monde.

Si tu as cependant confiance en moi, il est évident

que c'est parce que je suis sûr et honnête, et non point parce que je t'ai conté mes affaires. Laisse-moi donc être dans les mêmes idées. Montre-moi que, par cela seul que l'on conte ses affaires, on est sûr et honnête. Car, en ce cas, je m'en irais partout dire à tout le monde mes secrets, si je devais à ce prix être sûr et honnête. Mais les choses ne vont pas ainsi ; et ce qu'il te faut pour être tel, ce sont des principes qui ne sont pas les premiers venus. Si donc tu vois quelqu'un s'attacher aux choses qui ne dépendent pas de son libre arbitre, et leur soumettre ce libre arbitre même, sache que cet homme a des milliers d'individus qui peuvent le contraindre ou l'empêcher d'agir. Il n'y a pas besoin d'employer la poix ou la roue pour lui faire dire ce qu'il sait : un signe d'une femme le fera parler au besoin, ou bien les caresses d'un ami de César, le désir d'une charge, d'un héritage, et mille autres choses de cette espèce.

Il faut donc se rappeler, comme règle générale, que les secrets demandent un homme sûr, avec des principes qui le soient aussi. Mais où trouver cela facilement aujourd'hui ? Que l'on me montre un homme capable de dire : « Je ne m'inquiète que des choses qui sont à moi, que nul ne peut empêcher, et qui sont libres de leur nature ; c'est là qu'est pour moi le bien réel ! Que les autres arrivent comme elles se trouvent. J'y suis indifférent. »

TABLE DES MATIÈRES

LIVRE DEUXIÈME

La Roche-sur-Yon. — Imprimerie Centrale de l'Ouest, ... de Saumur.

Paris. — Imp. E. CAPIOMONT et Cie, rue de Seine, 57.

Lightning Source UK Ltd.
Milton Keynes UK
UKHW022048050721
386678UK00004B/812

9 782012 797840